Axel Grießmer · Große Kreuzer der Kaiserlichen Marine 1906-1918

Axel Grießmer

Große Kreuzer der Kaiserlichen Marine 1906-1918

Konstruktionen und Entwürfe im Zeichen des Tirpitz-Plans

Bernard & Graefe Verlag

Das Titelbild zeigt den Großen Kreuzer Moltke auf einem Gemälde von Willy Stöwer (1912).

Satzdaten-Konvertierung und Druck: Rieß-Druck, Benediktbeuern
Reproduktion: Repro GmbH, Ergolding
Bindung: Conzella Verlagsbuchbinderei Urban Meister, Aschheim b. München
Herstellung: Walter Amann, München
Printed in Germany

ISBN 3-7637-5946-8

Inhaltsverzeichnis

Vorwort

Der Historiker Thomas Nipperdey hat den Übergang zum deutschen Schlachtflottenbau nach 1898/1900 jüngst als zwar weder „moralpolitisch zu verdammen" noch in zeitgenössischer Hinsicht „europäisch anomal", aber als „realpolitisch mehr als töricht" charakterisiert.[1] „Als Mittel und Symbol des (deutschen) Weltmachtanspruches", so Nipperdey, „hatte die Flotte sozusagen von vornherein eine anti-englische Stoßrichtung", die sich in der Sicherung „voller weltpolitischer Handlungsfreiheit und realer Souveränität", in einem Streben nach „Ebenbürtigkeit" mit dem großen Britannien manifestierte.[2] Der (beiderseitige) Schritt zu einem forcierten Wettrüsten ab etwa 1904/05 verschlechterte nicht nur das deutsch-englische Verhältnis nahezu unheilbar, sondern war in seinen Rückwirkungen vor allem auch auf die deutsche Innenpolitik und Finanzverfassung vor dem Ersten Weltkrieg von verhängnisvollem Einfluß.

Die in diesem Buch behandelten Einheiten waren Teil jener „risiko"beladenen Politik. Es waren gute Schiffe — sehr gute Schiffe, nach militärtechnischen Aspekten der damaligen Zeit beurteilt, und sie sorgten nicht nur durch ihre bloße quantitative Präsenz im England Eduards VII. und Georgs V. für einige „Flottenpaniken" („Navy Scares").

Ihre Konstruktionsgeschichte, analysiert anhand der sehr umfangreichen nachgelassenen Aktenbestände des Reichsmarineamts und orientiert an den Ergebnissen der neueren historischen Forschung zur Rüstungspolitik im Kaiserreich, ist bislang noch nicht geschrieben worden; für die beiden anderen Typen der Flottengesetze seit 1898 — die Linienschiffe und die Kleinen Kreuzer — bleibt diese Arbeit ebenso zu leisten. Lediglich Friedrich Forstmeier[3] unternahm vor mehr als zwanzig Jahren den — immer noch — beachtens- und lesenswerten Versuch, die Typenentwicklung der Großkampfschiffe sowie die „Typenfrage" während des Ersten Weltkrieges wissenschaftlich-kritisch unter Berücksichtigung des einschlägigen Quellenmaterials gerade auch im Hinblick auf die Interdependenzen politischer, finanzieller und technischer Aspekte hin zu untersuchen. Die Arbeit erschien jedoch kurz vor der bahnbrechenden Studie Volker Berghahns[4], deren Ergebnisse, was die verfassungs- und finanzpolitischen Implikationen und Fehlentwicklungen des Tirpitzschen Flottenbaus anbetrifft, einige Schlußfolgerungen Forstmeiers indirekt relativierten oder aber zuweilen konkretisierten. Holger H. Herwig[5] hat in seiner 1980 erschienenen Arbeit die Ansätze Berghahns aufnehmen können, jedoch geriet seine Untersuchung in der Beurteilung der Entwicklung der Kaiserlichen Marine von 1888 - 1918 stellenweise ziemlich überkritisch. Herwigs ausführliche Beschreibungen zu konstruktionstechnischen Spezifika der deutschen Schiffsbauten im Vergleich zu den zeitgenössischen englischen Einheiten stützen sich ferner größtenteils auf das in seiner Informationsdichte und -güte hervorragende Tabellenwerk von Erich Gröner[6] (Neubearbeitung seit 1982) oder das Standardwerk zur technischen Entwicklung des Großkampfschiffes von Siegfried Breyer[7]; sie bieten somit in dieser Hinsicht nichts wesentlich Neues.

Berghahns Anregungen wurden, auch was den Untersuchungszeitraum anbelangt, von Michael Epkenhans[8] in einer neueren Arbeit fortgeführt. Insbesondere jener Teil, der sich mit den Geschäftsbeziehungen von Industrie und Reichsmarineamt befaßt und den Flottenbau unter Wilhelm II. nicht nur in politischer, sondern auch in wirtschaftlicher Hinsicht überzeugend anhand des ausgewerteten Materials als Fehlspekulation für die Beteiligten beschreibt, bietet neue Perspektiven und Ansätze, die für die vorliegende Arbeit mitberücksichtigt werden konnten.

Eine Synthese aus marinetechnischen, politischen und finanziellen Komponenten wird gerade auch bei der Untersuchung der Genese des Großes Kreuzers der *Dreadnought*periode zu einem wirklich interessanten Arbeitsfeld. Denn schiffbauliche Ansprüche und Zwangsläufigkeiten sowie die technische Entwicklung trieben die Kosten für jenes „Zubehör" (Tirpitz) über die des postulierten Hauptkampfmittels der Flotte, des Linienschiffs, hinaus und leisteten Meinungen vorschub, die eine Verschmelzung beider Typen auch in taktischer und strategischer Hinsicht für offenbar zweckmäßiger oder rationeller erachteten. Der Staatssekretär des Reichsmarineamts hielt jedoch hartnäckig an der Typentrennung bei Großkampfschiffen fest, die in den fremden Marinen — außer zunächst noch der englischen sowie zuweilen der japanischen — nach Auslaufen des Panzerkreuzerbaus, des „klassischen" Großen Kreuzers der Vor-*Invincible*ära, im Grunde genommen keine Zukunft mehr haben sollte. Eine mögliche Erklärung dafür zu geben, warum die Kaiserliche Marine die Typenkontinuität wahren wollte — oder mußte —, ist neben der Darstellung der Konstruktionsgeschichte des Großen Kreuzers nach 1906 Aufgabe des vorliegenden Bandes.

Gerade auch technische Aspekte machen solche Schiffe wie *Von der Tann, Moltke, Goeben, Seydlitz, Derfflinger* — die in der tradierten Marineliteratur nahezu eine magische Aura erhalten haben — zu reizvollen Untersuchungsgegenständen. Die Art und Weise, wie die Konstrukteure des RMA die verschiedenen „charakteristischen" Komponenten des Großen Kreuzers innerhalb des ihnen vorgegebenen finanziellen, politischen und militärischen Gestaltungsrahmens zusammengefügt haben und mehr oder minder bewahren sollten, ist bewundernswert und bei Berücksichtigung der Mittel - Ergebnis - Relation geradewegs erstaunlich. Aber der vorstehend genannte „übertechnische" Konnex sollte bei aller Faszination für das Ergebnis ebenso wie die letztendliche Bestimmung jener schwimmenden Waffensysteme nie aus dem Blickfeld geraten: Ein Kriegsschiff ist ein politisches und militärisches Machtmittel. Insbesondere die Schiffe der Kaiserlichen Marine standen unter jenem Primat.

Die weitaus angenehmste „Pflicht" eines jeden Autoren ist die Danksagung an Institutionen und gute Freunde, die ihn bei der Fertigstellung seines Buches unterstützt haben. Wenn ich hier auch niemanden besonders hervorheben möchte, so schulde ich doch meinem langjährigen und guten „Partner" Franz Mrva jene Dankbarkeit, die einem hervorragenden Lehrer für die Anfertigung technischer Schiffsskizzen und unermüdlichen Antreiber, wenn mir einmal so richtig die Motivation fehlte, gebührt. Von ihm stammt auch ein guter Teil der im Buch abgebildeten Zeichnungen, die ich gar nicht mehr die Zeit gefunden hätte, selbst zu machen. Weiterhin Dank meinem Freund Detlef Christians, der mir nur zu oft und mit unbändiger Geduld über die Unbilden eines Computers hinweghelfen mußte, sowie Marie-Luise Georg für die Durchsicht und redaktionelle Bearbeitung des Manuskripts.

Nicht zuletzt Dank an den Bernard & Graefe Verlag, der mir die Möglichkeit zur Veröffentlichung meiner Arbeit geboten hat.

Anmerkungen

1 Nipperdey, Deutsche Geschichte, 634.
2 Ebd., 635.
3 Forstmeier, F.: Deutsche Großkampfschiffe 1915 - 1918. Die Entwicklung der Typenfrage im Ersten Weltkrieg. München 1970.
4 Berghahn, V.: Der Tirpitz Plan. Genesis und Verfall einer innenpolitischen Krisenstrategie unter Wilhelm II. Düsseldorf 1971.
5 Herwig, H.H.: "Luxury Fleet". The Imperial German Navy 1888 - 1918. London 1980.
6 Gröner, E.: Die deutschen Kriegsschiffe 1815 - 1945. Bde. 1ff, München-Koblenz 1982ff.
7 Breyer, S.: Schlachtschiffe und Schlachtkreuzer 1905 - 1970. Die geschichtliche Entwicklung des Großkampfschiffes. München 1970.
8 Epkenhans, M: Die wilhelminische Flottenrüstung 1908 - 1914. Weltmachtstreben, industrieller Fortschritt, soziale Integration. München 1991.

Einführung

Das Januarheft der >Marine-Rundschau< 1904 enthielt einen unter dem Pseudonym „L" verfaßten Artikel Wilhelms II. mit dem Titel: „Einiges über Panzerkreuzer."[1] Die Marinebegeisterung des Kaisers beschränkte sich nicht nur auf die Anfertigung von auf Telegrammvordrucken skizzierten Schiffskonstruktionen — er meinte mit diesem Aufsatz nun auch selbst in die Diskussion über die Existenzberechtigung und Spezifika eines Schiffstyps eingreifen zu müssen, der in der zeitgenössischen Fachliteratur ein recht breites und zumal kontroverses Echo fand.[2]

Hauptanliegen der Veröffentlichung war die Kritik an der Tatsache, daß sich die Deplacements von Linienschiffen und Panzerkreuzern bei den neuesten Entwürfen der großen Seemächte bedenklich nahe kamen und ein Trend dahingehend zu erkennen war, daß diese Entwicklung weiter zu Ungunsten des Linienschiffs verlaufen sollte. Der Kaiser warnte davor zu vergessen, daß der Panzerkreuzer nur ein „notwendiges Beiwerk" sei, dessen Schiffsgröße und numerischer Anteil an der Flotte sich nach taktischen und bauökonomischen Richtlinien zu orientieren hätten, da „jedes Zuviel, was in den Aufklärungsschiffen, den Kreuzern, angelegt (sei), (...) ein(en) Abzug von der für die (Schlacht-)Entscheidung dienenden Kraft" darstellen würde. Der Monarch konstatierte in diesem Zusammenhang den verschiedenen Marinen eine gewisse Unsicherheit, was die Festlegung der Gewichtsanteile von Antrieb, Armierung und Panzerung betraf. Diese Unsicherheit mache sich in einem „Tasten und Suchen mit Anlehnung bald nach der einen oder der anderen Seite" bemerkbar. Schließlich stoße man gerade in neuester Zeit auf Entwürfe, rügte Wilhelm II., „welche durch einen mächtigen Tonnengehalt alle Schwierigkeiten überwinden wollen, welche dieser Schiffstyp dem Konstrukteur entgegenstellt. Aber mit solchen Kolossen hat man auch nicht das Ideal gefunden, und die enormen Kosten — in Frankreich 35 Millionen Francs —, welche die Kosten eines Linienschiffs übersteigen, drängen zu der berechtigten Frage, ob man dafür nicht besser ein Linienschiff gebaut hätte."[3]

Gemäß seinen Beobachtungen der Kreuzerbauten der letzten Jahre stellte der Kaiser mehrere Typkriterien zusammen, anhand derer er die neuesten internationalen Entwürfe einer eingehenden Studie unterzog. So sollte ein „richtiger Panzerkreuzer" vor allem nicht so teuer sein wie ein Linienschiff. Seine Geschwindigkeit sollte diejenige der eigenen Linienschiffe um 3 bis 4 kn übertreffen; sein Kohlenvorrat so bemessen sein, „daß er trotz der ihm zufallenden besonderen Aufgaben nicht eher damit zu Ende kommt als die gleichmäßig marschierende Kernflotte". Er mußte neben einer leichten und starken Mittelartillerie bis 15-cm-SK auch über „zwei bis vier schwere 24-cm- bis 21-cm-Geschütze verfügen, um auch einem gepanzerten Gegner gegenüber die notwendige Offensivkraft zu besitzen". Und schließlich sollte die Panzerung möglichst ausgedehnt sein und die vitalen Teile vor Granaten der Mittelartillerie schützen können. Der argentinische Panzerkreuzer *Moreno*, gebaut bei Ansaldo, Genua, erfüllte nach dem Dafürhalten des Kaisers jene Prämissen am besten, und Wilhelm II. kam zu dem Schluß, „sich für die Konstruktion von Panzerkreuzern den *Moreno* so viel als möglich zum Muster zu nehmen."[4]

Der von „L" „zur Diskussion" gestellte Artikel erregte u.a. durch seine Kritik am „Tasten und Suchen" nach der optimalen Panzerkreuzerkonzeption einiges Aufsehen und „abweichende Ansichten".[5] Zur Festigung seiner Argumente und in der Absicht, den von ihm angeregten Meinungsaustausch fortzuführen, knüpfte Wilhelm II. deshalb auch in einem zweiten, aber nicht veröffentlichten Aufsatz „Zur Diskussion über Panzerkreuzer" an diesen Kritikpunkt an. Er hob hervor, daß ein „einheitlicher" Panzerkreuzer im Gegensatz zum Linienschiff, das ein „fester Typ" sei, „selbst innerhalb derselben Marine bisher hat nicht erreicht werden können."[6] Ursache dafür seien die „wechselnden Beurteilungen" für Verwendungs- und Einsatzarten sowie die Anzahl solcher Einheiten in den verschiedenen Flotten. Da die eigenen Panzerkreuzer wegen ihrer geringen numerischen Stärke nur „einzeln aufzuklären in der Lage sei(en)", aber durch die „feindlichen Aufklärungslinien unbedingt durch" müßten, bräuchten sie zunächst eine „starke Artillerie — wenigstens 24 cm — (...), um mehrere leichter armierte Gegner in respektvoller Entfernung halten zu können." Gleichzeitig gelte jedoch die Forderung nach einem Geschwindigkeitsüberschuß gegenüber dem Linienschiff von 3 bis 4 Knoten. Dieser Fahrtüberschuß werde in Zukunft kaum mehr gewährleistet werden können, „ohne kolossale Deplacements in Anspruch zu nehmen", da die Geschwindigkeit auch für die Linienschiffe gesteigert würde. Die Rückkehr zu „Schnelldampfern mit Panzerdeck" sei daher vorgezeichnet, denn das „unbedingte Festhalten an der Forderung des Fahrtüberschusses von + 3 bis 4 Knoten" bedeute wegen der dadurch erforderlichen Kompensationen bei Armierung und Panzerung das „Grab des Panzerkreuzers". Vorläufig bestehe aber noch die Notwendigkeit für einen solchen Typ, der „stehen kann zwischen dem kleinen, schnellen Scout oder Aufklärer und dem Linienschiff." Offensivkraft und Geschwindigkeit ließen sich aber, so fuhr der Kaiser fort, „schon heute nicht mehr vereinigen (...), ohne zu sehr hohen Kosten zu gelangen." Die „Postulate für den idealen Panzerkreuzer — + 4 Knoten Geschwindigkeits-Überschuß, gegen 2.500 ts Kohlen, großer Aktionsradius, starker Seitenpanzer, viel Artillerie —" müßten dagegen sogar „ein Schiff von etwa 30.000 tons ergeben, also einen großen Schnelldampfer." Der Kaiser beendete seine etwas langatmigen Überlegungen mit der Bemerkung, daß auch der Schiffbau seine „Psychologie" habe: „Jawohl aber vor allem seine Grenzen. Er begnüge sich mit dem 'erreichbaren Guten' unter Verzicht auf das 'Wünschenswerte Allerbeste'."[7]

Aufgrund dieses interessanten Schlußsatzes könnte man den Eindruck gewinnen, als ob der Kaiser dem „idealen Panzerkreuzer", also einem irgendwie gearteten „Wünschenswerten Allerbesten", zu Gunsten eines konventionelleren, „richtigen" Typs aus sowohl militär- und schiffbautechnischen Gründen als auch finanziellen Erwägungen eine Absage erteilen wollte. Gegen diese mögliche Interpretation spricht jedoch seine abschließende Marginalie zu einer Denkschrift des Staatssekretärs im Reichsmarineamt (RMA), die behördenintern als Antwort auf den ersten „L"-Artikel verfaßt worden war. Der Kaiser quittierte die darin recht ausführlich geäußerten Ansichten Admirals v. Tirpitz in bezug auf den Bau und die Aufgaben von Panzerkreuzern/Großen Kreuzern mit folgender Bemerkung: „Unsere Großen Kreuzer müssen bei uns in die Linie einrangiert werden können, dafür auch mit solchen Eigenschaften versehen werden, also schnelle Linienschiffe sein, wenn sie auch Große Kreuzer heißen oder genannt werden."[8]

Schiffe gebaut nach diesen Vorgaben konnte man aber kaum mehr als „notwendiges Beiwerk" bezeichnen. Auch waren sie weder „ein Abzug von der für die (Schlacht-)Entscheidung dienenden Kraft" — eigentlich ja gerade das Gegenteil — noch mit Aufklärungseinheiten — dem bis dato gültigen Hauptverwendungszweck des Panzerkreuzers innerhalb des Flottendienstes — zu vergleichen. Desweiteren erforderte das Einrangieren in die Linie mehr als nur einen „gewissen Grad von Linienschiffsqualität."[9]

Die Gratiswerbung für den „richtigen" Panzerkreuzer der Genueser Werft entpuppt sich in diesem Zusammenhang zumal als stille Option. *Moreno* war zwar kein „idealer Panzerkreuzer", ein „richtiger *Panzerkreuzer*" war er aber auch nur auf den ersten Blick: Der italienische Schiffbau hatte mit der *Giuseppe Garibaldi*-Klasse — *Moreno* war eine Einheit dieses Typs — um die Jahrhundertwende einen Exportschlager gelandet, eben weil diese Schiffe gewisse „Linienqualitäten" besaßen; man war bei finanzschwächeren Staaten mit jenem Zwittertyp aus Panzerschiff und Kreuzer in eine Marktlücke gestoßen und hatte mithin auch den deutschen Kaiser von dem neuen, „linienfähigen" Produkt überzeugt.

Warum nun verdeckte und verpackte der Souverän seine schiffbautechnischen Überlegungen und publizierte nicht unumwunden das, wovon er überzeugt war? Die Antwort auf diese Frage ist darin zu suchen, daß der Monarch als Marineenthusiast zwar auch einmal — wenn auch nur unter Pseudonym, das übrigens, zu seiner Zufriedenheit, sehr schnell gelüftet war — einen Beitrag zur Panzerkreuzerdiskussion leisten wollte, seinen „privaten" Überzeugungen aber nur bis zu einem gewissen Punkt freien Lauf lassen konnte, denn ließ er sie darüber hinauseilen, begab er sich auf recht dünnes Eis: Ein Schnelles Linienschiff, konstruiert für jene taktischen Aufgaben, die der Monarch — und ihn im Hintergrund unterstützend die sogenannte „Front" — ausgeführt wissen wollte, war mit ziemlicher Sicherheit sowohl ein teurer Schiffstyp als auch gleichermaßen nur Zwischenstation auf einem Weg, der zur Verschmelzung des Kreuzers mit dem Linienschiff zu einem einzigen Großkampfschifftypen führen mußte. Eine solche Entwicklung zu fördern, so offensichtlich modern dieser Gedanke in der Rückschau auch erscheinen mag, war für die Kaiserliche Marine zu jenem Zeitpunkt jedoch kaum erstrebenswert, da sie eine Kettenreaktion auslösen konnte, die zweifelsohne ein System stören mußte, welches seit 1898 den Aufbau einer deutschen Flotte garantiert hatte: Dieses System ist von Volker Berghahn treffend mit dem Begriff „Tirpitz Plan" bezeichnet worden.[10]

Unter Regie von Admiral Alfred v. Tirpitz, seit 1897 Staatssekretär im Reichsmarineamt, und der zeitweiligen Ägide des späteren Reichskanzlers Bernhard v. Bülow — der Kaiser stand eher in der Rolle des „sichtbaren Repräsentanten"[11] — hatte sich insbesondere die Marineverwaltung in Verfolgung sowohl innen-, verfassungs- und finanzpolitischer Erwägungen als vor allem auch aus der Betonung „weltpolitischer" Machtoptionen heraus das längerfristige Ziel gesetzt, eine Flotte von 60 großen Schiffen bauen zu lassen, die zumal alle 20 Jahre bei einem Neubautempo von drei Einheiten pro Jahr nach Ablauf ihrer „Lebensdauer" automatischem Ersatz unterliegen sollten. Dieses mehr als ehrgeizige Programm war jedoch nur unter der Voraussetzung zu verwirklichen, daß die Reichstagsmajorität ihr Plazet zu einer Gesetzesvorlage gab, die das verfassungsrechtlich garantierte jährliche Bewilligungs- und Budgetrecht des Parlaments gemäß der Geltungsdauer der jeweils eingebrachten Gesetze und Novellen auf zunächst wenige Jahre und dann unwiderruflich aushöhlen würde.

Kern der Tirpitzschen Planungen war die Festlegung einer bestimmten Schiffszahl anhand eines fixen Bauprogramms und danach die Ersatzpflichtregelung für bewilligte, aber bereits veraltete Einheiten, die der Reichstag aus verfassungstechnischen Gründen selbst nicht mehr ändern konnte, hatte er ihr einmal zugestimmt. Konnte der Bauplan bis 1917 im steten „Dreierbautempo" durchgeführt werden, war der sogenannte „Äternat", der „Eiserne Etat", erreicht und die Marine, ebenso wie das Heer, in die extrakonstitutionelle Dispositionszone des Monarchen zurückgefallen: Eine insbesondere für die „weltpolitischen" Ambitionen verlockende Perspektive.

Die Zahl von 60 großen Kampfschiffen richtete sich nach der voraussichtlich für notwendig erachteten Stärkerelation „2 : 3" zur Royal Navy, mit deren Gegnerschaft im „nassen Dreieck" der Nordsee Tirpitz fest seit 1897 rechnete[12] und gegen die die Kaiserliche Marine, sollte es zur Entscheidung kommen, eine „echte Siegeschance" haben sollte.[13]

Ausgehend vom Geschwaderprinzip — für die Marine ein wesentlicher Schritt hin zu organisatorischer Systematik und festen Bewilligungsetappen, für das Parlament ein Einbruch in die kaiserliche Organisationsprärogative nach Art. 53 der Reichsverfassung — bedeutete dies den Bau von insgesamt 40 Linienschiffen — zusammengefaßt zunächst in 4 Geschwadern á 8 Einheiten plus zweier Flottenflaggschiffe und sechs Materialreserveschiffen — und 20 Großen Kreuzern, deren Anzahl sich nach ihrer voraussichtlichen „Lebensdauer" richtete.[14] Die jeweiligen Anteile von Linienschiffen und Großen Kreuzern sowie die Sollzahl variierten zu Beginn der Planungsarbeiten etwas[15]; zeitweilig spielte man im RMA auch mit dem Gedanken, die Höchstzahlen später auf sechs Linienschiffsgeschwader mit 30jähriger Ersatzfrist zu vergrößern. Bisweilen konnte sogar ein „Vierertempo" zum „Aufpfropfen" (Tirpitz) von Neubauten auf die Sollzahl je nach politischer Tageslage opportun sein, sofern die Initiative hierzu vom RMA ausging. Das Basiskonzept einer Ersatzautomatik kombiniert mit einem steten Dreiertempo blieb jedoch und diktierte in Verbindung mit der letztendlich doch gewählten 60-Schiff-Sollzahl sowie der „2 : 3"-Relation das weitere Vorgehen. Daraus ergab sich nun, daß erstens die strikte Einhaltung des Organisationsschemas der Flotte und ihrer gesetzlichen Grundlage nicht gestört wurde, was die Einführung des Einheits- oder Verschmelzungstyps unweigerlich zur Folge gehabt hätte, da zweitens mit diesem Typ wegen konstruktionstechnischer Zwangsläufigkeiten eine übermäßige Kostensteigerung verbunden sein würde, die bei einer Baurate von drei solcher Einheiten pro Jahr wohl jeden Etat gesprengt, oder aber Rückwirkungen auf die Bauquantitäten — und damit auf das sukzessive Erreichen des 60-Schiff-Äternats sowie die angestrebte „2 : 3"-Stärkerelation — zeitigen mußte. Das bis 1917 auf tönernem Sockel ruhende Flottengesetzkonstrukt wäre in diesem Zeichen so oder so zum Einsturz verurteilt gewesen.

Auf dem Weg zum Äternat mußte die Marine durch Besonnenheit und Systematik Vertrauen erwecken — Eigenschaften, die die Vorgänger von Tirpitz stets vermissen ließen —, indem diejenigen Schiffe auf Stapel gelegt wurden, die man selbst gefordert hatte, und die vom Reichstag genehmigt waren. Ferner mußten die Geldbedarfsberechnungen — trotz einer „moralischen Bindung" (Tirpitz) des Parlaments im 2. Flottengesetz von 1900 zur Finanzbewilligung bereits genehmigter, aber wegen der konjunkturellen und technischen Entwicklung verteuerter Neu- und Ersatzbauten — in einem vernünftigen Rahmen bleiben, um nicht die angestrebte äternisierte Bauquantität bei Neuforderungen durch künftige Novellen aufs Spiel zu setzen.

Diese Rücksichtnahme auf finanzielle und politische Faktoren erzwang hingegen aber auch die Kontinuität eines Schiffstyps, der flottentaktisch eine unstete Rolle einnahm, im Marineetat langsam aber sicher mit dem Linienschiff gleichzog und dessen Weiterbau bei den meisten fremden Marinen aus jenen Gründen bald nicht mehr gesichert sein würde. Tirpitz hatte Mühe, den marinetechnisch begeisterten Kaiser davon zu überzeugen, daß dessen militärische Wünsche bis auf weiteres verfassungs- und finanzpolitischen Zwängen und Notwendigkeiten unterworfen waren; deshalb auch die wiederholten Forderungen des Monarchen nach dem Schnellen Linienschiff als direktem Vorläufer des Einheitstyps. Kaiser und Staatssekretär argumentierten auf verschiedenen Ebenen, und damit sind auch die abschließenden Ausführungen des Admirals in seiner durch den Kaiser kommentierten Aufzeichnung über den Bau Großer Kreuzer für Wilhelm II. nur bedingt akzeptabel gewesen:

„(Es) ist für unsere Verhältnisse (..) zu berücksichtigen, daß der Fortfall des großen Kreuzers eine grundsätzliche Änderung unserer Flottengesetze bedeutet. Vor einer solchen Änderung ist dringend zu warnen. Sie sollte bei unseren parlamentarischen Verhältnissen und dem Charakter des deutschen Volkes nur vorgenommen werden, wenn sie ganz unerläßlich ist. Handelt es sich somit nur um kleinere Unstimmigkeiten — und hierum könnte es sich bei der geringen Anzahl unserer großen Kreuzer selbst für diejenigen, welche den großen Kreuzer als Typ nicht anerkennen, doch höchstens handeln — so ist dringend zu raten, auch für eine künftige Novelle sie in den Kauf zu nehmen und solche Änderungen erst vorzunehmen, wenn das Gesetz erfüllt ist. Die Geldfrage, die für eine Marine, welche mit ihren Mitteln haushalten muß, hierbei auch eine Rolle spielt, soll unerörtert bleiben."[16]

Der Staatssekretär führte in seiner Denkschrift „Über die Entwickelung unseres Großen Kreuzers" auch militärtechnische, strategische und taktische Aspekte an. Ausführlich behandelte er die Problematik einer Entwicklung zum „Kreuzerlinienschiff" bzw. „Schnellen Linienschiff" und damit zusammenhängend auch die Frage nach der „Erforderlichkeit" von Großen Kreuzern im allgemeinen.

Neben Zweifeln an der technischen Durchführbarkeit eines Schnellen Linienschiffs, das, so meinte er, wegen der zu erwartenden Größe „unhandlich und unpraktisch" werden würde, sah Tirpitz zunächst einmal einen Deplacement- und Armierungswettlauf zwischen Schnellem Linienschiff und Linienschiff entstehen. Gegen einen solchen schiffbaulichen „Methodenfehler" führte er das aufschlußreiche Argument an, daß ein Kreuzerlinienschiff „doch nur die Gefechtskraft heutiger Linienschiffe haben (würde), während ein neuer Linienschiffstyp, das (sic!) die Nachteile der übermäßigen Größe, ebenso wie das Kreuzerlinienschiff in den Kauf nehmen würde, diesem ebenso wie bisher an Gefechtskraft erheblich überlegen ausfallen müßte." Sollte, so folgerte er ferner, der Übergang des Großen Kreuzers in ein „mehr oder weniger vollkommenes Linienschiff" dann letztendlich doch nur einen einzigen Typen hervorbringen, „wäre es aber ein Irrtum zu glauben, daß damit der historisch bewiesene Große Kreuzer überhaupt verschwinden würde. Wenn man nur Linienschiffe und Scouts beschaffen wollte, würden noch nicht zwei Jahre ins Land gehen und der Scouts distroyer (sic!), d.h. der Große Kreuzer, wäre von neuem entstanden. Der Kreislauf wäre vollendet."[17] Diese Zukunftsprognose war weder zu bestätigen noch zu verwerfen. Durch ihre anscheinend schlüssige Logik suggerierte sie aber die Warnung, die relative Sicherheit, die die Bestimmungen der Flottengesetze der Entwicklung der deutschen Marine jetzt garantierten, nicht zu Gunsten einer unsinnigen Kreislaufentwicklung aufs Spiel zu setzen, deren Ergebnisse Re-Revirements der Gesetzesartikel und überflüssige Drehungen an der Deplacement- und Kostenspirale sein würden.

Auffallend häufig bemühte sich der Staatssekretär um das Argument der „historischen Begründung" der im Flottengesetz enthaltenen Schiffstypen und ihrer Bezeichnungen. Die richtige Wahl der Typen und Schiffsarten sowie ihre Benennung als Linienschiffe, Große und Kleine Kreuzer nach dem „historisch" gewachsenen Muster der alten Segellinienschiffe, Fregatten und Briggs nahm er sogar als wesentliche Grundlage an, ohne die die „gesetzmäßige Sicherung" des Flottenbaus „unerreichbar erschien".

„Für die Linienschiffe ergab sich durch das „fit for the line" eine für das Gesetz ausreichende Bestimmung ihrer Art und in der alten Bezeichnung auch ein guter, für das Gesetz verwendbarer Ausdruck", räsonierte der Admiral über das eigentliche Verfahren der Typenbenennung und fügte dem hinzu, daß „das gleiche (..) für die beiden anderen Schiffsarten nicht der Fall" gewesen sei. „Aus diesem Grunde wurden absichtlich Bezeichnungen — große und kleine Kreuzer — gewählt, welche der künftigen Entwicklung dieser Typen genug Spielraum ließen" — jedoch bis zum Schnellen Linienschiff reichte dieser Spielraum nach Ansicht des Staatssekretärs natürlich nicht. „Insbesondere wurde auch der Ausdruck Panzerkreuzer planmäßig vermieden", führte Tirpitz weiter aus, „weil er nicht einen historisch bewiesenen Typen darstellt und wir zurzeit der Einbringung des I. Gesetzes (1898, d.V.) sowohl große geschützte wie große gepanzerte Kreuzer auf Stapel hatten."

Ein Resümee aus jenen Zeilen zu ziehen, dürfte nicht schwerfallen: Der Große Kreuzer war, als Bezeichnung *sowie* als Flottentyp, zwar eine Variable, aber eben „historisch" bewiesen und deshalb als Gesetzesgegenstand *und* auch als Typ unverzichtbar. *Panzerkreuzer* hingegen waren für Tirpitz als *Bezeichnung* eine Schöpfung ex-post, nicht „historisch" bewiesen, als Gesetzesformulierung somit verzichtbar — und Tirpitz fürchtete die Konsequenzen jener Verzichtbarkeit.

Die grundsätzliche Frage, ob „für Deutschland große Kreuzer überhaupt erforderlich" seien, sowie die Beweisführung, *daß* sie es waren, beschäftigte den Staatssekretär auch unter etwas anderen Aspekten. „Die große maritime Gefahr für das nächste Jahrzehnt" sei für Deutschland „nur die englische Flotte", setzte der Admiral seinen weiteren Betrachtungen zunächst voraus. Gegenüber der Royal Navy trete aber die Aufklärung — die Hauptaufgabe des Großen Flottenkreuzers — im Konfliktfalle zurück, „denn mit großer Wahrscheinlichkeit ist aus der englischen Geschichte und Auffassung zu schließen, daß wir die Schlacht haben, sobald wir sie wollen, nämlich sobald wir den Hafen oder geschützte Stellungen verlassen. In der Schlacht aber entscheiden die Linienschiffe." Tirpitz wollte dieser Grundauffassung über die mögliche taktische und strategische Kriegführung gegen England nun aber nicht entnommen wissen, daß die „Gattung Großer Kreuzer" obsolet würde. Diese Schiffe sollten — neben ihren Aufgaben für die „weitere Aufklärung" — „bei der Verfolgung nach dem Sieg (den) weichenden erschütterten Feind festhalten, bis die eigenen Linienschiffe aufkommen."

Tirpitz wußte selbst, daß diese Leitlinien vorerst nur Sandkastenspielen glichen, denn große Flottenaktionen mit modernen Kriegsschiffen hatten unter Ernstfallbedingungen noch nirgends stattgefunden. Die Unrichtigkeit dieser Auffassungen war demgegenüber jedoch ebensowenig erwiesen und daraus folgerte er, daß „ein Staat, der im Begriff steht, sich eine große Flotte zu schaffen, den Kriegsschifftypen, wie ihn der Große Kreuzer darstellt, nicht einfach auslassen (darf). Er ist gezwungen, in einem Flottengesetz ihm einen Platz zu lassen." Und dieser Platz wiederum sollte „eine gewisse Kontinuität" sichern, damit ein „ausreichender Grad an Vollkommenheit des Typs überhaupt möglich" würde, denn für die Kaiserliche Marine sei eine „systematische Entwicklung der Typen umso notwendiger, als wir weder mit Geld noch mit technischen Kräften reich in die Ausführung des Flottengesetzes treten konnten."[18]

Die Positionen des Staatssekretärs und seine schiffbaupolitischen Axiome sind somit klar: Die vom Kaiser und der Front geforderte „Linienfähigkeit"

des Kreuzers bedingte eine Deplacementsteigerung — z.B. für den Panzerschutz und damit wieder für eine verbesserte Maschinenleistung, um die Geschwindigkeit zu halten —, die wiederum einen Tonnagewettlauf zwischen Kreuzer und Linienschiff provozieren mußte und letztendlich die Möglichkeit in sich barg, Forderungen nach Verschmelzung der beiden Typen zu verstärken, da dieses Vorgehen rationeller erschien. Erstere Option war jedoch wegen des enggesteckten Finanzrahmens des Marinebudgets nur auf dem Weg über einen verständnisvollen Reichstag zu erlangen, und die Verschmelzung war mit den Organisationsbestimmungen der Flottengesetze *sowie* den Limits einer noch vernünftigen Haushaltsführung unter Äternatsgesichtspunkten nicht vereinbar. Tirpitz wußte, was er zu verhindern hatte: den „linienfähigen" Kreuzer und das Schnelle Linienschiff als Einheitstyp. Es fiel dabei angesichts der möglichen Konsequenzen für das Flottengesetz nicht so sehr ins Gewicht, daß die Festlegung der voraussichtlichen operativen Verwendung für den Großen Kreuzer von einigen Ungereimtheiten geprägt war; andere Marinen hatten ebenso wie die Kaiserliche Flotte Probleme, Panzerkreuzern Aufgaben zuzuweisen, die ihren Fähigkeiten entsprachen.
Der „historisch" bewiesene Große Kreuzer war in Deutschland bislang sowohl gemäß den Bestimmungen der Flottengesetze als auch deshalb gebaut worden, weil Panzerkreuzer in fremden Marinen ebenfalls eingesetzt wurden. Er würde aber für die Kaiserliche Marine aus vorwiegend politischer Rücksichtnahme weitergebaut werden, obwohl im Jahrzehnt vor dem Ersten Weltkrieg von England eine Entwicklung ausgehen sollte, die in anderen Flotten Erwägungen heranreifen ließ, diesen Typ sowie das ihm zugrunde liegende Konzept aus ökonomischen Gründen nach und nach zum auslaufenden Modell zu degradieren. Einzige Variable unter diesen Bedingungen blieb für die deutsche Marine folglich nur das Streben nach „Vollkommenheit" des Typs, was immer dies auch bedeuten mochte.

Seit nunmehr 30 Jahren wurden Panzerkreuzer gebaut. Die ersten Vertreter dieser die illustre Typengesellschaft des ausgehenden 19. Jahrhunderts bereichernden Kreuzervariante waren mehr oder minder geglückte Weiterentwicklungen der Fregatten. Nur wenige der frühen Panzerkreuzer besaßen aber auch deren hervorragendste Eigenschaft: Geschwindigkeit. Kreuzer wie *Shannon* (Stapellauf 1875), *Nelson* (1876) und *Imperieuse* (1883) oder *Vauban* (1882) und *Duguesclin* (1883) waren eher Panzerschiffe 2. Klasse, weniger für den Flottendienst, als vielmehr als Schlachtschiffersatz für Auslandsstationen bestimmt.[19] Eine zweite Generation von Panzerkreuzern entstand in Frankreich gemäß den Ideen der „Jeune Ecole", die nun die Kreuzereigenschaften stärker betonte. *Dupuy de Lome* und seine Nachfolger waren als Handelsstörer ausreichend geschützte, schnelle Schiffe, die im Konfliktfall mit England dessen überseeische Verbindungswege attackieren sollten. Ohne die Entwicklung besseren Panzermaterials, das effektiveren Schiffsschutz bei gleichzeitiger relativer Gewichtsersparnis ermöglichte, hätte allerdings die Weiterentwicklung des Panzerschiffs 2. Klasse zum schnelleren Kreuzer mit Seiten- und Decksschutz nicht erfolgen können.
In England gab man dennoch weiterhin dem seinen voraussichtlichen französischen und auch russischen Gegnern an Geschwindigkeit und Kampfkraft überlegenen „Schutzdeckkreuzer" den Vorzug und trat nach Fertigstellung der *Orlando*-Klasse (1889) in eine fast zehnjährige Baupause für Panzerkreuzer ein. Die Einführung des leichteren, zugleich aber härteren Krupp-Panzermaterials (mit den Linienschiffen der *Canopus*-Klasse 1897)[20] führte 1898 zur Wiederaufnahme des Panzerkreuzerbaus, da nun ein ausgedehnter Schutz durch adäquaten Seiten- und Deckspanzer die Geschwindigkeit weitaus weniger beeinträchtigte als noch zehn Jahre zuvor. Neuentwicklungen auf dem Gebiet der Geschützkonstruktion, die Waffen mit größerer Reichweite und Durchschlagskraft hervorbrachten, und die zunehmende Anzahl von Panzerkreuzern in fremden Marinen hatten der Admiralität in London auch keine andere Wahl gelassen, als den Bau solcher Einheiten fortzusetzen; dank der enormen Kapazitäten britischer Werften waren die Auswirkungen der Baupause jedoch schnell wieder wettgemacht.[21]
Die nun folgenden *Cressy* bis *Devonshire*-Klassen waren noch immer — entsprechend den taktischen und strategischen Vorgaben der Royal Navy — vorwiegend zum Schutz der Handelsrouten und zur

Aufklärung konzipiert. Diese Aufgabenstellungen wurden jedoch ab 1902 ergänzt, denn in diesem und den folgenden Jahren bedingten sowohl personelle Revirements als auch politische Neuorientierungen und damit zusammenhängende Änderungen der Einsatzrichtlinien eine prinzipielle Wandlung des Panzerkreuzers in England.

Mit dem Amtsantritt von Philip Watts als Director of Naval Construction, dem der Ruf vorauseilte, „plenty of guns"[22] auf von ihm konstruierte Schiffe zu setzen, und der Ernennung Sir John Fishers zum Ersten Seelord im Jahre 1904 waren Männer an die Schalthebel der Marineführung gelangt, die der sich immer deutlicher abzeichnenden maritimen Herausforderung Deutschlands u.a. mit entsprechenden Schiffskonstruktionen begegnen wollten.

Der Ausbruch des russisch-japanischen Krieges im Februar 1904 — der mit dem vorläufigen Ausscheiden des Zarenreichs aus dem Kreis der großen Seemächte endete — und die Entente Cordiale vom 8. April desselben Jahres entledigten Großbritannien zweier bislang als Hauptantagonisten zur See betrachteter Nationen. Die seit 1901 voranschreitende britisch-amerikanische Annäherung sowie das 1902 abgeschlossene Bündnis mit Japan legten die künftigen maritimen Rüstungsanstrengungen Englands dann vollends auf Europa fest, wo die Flotten Italiens und Österreichs — der deutschen Dreibundpartner — zunächst noch von den mächtigen britischen Mittelmeergeschwadern der Royal Navy in Schach gehalten wurden, bevor französische Flottenverbände diese Aufgaben später innerhalb der Entente übernahmen und die britischen Schiffe dem „Rückruf der Legionen" zu den Home-Fleets folgen konnten.[23] Dieses neue weltweite Kräfteverhältnis — in Deutschland als „Einkreisung" verstanden, gedacht aber eher als „Auskreisung" (K.E. Born) des ambitiösen Kaiserreichs — ließ es nun zu, daß die Admiralty sich auf die zunehmend wahrscheinlicher werdende Gegnerschaft des Deutschen Reiches konzentrieren und ihre strategisch-taktischen und militärischen Bedürfnisse entsprechend ausrichten konnte.

Auf den Bau von Panzerkreuzern in England hatten diese Entwicklungen nun insofern Einfluß, als die mit den Etats 1902/03 bis 1904/05 bewilligten Schiffe der *Duke of Edinburgh-*, *Warrior-* und *Minotaur*-Klassen gut bestückte, leidlich geschützte, schnelle Einheiten waren, deren neue Aufgabe darin bestand, in Geschwaderstärke als „schneller Flügel" („fast wing") der Flotte zu agieren, um einen taktischen Vorteil für den Gesamtverband zu erringen und, falls nötig und möglich, auch gegen Linienschiffe ins Gefecht einzugreifen. Neben dieser Reaktion auf den Tirpitzschen „Primat der Schlachtentscheidung" blieben die voraussichtlichen Hauptaufgaben im Rahmen einer Flottenaktion weiterhin die Aufklärung in Geschwaderstärke, das Durchbrechen der gegnerischen Kreuzersicherung, der Schutz der eigenen Kleinkampfverbände und die Verfolgung der (geschlagenen) Gegnerflotte — Ähnlichkeiten mit deutschen Planungen am grünen Tisch sind unverkennbar.

Neben der grundsätzlichen Entscheidung für den Bau Großer Kreuzer als zweitem großen Kampfschifftypen, dem politischen Opportunismus, der seinen Weiterbau forderte, sowie der Festlegung eines gewissen Kontinuitätsbauquantums zur Typenentwicklung stellte die rüstungstechnische Fixierung auf England in steigendem Maße auch bestimmte qualitative Anforderungen an die Kreuzerbauten der Kaiserlichen Marine. In einer Denkschrift vom Juli 1897 hatte Tirpitz im Hinblick auf die Konstruktionsrichtlinien für die Auslandsschiffe — d.h. vornehmlich auch Große Kreuzer, die er nur als „detachiert von der Heimat" und daher von der Gesamtflotte verstanden wissen wollte — aber noch folgenden Wunsch geäußert: „Wir müssen uns durchaus die stolze Initiative sowohl für die Gruppierung der Schiffsarten zur Flotte wie zur militärischen und hoffentlich auch zur technischen Entwicklung unserer Typen bewahren."[24] Der Staatssekretär ahnte zu diesem Zeitpunkt wohl schon, welche Gefahren einem bei limitiertem Budget auf Erhöhung der Quantitäten ausgerichteten Konzept drohen konnten, sollte man einmal gezwungen sein, recht schnell und massiv auf technische Neuerungen in anderen Marinen — insbesondere der englischen — reagieren zu müssen.

Die deutschen Großen Kreuzer bis zur *Yorck*-Klasse waren im Vergleich zu ihren ausländischen Typgenossen eher durchwachsene Konstruktionen. Man hatte bei ihnen zwar auf Geschwindigkeit gesetzt, doch am internationalen Standard

[1] Der Große Kreuzer *C — Gneisenau;* neben den Linienschiffen *P — Hannover* und *O — Pommern* dritter Neubau des Etats 1904. (WZ - Bilddienst)

gemessen, schnitten sie nur mittelprächtig ab — gegenüber ihren voraussichtlichen englischen Gegnern waren sie hier zweifelsohne unterlegen. Tirpitz selbst rechnete schon Anfang 1904 mit einem Limit von 22 kn, um den Geschwindigkeitsvorsprung des Kreuzers gegenüber dem Linienschiff zu halten. *Roon* und *Yorck,* die sich zu diesem Zeitpunkt gerade in Bau befanden und noch knapp zwei Jahre bis zu ihrer Indienststellung benötigten, sollten bestenfalls auf 21,1 - 21,4 kn kommen — dies war zu wenig, wenn man bedenkt, daß die entsprechenden englischen Einheiten bereits 23 kn laufen konnten. Es muß den Konstrukteuren des RMA zugute gehalten werden — und Tirpitz stellte jenen Sachverhalt in seiner Denkschrift vom Frühjahr 1904 auch gebührend heraus[25] —, daß sie durch die Schleusenabmessungen von Wilhelmshaven — die III. Einfahrt war gerade in Bau — vorläufig daran gehindert waren, zur Geschwindigkeitssteigerung die Schiffslängen zu vergrößern. Allerdings kam dieses Limit dem Staatssekretär bis dato kaum ungelegen, denn es entsprach durchaus seiner Baupolitik, „in die Großen Kreuzer nicht allzuviel Kapital (...) hineinzustecken, vielmehr den Schiffstyp tunlichst klein zu wählen."[26]

Defizite zeigten sich aber auch hinsichtlich der zweiten hervorragenden Eigenschaft eines Panzerkreuzers. Bei Versuchen auf dem Kruppschen Testgelände in Meppen war im Juni 1903 ein Wasserlinienziel des Großen Kreuzers *Prinz Heinrich* beschossen worden. Dabei bestätigte sich, was man im RMA wohl vorher schon ahnte: „Auch die Panzerung (befand sich) gegenüber den modernen Geschossen der Mittelartillerie (...) zu sehr an der untersten Grenze."[27]

Angesichts der deutlich zu Tage tretenden Unzulänglichkeiten der Konstruktionen bis zur *Yorck*-

[2] Das Schwesterschiff von *Gneisenau,* der Große Kreuzer *D — Scharnhorst;* Neubau des Etats 1905. Das Schiff führt auf dieser Aufnahme den weiß/gelben Zweifarbenanstrich für Schiffe auf den Auslandsstationen und Kaiserbegleitschiffe. (WZ - Bilddienst)

Klasse und auch der internationalen Tendenz — insbesondere im englischen Schiffbau —, zu größeren, schnelleren und schwerer bewaffneten Panzerkreuzern überzugehen, blieb der Marineverwaltung, wollte man in der Entwicklung des Typs nicht zurückfallen, nur übrig, die Deplacements zu vergrößern und zunächst einmal die bisher bestehenden technischen Restriktionen beseite zu schieben. Doch damit taten sich für Tirpitz zwei andere Limits auf: der Geldbedarfsrahmen der Flottengesetze und eine sogleich einsetzende Diskussion um den „linienfähigen" Kreuzer.

Für die beiden unmittelbaren Nachfolger der *Yorck*-Klasse wirkte sich die Kostensteigerung im Schiffbau zwar noch nicht so spürbar aus: gegenüber 17,97 Millionen Mark für *Ersatz Deutschland* wurden für *D(Scharnhorst)* und *C(Gneisenau)* 19,17 bzw. 18,75 Millionen Mark in den Etat eingestellt.[28] Doch Tirpitz richtete seinen Blick selten nur auf die unmittelbare Zukunft; und abgesehen davon, auch eine Kostenerhöhung von insgesamt etwa zwei Millionen für „notwendiges Beiwerk" schmerzte ihn.

Unbequemer für die weitere Entwicklung der Marinerüstung war in dieser Situation jedoch das Aufrollen der sogenannten „Typenfrage". Hatte der Kaiser mit seinen schiffbautechnischen Vorstellungen in diesem Zusammenhang schon für unliebsame Irritationen gesorgt[29], versuchte Kapitän z.S. v. Heeringen, Vertreter des Allgemeinen Marine-Departements im RMA (A), auf einer Sitzung am 25. Mai 1904 ebenfalls einen Vorstoß für den „Eintritt" des Großen Kreuzers in die Linie.[30] Die in Aussicht gestellte Verstärkung der Hauptartillerie von bislang vier auf nunmehr 8 x 21cm-SK für die Kreuzer *C* und *D* hatte v. Heeringen zum Anlaß genommen zu fordern, daß „der Große Kreuzer — allerdings unter „Wahrung (scines) Charakters" — fähig sein müsse, in die Lücke für ein ausfallendes Linienschiff einzutreten."

Tirpitz wollte dies „grundsätzlich vermeiden." Er machte zwar Zugeständnisse, indem er ausführte, daß „er an sich die 0,5 kn Geschwindigkeit, die sich für *C* noch hätten erreichen lassen, zugunsten der schweren Armierung ungern (aufgebe), (es) aber in Rücksicht auf das Vorgehen der Engländer, welche ihren Großen Kreuzern eine wesentlich schwerere Armierung geben als früher, klug (scheine), dem nachzugeben und so gewissermaßen den Fehler der Engländer mitzumachen (...)". An bestimmten Tabus seiner Baupolitik wollte er jedoch weiterhin nicht rütteln: „Der Große Kreuzer solle nur dem fremden Großen Kreuzer gewachsen sein", insistierte er, „daraus ergebe sich nur die Folgerung, den Engländern nachzugeben. Einen linienfähigen Kreuzer wird die Flotte sofort in die Linie vereinnahmen ohne auf die Typenfrage Rücksicht zu nehmen." Und zur Bekräftigung seines Standpunkts brachte der Staatssekretär dann folgende, schon bekannten Argumente hervor: „Die Linienschiffsqualität am Großen Kreuzer verursachte nebenbei unverhältnismäßig hohe Kosten. Er müsse nur dem entgegentreten, als ob der Große Kreuzer überhaupt aufgegeben werden könne. Bei einem Gesetz sei es für eine große Flotte unmöglich, ihn auszulassen. Der (dann übrig bleibende, d.V.) Kleine Kreuzer werde immer wieder einen anti-scout erzeugen."[31]

C und *D* erhielten 8 x 21-cm-SK; „linienfähig" würden sie aber nicht sein.

Anmerkungen

1 Wilhelm II., Deutscher Kaiser, „L", Einiges über Panzerkreuzer, in: MR 1 (1904), 13 - 17.

2 So erschienen in der >Marine-Rundschau<, der bekanntesten deutschen Fachzeitschrift, u.a. folgende beiden ausgewählten Titel: Lees, B.W., Der Panzerkreuzer, ein Kompromißschiff, in: MR 3 (1901), 301 - 305; Kretschmer, O., Panzerkreuzer und Kleine Kreuzer, in: MR 6 (1901), 663 - 675; Die stets kritische >Flotte<, das Organ des Deutschen Flotten-Vereins, nahm die Panzerkreuzerdiskussion ab 1905 verstärkt auf: Die Panzerkreuzer der Hauptseemächte, in: Die Flotte 1 (1905), 4f; Panzerschiffe oder Panzerkreuzer?, in: Die Flotte 2 (1905), 20; Panzerkreuzer, in: Die Flotte 8 (1905), 113; Ein neuer deutscher Panzerkreuzertyp, in: Die Flotte 9 (1905), 136; Unsere Kreuzernot, in: Die Flotte 12 (1905), 177; Die Deplacementvergrößerung unserer Kriegsschiffe, in: Die Flotte 4 (1906), 49; Zur Frage unserer Panzerkreuzer, in: Die Flotte 5 (1907), 65.

3 Wilhelm II., Deutscher Kaiser, „L", Einiges über Panzerkreuzer, in: MR 1 (1904), 13.

4 *Moreno,* ex *Roca* später *Nisshin,* gebaut: Ansaldo, Genua; 7.821 t; L_{CWL} 108,8 x B 18,9 x T 7,32 m; 2 x 20,3-cm-SK L/45, 14 x 15-cm-SK L/40; 13.500 PSi, 20 kn.
Der Kaiser hatte die einzelnen, zu vergleichenden Kreuzer nach ihrem Deplacementverhältnis zu den größten deutschen Linienschiffen in zwei Kategorien unterteilt: Kategorie 1 enthielt Typen mit größerem Deplacement als die deutschen Schiffe: *Black Prince* (E), *Washington* (USA) und *Ernest Renan* (F). Kategorie 2 enthielt solche Einheiten, die „unseren Anforderungen in bezug auf das Deplacement besser entsprechen": *Moreno* (ARG), *Friedrich Carl* (D), *Kent* (E), *Montcalm* (F), *Bayan* (R), *Iwate* (J), *Milwaukee* (USA) und *O'Higgins* (CHI), s. Ebd., 14 u. 16.

5 So Wilhelm II. in seinem zweiten Artikel „Zur Diskussion über Panzerkreuzer", s. BAMA RM 2/1601, o.D. Die Reaktionen auf die „L"-Argumente waren im Februarheft der >Marine-Rundschau< erschienen.

6 s. Ebd., BAMA RM 2/1601.

7 Ebd., BAMA RM 2/1601.

8 BAMA RM 2/1601, Aufzeichnung Tirpitz, Was ist ein Großer Kreuzer, 29.1.1904, mit Randbemerkungen des Kaisers; s. auch BAMA RM 3/357, Denkschrift Tirpitz, Die Entwickelung unseres Großen Kreuzers, 5.3.1904.

9 Wilhelm II., Deutscher Kaiser, „L", Einiges über Panzerkreuzer, in. MR 1 (1904), 13.

10 Für diese Arbeit grundlegend, was die gesetzesmäßigen, parlamentarischen und finanzpolitischen Implikationen des Tirpitzschen Flottenbaus anbetrifft: Berghahn, Der Tirpitz Plan; vgl. ders., Zu den Zielen des deutschen Flottenbaus unter Wilhelm II., in: HZ 210 (1970), 34-110; ders., Der Tirpitz Plan, in: Schottelius/Deist (Hg.), Marine- und Marinepolitik, 89-115; ders., Des Kaisers Flotte und die Revolutionierung des Mächtesystems vor 1914, in: Röhl (Hg.), Der Ort Kaiser Wilhelms II. in der deutschen Geschichte, 173-188; s. ferner die neuere Arbeit von Epkenhans, Die Wilhelminische Flottenrüstung 1908 - 1914.
Zu den im Text erwähnten „weltpolitischen" Machtoptionen v. Bülows und v. Tirpitz' s. insbesondere Winzen, Zur Genesis von Weltmachtkonzept und Weltpolitik, in: Röhl (Hg.), Der Ort Kaiser Wilhelms II., 189-222.
Zur Auseinandersetzung mit der Berghahn-These vom Flottenbau als „innenpolitischer Krisenstrategie" seien hier stellvertretend erwähnt: Hubatsch, Kaiserliche Marine; Stürmer, Das ruhelose Reich; Salewski, Tirpitz: Aufstieg-Macht-Scheitern; Nipperdey, Deutsche Geschichte 1866 - 1918, Bd. 2; s. ferner Eley, Reshaping the German Right.

11 Epkenhans, Wilhelminische Flottenrüstung, 15.

12 s. Denkschrift Tirpitz, Allgemeine Gesichtspunkte bei der Festlegung unserer Flotte nach Schiffsklassen und Schiffstypen, Juli 1897, in: Berghahn/Deist (Hg.), Rüstung, Dok. II/10, 122-127.

13 s. Berghahn, Zu den Zielen, 70.

14 Zur „Lebensdauer" s. Gesetz, betreffend die deutsche Flotte. Vom 10. April 1898, in: RGBL 15 (Nr. 2464), 166, §2. Das Alter der Linienschiffe mußte für den 20jährigen Äternat zu einem späteren Zeitpunkt noch von 25 auf 20 Jahre herabgesetzt werden; dies geschah 1908.

15 Bis September 1899 waren vorerst 12 Große Kreuzer und 45 Linienschiffe in Aussicht genommen, im November betrug die angestrebte Relation 15 zu 45. Die Vorlage zum Flottengesetz 1900 enthielt dann 20 Große Kreuzer und 38 Linienschiffe, wovon in den Kommissionsberatungen des Parlaments sechs Große Kreuzer (die Neubauten *E* - *K*) auf sechs Jahre gestrichen wurden, s. Notizen des Staatssekretärs des Reichsmarineamts, Kontreadmiral Tirpitz, zum Immediatvor-

trag am 28. September 1899 über die Vorbereitung u. Zielsetzung der Novelle zum Flottengesetz, in: Berghahn/Deist (Hg.), Rüstung, Dok. III/6, 160; s. ferner Berghahn, Der Tirpitz Plan, 193, Anm. 98; vgl. Loth, Katholiken im Kaiserreich, 71f zur Streichung der Kreuzerbauten in den Kommissionsberatungen.

16 BAMA RM 3/357, Denkschrift Tirpitz, Die Entwickelung unseres Großen Kreuzers, 5.3.1904; s. auch BAMA RM 2/1601, Aufzeichnung Tirpitz, Was ist ein Großer Kreuzer, 29.1.1904; vgl. Berghahn, Der Tirpitz Plan, 361ff.

17 s. Ebd., BAMA RM 3/357.

18 vgl. zu den vorstehenden Argumenten des Staatssekretärs folgende Ausführungen, die er sieben Jahre zuvor, im Juli 1897, in seiner „Denkschrift (über die) allgemeinen Gesichtspunkte bei der Feststellung unserer Flotte nach Schiffsklassen und Schiffstypen" gemacht hatte: „Über Wert und Verwendungsweise von Aufklärungskräften in Verbindung mit der Entscheidungsflotte besitzen wir eine sehr viel geringere Kenntnis und Sicherheit als über Kräfte der Kampflinie. Gegen England sowie gegen jede in unsere Gewässer eindringende Flotte tritt die Bedeutung der Aufklärungsstreitkräfte sehr zurück. Wir werden daher grundsätzlich die Aufklärungskräfte im Verhältnis zur Flotte nicht größer machen als erforderlich (...)." Und für das Einzelschiff folgerte er daraus, daß es sich, „zumal in einem Krieg gegen England, (...) empfehlen (wird), in die Großen Kreuzer nicht allzuviel Kapital und Personal hineinzustecken, vielmehr den Schiffstyp tunlichst klein zu wählen", zit. nach: Berghahn/Deist (Hg.), Rüstung, Dok. II/10, 123; vgl. auch Steinberg, Yesterday's Deterrent, 210ff.

19 vgl. Breyer, Schlachtschiffe und Schlachtkreuzer, 57; s. für kurze Konstruktionsbeschreibungen und technische Daten der erwähnten Schiffe: Chesneau/Kolesnik, Kriegsschiffe der Welt (Conway's All the World's Fighting Ships), I und III.

20 s. Burt, British Battleships 1889 - 1904, 142; vgl. Parkes, British Battleships, 396.

21 So lieferten diese von 1901 bis 1905 26 Panzerkreuzer für die Royal Navy ab; auch forderten der „Naval Defence Act" von 1889 und das 1893 angeregte „Spencer-Programm" nicht weniger als 72 Kreuzerneubauten 1., 2. und 3. Klasse bis 1898 fertigzustellen; diese füllten die Baulücke bei Panzerkreuzern gut aus.

22 Parkes, British Battleships, 441.

23 s. hierzu Schaubilder zur Dislokation der aktiven Flotten in Potter/Nimitz/Rohwer, Seemacht, 323ff.

24 Denkschrift Tirpitz, Allgemeine Gesichtspunkte bei der Feststellung unserer Flotte nach Schiffsklassen und Schiffstypen, Juli 1897, zit. nach: Berghahn/Deist (Hg.), Rüstung, Dok. II/10, 125.

25 s. BAMA RM 3/357, Denkschrift Tirpitz, Die Entwickelung unseres Großen Kreuzers, 5.3.1904.

26 Denkschrift Tirpitz, Allgemeine Gesichtspunkte bei der Feststellung unserer Flotte nach Schiffsklassen und Schiffstypen, Juli 1897, zit. nach: Berghahn/Deist (Hg.), Rüstung, Dok. II/10, 123; vgl. Anm. 18.

27 s. BAMA RM 3/357, Denkschrift Tirpitz, Die Entwickelung unseres Großen Kreuzers, 5.3.1904.

28 s. Reichshaushaltsetats 1903ff, Anl. VI, Kap. 6.

29 Wilhelm II. hatte die Denkschrift des Staatssekretärs vom Januar 1904 nicht nur mit der oben zitierten Schlußmarginalie versehen, sondern auch recht grobe Bemerkungen wie „Unsinn!", „Prosit!", „Gänzlicher Irrtum!" verwendet, s. BAMA RM 2/1601, Randbemerkungen des Kaisers zu Aufzeichnung Tirpitz, Was ist ein Großer Kreuzer, 29.1.1904.

30 BAMA RM 3/2527, Protokoll der Sitzung vom 25.4.1904 bezüglich der Verstärkung der Armierung der Großen Kreuzer *C* und *D*, M, 25.4.1904; vgl. Auszüge aus dieser Sitzung, inklusive der zit. Passagen in Fock, Des Kaisers Preisausschreiben I, in: MR 3 (1977), 115.

31 s. Ebd., BAMA RM 3/2527.

I Großer Kreuzer 1906 — *E* — *Blücher*

Die erste Novelle zum zweiten Flottengesetz von 1900[1] bildete die gesetzliche Grundlage für den Bau der Großen Kreuzer *E* bis *K*[2]; sie sah in ihrem einzigen Paragraphen folgendes vor:

Der im §1 des Gesetzes, betreffend die deutsche Flotte, vom 14. Juni 1900 festgesetzte Schiffsbestand wird vermehrt: 1. bei der Auslandsflotte um 5 Große Kreuzer; 2. bei der Materialreserve um 1 Großen Kreuzer.[3]

Nach Ablieferung dieser Vermehrungsbauten würde die zum Äternat erforderliche Sollzahl von 20 Großen Kreuzern bei einer jährlichen Bauquote von einer Einheit (außer in den Jahren 1911 und 1912, in denen vorläufig jeweils zwei Schiffe — ein Vermehrungsbau sowie ein Kreuzerersatzbau[4] — vorgesehen waren) 1912 erreicht worden sein, nachdem 1910 noch ein Ersatzbau eingeschoben werden sollte (s. Tab. 1).

Die Entscheidung für die Ausgestaltung der Novelle als reine Kreuzervorlage war im Februar 1905 gefallen, nachdem zwei weitere Alternativen, die neben der Kreuzerforderung sowohl auf die Vermehrung um ein drittes Doppelgeschwader von Linienschiffen als auch ein forciertes Vorziehen von Linienschiffsersatzbauten hinausliefen, wegen der Rücksichtnahme auf das Verhältnis zu England und aufgrund einiger Meldungen des Marineattaches in London, der im Januar und Februar von einer bevorstehenden Erhöhung der englischen Linienschiffsdeplacements auf 18.000 ts berichtet hatte, verworfen worden waren.[5]

Die Entscheidung für die Kreuzervorlage hatte die Vorteile, daß die erwartete Typensteigerung bei Linienschiffsbauten das Budget nicht in astronomische Höhen treiben konnte, der Reichstag nur diejenigen Schiffe bewilligen mußte, die er in den Debatten um das Flottengesetz 1900 gestrichen hatte[6], und das bisherige Dreierbautempo, trotz der relativ geringen Zahl an Vermehrungsbauten, für weitere Jahre gesichert blieb.

Gleichzeitig mit diesen grundsätzlichen Weichenstellungen zur Weiterentwicklung der maritimen Rüstungen wurden im RMA auch die spezifischen finanziellen Rahmendaten für die beiden Großkampfschifftypen des neuen Haushalts gesetzt: Die voraussichtlichen Etatpreise für die beiden Linienschiffe und den Kreuzer 1906 sollten sich auf etwa jeweils 32 bzw. 24 Millionen Mark belaufen.[7] Damit wurden für den Kreuzer *E* die Mittel in Relation zur Preisentwicklung bei den Vorgängerklassen nicht unwesentlich erhöht.[8]

Tirpitz wollte also auf dem Weg ein Stück weitergehen, den er mit den Kreuzern *C* und *D* eingeschlagen hatte, den „Fehler der Engländer", wie er es nannte, auch künftig mitmachen und schnellere, besser geschützte und armierte Kreuzer bauen. Allerdings sollte dies innerhalb eines noch vertretbaren Etatrahmens geschehen, und auch Vorstellungen hinsichtlich einer etwaigen „Linienfähigkeit" des Kreuzers durften mit den neuen Konstruktionen nicht erweckt werden.

Es ist nun gerade für die Arbeiten an den Entwürfen des Großen Kreuzers *E* interessant zu untersuchen, wie sich das Zusammenspiel der genannten Aspekte innerhalb des Zielkonflikts zwischen gegebenem Finanzrahmen und technischer Entwicklung gestaltete. Eine Fülle von Projekten, Entwürfen und Studien läßt eine detaillierte Analyse der Arbeiten am Kreuzer 1906 zu einer lohnenden Untersuchung heranreifen, zumal *E* ja auch der letzte Vor-*Invincible*-Entwurf der Kaiserlichen Marine werden sollte.

Am 4. März 1905 beauftragte der Staatssekretär das Konstruktionsdepartement des RMA (K) mit der Ausarbeitung zweier Entwürfe für den neuen Kreuzer 1906. Die Studien sollten bis zum 16. des Monats fertiggestellt sein, da Tirpitz dem Kaiser zwei Tage später immediat Vortrag über neue Schiffbauprojekte halten wollte, auch um eine vorläufige Genehmigung des Monarchen für das weitere Vorgehen zu erwirken.[9] Der Admiral wollte zunächst einmal testen, was der angestrebte Etatrahmen zuließ und gab folgende Hauptcharakteristika — ausschließlich zur Bewaffnung — vor: „Projekt *A*: (Hauptartillerie) wie *C*[10], doch 8 x 15-cm-SK statt 6; Projekt *B:* 12 x 21-cm-SK L/45 in 6

Doppeltürmen, möglichst 8 x 15-cm-SK in Kasematte, kleinere SK etc. wie bei *C*."

Da bei Projekt *A (= E1)* mit dem 21-cm-SK L/45 lediglich ein neues Geschützmodell eingeführt werden sollte — von den beiden zusätzlichen 15-cm-SK einmal abgesehen —, gab K dem Entwurf andere Qualitäten und steigerte im Vergleich zu *B (=E2)* bei um 900 t geringerem Deplacement die Maschinenleistung um 1.000 PSi. Damit war ein Mehr von etwa 0,5 kn Geschwindigkeit gegenüber Projekt *E2* zu erwarten; dieses hatte mit seinen 12 x 21-cm-SK hingegen das schwerere Artilleriegewicht zu tragen. Außer in der Länge waren beide Projekte in etwa entlang der Hauptabmessungen der *C*-Klasse konzipiert. Ihre Maschinenleistungen übertrafen diejenigen ihrer Vorgänger um 3.000 bis 4.000 PSi, der Seitenpanzer war im Vergleich zu *C* und *D* um 30 mm auf 180 mm verstärkt worden. Im Hinblick auf die zu erwartenden Schiffbaukosten bedeuteten die unterschiedlichen Zielsetzungen bei der spezifischen Betonung der Gewichtsgruppen für *E1* eine Preisminderung gegenüber der Etatanschlagsumme um etwa eine Million, für *E2* mußte dagegen mit einer Steigerung um rund 1,6 Millionen gerechnet werden, hauptsächlich verursacht durch die Kosten für die sechs schweren Türme.[11]

Die auffälligsten Unterschiede im äußeren Erscheinungsbild der beiden Projekte zu ihren Vorgängern waren die durch eine Vermehrung der Kessel bedingte ungewöhnliche Anzahl von fünf Schornsteinen bei *E1*, die dem Schiff eine recht eigentümliche Silhouette verliehen hätten, und die „Hexagonalaufstellung" der Hauptartillerie bei *E2*. Von diesen Merkmalen abgesehen standen die Entwürfe jedoch fest in der Designtradition der Großen Kreuzer der Kaiserlichen Marine: beide zeigten — immer noch — die charakteristische Walback, den weit hinter der Schiffsmitte beginnenden Decksabsatz sowie die schweren Gefechtsmasten.

Der Staatssekretär war noch nicht ganz zufrieden, denn am 13. März erteilte er während einer Besprechung mit Vertretern der Konstruktionsabteilung den Auftrag, ein weiteres Projekt — *E3* — auszuarbeiten, das ebenfalls noch bis zum Vortrag beim Kaiser fertiggestellt sein sollte. Für die Hauptarmierung schlug Tirpitz einen Mittelweg zwischen den Vorgaben des Kreuzers *C* bzw. des Projekts *E1* sowie des Entwurfs *E2* ein: „4 x 21-cm-SK L/45 in Doppeltürmen, 6 x 21-cm-SK L/45 in Kasematte, 8 x 15-cm-SK L/40 in Kasematte, Nebenarmierung wie *C* und *D*."[12] Die beiden zusätzlichen 21-cm-Kasemattgeschütze bedingten einen etwas verbesserten Seitenschutz in diesem Bereich —180 mm statt 150 mm wie bei *C* und *E1*. Der damit verbundene Gewichtszuwachs sollte durch eine Reduzierung des Wasserlinienpanzers gegenüber *E1* und *E2* vor und hinter der Schiffsmitte um 20 mm von 180 auf 160 mm sowie im Bereich des vorderen 21-cm-Geschützstandes auf 140 mm ungefähr kompensiert werden. Die Geschwindigkeit von *E1* konnte zwar, auch wegen der um 1.000 PSi geringeren Maschinenleistung, nicht mehr erreicht werden, aber mit 23,3 kn machte *E3* noch einen zufriedenstellenden Schnitt. Die sonstigen Hauptdaten orientierten sich erneut an den Werten der vorhergehenden Entwürfe, wobei *E3* (wie *E1*) etwas schmäler als *E2* ausgefallen war, da letzterer Entwurf wegen der Ausmaße und Bestreichungswinkel der je paarweise mittschiffs stehenden 21-cm-Doppeltürme geringfügig breiter konzipiert werden mußte. (Die Turmbarbetten der Breitseitgeschütze ragten dennoch etwas über die Bordseite hinaus.)

Projekt *E3* erhielt am 18. März die vorläufige Genehmigung des Kaisers und ging Anfang Mai mit einer Anschlagsumme von 23 Millionen in den Haushaltsentwurf für 1906 ein, nachdem die Etatabteilung (E) im Hinblick auf Preisnachlässe bei neuen Panzerlieferungsverträgen mit Krupp und den Dillinger Hüttenwerken noch 0,3 Millionen Mark Minderkosten hatte einkalkulieren können.[13] Gegenüber dem ersten Ansatz von 24 Millionen konnte Tirpitz demnach insgesamt eine Million einsparen.

Eine kleine Notiz auf dem *E3*-Skizzenblatt besagt, daß der Monarch „Einzelheiten" zu weiteren Arbeiten am Entwurf des Kreuzers *E* der Entscheidungsbefugnis des Staatssekretärs überlassen habe.[14] Da die Zeit nicht drängte — die endgültigen Projektarbeiten mußten aller Erfahrung nach erst im Winter oder Frühjahr abgeschlossen sein — konnte Tirpitz, ausgehend von einer sicheren Basis, weitere Verbesserungen vornehmen lassen; außerdem bestand finanziell im Vergleich zum ersten Anschlag ja noch etwas Spielraum. Er gab somit der

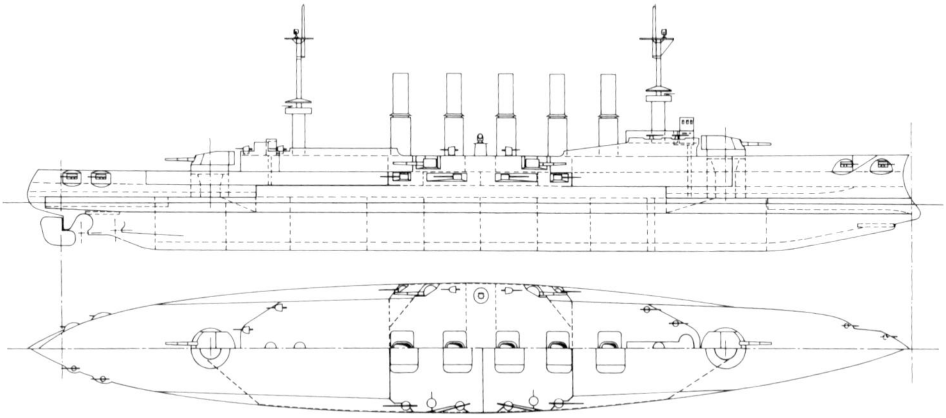

Projekt *E1* für den Großen Kreuzer *E —Blücher*

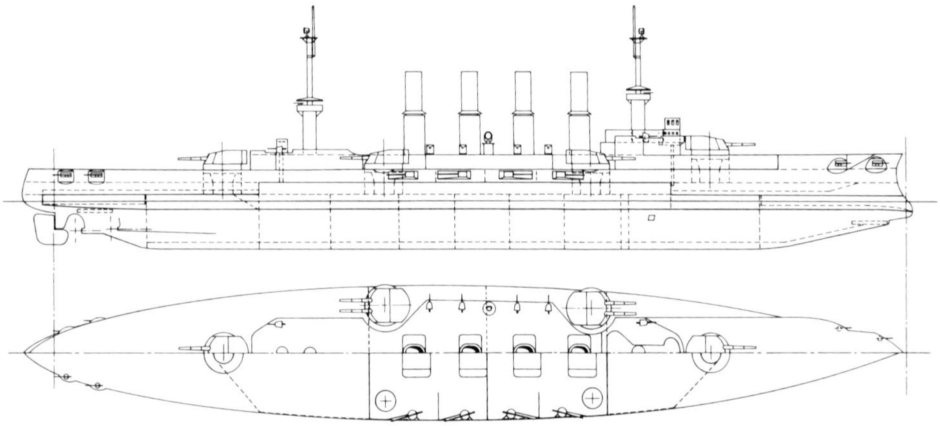

Projekt *E2*

Konstruktionsabteilung den Auftrag, diejenigen Änderungen an *E3* vorzunehmen, die auf der Oberen Ansicht der genehmigten Entwurfsskizze durch zwei grob eingezeichnete Kreise im Mittschiffsbereich angedeutet waren: das auszuarbeitende, neue Projekt *E5*[15] sollte wieder die „Hexagonalaufstellung" der Hauptartillerie zeigen. In Abänderung des *E2*-Konzepts blieb die Rohrzahl — offenbar wegen der hohen Kosten — aber auf acht beschränkt, so daß die Breitseittürme nurmehr Einzelgeschütze tragen sollten. Die Rückkehr zu Überlegungen in dieser Richtung ist neben dem Testen der Finanzierbarkeit auch auf folgende Faktoren zurückzuführen: Zunächst bedeutete die Abkehr von der Kasemattaufstellung der Hauptartillerie besseren Schutz für Armierung und Schiff. K vermerkte hierzu, daß der wesentliche Vorzug der-Armierung von *E5* gegenüber *E3* in dem Fortfall der großen 21-cm-Kasemattpforten bestehe, die eine „beträchtliche Schwächung" des Panzerschutzes für die Geschütze darstellen würden.[16] Aber abgesehen davon, daß *E5* gegenüber *E3* je Breitseite ein Geschütz weniger zum Tragen bringen konnte, bedeutete die Aufstellung in Einzeltürmen möglicherweise auch eine wesentliche Einschränkung des Gesamtbestreichungswinkels der schweren Artillerie. In einer diesbezüglichen Anfrage an K erkundigte sich AV (Abteilung Schiffskonstruktion

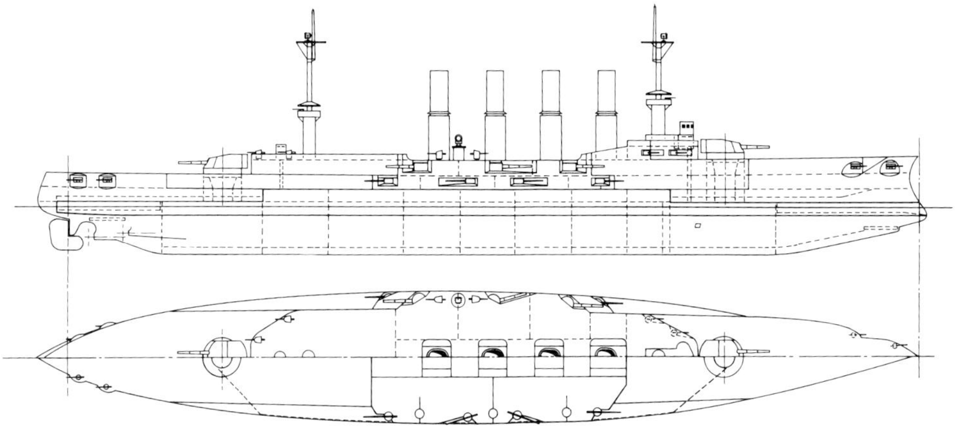

Das am 18. März 1905 vorläufig genehmigte Projekt *E3*

und Waffen des Allgemeinen Marine-Departements) nach den Richtbereichen der 21-cm-Geschütze für *E3* und *E5* sowie eines weiteren Projekts, bei welchem auf seitliche Pforteneinschnitte verzichtet werden sollte.[17] (Tab. 8 zeigt diese Aufstellung für die genannten Entwürfe.) Die Berechnungen ergaben, daß *E5* dem alternativen Projekt *E3'* gegenüber zwar gleichwertig sein würde, im Vergleich zu *E3* aber unterlegen war. Der Zielkonflikt zwischen der Betonung der Offensiv- oder der Defensiveigenschaften wurde zugunsten letzterer entschieden; die Einzelturmaufstellung als „wesentlicher Vorzug" der Armierung von *E5* gegenüber *E3* ausdrücklich hervorgehoben.[18] Türme hatten den zusätzlichen Vorteil, daß die Oberdeckskasematte entfiel und somit die Höhe des Oberschiffes geringer ausfallen konnte. Dies reduzierte die Gefahr eines verheerenden Treffers in der Kasematte und die Trefferfläche für die vitalen Teile. Auch würde eine Bedienung der Artillerie bei unruhiger Plattform leichter fallen, was ein schnelleres Feuer ermöglichte.

Ein weiteres Moment, das zur erneuten Option auf die ungewöhnliche Sechseckaufstellung der Türme geführt hat, liefern die parallel zu den Entwurfsarbeiten für den Kreuzer *E* entstandenen Studien für die Linienschiffe des Etats 1906: Das konzipierte Linienschiffsprojekt *C*[19] — 8 x 28-cm-SK L/45 ; 15.700 t — zeigt exakt dieselbe Turm- und Geschützverteilung wie Entwurf *E5*.

Das Armierungsschema der Entwürfe *E2* und *E5* hatte jedoch gerade wegen dieser offensichtlichen Kongruenz nicht nur Vorteile zu bieten. Zunächst ist es zwar wenig erstaunlich, daß Linienschiff und Kreuzer in der Postierung der Hauptartillerie übereinstimmten — das war bislang ein steter und akzeptabler Usus gewesen und hatte rein artilleristische Prämissen. Doch der neue Linienschiffstyp würde mit seinem Vorgänger bald kaum noch mehr als die Typenbezeichnung teilen, und dies mußte, folgte der Kreuzer auch nur optisch auf diesem Weg, Meinungen Vorschub leisten, die entweder weitergehende, vor allem qualitative Verstärkungen der Armierung des Kreuzers unterstützten oder aber Schritte in Richtung des Einheitstyps zu sehen wünschten. Die schwelende Diskussion um „Linienfähigkeit" und Typenentwicklung konnte also in diesem Zusammenhang erneut aufflammen. Tirpitz nahm zu diesen Fragen — wie in der Einführung schon dargestellt wurde — eine nahezu axiomatische Stellung ein: Er sah den Gegner des Kreuzers stets nur im Großen Kreuzer und niemals im Linienschiff. Der Staatssekretär fürchtete einerseits die Gefahren für den schwächer gepanzerten Kreuzer, sollte er in der Linie eingesetzt werden; andererseits waren ihm die finanziellen, politischen und technischen Konsequenzen dieser Linienfähigkeit äußerst suspekt. Denn war der Kreuzer einmal tauglich, in der Linie mitzufahren zu können, mußte der Schritt zum Einheitstyp eine Zwangsläufigkeit werden. Dies wiederum machte eine Änderung der Organisationsstatuten der Flottengesetze

[3] Stapellauf des Großen Kreuzers *E — Blücher* am 11. April 1908 bei der Kaiserlichen Werft, Kiel. (Bundesarchiv-Militärarchiv)

in Verbindung mit zu erwartenden Kostensteigerungen unumgänglich und gefährdete die unmittelbar bevorstehende Kreuzernovelle 1906 und damit in letzter Konsequenz den Äternat.
Im Allgemeinen Marine-Departement nahm man hierzu hingegen einen etwas weniger vorausschauenden Standpunkt ein und wollte den Einsatz des Kreuzers in der Linie als „Lückenfüller" für ein ausfallendes Linienschiff nicht generell ausschließen. A ließ selten eine Gelegenheit ungenutzt, den Admiral auf diese grundsätzliche Meinungsverschiedenheit hinzuweisen. Auf eine Anfrage des Staatssekretärs an die Abteilung AV, ob bei Projekt *E5* der Ersatz der 15-cm-SK durch 17 cm zu empfehlen sei, um eine weitere Verstärkung der Offensivkraft — innerhalb des Etatrahmens — zu erreichen[20], antwortete A, daß dies doch eher durch eine Verstärkung der Hauptarmierung erzielt werden könne und stellte auch gleich zwei Alternativprojekte zur Auswahl: „1) 4 x 21-cm-SK L/45 + 8 x 21-cm-SK L/45 (alle in Doppeltürmen, Aufstellungsschema nach *E2,* d.V.), 10 x 15-cm-SK L/40 oder L/45. 2) Statt der 21 cm jetzt 24-cm-SK (Aufstellung und Anzahl nach *E5,* d.V.)." A bot Projekt *2* als optimale Lösung an, um den Großen Kreuzer „besser geeignet gegen Linienschiffe zu machen."[21]
Zu den Fragenkomplexen Typendiskussion und Linienfähigkeit erreichte das RMA Ende April ein besonderer Beitrag aus Brindisi. Der Kaiser, gerade auf Mittelmeerrundreise, schilderte in einem Schreiben an den Staatssekretär seine persönlichen Eindrücke vom italienischen Kriegsschiffbau im allgemeinen und von den sich in Bau befindlichen Linienschiffen der *Regina Elena*-Klasse[22] im besonderen:

„Der Kommandant (des Linienschiffs *Sardegna, Re Umberto*-Klasse, d.V.) *(...) hat — wie er mir meldete — die Linien für die Regina Elena-Klasse geschleppt und garantierte mir 22 kn; sie würde wahrscheinlich noch etwas mehr laufen. Auf meine Frage, weshalb man in Italien so sehr auf große Geschwindigkeit der Linienschiffe bedacht sei, da doch Panzerkreuzer dieser Aufgabe mehr gewachsen seien, erwiderte er: man sei der Ansicht, daß Italien kein Geld habe für beides, Linienschiffe und Panzerkreuzer, daher sei man entschlossen, keine Panzerkreuzer zu bauen, sondern die Linienschiffe mit so guten Wasserlinien auszugestalten, daß sie bequem die hohen Geschwindigkeiten halten könnten und (...) Panzerkreuzerdienste thun könnten. (...) Diese Aussage des Commandanten der Sardegna frappierte mich umso mehr, als sie fast wörtlich das wiederholte, was ich schon seit Jahren zugunsten der „schnellen Linienschiffe" gegen die „Panzerkreuzer" entwickelt habe. (...) Die Regina Elena-Klasse ist de facto das „schnelle Linienschiff", welches ich entwickelt zu sehen wünsche — anstelle der Roon und der C-Klasse — und welches mir als nicht erreichbar angedeutet wurde. (...) Für die neue Flottenvorlage wäre es — meines Erachtens nach — sehr angenehm, wenn man sagte: wir haben genug Panzerkreuzer, unsere Hauptwaffe bleibt nach wie vor das Linienschiff[23]. Wir werden dasselbe in einzelnen „schnellen" Typen ausbilden und zu leichten Divisionen zusammenfassen und damit Kreuzerdienste erfüllen lassen so gut es geht. (...) Es wäre ein Schiff von etwa höchstens 13.200 ts zu wählen mit 6 - 8 x 28-cm* (-SK) *L(/)45, 2.800 ts Kohlen 20 - 22.000 HP. 132 m Länge. 250 mm Wasserlinienpanzer, 250 - 220* (mm) *einzelne 28-cm-Türme. 280 mm größere Türme (?). (...) Es sind diese Zahlen als allgemeine Anhaltspunkte zu betrachten, die nur unter dem Gesichtspunkt aufgestellt sind, daß das als Panzerkreuzer zu berechnende „schnelle Linienschiff" eben absolut auch „fit for the line" ist, was weder die Fried(rich) Carl-Classe noch die C*(-Klasse) *in der Lage ist."*[24]

Abgesehen davon, daß diese von Wilhelm II. eingereichten Verbesserungsvorschläge sämtliche Alpträume des Staatssekretärs bis ins letzte Detail wiederspiegelten, entsprachen natürlich auch die dem Kaiser am 18. März vorgelegten Entwürfe des RMA in keiner Weise seinen hier geäußerten Vorstellungen. Tirpitz hatte Mühe, dem Monarchen diesen erneuten Vorstoß in Richtung des Einheitstyps auszureden. Ihm kam dabei zur Hilfe, daß ein auf o.g. Basis vorgeschlagenes Projekt des Kaisers schiffbautechnischen Prüfungen nicht standhielt, da es ohne ausreichenden Tiefgang zu kentern drohte.[25] Doch der Souverän ließ nicht locker und wies Tirpitz an, ein schnelles Linienschiff durchkonstruieren zu lassen. Der Staatssekretär gab daraufhin am 13. Mai einen diesbezüglichen Auftrag an K weiter, ohne aber einen Ablieferungstermin für die Studie festgelegt zu haben.[26]
Das Drängen des Kaisers und die schon eingeplanten und aufgrund der Meldungen aus London noch erwarteten Steigerungen der Kosten für Neubauprojekte veranlaßten den Staatssekretär, noch am selben Tag zwei weitere Anweisungen zu erteilen. Da die Baupreise insbesondere für die Linienschiffe schon jetzt die früheren Geldbedarfsberechnungen überstiegen, dem Reichstag zusätzlich aber noch die Kreuzernovelle vorgelegt werden sollte, bedeutete dies, daß eine ungewöhnlich hohe Bedarfsberechnung eingebracht werden mußte. Tirpitz hatte diese Schwierigkeiten vorausgesehen und seit Anfang Mai zusammen mit der Etatabteilung begonnen, Auswege zu suchen. E schlug vor, die Forderung nach „Typensteigerungen möglichst von der Novellendebatte fernzuhalten" und nur dem Etat beizulegen.[27] Der Staatssekretär war gundsätzlich mit dieser Planung einverstanden und forderte am 13. Mai eine tiefgreifendere Ausarbeitung, die E zwei Wochen später vorlegen konnte. Danach würde „die Gesamtforderung in zwei Teile zu zerlegen sein. Der erste Teil, der nichts als die Mehrforderung von 6 Großen Kreuzern enthält, würde als Novelle mit Begründung sowie Angaben über Personalbedarfskosten einzubringen sein; der zweite Teil, der die Typensteigerung (...) mit ihren Folgen für die Steigerung der Schiffsbaukosten, des Personals und der sonstigen einmaligen und fortdauernden Ausgaben behandelt, würde mit einer überschläglichen Gesamtbedarfsberechnung (einschließlich der Novellenkosten) als Denkschrift dem Etat 1906 beizufügen sein."[28] Unter Anwendung dieses Tricks, der eine große Forderung in zwei kleinere zerlegte und an die „moralische Bin-

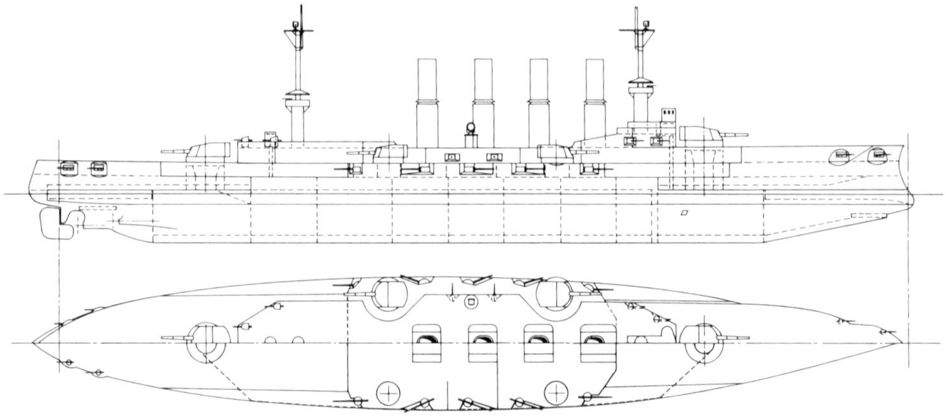

Projekt *E5*/~*E5'*

dung" des Reichstags appellierte, etwaigen Typensteigerungen zur Verbesserung der bewilligten Einheiten nicht die Zustimmung zu versagen, stand das weitere Vorgehen in der Etatfrage in Grobkonzeption. Wie weit nun diese Steigerungen gehen sollten, war noch nicht endgültig festgelegt.

Ebenfalls noch mit Datum vom 13. Mai gab der Staatssekretär bei K folgendes Kreuzerprojekt in Auftrag: „4 x 21-cm-SK L/45 in Doppeltürmen, 4 x 21-cm-SK L/45 in Einzeltürmen, 8 x 17-cm-SK L/45 in MPL, die übrige Armierung wie bei Kreuzer *C*."[29] Es bieten sich zwei Erklärungen dafür an, warum Tirpitz eine weitere Stärkung der Offensivkraft forderte und dazu noch die für Große Kreuzer ungewöhnliche Armierung mit 17-cm-SK wählen wollte[30]: Er wollte offenbar sowohl den voraussichtlichen Etatrahmen weiter ausreizen als auch ein kleines Zeichen des Entgegenkommens an die Vorstellungen des Kaisers geben. Doch mit diesem vorsichtigen Taktieren provozierte er nur weiterreichende Forderungen, denn dieses neue Projekt — *E6* — war jener Entwurf, gegen den sich das Allgemeine Marine-Departement wegen seiner Bedenken bezüglich einer zu geringen Steigerung der Gefechtsstärke ausgesprochen hatte. Weiterhin befürchtete A ein merkliches Absinken der Feuergeschwindigkeit, da die 21- und 17-cm-SK in ihren Schießleistungen so nahe beieinander liegen würden, daß Feuerleitungsprobleme auf größere Gefechtsentfernungen auftreten konnten.[31]

Gemäß den Vorgaben des Staatssekretärs arbeitete K aber dennoch bis Ende Mai die beiden Alternativentwürfe *E6* und *E7,* die sich vorwiegend in ihren Hauptabmessungen sowie der Maschinenleistung voneinander unterschieden, detailliert aus. *E6* war um 500 t gegenüber *E3* und *E5* vergrößert, die Leistung um 3.000 PSi gesteigert worden, so daß, auch in Folge der gewachsenen Schiffslänge, mit einer Geschwindigkeit von 23,5 kn gerechnet werden konnte. Allerdings überstiegen die angesetzten Baukosten den Etatpreis für *E3* um 1,5 Millionen Mark. Auch war das Schiff wegen seiner Länge ü.A. voraussichtlich nicht für die Passage des Kaiser Wilhelm-Kanals geeignet.[32] Im Gegensatz dazu behielt *E7* bei einer Deplacementsteigerung um 300 t gegenüber *E5* dessen Abmessungen. Die Gewichtsvermehrung kam der Maschinenleistung zugute, die von 29.000 auf 30.000 PSi gesteigert wurde. Der Preis (mit Armierung) wurde zunächst mit 1 Million Mark Mehraufwand über den Anschlag für *E3* angesetzt.[33] K berichtigte am 30. Mai nachträglich die Angaben zu den Baukosten. Für *E6* wurden nun nur noch 24,3 Millionen, für *E7* 23,8 Millionen Mark veranschlagt, wobei vor allem die in Aussicht stehenden Preisnachlässe gemäß den neuen Panzerlieferungsverträgen mit Krupp und Dillingen (jeweils etwa 0,26 Millionen) in die Kalkulation mit eingeflossen waren.[34]

Auch für *E5* konnte demnach ein Minderpreis von

etwa 0,3 Millionen erwartet werden; das Schiff sollte statt ca. 23,6 nunmehr lediglich 23,3 Millionen Mark kosten. Da lag es nahe, den Preisrückgang durch etwaige Verbesserungen auszunutzen, und Tirpitz erteilte K am 2. Juni die Anweisung, einmal zu untersuchen, ob *E5* ohne Verminderung der Geschwindigkeit (23,3 kn) eine Armierung von 4 x 21-cm-Doppel- und 2 x 21-cm-Einzeltürmen erhalten könne.[35] Das Schema der Artillerieaufstellung sollte dahingehend verändert werden, daß die vorderen Breitseittürme als Doppel-, die achteren als Einzeltürme vorgesehen werden sollten. Diese Verteilung der Hauptarmierung brachte jedoch einige Probleme mit sich, denn zur Aufrechterhaltung einer richtigen Schwerpunktlage mußte der hintere Doppelturm weiter nach achtern verschoben werden, wodurch aber Gewicht und Länge der Zitadelle anwuchsen, da die Turmbarbette in ihrem Schutzbereich bleiben sollte.[36] Gegenüber *E5* war für dieses neue Projekt *E8* eine Deplacementerhöhung um 200 t (nun 13.400 t) zu erwarten, worin auch die Mehrgewichte für die Armierung nebst deren Panzerung enthalten waren. Aus Gewichtsgründen und Raummangel konnte die Maschinenleistung aber nicht gesteigert werden; eine Geschwindigkeit von 23,3 kn hielt K jedoch für „noch eben" erreichbar. Nachteilig wirkte sich, bedingt durch die Artillerieverteilung, ferner aus, daß erstens das Vorschiff tiefe Einschnitte erhalten mußte, um den vorderen Breitseittürmen Feuer recht voraus zu ermöglichen, zweitens der vorderste der vier Schornsteine vor der Kasematte stand und somit nur bis zum Batteriedeck geschützt war und drittens schließlich die Rauchfangführung — wie sich K ausdrückte — recht „gequält" verlief, so daß die Zahl der Schornsteine würde auf drei reduziert werden müssen, um die Decksausschnitte für die Breitseittürme und Rauchgasabzüge im Sinne der Festigkeit des Schiffskörpers besser koordinieren zu können.

K war mit seinem Produkt selbst nicht so recht zufrieden und urteilte über *E8*, daß das Projekt im Vergleich zu den Vorentwürfen „unvorteilhaft" sei; der Preis lag bei 23,7 Millionen (inklusive Preisnachlaß) und überschritt das Limit von 24 Millionen somit nicht.[37] Der Staatssekretär schloß sich der Meinung des Konstruktionsdepartements an und vermerkte in einer Randnotiz zur betreffenden K-Denkschrift vom 7. Juni, daß er sich für *E5* entschieden habe.

In der am selben Tag stattfindenden Reichsmarineamtssitzung über die letzten von K ausgearbeiteten Projekte wurde diese Entscheidung bestätigt. Eine entsprechende Notiz des Allgemeinen Marine-Departements vermerkt hierzu, daß *E6* — offenbar wegen der den Kanalabmessungen nicht angepaßten Schiffslänge sowie des voraussichtlich höchsten Baupreises — völlig aufgegeben und *E5* der weiteren Planung zugrundegelegt werden solle, „wobei die Erzielung einer möglichst hohen Geschwindigkeit anzustreben sei." Die Projekte *E7* und *E8* kämen nur noch in Frage, falls der Kaiser *E5* seine Zustimmung versagen würde.[38] Damit hatte die Runde etwas Ordnung in die Masse der Entwürfe und Studien gebracht, und auch die durch die Vorstellungen des Monarchen zusätzlich angeregte Geschäftigkeit glitt wieder in ruhigere Bahnen zurück.

Wie die A-Notiz angedeutet hatte, legte der Staatssekretär nun besonderen Wert auf eine weitere Steigerung der Geschwindigkeit. KI (Abteilung Schiffbau) bat daraufhin KII (Abteilung Maschinenbau) um Angaben, ob ein Anlagengewicht der Maschinen von 2.170 t 30.000 PSi leisten würde[39]; KII hielt 2.200 t für notwendig.[40] Da der verbesserte Entwurf *E5'* zusätzlich entlang der Hauptabmessungen des Grundentwurfs weiterbearbeitet werden sollte — unter Rücksichtnahme auf die Kanalschleusen —, steigerte die Entwurfsabteilung das Schiffsgewicht nur vorsichtig auf 13.300 bis 13.350 t, um die geforderten 23,5 kn zu erreichen und weitere Verbesserungen vornehmen zu können.[41] Wie sehr das Konstruktionsdepartement mit den Gewichten jonglieren mußte, um die Gewichts- und Kostenvorgaben nicht zu überschreiten, zeigt auch seine Reaktion auf eine Forderung des Waffendepartements (W), die 21-cm-Türme total auszubalancieren. Da, nach Krupp, hierfür ein erhebliches Mehrgewicht eingeplant werden mußte, bat K den Staatssekretär um Genehmigung, zum Gewichtsausgleich die Panzerdicken der Einzeltürme und der 15-cm-Kasematte um 10 bis 20 mm zu reduzieren.[42] Da der Schiffsschutz in diesen Bereichen aber teils ausreichend, teils befriedigend war, würde er jetzt stellenweise mangelhaft sein. Der Preis für *E5'* konnte auf 23,6 Mil-

[4] *Blücher* in der Ausrüstung. Ein Teil der Aufbauten sowie der schweren Artillerie ist bereits montiert; die Kasemattgeschütze fehlen noch. Deutlich zu erkennen ist die dunkel abgesetzte Seitenpanzerung. Die beiden Schwanenhalskräne liegen im Bildvordergrund in der Helling. (Bibliothek für Zeitgeschichte)

lionen beschränkt bleiben, doch K sah sich weiteren Verbesserungsvorschlägen gegenübergestellt, die eine nachträgliche Berichtigung der Kosten und Gewichte nach oben erforderlich machen würden.
Schon Anfang Mai hatte A Bedenken wegen der zu geringen Panzerstärke des achteren Kommandoturms — 30 mm — angemeldet, die im „Interesse der vollen Ausnutzung (der) erheblich verstärkten" Artillerie beim Großen Kreuzer nicht angepaßt erschien. Desweiteren forderte A die Aufstellung von vier Scheinwerfern an Stelle der zwei bislang vorgesehenen und die Verminderung der Erhöhungsgrenzen für 15-cm-Kasemattgeschütze, wobei 22° als ausreichend erachtet wurden. Seinem Votum fügte A schließlich noch den interessanten Vorschlag hinzu, eine Neubemessung des Konstruktionskohlenvorrats in Aussicht zu stellen. Da in der aktiven Schlachtflotte der Kohlenvorrat nie unter dem halben Bunkerinhalt gefahren wurde und im Mobilmachungsfall die Bunker voll aufgefüllt wurden, schien A auch die Möglichkeit sehr groß zu sein, daß die Schiffe mit vollem Bunkerinhalt ins Gefecht fuhren. Die Oberkante des Gürtelpanzers lag infolgedessen stets tiefer als konstruktiv vorgesehen. A trat dafür ein, mindestens den halben Bunkerinhalt als Richtwert anzunehmen; bei 2.100 t Maximalfassung sollten somit rund 1.000 t, also 100 t mehr als bislang, eingeplant werden.[43]
Es lohnt sich, an dieser Stelle die Diskussion über Verbesserungsvorschläge für *E5 (E5')* anhand des Votenaustauschs der einzelnen Departements noch etwas weiterzuverfolgen und ein bißchen tiefer in die Details einzudringen. Sie vermittelt neben Entwurfsspezifika auch einen hervorragenden exemplarischen Einblick in die Entscheidungsfindung auf jener Ebene, die unterhalb der unmittelbaren Weisungsabhängigkeit von den Direktiven des Staatssekretärs lag.

[5] Der Kreuzer im Bau weiter vorangeschritten. An der Boje im Hintergrund, ein Kleiner Kreuzer der *Bremen*-Klasse. (Bibliothek für Zeitgeschichte)

K nahm erst etwa sieben Wochen (!) später zu den von A angeregten Verbesserungen Stellung:

*„(...) 2. Für E wird eventuell gleichfalls (wie für C und D) eine Dicke des hinteren K(*omman*)dothurms von 50 mm gewählt werden. 3. Falls Projekt E5 durchgeht, wird beabsichtigt, die Scheinwerfer auf den Breitseittürmen aufzustellen. (...) Es wird angenommen, daß für die Scheinwerfer das neue, große Modell* (110 cm) *genommen werden soll.(...) 4. Die Erhöhung von 22° ist* (von A) *unter Annahme von 17° Schlagseite für die Querabrichtung ermittelt. Es wird diesseits bezweifelt, daß bei so großer Schlagseite der Munitionstransport zu den Geschützen überhaupt noch möglich bleibt, zumal wenn das Deck durch Blut schlüpfrig geworden ist. 10 - 12° erscheint hier schon reichlich, so daß als Grenze für Erhöhung querab 20° mehr als genügen würden. 5. Eine Erhöhung des normalen Kohlenvorrats ist ausgeschlossen. Da die nachträglich von A, W, B* (Werftdepartement, d.V.) *eingehenden Forderungen schon jetzt Mehrgewichte von mehreren 100 t bedingen, wird im Gegenteil vielleicht dazu geschritten werden müssen, den Kohlenvorrat herabzusetzen, wenn nicht ein Schiff von erheblich größerem Deplazement und entsprechend höherem Preise in den Etat aufgenommen werden soll (...).“*[44]

Das Antwortvotum von A folgte am 30. Juni mit der Empfehlung, die Stärke des Panzers für den hinteren Kommandoturm nicht unter 80 mm fallen zu lassen. Weiterhin äußerte das Departement „erhebliche Bedenken" gegen die Aufstellung der Scheinwerfer auf den Turmdecken, da ein gleichzeitiger Gebrauch der Waffen und Scheinwerfer wenig Erfolg verspreche; Punkt 4 stimmte man zu, von der Auffassung der Konstruktionsabteilung zu Punkt 5 nahm A lediglich Kenntnis.[45]

Auch das Waffendepartement hatte hinsichtlich des Schiffsschutzes weitere Kritik anzumelden. W erachtete die Panzerung der Unterbauten der 21-cm-Breitseittürme mit 140 mm als zu gering. Auch sah man die Reduzierung des Kasemattpanzers, um das zusätzliche Gewicht der ausbalancierten Drehtürme aufnehmen zu können, als ein Sparen am falschen Fleck an. W bestand im Interesse der Verwendungsmöglichkeiten der Türme bei Seegang und Schräglage weiterhin strikt auf dieser Einrichtung, da sie den Handbetrieb sichern konnte, wenn der Maschinenbetrieb ausgefallen war. Dabei durfte, nach W, die mit der Ausbalancierung in Verbindung stehende geringe Gewichtsvermehrung überhaupt keine Rolle spielen, zumal sie durch die dann leichter zu konstruierenden Schwenkmaschinen, Umformer und deren Energiebedarf „in gewissem Grade" kompensiert würde. Einen Vorschlag von K, die Ausbalancierung durch Verstärkung der achteren Turmwand oder durch „ad hoc" aufgestellte Bereitschaftsmunition im Turm erzielen zu können, tat W als „nicht sachgemäß" ab. Das Waffendepartement favorisierte ein größeres „Überhängen" über die Barbette zur Schaffung von mehr Raum im Turm.[46]

K reagierte auf die W-Notiz mit schroffer Abwehrhaltung, verwies auf die festgelegten Kompetenzbereiche bei Schiffskonstruktionen und warf W vor, seine Forderungen viel zu spät angemeldet zu haben:

„1) Die Festsetzung der Panzerdicken ist geschäftsplanmäßig Sache von A und K. A hat Einwendungen bisher nicht zu machen gehabt. Bemerkt wird, daß die Panzerdicken für Türme und Unterbauten der 21 cm von den Großen Kreuzern C und D übernommen sind; wenn sie für unzureichend gehalten werden, wäre es eine Sache der verantwortlichen Stelle gewesen, spätestens schon im März 1905, als die Projekte für E aufgestellt wurden, diesen Standpunkt in den Sitzungen S(eine)*r Excellenz gegenüber zur Sprache zu bringen. (...) 4) Die Forderung total ausbalancierter Drehtürme — ohne irgendwelche Anhaltspunkte über das dadurch bedingte Mehrgewicht — hat W erst bei K bekannt gegeben (etwa im Mai), als die Festsetzung des Deplazements und der Kosten für E3 bereits erfolgt war. Diese mußten die Grundlage für E5 bilden, bei einem durch Etatsrücksichten gekennzeichneten Gang der Verhandlungen. Wie groß das Deplazement wird, wird sich umso eher zeigen, je schneller Krupp in den Besitz der Konstruktionsunterlagen gelangt! (...)."*[47]

Abgesehen davon, daß W und K zeitweilig wohl nicht gerade zu harmonieren schienen, ist dieser Votenaustausch doch symptomatisch für das Dilemma, in welchem K steckte: Die Konstruktionsabteilung hatte sich an Vorgaben bezüglich der Kosten, Gewichte und Abmessungen zu orientieren, die von Verbesserungsvorschlägen anderer Departements immer wieder in Frage gestellt wurden. Die Hartnäckigkeit, mit der diese Vorschläge vertreten wurden, war Gradmesser für das Verhältnis zu K; das Waffendepartement argumentierte nun ebenfalls mit grundsätzlichen Auffassungen zum Dienstbetrieb:

„1) W muß sich vorbehalten, gelegentlich vor Gegenzeichnungen von Entwürfen seine Bedenken äußern zu können, da es einen Teil der Verantwortung mit übernimmt. 2) Die fortlaufenden Erfahrungen, welche bei Schießversuchen, durch laufende Berichte über Maßnahmen in fremden Marinen u(nd) *Ereignisse auf dem Kriegsschauplatz* (in Ostasien, d.V.) *gesammelt werden, zwingen unter Umständen dazu (ohne Rücksicht auf Termine!) die Neubauten so weit wie irgend angängig neuen Anforderungen anzupassen. 3) Im Schriftwechsel mit Krupp ist seit langem, schon bei Entwicklung der 15-cm-Turmschwenkwerke, immer wieder auf die Notwendigkeit der Ausbalancierung von Drehtürmen hingewiesen, so daß diese Forderung wohl erwartet werden durfte. (...)."*[48]

Diese Zwistigkeiten innerhalb des RMA sollten nun in nächster Zukunft gerade durch eine Entwicklung etwas relativiert werden, die ansonsten wenig segensreich für die Baupolitik der Marineverwaltung werden würde.

Die im Verlauf des Sommers 1905 zur Gewißheit gewordenen Gerüchte über eine enorme Steigerung bei den künftigen englischen Linienschiffsbauten machten noch einmal recht deutlich, welche Grenzen der deutschen Flottenrüstung bislang gesetzt waren. Wollte man nicht ins Hintertreffen geraten und Schiffe in Auftrag geben, die ihren Konkurrenten nicht mehr gewachsen sein würden, mußten die Schiffsgewichte gesteigert werden. Dies aber

berührte einerseits die Frage der Finanzierung und andererseits insbesondere das Problem der Abmessungen des Kaiser Wilhelm-Kanals, denn die zu erwartenden Deplacementsteigerungen für die neuen Linienschiffe erforderten unbedingt dessen Ausbau. Die benötigten Mittel für diese Vorhaben konnten aber nur auf dem Wege einer umfassenden Finanzreform, d.h. vor allem durch Steuererhöhungen, aufgebracht werden. Zudem drängte hierfür die Zeit, da diese Mehrforderungen noch in den Etat für 1906 aufgenommen werden mußten, um sofort mit den Planungen größerer Schiffe beginnen zu können. Auf ein Schreiben des Staatssekretärs vom 29. August, ob die Linienschiffsdeplacements von bislang etwa 16.000 t vorsichtig weiter gesteigert werden sollten[49], vertrat Kapitän z.S. Scheer, der Chef der Zentralabteilung des RMA (M), die Auffassung, daß Steigerungen unbedingt notwendig seien und eine Rücksichtnahme auf die Kanalabmessungen keine Rolle mehr spielen dürfe.[50] Ein paar Tage später antwortete Tirpitz auf diesen Rat mit Zweifeln an der Möglichkeit, ob "wir bei 17(.000) - 18.000 ton-Schiffen u(nd) 14(.000) - 15.000 ton-Kreuzern noch eine Vermehrung (um sechs Große Kreuzer) durchsetzen können? Das ist der Kernpunkt. Dazu die infame Kanalfrage, die dazu kommt."[51] Der Staatssekretär hoffte zwar immer noch, bei den „nächsten 4 Linienschiffen mit den 16.000 tons auszukommen", um zu sehen, „wie der Hase läuft". Trotzdem wollte er aber die „Konsequenzen eines Schiffes auf 17(.000) - 18.000 (t) u(nd) eines vergr(ößerten) gr(oßen) Kr(euzers)" wissen, deren Deplacements aber mit Blick auf England und Frankreich weiterhin unter deren Niveau bleiben sollten, um nicht als „Treiber" zu erscheinen. „Mit Rücksicht auf diesen Umstand", so führte der Admiral aus, „käme vielleicht auch die Beschränkung auf 4 Doppeltürme u(nd) zwei Einzeltürme (die achteren) in Frage. Doch das ist unharmonisch und unvollkommen."[52]
Es ist interessant, zu welch außergewöhnlichen Überlegungen der Staatssekretär aufgrund politischer Rücksichtnahmen und wegen des Zeitdrucks gezwungen war, denn das hier in Betracht genommene Projekt war nichts anderes als eine Linienschiffsversion des im Juni ausgearbeiteten — und für wenig geeignet befundenen — Kreuzerentwurfs *E8*.

Am 12. September befahl der Staatssekretär der Konstruktionsabteilung, ein Linienschiff vorerst ohne Rücksicht auf die Kanalabmessungen auszuarbeiten.[53] Er befolgte somit einen Rat, den er vom Chef der Etatabteilung vier Tage zuvor erhalten hatte. Kapitän z.S. v. Capelle hatte vorgeschlagen, im Hinblick auf die unaufschiebbare Kanalfrage die notwendigen Konsequenzen zu ziehen, „jede Beschränkung nach Geld und Deplacement fallen zu lassen und Schiffe zu fordern, die den militärischen und technischen Anforderungen entsprechen."[54]
Diese vorläufige Entscheidung für eine sprunghafte Steigerung der Linienschiffe bedingte — und erforderte aus anderer Sicht — nun auch nicht mehr, daß der Große Kreuzer in seinen Dimensionen zumal entlang der Schleusenabmessungen konstruiert werden mußte. Eine angemessene Typensteigerung konnte hier die erzwungenen Gewichtskompensationen, die bislang unumgänglich waren, etwas relativieren. Ein großer „Sprung" war beim Kreuzer jedoch weniger wünschenswert. Dagegen sprachen weiterhin die bekannten finanziellen, taktischen und rüstungspolitischen Gründe; außerdem wollte Tirpitz nicht einen verschärften Deplacementwettlauf vom Zaun brechen, dessen Ergebnis möglicherweise die Forderung nach einer insbesondere qualitativen Angleichung der Armierung von Linienschiff und Kreuzer, und damit wieder das Schnelle Linienschiff als Einheitstyp, sein konnte.
Gleichzeitig mit einem neuen Linienschiffsprojekt hatte K schon mehrere Entwürfe für einen verbesserten Großen Kreuzer — *E9, E10* und *E11* — ausgearbeitet, die noch am 12. September im Rahmen einer Denkschrift an den Staatssekretär zur Begutachtung weitergereicht wurden.[55] Darin gab die Konstruktionsabteilung einleitend auch eine Zusammenfassung über diejenigen Verbesserungen, die das bislang favorisierte Projekt *E5'* gegenüber *E5* aufzuweisen hatte, und welche Aufschluß darüber erteilen, inwieweit man den Forderungen der anderen Departements entgegengekommen war. K listete zunächst Verstärkungen des Schiffskörpers neben der Einführung ausbalancierter Drehtürme auf. Das Schiff sollte ferner einen Bugpanzer statt eines Korkdamms erhalten und parallel dazu der Schutz des achteren Kommandoturms von 30 auf 80 mm verstärkt werden. Die im Votum an

A und W vom 22. Juni angekündigte Verringerung des Konstruktionskohlenvorrats wurde tatsächlich vorgenommen, um „den bislang zugestandenen Etatpreis von 24 Millionen nicht zu überschreiten." Wegen des erforderlichen Mehrgewichts der Verbesserungen — *E5'* hatte nun ein Deplacement von 13.400 t aufzuweisen — mußte K zudem folgende, als notwendig erachteten Maßnahmen unberücksichtigt lassen: 1) Panzerung der Wallgangsschotten; 2) Durchführung des Innenbodens bis zum Panzerdeck; 3) Vermehrung der Tiefe des Panzergürtels unter CWL von 1,2 auf 1,3 m; 4) Erhöhung des Bugpanzers bis zum Batteriedeck; 5) Verstärkung der Längssplitterschotten in der Kasematte von 15 auf 20 mm; 6) Schwenkbare Torpedorohre; 7) Einrichtung für den Geschwaderstab.

Die in Aussicht gestellte Möglichkeit, künftige Kreuzerbauten etwas größer und teurer zu konzipieren, gestattete es K, bei den Entwürfen *E9 - E11* nunmehr auch die zurückgestellten und erwünschten Verbesserungen teilweise in die Kalkulationen mit einzubeziehen. Im Vordergrund stand jedoch offenbar die Rückkehr zur Aufstellung von 12 x 21-cm-SK L/45 in sechs Doppeltürmen; ein Teil der Typensteigerung sollte also der Hauptarmierung zugute kommen. Da bei *E9* und *E10* eine Geschwindigkeit von 23,5 kn nicht unterschritten, die Maschinenleistung von 30.000 PSi bei gesteigertem Schiffsgewicht aber konstant bleiben sollte, wurde der Schiffskörper verlängert und zusätzlich auf eine günstigere Formgebung geachtet; die L_{PP} von 149 m (*E11* 150 m) ließ die Benutzung der Schleusen des Kaiser Wilhelm-Kanals nicht mehr zu. Der Konstruktionskohlenvorrat wurde gegenüber *E5'* wieder auf 900 t festgesetzt.

Von den von K als wichtig erachteten Verbesserungen bezüglich der inneren Unterteilung und der Panzerung konnte nur Punkt 3 der oben zitierten Liste beachtet werden. Sonst entsprachen die Panzerdicken bei *E9* und *E10* nahezu den Werten von *E5'*. Die Kosten für *E9* sollten etwa 25,5 Millionen Mark betragen; dies bedeutete eine Steigerung gegenüber dem im Februar veranschlagten Etatpreis von 24 Millionen um rund 1,5 Millionen, wovon eine Million auf die Verstärkung der Armierung entfallen sollte.

Während bei *E9* und *E11* die Positionen der schweren Türme gegenüber *E5'* unverändert blieben, war für *E10* eine Abweichung dahingehend vorgesehen, daß die paarweise mittschiffs stehenden Doppeltürme bis auf etwa 18 m zusammengerückt werden sollten. Grund für diese Änderung war die Reduzierung der Mittelartillerie auf 6 x 15-cm-Geschütze — *E9* hatte 8 x 15-cm-SK erhalten. Dies ermöglichte eine Verkürzung der Kasematte und damit einhergehend eine Einsparung an Panzergewicht. Sollten die Turmbarbetten aber weiterhin im Schutz der Kasematte liegen, mußte die Hauptartillerie auf relativ engem Raum konzentriert werden; dadurch wuchs aber auch die Wahrscheinlichkeit, bei einem unglücklichen Treffer größere Ausfälle hinnehmen zu müssen. Diese Anordnung bedingte zudem die recht unbefriedigende Anlage einer Munitionskammer zwischen den Kesselräumen, die einer zusätzlichen Abschottung bedurfte. Um genügend Raum für die Kessel und die Maschinenanlage zur Verfügung zu haben, ohne den Fockmast und den Kommandoturm zu dicht an den vorderen Schornstein heranrücken zu müssen, war es nötig, die Zitadelle zu verlängern, wodurch aber die Gewichtsersparnis, die aus der Verkürzung der Kasematte hervorgegangen war, bis auf 30 t wieder verbraucht wurde. Die Einsparung von 45 t infolge des Fortfalls der zwei 15-cm-Kasemattgeschütze wurde bis auf 20 t für die Abschottung der Mittschiffsmunitionsabteilung benötigt, so daß gegenüber Projekt *E9* noch 50 t Gewichtsersparnis verblieben, die für die Punkte 5 und 6 gerade ausreichten. Wegen des Fortfalls der beiden 15-cm-SK reduzierte sich die Anschlagsumme für *E10* um 0,25 Millionen auf 25,25 Millionen Mark.

Nicht zuletzt zeigten die Erfahrungen aus dem russisch-japanischen Krieg, daß vor allem auch die großen Schiffe recht anfällig gegen Minen- und Torpedotreffer waren. Verbesserungen beim Schiffsschutz mußten in Zukunft — insbesondere wenn die Schiffsgrößen weiter steigen sollten — unerläßlich werden. K reagierte auf diese Herausforderung, indem für *E11* eine Wallgangspanzerung von wenigstens 30 mm und eine vermehrte Zellenteilung — Punkte 1 und 2 — vorgesehen wurden. Diese Verbesserungen — und in zweiter Linie die eingeplanten Maßnahmen 4 und 5 — bedingten einen Anstieg des Deplacements auf etwa 15.000 t. Armierung und Kohlenvorrat blieben konstant, doch die Gewichtsvermehrungen zugunsten

[6] Großer Kreuzer 1906 — *E* —*Blücher* nach der Fertigstellung. (WZ - Bilddienst)

des Schiffsschutzes bedingten eine um 2.000 PSi verstärkte Maschinenleistung, um 23,5 kn Geschwindigkeit erreichen zu können. Der Schiffspreis kletterte weiter nach oben und lag mit etwa 26,25 Millionen, davon 7,5 Millionen für die Artillerie, 2,25 Millionen Mark höher als die Anschlagsumme.

Im äußeren Erscheinungsbild der drei Entwürfe änderte sich gegenüber den Vorgängerprojekten nur wenig. Die Schornsteine wurden um 3,5 m auf 19 m verkürzt, was den Schiffen ein etwas gedrungenes Aussehen verlieh; zudem war der Querschnitt des vorderen Schornsteins nun kreisrund und nicht wie bislang oval. Bei *E10* standen die letzten drei Schornsteine weiter auseinander und reichten vom einen Ende der Kasematte bis zum anderen. K hatte bei allen Projekten auf die schweren Gefechtsmasten verzichtet.

Da aber die Typensteigerung für Linienschiffe und die vorsichtige Erhöhung des Deplacements für Große Kreuzer noch nicht endgültig spruchreif waren, rechnete K zum Abschluß der Denkschrift vom 12. September vorläufig immer noch mit einer Genehmigung von *E5'* beim Romintenvortrag, der für den 4. Oktober angesetzt war, und garantierte in diesem Fall die Fertigstellung der Bauunterlagen für April des kommenden Jahres.

Kurz darauf war *E5'* jedoch nicht mehr aktuell; die RMA-Sitzung am 22. September 1905 setzte der Unsicherheit über die künftige Typenentwicklung ein Ende. Nachdem die deutsche Marine lange Anlauf genommen hatte, führte sie nun bei den Linienschiffen den entscheidenden Sprung zum *Dreadnought*bau aus und nahm ein Projekt *F* in Betracht, dessen Deplacement etwa 18.000 t betragen und das mit 12 x 28-cm-SK L/45 in sechs Doppeltürmen bewaffnet sein sollte.[56] Für den Großen Kreuzer wurde als Grundentwurf *E11* angenommen, der Typ jedoch mit einem weitergefaßten Finanzrahmen ausgestattet: maximal etwa 27,5 Millionen Mark[57]; dies war der neue Richtpreis.

Nicht ganz eine Woche später legte Baurat Bürkner (K) dem Staatssekretär Notizen für einen Immediatvortrag vor, die ein überarbeitetes Projekt des Grundmusters *E11* beschrieben.[58] Bürkner trug eingangs darin dem Umstand Rechung, daß der Kaiser seit dem 18. März kaum weitere Informationen über den Fortgang der Arbeiten an den Kreuzer-

[7] Blick auf den achteren 21-cm-Doppelturm an Backbordseite. Rechts im Bild, der achtere Aufbau; unterhalb der 15-cm-Kasemattgeschütze die massiv wirkende Torpedoschutznetzeinrichtung. (WZ - Bilddienst)

entwürfen erhalten hatte und stellte das neue Projekt dem damals genehmigten Entwurf *E3* gegenüber; *E15* nahm sich dadurch recht vorteilhaft aus. Auch wenn man bedenkt, welche Vorstellungen Wilhelm II. bezüglich eines Schnellen Linienschiffes hatte, tat K gut daran, die Vorzüge des neuen Projekts sogleich an den Beginn der Notizen zu stellen: *E15* wies eine Deplacementsteigerung gegenüber *E3* um 2.000 t auf, war mit 2 x 21-cm-SK mehr bestückt und mit 23,5 kn etwas schneller. Daß die Konstruktionsabteilung ihre Limits trotz zugestandener Mehrgewichte voll ausschöpfen mußte, um alle notwendigen sowie wünschenswerten schiffbautechnischen Neuerungen einzubauen, zeigt nochmals die Bemerkung, daß die Deplacementreserve „für spätere Verbesserungen (...) nur niedrig bemessen werden" könne, da die Kosten für das Schiff (ohne artilleristische und Torpedoarmierung) den Betrag von 18,5 Millionen nicht überschreiten sollten. Als Teil der umfangreichen Agenda zu Verbesserungen des neuen Entwurfs gegenüber dem Kreuzer *C* hatte K nun auch Stärke und Ausdehnung des Bugpanzers quantifiziert; er sollte eine Dicke von 60 - 80 mm erhalten und ca. 2,5 m über CWL reichen. Die Horizontalpanzerung der Schiffsenden wurde anstelle zweier schwächer geschützter Decks auf ein einziges Deck von 50 mm Stärke beschränkt. Der Antrieb sollte weiterhin durch Kolbenmaschinen erfolgen, da — nach Auskunft von K — die „bisherigen Erfahrungen mit Turbinen deren Einbau nicht ratsam erscheinen" lasse[59]. Die Länge ü.A. von 158 m gestattete die Benutzung der Kanalschleusen nicht mehr.

E15 wurde am 4. Oktober vom Kaiser genehmigt;

weitere Verbesserungen blieben dem Konstruktionsamt vorbehalten.
Die Projekte bis *E15* hatten eines gemeinsam: Alle sollten 21-cm-SK als Hauptbewaffnung tragen. Anläßlich der Vorlage der Notizen für den Immediatvortrag am 4. Oktober hatte Tirpitz aber noch am 27. September mündliche Anweisung an K erteilt, parallel zur weiteren Ausarbeitung des *E15*-Entwurfs Studien mit 24-cm-SK L/45 anzufertigen.[60] Der Staatssekretär wollte einmal die technischen und finanziellen Konsequenzen ausloten lassen, die mit einer Umarmierung verbunden sein würden, wobei er aber im Grunde fest davon überzeugt blieb, daß die für *E15* gewählte Armierung für eine mögliche Auseinandersetzung mit gegnerischen Panzerkreuzern völlig ausreichend sei. Es ging Tirpitz lediglich darum zu prüfen, ob die für *E15* geltenden Limits eine Bewaffnung mit 24-cm zulassen würden. Die Konstruktionsabteilung entwarf zunächst drei Projekte — *E17, E18* und *E19* —, die sich in Anzahl und Aufstellungsweise der Breitseittürme sowie der 15-cm-Mittelartillerie unterschieden (s. Tab. 9). *E17* sollte 6 x 24-cm-SK erhalten, davon vier in Doppeltürmen und zwei Geschütze in Einzeltürmen in der Breitseite, die von einer Mittelartillerie von 12 x 15-cm-SK ergänzt wurden. Das Artilleriegewicht einschließlich Turm- und Barbettepanzerung würde dadurch um rund 80 t verringert, aber die Kasematte, bedingt durch die Längsausdehnung für die Aufnahme der zusätzlichen 15-cm-Geschütze, etwa 95 t schwerer als bei *E15* werden.[61] Mit 15.200 t und einem Schiffspreis von 26,5 Millionen Mark würde *E17* noch innerhalb der Gewichts- und Kostenvorgaben bleiben. Bei 8 x 24-cm-SK in vier Doppeltürmen und 10 x 15-cm-SK in Kasemattaufstellung wuchs das Gewicht für *E18* wegen der zusätzlichen Artillerie, der Panzerung und der Turmunterbauten um 300 - 350 t auf 15.500 t. Die Kosten stiegen entsprechend auf 27,5 Millionen Mark.
Bei Rückgriff auf die *E5*-Aufstellung der Hauptarmierung — Entwurf *E19* — und weiterer Reduzierung der Mittelartillerie auf 8 x 15-cm-SK betrug das Mehrgewicht von Artillerie und Panzerung rund 400 t gegenüber *E15*, die Kosten beliefen sich auf 28 - 28,5 Millionen Mark. Das Schiff mußte zudem eine Länge von 153 m zwischen den Loten — *E15* 150 m — und eine Breite von 24 m erhalten, da der Tiefgang nicht weiter gesteigert werden sollte.
Nur *E17* unterschritt also den Kostenrahmen, dies jedoch nur unter der Voraussetzung, daß eine weitere Teuerung ausgeschlossen blieb, denn die genauen Kosten- und Gewichtsangaben zu den 24-cm-SK L/45-Türmen lagen noch nicht vor, und K mußte mit vorläufigen Angaben von Krupp rechnen. Dies und die geringere Anzahl der 24-cm-SK im Vergleich zu den 21-cm-Projekten sind wohl auch der Grund dafür gewesen, daß *E17* nicht mehr weiterverfolgt wurde; interessanterweise sollten aber die beiden teureren, jedoch besser armierten Alternativen gut fünf Monate später in abgeänderter Form wieder aufgelegt werden.
Denn infolge einer mündlichen Anweisung des Staatssekretärs vom 8. März arbeitete K vier weitere 24-cm-Entwürfe aus.[62] *E20* entsprach dem um 2 x 15-cm-Kasemattgeschütze verstärkten Projekt *E18*. *E21* sollte zwar dieselbe Anzahl an Geschützen der Mittelartillerie erhalten wie *E20*, jedoch war für acht dieser Rohre eine Aufstellung in Doppeltürmen vorgesehen. Diese hatten den Vorteil, daß sie, an Oberdeck postiert, eine größere Feuerhöhe und ausgedehntere Bestreichungswinkel als Kasemattgeschütze besaßen. Beide Entwürfe benötigten im Vergleich zu *E15* für Armierung und Panzerschutz etwa 350 - 400 t zusätzliches Gewicht. Für eine Vergrößerung des Schiffskörpers traten noch einmal rund 250 - 300 t hinzu, so daß die Gewichtsvermehrung etwa 600 - 700 t — bei Beibehaltung der geforderten Geschwindigkeit von 23,5 kn — betragen würde. Für beide Entwürfe stiegen die Kosten für das Schiff (ohne Armierungen) gegenüber *E15* um etwa 0,75 - 1 Million auf 18,5 Millionen Mark. Die Armierungskosten lagen für *E20* bei rund 8,5 Millionen — dies entsprach der für *E15* in den Etat 1906 aufgenommenen Summe. Für *E21* wurde wegen der Einführung der 15-cm-Doppeltürme eine Steigerung um 0,33 Millionen veranschlagt. (Bei beiden Entwürfen müssen dann noch die Kosten für die starre Torpedoarmierung, die generell mit 0,5 Millionen angegeben wurden, hinzugezählt werden, um den Gesamtpreis — für *E20* etwa 28,5, für *E21* rund 28,83 Millionen Mark — ermitteln zu können.)
E22 und *E23* waren Weiterentwicklungen des Ent-

wurfs *E19*, wobei für *E23* ebenfalls 15-cm-Doppeltürme vorgesehen waren. Deplacement und Kosten beider Entwürfe entsprachen annähernd denen von *E20* und *E21,* da die Gewichts- und Preissteigerung, die aus dem Einbau der vier 21-cm-Einzeltürme resultierte, durch den Wegfall von 4 x 15-cm-Geschützen kompensiert wurde.
Die Akten bieten keine Auskunft darüber, ob eine Umarmierung für *E15* tatsächlich doch in Erwägung gezogen worden war, wie der Auftrag für ein zweites Los von Studien nach fünfmonatiger Zwischenzeit vielleicht vermuten lassen könnte. K schien von einem solchen Vorhaben, war es nun in Betracht genommen worden oder nicht, wenig überzeugt zu sein und gab denn auch von vornherein zu bedenken, daß in allen vier Fällen die Herstellung neuer Entwurfspläne, neuer Berechnungen und Schleppversuche erforderlich würden. Auch waren die Zeichnungen und Gewichtsangaben zu den 24-cm- und 15-cm-Doppeltürmen noch nicht geliefert, so daß sich insgesamt eine Verzögerung der Inbaugabe gegenüber den ursprünglich für *E15* erwarteten Daten um mindestens ein Vierteljahr ergeben hätte.[63] Zudem machten die hohen Kosten alle 24-cm-Projekte wenig attraktiv, und Tirpitz wäre wohl die mit einer Kalibersteigerung verbundenen Risiken ohne zwingenden Anlaß kaum eingegangen.
Als weiterer Grund dürfte nicht unerheblich gewesen sein, daß sich bei dem unter der Projektnummer *E15* begonnenen Entwurf die Konstruktionsarbeiten ihrem Ende näherten. Am 7. Mai konnte der Chef der Konstruktionsabteilung, Vizeadmiral v. Eickstedt, die Entwurfszeichnungen für das Projekt *E16B* vorlegen[64], einer überarbeiteten Version von *E15.*[65] Mit einer ganzen Reihe von Neuerungen und Verbesserungen hatte K die letzten Steinchen zum Mosaik eingefügt. Neben der Einführung der neuen 15-cm-SK L/45 und dem Wegfall der 3,7-cm-MK wurde zur Sicherung eines ausgedehnteren Schutzes der Kesselräume der 180 mm starke Gürtelpanzer von 33 auf 46 m verlängert. Der Bugpanzer wurde in seinem oberen Bereich von 80 auf 60 mm reduziert, um das Heck mit Platten derselben Stärke schützen zu können; bislang war hier lediglich ein Korkdamm vorgesehen. Die Schiffsbreite wurde auf 24 m vergrößert, was zu einer besseren Stabilität beitrug und den Abstand des gepanzerten Wallgangs — des Torpedoschotts — von der Außenwand erhöhte; im mittleren Abschnitt der Zitadelle betrug der Abstand nun 4 m bei einer variierenden Dicke des Schotts von 20 - 35 mm. Mit der Breite wuchs auch die L_{PP} auf 152 m ($L_{üA}$ 162 m), was neben dem Erreichen günstiger Widerstandswerte für den Schiffskörper eine Geschwindigkeit von 24 kn erwarten ließ. In diesem Zusammenhang ist bemerkenswert, daß der Einbau von Parsons-Turbinen in einer vier Tage später stattfindenden Sitzung mit dem Argument abgelehnt wurde, die Umarbeitung der Pläne würde etwa drei Monate Zeit erfordern.[66] Das Gesamtgewicht erfuhr abermals eine Korrektur nach oben; es sollte nun rund 15.500 t betragen.
Während einer Zusammenkunft über Schlußentscheidungen zum Kreuzer *E* am 22. Mai erhielt K schließlich noch freie Hand bei der Ausführung eines Vorschlags, der das äußere Erscheinungsbild des Schiffes wesentlich beeinflussen sollte: die Anzahl der Schornsteine sollte auf zwei reduziert werden. Der Nachteil, daß bei einem Schornsteintreffer ein größerer Teil der Kesselanlage gestört werden konnte, wurde als „nicht erheblich" angesehen.[67]
Da der Kaiser Admiral v. Tirpitz für den 21. Juni zu einem Immediatvortrag über die für 1906 geplanten Bauten gebeten hatte, stellte K die oben genannten Änderungen in einer Denkschrift für den Staatssekretär zusammen.[68] Dieser Aufzeichnung ist nun zu entnehmen, daß K in eigenem Ermessen die Breite des Kreuzers nachträglich noch auf 24,2 m vergrößert hatte, um eine verbesserte Stabilität zu gewährleisten. Dies hatte aber zur Folge, daß das Deplacement noch etwas anwuchs (auf 15.700 t), zumal auch eine weitere Gewichtsreserve eingeplant wurde. K fügte der Denkschrift auch den Ordreentwurf für den Bau des Großen Kreuzers 1906/*E* bei, der, nach Bestätigung durch den Monarchen, die Grundlage für Konstruktion und Bauausführung werden sollte (s. Anhang). Wilhelm II. unterzeichnete die Bauordre im Anschluß an den Immediatvortrag am 21. Juni an Bord des HAPAG-Dampfers *Hamburg.*[69]
Rund eine Woche nach der Sitzung über die Schlußentscheidungen zum Bau des Kreuzers *E,* am 31. Mai, meldete der Marineattache aus London, daß die neuen englischen Panzerkreuzer der *Invincible*-Klasse 30,5-cm-Geschütze erhalten wür-

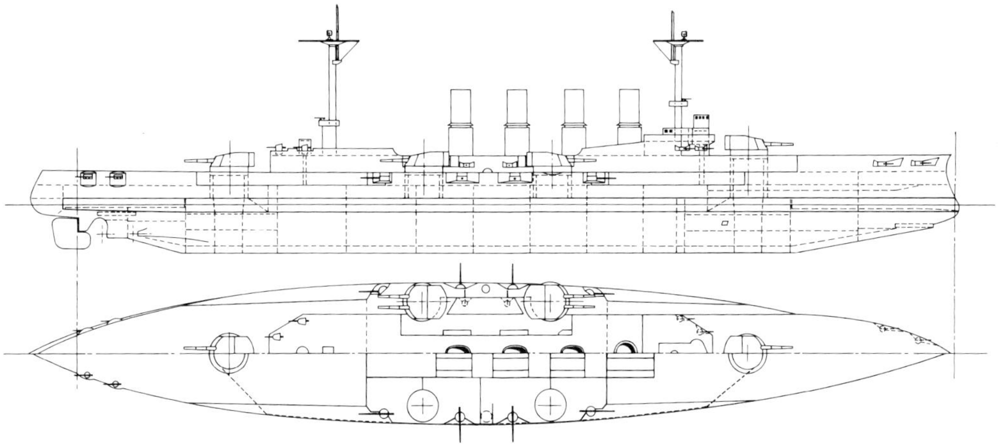

Projekt *E15,* genehmigt am 4. Oktober 1905

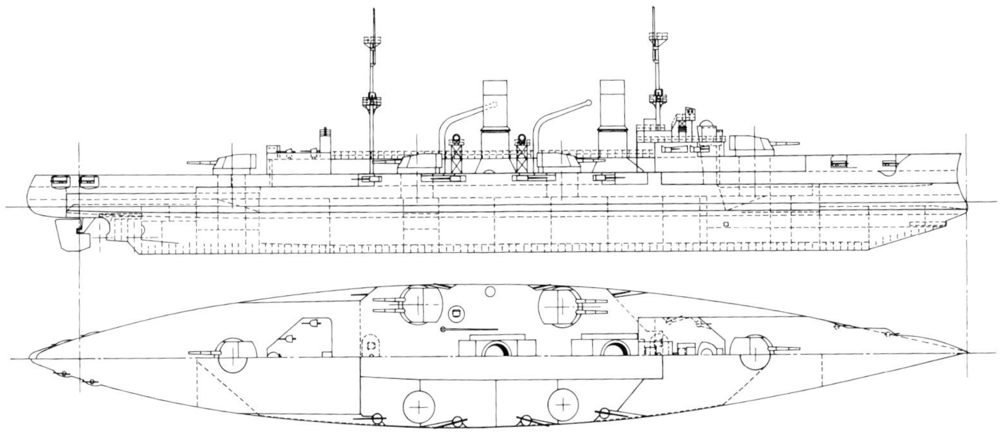

Eines der letzten, gegen Ende der Entwurfsarbeiten entstandenen Projekte für *E* vom 12. Juni 1907

den.[70] Diese Nachricht kam für die Kaiserliche Marine zu einem denkbar ungünstigen Zeitpunkt: Der *Dreadnought*-Sprung im letzten Jahr hatte das RMA dazu veranlaßt, die langfristigen Planungen für die Vermehrung der Schiffszahl zu überarbeiten; der Marineäternat und die Erlangung einer aussichtsreichen Stärkerelation zur Royal Navy mußten um die teure Komponente einer Typensteigerung bei den Linienschiffen erweitert werden, und Tirpitz hatte Mühe gehabt, diese Kostenexplosion noch in den Etat einzubauen. Nun würde sich das ganze Dilemma wiederholen mit dem Unterschied, daß jetzt die Kosten für beide Großkampfschifftypen in ungeahnte Höhen steigen würden. Zudem hatte der Reichstag wenige Tage zuvor, am 26. Mai, den Marineetat für 1906 gebilligt, der „nur" die Mittel für einen 15.000 t-Kreuzer beinhaltete[71], obwohl dieser schon teuer genug war. Ein neuer, gesteigerter Typ würde an Gewicht und Kosten zulegen müssen und damit vielleicht in die nun gegebenen, erhöhten Linienschiffsregionen aufsteigen. Deren alte Finanzsphären hatte *E* schon erreicht.

Als der Attache am 12. Juli seine frühere Nachricht

bestätigte[72], mußte man sich im RMA ernsthaft Gedanken darüber machen, was mit dem Großen Kreuzer 1906 geschehen sollte. Gegenüber den neuen englischen Schiffen war er sowohl in Bezug auf seine Armierung unterlegen als auch — dies spielte nicht minder eine Rolle — hinsichtlich der Defensiveigenschaften inadäquat konzipiert. Eine mögliche Kalibersteigerung auf das 24-cm-SK L/45 ging, das hatten die Berechnungen zu den Entwürfen *E17 - E23* gezeigt, schon hart an oder über die Kostenkalkulation für den Kreuzer 1906 hinaus, so daß bereits hier Reservefonds hätten angezapft werden müssen. Vorausgesetzt dies wäre finanzierbar gewesen, stand dann immer noch die ebenfalls notwendige Anpassung der Panzerstärken an das neue 30,5-cm-Geschütz der *Invincible*s aus. Und wäre man bei K und E so meisterlich gewesen, auch diese Mittel zu beschaffen, führte dann an einer nachträglichen Etaterhöhung wirklich kein Weg mehr vorbei, wenn auch noch eine Bewaffnung über das 24-cm-Kaliber hinaus gewählt werden sollte. Abgesehen davon erforderten solche tiefgreifenden Modifikationen die Ausarbeitung völlig neuer Projekte und bedingten somit einen größeren Zeitverlust, der mit Sicherheit durch die ganze Planung für Neu- und Ersatzbauten nach der Novelle 1906 einen dicken Strich gezogen hätte. Und noch ein weiteres Problem bedrückte das RMA gerade jetzt: Die Meldungen aus London bestärkten den Kaiser im Nachhinein in seiner Ansicht, daß das Schnelle Linienschiff nicht mehr lange würde auf sich warten lassen. Vierzehn Tage vor der ersten Meldung über *Invincible* hatte er ein Preisausschreiben für die Konstruktion eines Schnellen Linienschiffes bei den führenden deutschen Werften in Auftrag gegeben[73]; dies war ein deutlicher Hinweis darauf, daß der Monarch in dieser Frage eine zunehmend unversöhnlichere Haltung gegenüber dem RMA einnehmen wollte.

Jede Pressemitteilung über die englischen Neubauten studierte Wilhelm II. aufmerksam und warf dann den „constructors of the RMA" vor, sie seien „blind" gegenüber der Entwicklung der letzten Jahre gewesen.[74] Ein Satz aus einem >Tribune<-Artikel (zu dem neuen Panzerkreuzer *Shannon*) erregte hier seine besondere Aufmerksamkeit, beschreibt er doch genau jene Entwicklung, die sich der Kaiser für den Bau zukünftiger großer Kampfschiffe vorstellte: „In fact, in the *Invincible* and her sisters the line of demarcation between armoured cruiser and battleship will be passed."[75]

Für den Kreuzer *E* blieb als einzige Alternative übrig, ihn so zu bauen, wie er konstruiert worden war. Nach Abschluß der Arbeiten an *E* begannen ja gerade erst die Vorbereitungen für den Kreuzer 1907; ein wegen der neuen militärischen Erfordernisse stark vergrößertes Projekt für dessen Vorläufer wäre nicht viel früher fertig geworden, als die anstehenden Planungen für *F* Zeit benötigten. Und sollten schließlich auch die politischen und finanziellen Weichen für eine Steigerung des *E*-Nachfolgebaus gestellt werden können, machte die geringe Zahl an für den Flottendienst brauchbaren Großen Kreuzern die Verwendung von *E* zwar weniger als „Notlösung"[76], aber als Übergangslösung vorerst unverzichtbar.

Anmerkungen

1 Das zweite Flottengesetz vom 14. Juni 1900 ersetzte das erste Gesetz vom 10. April 1898.

2 Vermehrungsbauten wurden bis zum Stapellauf mit Buchstaben, Ersatzbauten mit dem Namen des Schiffes bezeichnet, das sie ersetzen sollten (s. auch Tab. 2 - 5).

3 Novelle zum Gesetze, betreffend die deutsche Flotte vom 14. Juni 1900. Vom 5. Juni 1906, RGBL 34 (Nr. 3251), 729. Mit der gesetzlichen Festlegung der Einteilung der Großen Kreuzer in Aufklärungs-, Auslands- und Materialreserveschiffe war keine Bindung auf Ausschließlichkeit der Verwendung verknüpft. Wie die Reichstagsdebatte um die Novelle 1906 zeigt, plante das RMA die sechs neuen Kreuzer zwar als Auslandsschiffe ein, doch hielt die Marineverwaltung letztendlich ihre Dislozierung offen; sie waren zunächst willkommene Objekte zur Betonung des Schutzes deutscher Kolonialinteressen. Die Budgetkommission des Reichstags verknüpfte mit ihrer Bewilligung — wohl auch aus finanziellen Rationalitätsgründen — ausdrücklich die Erwartung, daß die Schiffe auch für eine Verwendung in der heimatlichen Schlachtflotte vorgesehen werden sollten, s. hierzu Verh. des Reichstags, Bd. 3, 11. Leg.Per., 2. Sess., 75. Sitzung vom 26.3.1906, 2309ff.

4 s. hierzu die bis 1908 gültigen Ersatzfristen für Linienschiffe und Große Kreuzer, Einführung Anm. 14; zur späteren Änderung der Planvorgaben, s. Kap. III, Anm. 26 und Tab. 15.

5 s. Berghahn, Der Tirpitz Plan, 309ff u. 439ff; vgl. Deist, Flottenpolitik und Flottenpropaganda, 177.

6 s. Ebd., 440; vgl. auch Tirpitz, Erinnerungen, 108; s. auch Handbuch zur deutschen Militärgeschichte, Deutsche Flottenrüstung, 248; s. ferner Einführung Anm. 15.

7 s. Ebd., 458. Die betreffende Denkschrift der Etatabteilung stammt vom 24.2.1905.

8 Der jeweilige Etatpreis für die Großen Kreuzer *D* und *C* lag bei 19,17 bzw. 18,75 Millionen; der betreffende Anschlag für *Ersatz Deutschland/Yorck*, dem Vorgänger von *D* und *C*, betrug 17,97 Millionen.

9 BAMA RM 3/357, RMA/K an RMA/W (Waffendepartement), 7.3.1905.
10 Die Hauptarmierung des Großen Kreuzers *C* setzte sich aus 8 x 21-cm-SK L/40 zusammen, davon vier Geschütze in Kasemattaufstellung. Die Forderung nach SK L/45 galt auch für Projekt *A*.
11 Für Projekt *E1* rechnete das Waffendepartement mit etwa 3,07 Millionen, für *E2* mit rund 5,17 Millionen Mark für die 21-cm-SK, s. BAMA RM 3/357, RMA/W an RMA/K, 9.3.1905; vgl. Tab. 7.
12 BAMA RM 3/357, RMA/K an RMA/W, 13.3.1905.
13 s. BAMA RM 3/357, Dekret RMA/K 7928, 20.9.1905; vgl. Berghahn, Der Tirpitz Plan, 460; zu den Panzerlieferungsverträgen, s. auch Anm. 34.
14 s. BAMA RM 3/3691.
15 Eine Projektnummer *E4* war in den Akten nicht auffindbar.
16 BAMA RM 3/357, RMA/K an Staatssekretär, 27.5. 1905.
17 BAMA RM 3/3691, RMA/AV an RMA/K, 7.4.1905.
18 BAMA RM 3/357, RMA/K an Staatssekretär, 27.5. 1905.
19 Projekt *C* für die Linienschiffe 1906 (*Ersatz Sachsen*-Klasse) wurde zusammen mit *E3* am 18. März 1905 vorläufig genehmigt: 15.700 t; 8 x 28-cm-SK L/45, 8 x 17-cm-SK L/40. Skizzen befinden sich in Breyer, Schlachtschiffe und Schlachtkreuzer, 284 sowie in Hubatsch, Der Admiralstab, 112/113; vgl. auch Fock, Des Kaisers Preisausschreiben I, in: MR 3 (1977), 115.
20 Die möglichen Hintergründe für diese Anfrage s. unten im Text.
21 BAMA RM 3/3691, RMA/AV an Staatssekretär, 25.5. 1905.
22 *Regina Elena*, gebaut: Marinewerft La Spezia; 12.750 t; L_{PP} 132,6 x B 22,4 x T 7,91 m; 2 x 30,5-cm-SK L/40, 12 x 20,3-cm-SK L/45; 19.299 PSi, 20,8 kn.
23 Hervorhebung im Original.
24 BAMA RM 2/1601, Kaiser an Staatssekretär, 28.4. 1905. Zum Bau italienischer Panzerkreuzer ist hinzuzufügen, daß entweder der Kommandant der *Sardegna* Wilhelm II. nicht richtig informiert hatte — was eher unwahrscheinlich ist — oder der Kaiser seinen eigenen Argumenten etwas mehr Gewicht verleihen wollte, denn Italien baute im Etat 1904/05 die Kreuzer *San Giorgio* und *San Marco* sowie im Bauprogramm 1905/06 *Pisa* und *Amalfi*. Allerdings waren dies die letzten italienischen Panzerkreuzerbauten.
25 s. Berghahn, Der Tirpitz Plan, 452.
26 s. Ebd., 453.
27 Denkschrift Capelle für Tirpitz, 6.5.1905, zit. nach: Ebd., 461.
28 Aufzeichnung des Kapitäns z.S. Dähnhardt (E) für den Staatssekretär des RMA vom 31.5.1905 zur besonderen Form der geplanten Novelle zum Flottengesetz, zit. nach: Berghahn/Deist (Hg.), Rüstung, Dok. VII/4, 319.
29 BAMA RM 3/357, RMA/K an RMA/W, 18.5.1905.
30 Diese Geschütze hatten bislang nur die Linienschiffe der *Braunschweig*- und *Deutschland*-Klassen erhalten. Für Projekt *C* waren sie ebenfalls vorgesehen.
31 BAMA RM 3/3691, RMA/AV an Staatssekretär, 25.5. 1905.
32 Leider fehlt die exakte Längenangabe; die $L_{üA}$ dürfte aber gut über 150 m betragen haben.
33 BAMA RM 3/357, RMA/K an Staatssekretär, 27.5. 1905.
34 BAMA RM 3/357, RMA/K an RMA/M (Zentralabteilung)/E, 30.5.1905. Zu dem Vertragswerk zwischen Krupp/Dillingen und dem RMA, s. Berghahn/Deist (Hg.), Rüstung, Dok VI/8, 290ff.
35 BAMA RM 3/357, Staatssekretär an RMA/K, 2.6.1905.
36 BAMA RM 3/357, RMA/K an Staatssekretär, 7.6. 1905.
37 Ebd., BAMA RM 3/357.
38 BAMA RM 3/3691, Tatsache A zur Sitzung am 7.6. 1905; sowie auch Ebd., BAMA RM 3/3691, RMA/K an RMA/A, 10.6.1905.
39 BAMA RM 3/357, RMA/KI an RMA/KII, 8.6.1905.
40 Ebd., BAMA RM 3/357, RMA/KII an RMA/KI, 10.6.1905.
41 BAMA RM 3/357, RMA/K an Staatssekretär, 10.6. 1905.
42 Ebd., BAMA RM 3/357.
43 BAMA RM 3/3691, RMA/A an RMA/K, 4.5.1905.
44 BAMA RM 3/3691, RMA/K an RMA/A und W, 22.6. 1905.
45 BAMA RM 3/3691, RMA/A an RMA/K und W, 30.6. 1905.
46 BAMA RM 3/357, RMA/W an RMA/K, 22.7.1905.
47 BAMA RM 3/357, RMA/K an RMA/W, 27.7.1905.
48 BAMA RM 3/357, RMA/W an RMA/K, 30.7.1905.
49 s. Berghahn, Der Tirpitz Plan, 465.
50 s. Ebd., 466.
51 Vgl. Ebd., 466; s. auch Staatssekretär an Scheer, 3.9. 1905, zit. nach: Berghahn/Deist (Hg.), Rüstung, Dok. VII/5, 321.
52 Staatssekretär an Scheer, 3.9.1905, zit. nach: Berghahn/Deist (Hg.), Rüstung, Dok. VII/5, 320f.
53 s. Berghahn, Der Tirpitz Plan, 471.
54 Capelle an Staatssekretär, 8.9.1905, zit. nach: Ebd., 469.
55 BAMA RM 3/357, RMA/K an Staatssekretär, 12.9. 1905.
56 Berghahn, Der Tirpitz Plan, 472.
57 s. Ebd., 472.
58 BAMA RM 3/769 (auch 357), Notizen zum Immediatvortrag über Projekt *E15* für den Großen Kreuzer 1906, K, 27.9.1905.
59 vgl. hierzu vom selben Tag BAMA RM 3/2111, Denkschrift zum Immediatvortrag über weitere Verwendung von Dampfturbinen für S.M. Schiffe auf Grund der bis jetzt vorliegenden Erfahrungen, 27.9.1905; s. Strobel, Dampfturbine, 477ff, vgl. Epkenhans, Wilhelminische Flottenrüstung, 258f.
60 BAMA RM 3/357, RMA/K an Staatssekretär, 28.9. 1905.
61 s. Ebd., BAMA RM 3/357.
62 BAMA RM 3/769, RMA/K an Staatssekretär, 9.3. 1906.
63 Ebd., BAMA RM 3/769.
64 BAMA RM 3/3691, Erläuterungen zu den Entwurfszeichnungen *E16B* des Großen Kreuzers 1906, K, 7.5.1906.
65 Zu einem in den Notizen zum Immediatvortrag über Projekt *E15* für den Großen Kreuzer 1906 vom 27.9.1905 erwähnten Projekt *E16* wurden dort keine näheren Angaben gemacht.
66 BAMA RM 3/3691, Erläuterungen zu den Entwurfszeichnungen *E16B* des Großen Kreuzers 1906, K, 7.5.1906. In einer Notiz ist vermerkt, daß auch der Einbau von AEG-Turbinen „vorläufig für Schiffe solcher Größe nicht in Frage" komme. Bis dato hatte die AEG den HAPAG-Dampfer *Kaiser*

mit einer 6.000 PSw-Schiffsturbinenanlage ausgestattet, der seine Probefahrten im Herbst 1905 problemlos absolviert hatte und im Winter der Marine für Versuche zur Verfügung gestellt worden war.

67 BAMA RM 3/ 2528, Protokoll über die Sitzung vom 22.5.1906, M, 29.5.1906.

68 BAMA RM 3/769, Denkschrift zum Immediatvortrag über die Konstruktion des Großen Kreuzers *E*, K, 16.6.1906.

69 BAMA RM 3/769, Konstruktionsbedingungen für den Großen Kreuzer *E* (Bauordre), 21.6.1906.

70 s. Berghahn, Der Tirpitz Plan, 511. *Invincible,* gebaut: Armstrong, Elswick; Kiellegung: 2. April 1906, Stapellauf 13. April 1907; 17.698 t; L_{CWL} 170,6 x B 23,9 x T 7,6 m; 8 x 30,5-cm-SK L/45, 16 x 10,2-cm-SK L/45; 46.500 PSw, 26,64 kn.

71 s. Fernis, Die Flottennovellen im Reichstag, 52.

72 s. Berghahn, Der Tirpitz Plan, 514. In puncto zuverlässiger Informationen über die Absichten der Royal Navy, die Kreuzer der *Invincible*-Klasse zu steigern, bestanden somit spätestens ab Mitte Juli 1906 im RMA nurmehr wenige begründete Zweifel. Gegenteilige Äußerungen des Staatssekretärs in der Budgetkommission des Reichstags im Februar 1910, wonach die Marineverwaltung „über die wirkliche Größe der englischen Kreuzer (erst) bei deren Stapellauf (*Indomitable* als erstes Schiff der Klasse am 16.3.1907, d.V.)" erfahren habe und es dann „zu spät (gewesen sei), am *Blücher* etwas zu ändern", sollten demnach mit einiger Skepsis aufgenommen werden. Auf die eigentliche Frage eines Abgeordneten, ob die Pläne für *E* wegen verwaltungstechnischer Mängel im RMA „so lange liegen bleiben, daß sie bei der Bauausführung bereits veraltet seien", antwortete Tirpitz nur ausweichend — dies traf auch nicht zu, s. BAMA RM 23/107, Reichstag, 12. Leg.Per., 2. Sess. 1909/10; Kommission für den Reichshaushaltsetat, 19. Sitzung, 11.2.1910; vgl. MR 3 (1910), 356, die den Ausführungen des Staatssekretärs Glauben schenkt.

73 s. Fock, Des Kaisers Preisausschreiben II, in: MR 4 (1977), 183ff.

74 So die — teilweise in englischer Sprache verfaßten — Randbemerkungen Wilhelms II. zu einem >Tribune<-Artikel vom 29.8.1906, der auch einige Passagen zur *Invincible*-Klasse enthielt, auf die sich der Kaiser hier bezog, BAMA RM 3/2528.

75 Ebd., BAMA RM 3/2528.

76 Hildebrand/Steinmetz, Die deutschen Kriegsschiffe, I, 153.

II Großer Kreuzer 1907 — *F* — *Von der Tann*

Wie bereits in Kapitel I kurz erwähnt, veranlaßten die Meldungen über den Bau von *Dreadnought* und seine eigenen Vorstellungen in der Typenfrage den Kaiser, ein Preisausschreiben für die Konstruktion eines Schnellen Linienschiffes bei den führenden deutschen Werften auszuloben. Der Monarch wollte sich, wie er einführend zu seiner mit insgesamt 40.000.- Mark dotierten Ausschreibung bemerkte, „Klarheit über eine der wichtigsten Typenfragen (..) verschaffen, welche jetzt alle größeren Marinen beschäftigt."[1] Staatssekretär v. Tirpitz war — darauf muß nicht mehr besonders hingewiesen werden — von jenem Unterfangen nicht gerade begeistert, da er die möglichen politischen und finanziellen Konsequenzen einer Annäherung an den Einheitstyp fürchtete und die Ausarbeitung der neuen Entwürfe insbesondere für die personell dünn besetzten Kaiserlichen Werften in Kiel, Wilhelmshaven und Danzig zusätzliche Belastungen und Behinderungen des Dienstbetriebes nach sich ziehen mußte. Weiterhin würden die Departements A und K des Reichsmarineamts durch ihre Preisgerichtsfunktion mitten in den Vorbereitungen für den neuen Kreuzer 1907 und den Arbeiten an den Linienschiffen der *Ersatz Sachsen/Bayern*-Klasse gestört.[2]

Unter Punkt IV der Preisaufgabe vermerkte der Kaiser die zu beachtenden Typencharakteristika: Schnelle Linienschiffe sollten eine „Division für besondere Zwecke bilden und einzeln als Aufklärungskreuzer dienen können." Ihre Geschwindigkeitsüberlegenheit gegenüber den Linienschiffen der fremden Marinen würde daher „mindestens 3 kn" betragen müssen; erforderlich waren somit ungefähr 23,5 kn. Da das Schnelle Linienschiff „in der Linie mitfechten" sollte, waren ferner eine schwere Armierung — mindestens 4 x 28-cm-SK — und ein in den vitalen Teilen den neuesten Linienschiffen entsprechender Schiffsschutz notwendig, um den Typ als „letztes (torpedotragendes) Kampfmittel" einsetzen zu können. Desweiteren verlangte der Monarch Mittel- und leichte Artillerie gegen kleinere gegnerische Kreuzer. Die Annäherung der Spezifika von Armierung und Panzerung zwischen Linienschiff und Schnellem Linienschiff wurde schließlich durch die zusätzliche Forderung ergänzt, daß der neue Typ aus dem „eigentlichen Linienschiff" zu entwickeln sei und Konstruktionsdaten der *Ersatz Sachsen/Bayern*-Klasse als Entwurfsgrundlage dienen sollten.

Der Widerstand des Staatssekretärs gegen ein solches Projekt, für welches auch noch die geheimen Daten der neuesten Linienschiffe einem erweiterten Kreis von Spezialisten zugänglich gemacht werden sollten, wurde wohl nur dadurch abgeschwächt, daß der Kaiser die Existenzberechtigung des Linienschiffs nicht antastete (Punkt V der Ausschreibung[3]) und das Deplacement des neuen Typs jenes der *Ersatz Sachsen*-Klasse (ca. 19.000 t) nicht übersteigen durfte — wobei sich Wilhelm II. allerdings mit der Forderung nach absoluter „Linienfähigkeit" die Option auf den Einheitstyp offengelassen hatte.

Da als Abgabetermin für die erbetenen Entwürfe der 1. Januar 1907 festgesetzt worden war und die Preisgerichtentscheidung nicht vor dem Frühjahr zu erwarten stand, soll zunächst der Gang der Entwicklungsarbeiten für den Kreuzer *F*, dem etatmäßigen Neubau, im Mittelpunkt der weiteren Betrachtung stehen. Danach folgt ein kurzer Vergleich zwischen dem Siegerentwurf des Preisausschreibens — also einem Schnellen Linienschiff — und der fertigen RMA-Konstruktion — einem Großen Kreuzer; diese Gegenüberstellung wird ein interessantes Ergebnis haben.

Die Kreuzerentwicklung fand in der zeitgenössischen Fachpresse auch weiterhin ein angemessenes Echo. Die >Marine-Rundschau< vom Juli 1906 enthielt einen 24seitigen Artikel mit dem Titel „Der Panzerkreuzer als Flottentyp"[4], der u.a. auch das Schnelle Linienschiff thematisierte. Verfaßt von einem Mitarbeiter des Nachrichtenbüros des Reichsmarineamts (N), Korvettenkapitän Vollerthun, war dieser Aufsatz mithin eine indirekte Antwort des RMA auf die Preisaufgabe des Kaisers. Vollerthun ging nach einem kurzen Überblick über die historische Entwicklung des Panzerkreuzers zu-

[8] Der Große Kreuzer *F — Von der Tann* kurz vor dem Stapellauf am 20. März 1909 bei Blohm & Voss, Hamburg. (Bundesarchiv-Militärarchiv)

nächst auf die „gegenwärtigen Entwicklungstendenzen" des Typs ein. Während er die neuesten Panzerkreuzer der Royal Navy als schnelle „Gefechtskreuzer" einstufte, die aber nicht die Qualitäten besäßen, sich mit Linienschiffen „in ein entscheidendes Gefecht einzulassen", sah er in der neuen japanischen *Tsukuba*-Klasse jene Voraussetzungen schon eher gegeben. Die französischen Kreuzer *Waldeck-Rousseau* und *Edgar Quinet* charakterisierte der Autor, nachdem ihre Pläne zugunsten eines Einheitskalibers von 14 x 19,3-cm-SK L/50 und auf Kosten einer Geschwindigkeitsreduzierung geändert worden seien, im Vergleich zur britischen *Minotaur*-Klasse nicht als „Gefechtskreuzer im englischen Sinne", während er bei den *Tennessee*- und *Montana*-Klassen[5] der US Navy wieder ein „Streben nach Linienschiffsqualitäten" erkannte.
Vollerthun wollte aus der beobachtbaren und u.U. noch weiterhin zu erwartenden „Kampfwert"- und Deplacementsteigerung der Panzerkreuzer zwar noch nicht den Schluß ziehen, daß der Sprung zum „Universaltyp" durch Angleichung der Schiffsgewichte von Linienschiff und Panzerkreuzer bevorstand. Er wies aber dennoch darauf hin, daß Fachpresse und „Parlamente verschiedener Länder" im Kreuzerlinienschiff den „natürlichen Abschluß der heutigen Panzerkreuzerentwicklung" sehen würden. Seine Bedenken einem solchen Typ gegenüber versuchte er durch die Untersuchung der Fragen zu erläutern, ob erstens ein solcher „Kompromiß zwischen Linienschiff und Kreuzer als Ersatz für beide technisch und militärisch überhaupt durchführbar (und) auf die Dauer aufrecht zu erhalten" sei, sowie zweitens, ob es vorteilhaft wäre, eine „Flotte aus dem langsamen, mit höchster Kampfkraft ausgerüsteten Linienschiff und dem schnelleren Kreuzer-Linienschiff zusammenzusetzen?"
Die erste Frage schob er sogleich als unlösbares Problem beiseite. Zur Verdeutlichung führte Vollerthun die Verschmelzung des französischen Panzerkreuzers *Edgar Quinet* mit dem russischen Lini-

[9] Das Heck des Schiffes kurz nach dem Ablaufen. Gut zu erkennen, das achtere Torpedorohr knapp über der Wasseroberfläche; die Pforten für die Steuerbord achteren 8,8-cm-SK sind teilweise hinter den Girlanden versteckt. (Bundesarchiv-Militärarchiv)

sen Anforderungen zu genügen", fragte er rhetorisch, "wenn man bedenkt, daß jede Deplacementvergrößerung hier in erster Linie Verlängerung und damit wiederum Panzergewichtsvermehrung bedeutet (...)."

Zur Beantwortung der zweiten Frage, und damit zur indirekten Erwiderung auf das Preisausschreiben von allerhöchster Seite, versuchte Vollerthun die Argumente des Professors für Schiffbau in Boston und Chefkonstrukteurs der Königlich Dänischen Marine, Cdr. William Hovgaard, zu widerlegen, der sich ein Jahr zuvor in einem Vortrag für den Bau von Linienschiffskreuzern („battleship-cruiser") neben Linienschiffen ausgesprochen hatte. Hovgaard hatte ein Schiff von etwa 20.000 t vorgeschlagen, das mit 4 x 30,5- und 8 x 25,4-cm-SK ausgerüstet, bei derselben Panzerung wie die gleichaltrigen Linienschiffe eine Geschwindigkeit von rund 21 kn erreichen sollte. Dieser Geschwindigkeitsforderung lag die Annahme zugrunde, daß die Linienschiffe etwa 18 kn laufen konnten, somit bei 21,5 kn eine ausreichende Marge blieb. Vollerthun nahm dagegen an, daß bei einer

enschiff *Slava* an[6], nach seinen Worten, die Verbindung „zweier Extreme, deren Deplacement ungefähr dasselbe" sei. Während *Edgar Quinet* für seine Geschwindigkeit bei 14.000 t ungefähr 32 % des Deplacements verbrauche, argumentierte Vollerthun, würden für die „Kampfkraft" des Linienschiffs etwa 42,5 % benötigt. Rein rechnerisch verblieben den übrigen Gruppen wie Schiffskörper und Ausrüstung somit nur noch 25,5 %, obwohl im Normalfalle etwa 42 % erforderlich sein würden (60 %-Regel). „Welches Deplacement wäre imstande, die-

Steigerung auch der Linienschiffsgeschwindigkeit dieser Vorsprung bald verlorengehen würde, sofern der Linienschiffskreuzer nicht an Maschinenleistung — und somit an Gewicht — zulegen könne; ein Wettlauf mit den Linienschiffen schien demnach vorprogrammiert. Würde aber nun, als mögliche Konsequenz aus dieser Entwicklung, die Geschwindigkeitsüberlegenheit des Linienschiffskreuzers ganz schwinden und einen Einheitstyp hervorbringen, so sei zu erwarten, resümierte Vollerthun, daß „sehr bald" wieder ein langsamerer

[10] Großer Kreuzer 1907 — *F* — *Von der Tann.* (WZ - Bilddienst)

und stärkerer Typ „nebenher erscheinen" würde. Die Quelle für dieses Argument ist offensichtlich: Es handelt sich um jene „Kreislauftheorie", mit welcher der Staatssekretär zwei Jahre zuvor den Vorstoß des Kaisers für das Schnelle Linienschiff abgewehrt hatte; hier nun in abgewandelter Form, aber mit derselben Zielrichtung.
Die Ausführungen Vollerthuns in der vom Nachrichtenbüro herausgegebenen >Marine-Rundschau< erwecken den Anschein, als ob die verantwortlichen Stellen auch weiterhin die möglichen Varianten und Ausprägungen eines Schnellen Linienschiffs meiden wollten. Auf eine Abteilung des RMA trifft diese Beobachtung jedoch nicht zu. Denn hatte man sich im Allgemeinen Marine-Departement gegenüber einer gewissen „Linienfähigkeit" des Kreuzers bereits recht aufgeschlossen gezeigt, waren seine Mitarbeiter — und zu ihnen sollte auch Korvettenkapitän Vollerthun sehr bald gehören — wegen der eingehenden Meldungen über *Invincible* nunmehr auch bereit, gangbare Typenalternativen für die Zukunft des Großen Kreuzers zu entwickeln — und diese wiesen auf das Schnelle Linienschiff als eine Art Kreuzerderivat.
In einer — von Tirpitz nicht gelesenen — Denkschrift an den Staatssekretär vom 29./30. Juni 1906 betreffend den „Großen Kreuzer 1907 und folgende Jahre"[7] ging A von dem Standpunkt aus, daß die Kaiserliche Marine wegen ihrer zahlenmäßigen Unterlegenheit an Großen Kreuzern gegenüber der Royal Navy gezwungen sei, nur solche Typen zu bauen, „welche den gleichzeitigen Neubauten unserer voraussichtlichen Gegner überlegen sind." Bezogen auf die letzten Meldungen über die Typeneigenschaften der neuen englischen Kreuzer — laut Attachebericht aus London: 8 x 30,5 cm; 23 kn; 152,4 m Länge; 15.000 - 16.000 t, wobei A letztere Angabe im Vergleich zu den Werten für die Linienschiffe der *Nelson*-Klasse mit 16.750 t als zu niedrig erachtete und etwa 17.000 - 18.000 t erwartete — sowie des japanischen Kreuzerneubaus *Tsukuba*[8], leitete man im Allgemeinen Marine-Departement unter Beachtung des eingangs erwähnten Grundsatzes ab, daß „wir auch unsere Großen Kreuzer als Schnelle Linienschiffe bauen müssen." A sah „auf Jahre hinaus" für die Großen Kreuzer der Kaiserlichen Marine keine Möglichkeit, „strategischen Aufklärungs- und Sicherungsdienst in größerem Stil" oder „selbständigen Kreuzerkrieg (und) Handelsschutz" durchführen zu können, dagegen spreche die operative Aufgabenstellung der Schiffe im Konfliktfall. Hauptverwendungszweck verbleibe vorläufig nur die Mitwirkung in der Entscheidungsschlacht als „fast wing". Diese Aufgabe erfordere „theoretisch" ein De-

placement entsprechend dem des Linienschiffs sowie eine Armierung, die auch gegen Linienschiffe wirksam sein müsse, da eine Auseinandersetzung zwischen beiden Typen — und davon war man bei A fest überzeugt — niemals ausgeschlossen werden könne. Hier wurde der grundsätzliche Dissens zwischen Allgemeinem Marine-Departement und Staatssekretär in Fragen der Einsatztaktik erneut deutlich: Tirpitz sah den Gegner des Kreuzers ausschließlich im Kreuzer.

Bemerkenswert ist, daß A auch innenpolitische Vorteile im Bau Schneller Linienschiffe zu erkennen glaubte. Die Forderung, die Geschwindigkeit der Linienschiffe „über ein gesundes Maß zu steigern", würde durch diesen neuen Schiffstyp ausgeräumt und erschwere somit den gegen die Baupolitik des Reichsmarineamts „agitierenden Schreiern (vom Flotten-Verein, d.V.) (die) Tätigkeit."[9]

Die A-Denkschrift schloß mit der Anregung, den Etatanschlag für den Kreuzer 1907 auf 32 Millionen Mark zu erhöhen. Man hatte diese Summe deshalb gewählt, weil mit ihr eine Preisdifferenz zum Linienschiff von etwa 4,5 Millionen verbleiben konnte: Die Marineverwaltung war an einer Kostenparität grundsätzlich nicht interessiert, denn einheitliche Preise konnten die Forderung nach dem Einheitstyp unter Umständen verstärken. Schließlich machte A noch einen konkreten Vorschlag für ein in Armierung und Panzerung gesteigertes Kreuzerprojekt:

„6 - 8 x 28-cm-SK L/45 entweder in Doppeltürmen oder in 2 Doppel- und 4 Einzeltürmen; 8 x 15-cm-SK L/45 entweder in Kasemattaufstellung oder in 4 Doppeltürmen; 20 x 8,8-cm-SK L/35 oder 45; 4 x 8-mm-Maschinengewehre; 4 Torpedorohre; Panzerung: (vorderer) *Kommandoturm 400 oder mindestens 300 mm, hinterer 200 mm. Im übrigen etwa 10 - 20 % schwächer als der Linienschiffspanzer* (für *Ersatz Bayern*, d.V.)*; Konstruktionskohlenvorrat = 6 % des Deplacements; Geschwindigkeit etwa 23 sm."*

Die Bedeutung dieser Denkschrift liegt nun darin, daß die Meldungen aus London auch das Allgemeine Marine-Departement dazu veranlaßt hatten, für den Bau einer Art Schnellem Linienschiff einzutreten — oder zumindest mal eine technisch gangbare Alternative und amtsinterne „Definition" anzubieten. Auch konnte sich der Kaiser fortan innerhalb des RMA bis zu einem gewissen Grad der Rückendeckung für seine Idee sicher sein; Wilhelm II. und A waren jedoch insbesondere noch bei der Stärkebemessung des Schiffsschutzes, hier schlug das Departement etwas geringere Panzerdicken vor, und des unbeschränkten Einsatzes dieser Schiffe in der Linie, den der Kaiser forderte, anderer Meinung.

Bemerkenswert ist in diesem Zusammenhang ferner die Tatsache, daß A eine Preissteigerung auf 32 Millionen Mark — also 4,5 Millionen mehr als für *E* berechnet wurden — befürwortete. Schon eine Woche vor Anfertigung der Denkschrift hatte sich AV an die Etatabteilung gewandt und mitgeteilt, daß begründete Aussicht bestehe, dem Kreuzer 1907 eine schwerere Armierung und damit auch ein größeres Deplacement geben zu müssen. A schloß zunächst die Annahme eines der Projekte mit 24-cm-Geschützen, die für den Kreuzer 1906 ausgearbeitet worden waren (s. Kap. I), nicht aus und bat E, diesen Umstand durch eine Erhöhung der Anschlagsumme auf 30 - 32 Millionen Mark zu berücksichtigen.[10] Zu diesem Votum nahm am 26. Juni KIV Stellung. Die Mittelverwaltung des Konstruktionsdepartements gab zu bedenken, daß im ersten Entwurf zum Etat 1907 für *F* und *E* dieselben Kostenberechnungen für den Schiffbauanteil vorgesehen seien, etwa 18,5 Millionen Mark.[11] Geplant sei nun jedoch, diese Summe auf 19,4 Millionen zu erhöhen, wozu noch 0,8 - 0,85 Millionen treten würden, sollte das Schiff Turbinenantrieb erhalten. (Der Anteil für die Armierung wurde mit etwa 9 Millionen veranschlagt.) KIV bat A schließlich um Auskunft, welche Faktoren die weitere Preissteigerung auf 30 - 32 Millionen verursachen würden[12]. A hielt daraufhin nochmals Rücksprache mit der Etatabteilung und nahm dann von „weiterer Verfolgung der Angelegenheit Abstand", da E eine Erhöhung der Rate für 1907 ablehnte[13]. Die Forderung nach dem Schnellen Linienschiff war damit jedoch nicht begraben.

Diese Irritationen bezüglich der Kostenfrage müssen in einem weitergefaßten Rahmen betrachtet werden. Mit zunehmender Sicherheit über eine Steigerung der englischen Kreuzerbauten und dem daraus entstandenen Druck, die eigenen Schiffe möglicherweise ebenfalls vergrößern zu müssen, stellte sich einerseits die Frage nach dem Ausmaß dieser Steigerung und damit zusammenhängend, nach der Betonung welcher Gewichtsgruppen. Andererseits drängte sich die Forderung nach einer erneuten Erhöhung der Linienschiffsdeplacements auf, da der Einheitstyp so am augenscheinlichsten verhindert werden konnte — der 1904 von Tirpitz geweissagte „Methodenfehler" (s. Einführung) zeichnete sich möglicherweise ab! Ein weiterer Grund, weshalb sich das RMA zu letzterem Schritt genötigt sehen konnte, resultierte aus einer Meldung des Marineattaches in London vom 31. Mai, die besagte, daß die künftigen englischen Linienschiffe voraussichtlich 34,3-cm-Geschütze erhalten und 20.000 t verdrängen würden.[14] War dies alleine schon ausreichend, um die weiteren Etats der Marine über Gebühr zu belasten, beinhaltete der längerfristige Rüstungsplan des RMA für 1910/11 auch noch die Vorlage der sogenannten „Stabilisierungsnovelle": Der Äternat war ja noch längst nicht erreicht, denn zur automatischen Ersatzpflichtregelung einer 60-Schiff-Flotte nach 1917 fehlten sowohl die Verkürzung der Ersatzzeit der Linienschiffe auf 20 Jahre als auch die Bewilligung zweier zusätzlicher Materialreserveschiffe, um die Flotte im Dreierbautempo zu komplettieren und sukzessive ersetzen zu können. Im Herbst 1906 zeigte sich aber in den Etatverhandlungen, daß die Deplacementsteigerung für beide großen Kampfschifftypen schwerlich noch für 1907 vorgenommen werden konnte[15]. Ein frühes Einbringen dieser Forderung wäre aber wichtig gewesen, um dem Parlament nicht zwei kostspielige Bedarfsanmeldungen kurz hintereinander präsentieren zu müssen.[16] Das RMA sollte sich somit Ende August/Anfang September zunächst in der Absicht bescheiden, vorerst nur die nächsten Kreuzer zu vergrößern, ihre mögliche Deplacementparität zu den Linienschiffen in Kauf zu nehmen und auf ein Halten des Etatrahmens bis 1909 zu spekulieren. Letztere Hoffnung wurde jedoch schon wenig später enttäuscht, der finanzielle Spielraum der Marine wurde auch ohne weitere Deplacementsteigerungen zu eng. Es war nun geboten, beide Vorlagen — die Stabilisierungsnovelle und die neuen Bedarfsanmeldungen für große Kampfschiffe — so früh als möglich — 1908 — zusammen einzubringen. Die vorzeitige Reichstagsauflösung im Dezember 1906, verursacht durch die ablehnende Haltung der Zentrumspartei in der Frage des kolonialen Nachtragshaushalts für die Niederwerfung des Aufstandes in Deutsch-Südwestafrika, kam dem Staatssekretär in dieser Situation zupaß: Zwei Jahre später würde somit — ein günstiger Wahlausgang für eine marinefreundliche Koalition und eine gewisse Einlaufzeit für das neue Bündnis vorausgesetzt — diese gewaltige Hürde vielleicht genommen werden können.

Der Staatssekretär wähnte sich also nach den Berichten seines Londoner Attaches im Sommer 1906 vor die Entscheidung gestellt, der neuesten Entwicklung im englischen Großkampfschiffbau wohl schon sehr bald Rechnung tragen zu müssen. „Falls das neuerdings zu meiner Kenntnis gelangte Vorgehen der Engländer in der Steigerung der Typen und Kaliber sich bestätigt", schrieb er am 18. Juli aus seinem Urlaubsdomizil St. Blasien an seinen Stellvertreter in Berlin, v. Trotha, „wird es notwendig sein, unsererseits schon im Etat 1907 mit weiterer Typensteigerung vorzugehen."[17] Für einen Immediatvortrag in Rominten beauftragte er K und A, ein Linienschiff sowie einen großen Kreuzer nach folgenden Vorgaben „baldmöglichst" zu entwerfen:

„1. Linienschiff: 12 x 30,5 cm; 12 x 15 cm; Turbinen; 2. Großer Kreuzer: 8 x 30,5 cm; 8 x 15 cm; Turbinen."

Kannte man Tirpitz in Deplacement- und Armierungsfragen bislang als steten Mahner zur Mäßigung, so waren diese Prämissen auf den ersten Blick erstaunlich: Das Linienschiff sollte, bei derselben Anzahl an schweren Geschützen wie die Einheiten der *Ersatz Sachsen*-Klasse, ein größeres Kaliber erhalten; der Kreuzer — im Vergleich zu *E/Blücher* — einen gewaltigen „Sprung" erfahren. Erst die Frage nach den Hintergründen macht diese Festlegung der Typenspezifika verständlich: Beim Linienschiff, das wegen der jüngsten Gerüchte aus London und zur Verhinderung des Einheitstyps vergrößert werden sollte, blieb der Admiral mit der Wahl des 30,5-cm-Geschützes auch weiterhin seinem Grundsatz treu, nicht als „Treiber" zu fungieren — das Projekt sollte ein Kompromiß zwischen finanziellem Bescheiden, offentlichkeitswirksamer Aggressivität und möglichen militärischen Erfordernissen sein. Die Bewaffnung des Kreuzers sollte den „Ebenbürtigkeitsanspruch" wahren, indem die gemeldete Armierung der *Invincible*-Klasse übernommen wurde. Zumindest der Kreuzerentwurf macht jedoch den Eindruck, als ob er vorschnell, kurzfristig und ohne festes Konzept als Studienprojekt aufgestellt worden war. Denn die qualitative Armierungsparität zum Linienschiff — und zudem auf solch hohem Niveau — war ein riskantes Spiel, das Tirpitz bislang nicht hatte eingehen wollen. Er nahm das Risiko aber diesmal in Kauf und versuchte den Weg über unterschiedliche Quantitäten. Das Projekt sollte jedoch bald darauf, aus den genannten finanzpolitischen Gründen, aufgegeben bzw. verschoben und durch einen neuen Entwurf ersetzt werden. Die Linienschiffsstudie würde ein Jahr später konzeptionell realisiert werden können.

Ende August sandte der Departementschef von A, Konteradmiral v. Heeringen, dem Staatssekretär eine weitere, von AV ausgearbeitete Denkschrift betreffend die „Entwicklung unserer Linienschiffs- und Kreuzertypen."[18] A vertrat darin die Auffassung, daß die neuesten Nachrichten über die fremden Marinen eine erneute Untersuchung der Typenfrage angezeigt erscheinen ließen und befürwortete den Bau von Schiffen, die den Einheiten „der rivalisierenden Nationen etwas überlegen, mindestens aber gleichwertig" sein müßten, da die Kaiserliche Marine „auf eine bestimmte Schiffszahl beschränkt und gegenüber der englischen eine 'kleine' zu nennen" sei. Dem Argument der Ebenbürtigkeit könne sich auch die Volksvertretung nicht verschließen. Ferner dürfe man sich nicht dadurch „abschrecken" lassen, daß das Kaiserreich in der Auslandspresse „als die ihre Rüstungen übertreibende Nation hingestellt werde." Die „praktische Gestaltung" des weiteren Vorgehens müsse demzufolge so aussehen, daß man aus eigenem Ermessen oder bei Erkennen eines Trends aus Parlamentsberichten, Pressemeldungen und Attachenotizen Deplacementsteigerungen vornehmen solle, denn solange bis Berichte über Neubauten anderer Nationen verfügbar seien, könne man nicht warten, zumal die Geheimhaltungsbestimmungen weiter verschärft würden.

Da A den Typ *Ersatz Sachsen Dreadnought* zumindest als gleichwertig gegenüberstellte, befürwortete das Departement, die Linienschiffe des nächsten Etats (1907) ebenfalls noch nach deren Plänen zu bauen — dies lief also auf ein militärtechnisches Äquivalent zu den finanzpolitischen Erwägungen des Staatssekretärs hinaus. Man sah in diesem Vorgehen zunächst den Vorteil, daß eine Division gleichartiger Schiffe zur Verfügung stehen und die Vergabe aller Einheiten noch 1906 möglich sein würde. Auch wurde angesichts der gemeldeten moderaten Steigerung der Linienschiffe der *Bellerophon*-Klasse gegenüber ihrer Vorgängereinheit *Dreadnought* die Erwartung ausgesprochen, nicht schon im Jahr 1907 in Rückstand zu geraten.

Für die Schiffe des Etatjahres 1908 hingegen hielt A eine Kalibersteigerung auf das 30,5-cm-Geschütz für angebracht, da die Admiralty „von 1907 ab mit dem Gedanken (umgehe), statt der 30,5-cm-Geschütze solche von 34,3 cm aufzustellen." Hinzu kam die Überlegung, nicht später zu einem großen Kalibersprung gezwungen zu sein, falls weitere Steigerungen erforderlich werden würden.

Hinsichtlich der Entwicklung des Großen Kreuzers wiederholte AV im wesentlichen die Punkte der Juni-Denkschrift — der Staatssekretär kannte sie ja nicht. Mit stiller Genugtuung konnte das Allgemeine Marine-Departement dabei auf die nachträgliche Bestätigung seiner früheren Tonnagerechnung durch die immer präziser werdenden Angaben zur *Invincible*-Klasse zurückgreifen: Sicherheit bestand nun über das Deplacement der neuen englischen Kreuzer, das mit 17.250 ts angegeben wurde. Verborgen blieb den deutschen Marinebehörden bis dato nur die Aufstellungsart ihrer schweren Armierung: Man ging von zwei Doppel- und vier Einzeltürmen aus.

Bezüglich der Diskussion um die Anschlagsumme vertrat A die Meinung, daß es von Vorteil wäre, wenn eine „wesentliche" Vergrößerung des Kreuzertyps für 1907 nicht im Etat „öffentlich zum Ausdruck" kommen würde. Dies ließ sich mitunter dadurch bewerkstelligen, daß infolge einer lediglich auszuweisenden Pauschalsumme für die Baukosten die einzelnen Anschlagsummen für Schiffsneubauten bei Einstellung in den Haushalt nicht mehr gleichzeitig mit den bewilligten Raten ausgewiesen wurden, so daß auch aufmerksame Beobachter erst nach Veröffentlichung der zweiten oder dritten Rate die Größensteigerung hätten erahnen können.[19]

„Ausgehend von einem 30,5-cm-Linienschiff"

schlug die A-Denkschrift schließlich ein dem Kreuzerprojekt des Juni-Votums sehr ähnliches Schiff mit der Erläuterung vor, daß der Geschwindigkeitsüberschuß des Großen Kreuzers gegenüber dem Linienschiff am besten sowohl durch eine „Verminderung der Geschützzahl, durch Verminderung des Kalibers oder durch beides" als auch durch eine Reduzierung des Panzerschutzes gewahrt bleiben könne.

Diese zweite Typendenkschrift des Allgemeinen Marine-Departements sollte nun, im Gegensatz zur ersten, unmittelbar Folgen haben, denn am 4. September, also kurz nach Eingang des Votums, gab der Staatssekretär bei K folgendes Projekt in Auftrag:

„8 x 28 cm (4 in Doppelt(ürmen) *- 4 in Einzelt*(ürmen)*); 8 x 15 cm; leichte Artillerie wie bei dem Großen Kreuzer E ; das Deplacement soll das des Linienschiffs Ersatz Bayern (/Sachsen,* d.V.) *nicht übertreffen; der Preis soll unter dem für das Linienschiff Ersatz Bayern liegen; Geschwindigkeit etwa wie Großer Kreuzer E; der Panzer ist gegen den des Großen Kreuzer E nach verfügbaren Mitteln zu verstärken; wenn möglich Turbinen."*[20]

Ohne auf die wesentlichen Gründe für die verbindliche Entscheidung zur Steigerung des Kreuzers 1907 schon jetzt näher einzugehen, bleibt nach einem Vergleich zwischen den A-Entwürfen und diesem Projektvorschlag vorerst festzuhalten, daß Tirpitz nunmehr beabsichtigte, dem Kreuzer *F* unter Vermehrung seines Deplacements einen guten Schub in Richtung des von A „definierten" Schnellen Linienschiffs zu geben; aber bei gleichzeitiger Vermeidung einsatztaktischer Zugeständnisse und möglichster Umgehung finanzieller und damit politischer Implikationen. Mit dem Gedanken an die voraussichtliche Notwendigkeit einer Steigerung des Kreuzers hatte er ja schon seit Juli gespielt, die konkrete Ausformung war ihm jedoch nicht ganz klar gewesen. Desweiteren wußte er nicht, was finanziell im Budgetausschuß durchsetzbar sein würde und ob Gerüchte stimmten, wonach infolge des Sparprogramms der regierenden Liberalen in England der Bau von Panzerkreuzern dort vorläufig eingestellt würde[21] — deshalb hatte das Allgemeine Marine-Departement auch darauf insistiert, nicht zu zögern und eigenmächtig oder bei Erkennen eines Trends vorzugehen.

Die Ausführungen der A-Denkschrift deckten sich nun in etwa grob mit eigenen „Erwägungen", die er zeitweilig in einem Schreiben, datiert vom 6. August 1906, angestellt hatte: „acht 28 Zentimeter, zirka acht 15 Zentimeter, 250-Millimeter-(Gürtel)-Panzer, 24 - 25 kn; Kosten zirka 35 Millionen. Das würde durchführbar sein."[22]

Doch Tirpitz mußte auch an die zwangsläufigen Konsequenzen denken: Einerseits brachte es die aus finanziellen Gründen bedingte einseitige Vergrößerung des Kreuzers mit sich, daß sein Deplacement vor allem schon auf Grund notwendiger Verbesserungen der defensiven Eigenschaften — immerhin würde das Schiff im Konfliktfall Einheiten mit 30,5-cm-Geschützen gegenüberstehen — sowie einer typenbedingten Steigerung der Maschinenleistung derjenigen des Linienschiffs immer näher kommen mußte. Andererseits konnte Tirpitz daraus keinen Einzelfall konstruieren und vor dem Reichstag erklären, daß der Kreuzer *F* im Vergleich zu den Linienschiffen 1907 ausnahmsweise etwas zu groß geraten sei. Die technischen Erfordernisse beim Bau solcher Einheiten würden im Gegenteil einen Präzedenzfall schaffen, der die Inkaufnahme der Deplacementparität zwischen Kreuzer und Linienschiff in Zukunft verbindlich machen mußte. Dafür konnte man aber immer noch die Betonung anderer Unterschiede in den Vordergrund rücken: die verschiedenartige Ausprägung der einzelnen Gewichtsgruppen, die vorgesehene operative Verwendung und — so hoffte der Staatssekretär — die Preisdifferenz zwischen beiden Typen. Militärtechnisch entstand somit eine neue Kreuzervariante, gesetzestechnisch blieb die Typenkontinuität, vordergründig zumindest, gewahrt.

Am 15. September legte K die erbetenen Vorentwürfe für den Großen Kreuzer *F* vor.[23] Alle eingereichten Projekte — *1, 2, 3, 4* und *4b* — waren im Design an den Kreuzer 1906 angelehnt und unterschieden sich am auffälligsten durch die variierenden Positionen für die schweren Türme sowie die Aufstellungsart der Mittelartillerie voneinander. *F1* war gemäß der Bestückungsvorgabe des Staatssekretärs konzipiert; die Armierungsanordnung entsprach somit jenem Schema, das auch für *E5* gewählt worden war. Die Antriebsanlage, bestehend

[11] Blick vom achteren Fleckerstand über das Mittelschiff nach vorn. Die Backbordnock ist nach hinten geklappt. (WZ - Bilddienst)

[12] Blick vom vorderen Fleckerstand über das Oberdeck zur Schanz. Die diagonale Aufstellung der Hauptartillerie erforderte solch ungewöhnliche Maßnahmen wie die Verstauung einiger Beiboote auf den Turmdecken. (WZ - Bilddienst)

aus drei Kolbenmaschinen, sollte 33.000 PSi leisten und dem Schiff eine Geschwindigkeit von 23 kn verleihen. Als Probefahrtergebnis wurden 36.000 Psi und 23,5 kn erwartet. Hinsichtlich der Panzerung hatte sich K im großen und ganzen an die Vorgabe einer 10 - 20prozentigen Verringerung gegenüber *Ersatz Bayern* orientiert; sie wurde teilweise übererfüllt, teilweise aber auch unterschritten — zum Beispiel beim Panzerdeck —, um das Deplacement nicht über 19.000 t anwachsen zu lassen. Diese Feststellung gilt für sämtliche Entwürfe. Der voraussichtliche Preis für *F1* lag bei 35,1 Millionen Mark und überstieg demnach die von A vormals in Betracht genommene Summe von 32 Millionen recht deutlich. Die Kosten für die übrigen Projekte bewegten sich zwischen 34,65 und 35,4 Millionen Mark. Sie überschritten damit zwar nicht den Etatanschlag für *Ersatz Sachsen* von 36,5 Millionen, doch der Aufwand für Schiffskörper und Maschinen war von K nach den zuletzt gezahlten Preisen errechnet, die Konjunktursteigerung seit 1904 also nicht mitberücksichtigt worden. Die Etatpreise für Linienschiff und Kreuzer konnten sich zudem weiter annähern, falls der Einbau von Turbinen, der zusätzlich 0,7 Millionen Mark Mehraufwand erforderte — KII hatte im Juni mit 0,8 - 0,85 Millionen wohl etwas großzügig kalkuliert —, vorgesehen werden sollte: Ließen sich die Kosten nicht senken, würde Tirpitz also gezwungen sein, neben einer dauerhaften Deplacement- noch eine temporäre Preisparität einzuplanen, soviel war diesen ersten überschläglichen Berechnungen der Konstruktionsabteilung schon jetzt mit Sicherheit zu entnehmen.

[13] Die Perspektive auf die „ausgezackte" Back des Schiffes. Der Kartuschauswurfring zum Schutz der Decksbeplankung ist gut zu erkennen. (WZ - Bilddienst)

[14] Blick vice versa über den vorderen 28-cm-Doppelturm und dem Kommandoturm dahinter zu den Brückenaufbauten mit ihren Scheinwerferpaaren. (WZ - Bilddienst)

Entwurf *F2* zeigt gegenüber *F1* wesentliche Abweichungen. Die vier 28-cm-Einzelgeschütze wurden in zwei sich in der Breitseite gegenüberstehenden Doppeltürmen zusammengefaßt. Diese Anordnung hatte einerseits den Nachteil einer Beschränkung der Hartrichtungen der Breitseittürme durch die Back sowie einen breiten achteren Aufbau um etwa 5°. Andererseits ermöglichte die Reduzierung der Turmgewichte eine Vergrößerung der Maschinenanlage auf 35.000 PSi (respektive 39.000 PSi für die Probefahrt), was unter Berücksichtigung einer Verlängerung des Schiffskörpers gegenüber *F1* um 3 m und einer schärferen Formgebung eine Geschwindigkeitssteigerung auf 23,5 kn — maximal 24 kn — erbrachte. Die Aufstellung der schweren Artillerie in vier Doppeltürmen verringerte die Kosten für die Armierung um etwa eine halbe Million Mark.
K bemerkte zu beiden Entwürfen, daß die Aufstellung der Mittelartillerie in „tiefliegender Kasematte"[24] nach Erfahrungen der letzten Zeit „kaum noch als zweckentsprechend" beurteilt werden könne. Insbesondere sprach das Konstruktionsdepartement damit die spürbaren Beeinträchtigungen durch Spritzwasser, die begrenzten Richtwinkel und damit zusammenhängend auch Probleme der Feuerleitung sowie die komplizierte Munitionszufuhr und die erforderliche ausgedehnte Kasemattpanzerung an. Zur Vermeidung eines Teils dieser Mängel schlug K für Projekt *F2* die Alternative einer Verlegung der 15-cm-Geschützkasematte auf das Oberdeck vor, für die enstehende Lücke im Seitenschutz zwischen Oberdeck und Batteriedeck sollte eine Panzerung von 120 mm vorgesehen wer-

den. Das daraus entstehende Panzermehrgewicht von etwa 350 t sollte durch Herabsetzen der Maschinenleistung ausgeglichen werden.
Bei den Projekten *F3, F4* und *F4b* unternahm K einen radikaleren Versuch, die oben angeführten Mißstände zu beseitigen: Die geforderte Anzahl von 8 x 15-cm-SK wurde in vier Doppeltürmen zusammengezogen. Für Entwurf *F3* war ihre Postierung jeweils unmittelbar vor und hinter den beiden 28-cm-Breitseittürmen vorgesehen, so daß deren Geschütze in Hartrichtung über die Mittelartillerie feuern sollten. Diese Anordnung erforderte zwar eine Erhöhung der Barbetten der schweren Türme — und damit ihres Panzergewichts —, sie hatte aber auch den positiven Nebeneffekt der Steigerung der Feuerhöhe. Die Frage, ob eine solche Anordnung technisch machbar war — es konnten z.B. durch den Gasdruck der 28-cm-Geschütze Probleme für die Mittelartillerie entstehen —, ließ K offen.
Entwurf *4* zeigt eine ähnliche Artillerieaufstellung, aber mit dem Unterschied, daß die 15-cm-Doppeltürme weiter nach vorn und achtern versetzt wurden. Da nun eine Erhöhung der 28-cm-Geschützbarbetten nicht mehr notwendig war, konnte deren zusätzliches Panzergewicht eingespart werden. Von Nachteil war jedoch, daß die Bestreichungswinkel der beiden schweren Breitseittürme in Hartrichtung um weitere 10 - 15° eingeschränkt werden mußten. Weiterhin war bei diesem Entwurf zur Gewichtsersparnis die Kasemattpanzerung weggefallen.
F4b schließlich unterschied sich von *F4* durch eine erhöhte Maschinenleistung, größere Länge und die Wiedereinführung des 140 mm starken Kasemattpanzers zum Schutz der Turmunterbauten und Schornsteinschächte. Dieser letzte Entwurf war von den fünf vorgeschlagenen Projekten mit 35,4 Millionen Mark der teuerste.
Über die verbindliche Entscheidung zur Vergrößerung des Kreuzers 1907 wurde am 19. September eine Sitzung im Reichsmarineamt einberufen, an der Vertreter von A, B (Werftdepartement), E, K, M (Zentralabteilung), N (Nachrichtendepartement) und W unter Vorsitz des Staatssekretärs teilnahmen. Der Admiral eröffnete die Zusammenkunft mit der einleitenden Bemerkung, daß die *Invincible*-Klasse größer sei als bislang angenommen und deshalb die Entscheidung zur Steigerung des Kreuzers *F* jetzt getroffen werden müsse.[25] Daraufhin ergriff der Departementsdirektor von K, Vizeadmiral v. Eickstedt, das Wort und sprach sich für die Beibehaltung des Typs *E* für den Großen Kreuzer 1907 aus. Er begründete seine Ansicht damit, daß ausstehende Versuche gegen Sprengziele wahrscheinlich zwar die Notwendigkeit einer Vergrößerung ergeben würden, diese aber doch besser abgewartet werden sollten, um nicht eine zweite Vergrößerung folgen lassen zu müssen. Zudem sei weder die Turbinenfrage geklärt — K veranschlagte hier noch ein halbes bis ein Dreivierteljahr — noch ein adäquates Unterwasserschutzsystem für solch große Schiffe entwickelt.
v. Eickstedt schloß seine Stellungnahme mit der generellen Feststellung, daß er den Typ des Kreuzers *E* im Vergleich zu den schwach gepanzerten *Invincible*s für „genügend" erachte.
Der Staatssekretär entgegnete, daß „bei Beurteilung der vorliegenden Frage neben militärischen Gesichtspunkten in erster Linie auch politische in Betracht zu ziehen seien und (..) diese für eine sofortige[26] Deplacementsteigerung" sprechen würden. Die jetzige Legislaturperiode des Reichstags ende erst im nächsten Jahr, fügte er hinzu, und somit sei die politische Lage in diesem Jahr günstiger für eine Vergrößerung. Zudem sah er „ein gewisses Maß von Stimmung für Marineforderungen" noch als vorhanden an, die für eine Kreuzervergrößerung durchaus genügen konnte. Er gab auch zu bedenken, daß eine 1906 vorgebrachte Forderung weiter ab von künftigen Bedarfsanmeldungen rücken würde und zog dann das Fazit: „Gegen diese Gründe müssen solche technischer Natur zurücktreten." Konteradmiral v. Heeringen (A) stimmte den Ausführungen seines Vorgesetzten im Kern zu und brachte sogleich die Kaliberfrage in die Diskussion ein; er empfahl 28-cm-SK, deren Einführung A bislang intensiv protegiert hatte und die bei einem Einsatz „gegen die feindliche Linie (für) geeignet" erachtet wurden. Tirpitz war hier zwar grundsätzlich der Meinung, daß der Große Kreuzer nur gegen seinesgleichen anzutreten habe und daher die Kaliberfrage „an sich diskutabel sei", aber in diesem „besonderen Falle" hielt er es für wichtig, einen Geschütztyp nicht zu weit unter jenem von *Invincible* zu wählen, da sonst im

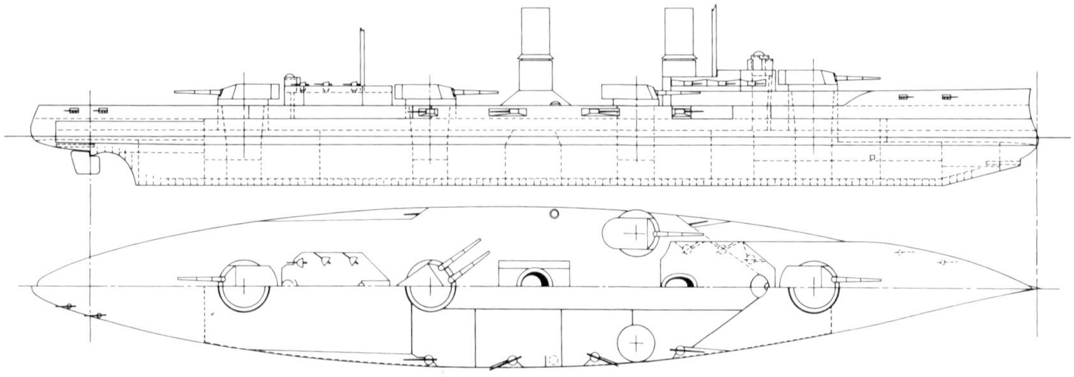

Projekt *5*/~*5a* auf Vorschlag des Allgemeinen Marine-Departements

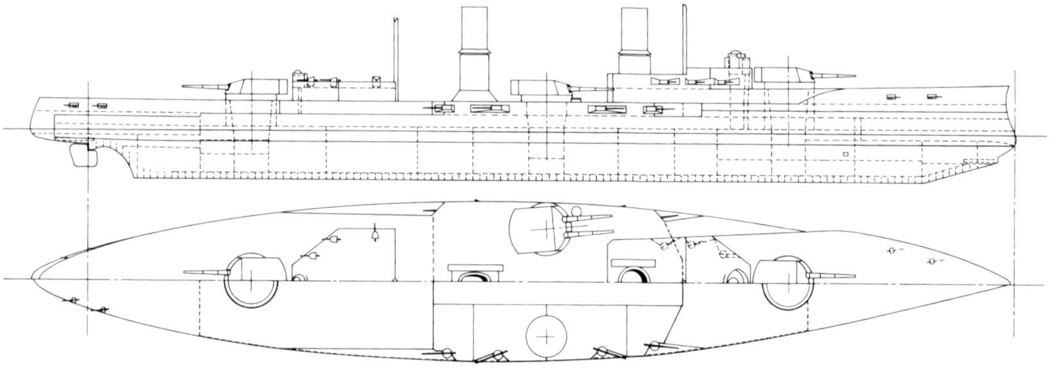

Das am 28. September 1906 genehmigte Projekt *2a*

Budgetausschuß und im Reichstag ein „wesentliches Argument für die Notwendigkeit der Vergrößerung (des Schiffes) fehle.“ Der Vertreter von E, Konteradmiral v. Capelle, schloß sich diesen Ausführungen an.
Bevor nun auf den weiteren Verlauf der Diskussion, der der Behandlung der von K eingereichten Projekte gewidmet war, eingegangen werden soll, ist folgendes festzuhalten: Wenn auch schon die dringende militärische Notwendigkeit bestand, den Kreuzer 1907 mithin wegen des Erfordernisses zur Betonung seiner Defensiv- und typencharakteristischen Geschwindigkeitseigenschaften zu steigern, so war es offensichtlich auch die als noch günstig eingestufte innenpolitische Tageslage, die letztendlich mit den Ausschlag dafür gab, durchaus plausible technische Argumente für die Beibehaltung des Typs *E* nicht anzuerkennen. Im Herbst 1906 galt es für die Marine, die noch vorhandene „Stimmung“ und die parlamentarischen Mehrheitsverhältnisse so profitabel wie möglich auszunutzen. Auch waren, ein normaler Ablauf der Legislaturperiode bis 1908 vorausgesetzt, die spezifischen Möglichkeiten, die die Reichsverfassung der Regierung im Hinblick auf die Druckausübung durch Androhung einer vorzeitigen Parlamentsauflösung (natürlich in

Verbindung mit anderen Etatfragen) bot, nun noch gegeben — ein Jahr später wäre eine solche Drohung wirkungslos verpufft. Bemerkenswert ist ferner, daß die Typensteigerung nicht primär auf eine gleichzeitige Kalibererhöhung zurückzuführen ist, diese Maßnahme vielmehr als eine — wenn auch „wesentliche" — Folgeerscheinung eingestuft wurde; gegen diese Interpretation spricht nicht, daß Tirpitz seit Juli eine Kalibersteigerung ins Auge gefaßt hatte.

Der Staatssekretär setzte, indem er zur Behandlung der ausgearbeiteten Projekte überleitete, sogleich als „allgemeine Ansicht" voraus, daß die von K vorgeschlagene Aufstellungsart der Mittelartillerie für die Entwürfe *3*, *4* und *4b* „nicht angängig" sei[27]; er erwartete eine Behinderung der 15-cm-Geschütze durch die schweren Türme. „Auch würde der Übelstand der tieferen Aufstellung der Mittelartillerie in der Kasematte bei den neueren Schiffen nicht in dem Maße auftreten wie bei früheren Konstruktionen", hob Tirpitz hervor. In der engeren Wahl verblieben damit nur noch die Projekte *F1* und *F2*.

Vizeadmiral v. Eickstedt (K) regte daraufhin an, nur 6 x 28-cm-SK in drei Doppeltürmen nach dem Aufstellungsschema der *Brandenburg*-Klasse[28] vorzusehen. Das gesparte Gewicht für den vierten Turm wollte er teilweise ohne Kompensation entfallen lassen, um den Kreuzer unterhalb des Linienschiffsdeplacements zu halten; das Kaliber der Mittelartillerie sollte demgegenüber auf 17 cm gesteigert werden. Tirpitz erkannte die Vorzüge eines solchen Projekts durchaus an und war geneigt, einen entsprechenden Entwurf zur Diskussion zu stellen, doch war er — wie A und E — der Ansicht, „aus politischen Gründen die Aufstellung von 8 x 28-cm-SK[29] entsprechend den 8 x 30,5 cm (...) der *Invincible*-Klasse" zu empfehlen. Konteradmiral v. Heeringen schlug ergänzend hierzu vor, die beiden achteren Einzeltürme des Projekts *F1* in einem einzigen Doppelturm in der Mittschiffsebene zusammenzufassen; dies entsprach dem *Dreadnought*-Schema. Das gesparte Gewicht plus einer weiteren leichten Reduzierung des Panzers an verschiedenen Stellen sollte zur Steigerung der Geschwindigkeit ausgenutzt werden. Der Vertreter von KI warf sofort ein, daß die Ausarbeitung eines solchen Entwurfs umfangreiche Konstruktionsarbeiten bedingen würde. Speziell für die Luftzufuhr und Entlüftung der Maschine, die Aufstellung des Regelkompasses und des achteren Mastes sowie die Bestreichungswinkel für die schwere Artillerie sah er Probleme.

Ein nachfolgend von W zur Sprache gebrachter Alternativentwurf mit diagonal stehenden Breitseittürmen wurde sogleich „als aus konstruktiven Gründen unausführbar" abgelehnt.

Der Staatssekretär entschied zum Abschluß der Sitzung, ein Projekt nach dem von A gemachten Vorschlag ausarbeiten zu lassen. Deplacement und Kosten sollten sich nach den Werten für *F1* richten; die Geschwindigkeit 23,5 bis 24 kn betragen.

Schon zwei Tage nach der Sitzung vom 19. September lag der neue Entwurf *F5* in Grobkonzeption vor.[30] Hinsichtlich der Deplacementbegrenzung mußte die Konstruktionsabteilung melden, daß sie die Verdrängung nicht unter 19.600 t habe „bringen" können, da die gesteigerte Maschinenleistung, eine ungünstige Raumverteilung der Munitionskammern und vermehrter Platzbedarf für die Hilfsmaschinen eine Verlängerung der Zitadelle bedingt hätten. Die voraussichtlichen Kosten von 35,3 Millionen Mark überstiegen den Ansatz für *F1* nicht wesentlich. Da der Entwurf sehr kurzfristig erarbeitet worden war, hatte sich eine recht lange Liste vorbehaltener Details ergeben: Deplacement und Hauptabmessungen waren angenäherte Werte, weil die endgültigen Ermittlungen zum Raumbedarf der Kessel, Maschinen, Hilfsmaschinen und Munitionskammern noch fehlten und Berechnungen zu Stabilität und Festigkeit des Schiffskörpers erst erstellt werden mußten. Zudem standen die erforderlichen Schleppversuche aus. Die Anzahl der Schornsteine, die Verteilung der 8,8-cm-SK und die Bestreichungswinkel des mittleren Doppelturms bzw. der Seitentürme waren ebenfalls nur unter Vorbehalt angegeben; auch wurde noch eine Leistungssteigerung der Maschinen durch konstruktive Verbesserungen an den Kesseln, die sich auf eine Vergrößerung der Rostfläche bezogen, erwartet. Zur Reduzierung der Kosten und des Gewichts im Ausgleich für eine Verstärkung des Schiffsschutzes schlug K schließlich vor, die Geschwindigkeit herabzusetzen oder auf die beiden Einzeltürme zu verzichten, den mittleren Doppelturm vielleicht durch einen Einzelturm zu ersetzen oder aber Entwurf *2* zu wählen.

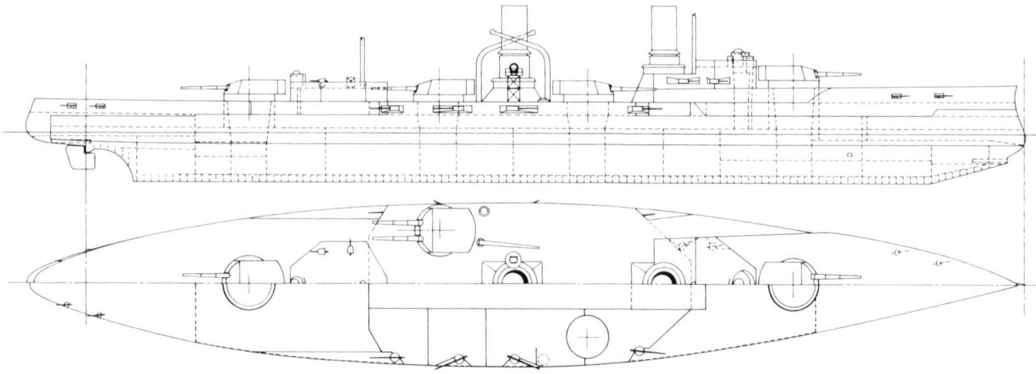

Projekte $2b/{\sim}2b_1$ mit Hauptartillerie en echelon

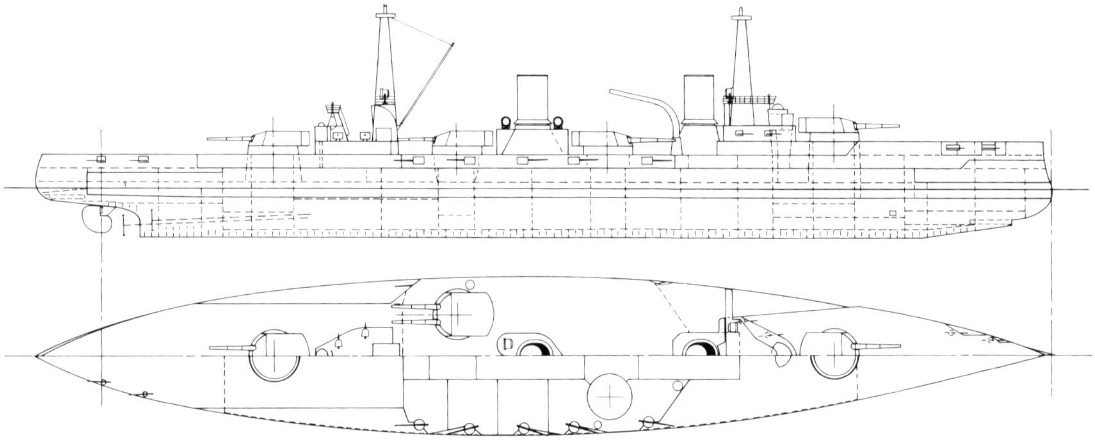

Der Große Kreuzer *F* gegen Ende der Entwurfsarbeiten

Baurat Bürkner trug diese Erläuterungen am 24. September dem Staatssekretär vor.[31] Tirpitz griff bei dieser Gelegenheit den letzten Vorschlag von K auf und befahl für den vier Tage später in Rominten anberaumten jährlichen Immediatvortrag, Entwurf *F2* unter Abänderung der Angaben zu Deplacement, Kosten und Länge entsprechend dem erforderlichen Raumbedarf für die Hilfsmaschinen umzuarbeiten.[32] Bezüglich des Entwurfs 5 ordnete er an, den Gürtel der Zitadelle um 10 bis 20 mm zu verstärken und zum Ausgleich den Barbette- und Turmpanzer um 10 mm zu verringern; auch sollte der horizontale Teil des Panzerdecks in der Zitadelle von 30 auf 25 mm herabgesetzt werden. Beide Projekte, der abgeänderte Entwurf *F2* und Entwurf *F5*/*F5a*, mußten bis zum 26. September vorliegen. Jedoch schon einen Tag früher, am Nachmittag des 25.9., gab Tirpitz K den Auftrag, bis zum Abend desselben Tages noch eine Entwurfsvariante *F2a* einzureichen. Ihr Deplacement sollte 19.000 t nicht überschreiten und eine Panzerung gemäß den Projekten *1a* — einer von K abgeänderten Version des Entwurfs *F1* mit verringerter Panzerung, aber größerer Maschinenleistung und Schiffslänge — und *5/5a* aufweisen; als Probefahrtgeschwindigkeit wurden von Tirpitz 24 kn erwartet.

Am 28. September stellte der Staatssekretär dem Kaiser die letztgenannten drei Projekte in Rominten vor; der Monarch entschied sich für *2a.* Die Wahl des Kaisers fiel also auf jenen Entwurf, den Tirpitz kurzfristig am 25.9. hatte ausarbeiten lassen. Vermutlich hatte es der Staatssekretär durch die Deplacementreduzierung auf 19.000 t vermocht, die Entscheidung Wilhelms II. insofern zu beeinflussen, als er das Gewicht der Preisaufgabebedingungen zur Disposition stellte. Auch war *F2a* mit 34,5 Millionen die billigste Alternative[33], zumal Tirpitz während seines Immediatvortrags 10 Millionen Mark Mehrkosten für *F* gegenüber *E* in den Raum gestellt und weitere Preiserhöhungen für Schiffsneubauten angekündigt hatte, die in einer „außerordentlichen Hochkonjunktur in der Schiffbau-, Eisen- und Kupferindustrie" begründet lagen.[34]

Es ist anzunehmen, daß die Entscheidung des Kaisers nicht gegen das Interesse des Staatssekretärs gefallen ist: Seinem Bestreben — nach Vorlage der von K eingereichten Projekte — Kosten und Deplacement des Kreuzers zumindest ungefähr auf Linienschiffsniveau zu halten, war mit Entwurf *2a* noch Genüge getan. Zudem, und dies war nicht minder von Belang, sorgte dieses Projekt durch seine Annäherung an die Prämissen eines Schnellen Linienschiffs vorerst für Ruhe an dieser Front.

Bemerkenswert ist der Zeitrahmen des Entscheidungsablaufs. Seit der ersten Anweisung des Staatssekretärs an K, ein Kreuzerprojekt mit 28-cm-Geschützen ausarbeiten zu lassen, war noch kein Monat vergangen; die beim Immediatvortrag vorgelegten Projekte waren sogar binnen einer Woche entstanden. Es ist somit offensichtlich, daß der Faktor Zeit, nach den Verwirrungen, die durch die *Invincible*-Klasse ausgelöst worden waren, an Einfluß gewonnen hatte. Sicherlich war die Planung für Neu- und Ersatzbauten entlang des fixen Verteilungsschlüssels der Flottengesetze durchzuführen, doch durfte nun — auch angesichts der völlig unzureichenden Zahl an verwendungsfähigen Großen Kreuzern — keine Verzögerung, welcher Art auch immer, mehr eintreten. Ein gewisser Termindruck lastete von nun an ständig auf dem Tirpitz Plan, und er wurde mitunter dadurch noch verschärft, daß K mit steter Arbeitsüberlastung zu kämpfen hatte — die Konstruktionsabteilung sollte sich noch bitter darüber beklagen. Zur Illustration dieses Mißstandes mag vorerst genügen, daß der Staatssekretär sich am 2. Oktober in einem Rundschreiben an sämtliche Abteilungen des Hauses wandte und diese aufforderte, K bei der „beschleunigten" Durcharbeitung des Entwurfs *2a* möglichst zu unterstützen, damit „die Fertigstellung des Projektes keinen Aufschub erleidet, um die Inbaugabe mit dem Beginn des neuen Etatjahres zu ermöglichen."[35] Dieser Zeitrahmen konnte jedoch nicht ganz eingehalten werden.

Am 14. Oktober teilte Tirpitz in einer Notiz an KI mit, die >Tribune< habe gemeldet, daß die „Schiffe der *Invincible*-Klasse 2 Mitteltürme derart en echelon stehen haben, daß 8 Geschütze (incl. Bug- und Hecktürme) nach jeder Seite schießen können."[36] Er forderte K zwar nicht direkt auf, ein solches Projekt auszuarbeiten, zumal eine Aufstellung nach diesem Schema in der Sitzung vom 19. September noch als „aus konstruktiven Gründen unausführbar" verworfen worden war. Aber bereits am folgenden Tag beeilte sich K zu entgegnen, einen solchen Entwurf — *F2b* — schon in der Woche zuvor departementsintern konzipiert zu haben.[37] Da der Admiral wohl in diesen Tagen mit den drängenden Problemen, die sich aus der unzureichenden Finanzreform 1906 ergeben hatten, vollauf beschäftigt war[38], wurde eine Sitzung zu *F2b* erst am 7. November einberufen.[39] Zum „Stand der Konstruktionsarbeiten für den Großen Kreuzer 1907" meldete sich bei dieser Gelegenheit zunächst Vizeadmiral v. Eickstedt zu Wort und bemerkte, daß für *2a* und *2b* alleine durch Veränderungen an der Schiffskörperform 0,5 kn mehr Geschwindigkeit erzielt werden könnten. Für *5/5a* würde bei Verzicht auf jenes Plus von 0,5 kn und bei Angleichung der Panzerstärken an *2a* das Deplacement auf 19.000 t sinken, damit könne der Entwurf in Konkurrenz zu den beiden anderen Projekten treten. A bevorzugte *5/5a* — man hatte den Entwurf ja immerhin selbst angeregt —, da er eine „bessere Ausnutzung der Artillerie als Projekt *2b*" verspreche, obwohl letzterer Entwurf die größere Summe der Bestreichungswinkel aufweisen könne. Die Aufstellung der Breitseitdoppeltürme nahe der

Bordwand erschien A ferner im Hinblick auf die bislang angewandte Konstruktion mit feststehender Umladekammer bei *2b* wenig vorteilhaft, da eine Steigerung der theoretischen Feuergeschwindigkeit von zwei auf drei Schuß pro Minute, wie für ein neues Modell mit mitdrehender Umladekammer[40] vorgesehen, nicht möglich schien.

Der Vertreter von K kritisierte die „Unsymmetrie" der Artillerieanordnung bei *2b* und hielt das Feuern über Deck wegen der Schwierigkeiten, die beim Abtakeln der dort gestauten Ausrüstung, wie z.B. der Beiboote, entstehen konnten, für nicht zweckmäßig. In Bezug auf das Aufstellungsschema für *5/5a* sah er wegen des mittleren Doppelturmes Probleme für die Durchführung des Mittelgangs (auf dem oberen Plattformdeck) und der Rohrleitungen.

Der Staatssekretär argumentierte schließlich gegen eine Deplacementvergrößerung, die lediglich dazu verwendet würde, „*5/5a* dieselbe Geschwindigkeit wie *2b* zu geben"; er zog das schnellere Schiff — *2b* — „mit Rücksicht auf seinen Charakter als Kreuzer" vor. Außerdem nahm der Admiral in Betracht, daß *2b* durch die Diagonalaufstellung der Artillerie hinter „fremden Konstruktionen (...) nicht zurückstehe". Nachdem der Departementsdirektor von K seine vorstehend geäußerten Bedenken gegenüber dem von Tirpitz favorisierten Entwurf zurückgezogen hatte, wurde *2b* zur Grundlage der weiteren Projektarbeiten gemacht.

Tirpitz hatte, unter den gegebenen Umständen, eine perfekte Kompromißentscheidung getroffen: Die Wahl der Diagonalaufstellung und des 28-cm-Kalibers dokumentierte augenscheinlich einen gewissen Ebenbürtigkeitsanspruch neuer RMA-Konstruktionen in der deutschen Öffentlichkeit[41], die 19.000 t-Marge stellte den Kaiser in seinen selbstgewählten Ansprüchen an Großkampfschiffe zufrieden, und letztendlich wurden Deplacement und Kosten des Kreuzers nicht über Linienschiffsniveau gehoben — obwohl zumindest die zeitweilige Kostenparität schon riskant genug war.

Wie einer Denkschrift von K im Hinblick auf einen am 24. November angesetzten Immediatvortrag des Staatssekretärs zu *2b* zu entnehmen ist[42], hat die Konstruktionsabteilung nachträglich noch mehrere, nicht unwesentliche Änderungen vorgenommen. Anstelle der Kolbenmaschinen waren nun Turbinen mit einer Leistung von 36.000 - 40.000 PSw vorgesehen, die zusammen mit einer Verbesserung der Formgebung des Unterwasserschiffs einen halben Knoten mehr ergeben sollten. Die schon Ende September vom Kaiser angeregte Erhöhung des Bugpanzers bis etwa zur halben Freibordhöhe wurde mit Rücksicht auf das Deplacement auf den vorderen Bugteil beschränkt. Länge und Breite wurden infolge der Erfahrungen aus mittlerweile durchgeführten Schleppversuchen ebenfalls geändert. Das hieraus entstandene Projekt $2b_1$ fand zusammen mit dem nahezu identischen Entwurf *2b* am 24. November die Zustimmung des Monarchen.

Hatte die Umstellung auf den $2b_1$-Entwurf schon zusätzliche Zeit in Anspruch genommen, teilte K dem Staatssekretär etwa drei Wochen nach Genehmigung des Projektes mit, daß der für April geplante Termin der Inbaugabe des Kreuzers 1907 nicht mehr eingehalten werden könne.[43] Da Krupp über die von der Waffenabteilung angeregte Neukonstruktion der 28-cm-Doppeltürme mit an der Drehscheibe angehängter Umladekammer und unteren Munitionsaufzügen noch keine Unterlagen geliefert habe, könne man in der Konstruktionsabteilung nicht definitiv feststellen, welche Auswirkungen die im Zusammenhang damit befohlene Erhöhung der Feuergeschwindigkeit auf drei Schuß pro Minute auf den Raumbedarf für die Munition haben würde. Ebenso seien die Verhandlungen mit der TURBINIA (einer Berliner Zweigniederlassung der A.G. Brown, Boveri & Co., d.V.) über Gewichts- und Raumbedarf der Maschinenanlage noch nicht abgeschlossen, so daß die endgültige Festlegung der Unterwasserschiffsform aufgeschoben werden müsse. K rechnete für Juli/August 1907 mit der Fertigstellung der Bauunterlagen, wobei jedoch offen blieb, inwieweit die Belastungen, die aus der Begutachtung der Entwürfe für das Preisausschreiben der Kaisers entstehen würden, sich negativ auf den Zeitplan auswirken sollten.

Nach zweimonatiger Arbeit an den Entwurfsdetails konnte K Mitte Februar dann ein verbessertes Projekt $2c_1$ vorstellen.[44] Im Vergleich zu dem bisherigen Entwurf war insbesondere die innere Unterteilung geändert worden: Das Torpedoschott wurde im Bereich der mittleren Kesselräume herausgerückt, neben den Munitionskammern der Breitseittürme stehende Einzelkessel in einem Raum vorne zusammengefaßt sowie die Zitadelle verlän-

[15] Der massige (Backbord-)Bug des Großen Kreuzers *F — Von der Tann* mit den beiden Ankern, den vorderen 8,8-cm-SK (aus ihrer Verkleidung hervorragend) sowie dem verwirrenden Geknäuel aus Netzfallen, Vorholern und Geitauen der Torpedoschutznetzeinrichtung. (WGAZ, Marineschule Mürwik)

gert, dafür die Kasematte verkürzt. Da K auch ein zusätzliches Paar 15-cm-SK eingefügt hatte, so daß der Mittelartillerie nun 10 Geschütze zur Verfügung standen, war in einer ersten $2c_l$-Version zur weiteren Gewichtsersparnis der achtere Teil der Kasematte bis zum zweiten Breitseitturm nach vorne gerückt worden; die Mittelartillerie stand dadurch etwas gedrängter beisammen. In der am 14. Februar 1907 präsentierten Zweitversion war dies durch einen abrupten Abschluß des Batteriepanzers in der Nähe des vorderen 15-cm-Paares quer zur Mittschiffsebene hin jedoch wieder revidiert worden; der endgültige Entwurf zeigt später erneut den bislang üblichen diagonalen Abschluß der Kasematte nach vorn.

Zum besseren Schutz der Barbetten und mit Blick auf die Einführung der neuen Turmkonstruktion mit angehängtem Schacht hatte K die 28-cm-Breitseittürme zudem um 2 m hin zur Mittschiffsachse verlegt. Da deren Barbetten bei $2b_l$ nahezu an die Schiffsseite anschlossen, wären die üblichen durchgehenden Munitionsaufzüge zwischen Kammer und Turm mit den Torpedoschotten kollidiert, und somit war bei den Projekten mit Seitentürmen bislang eine Lösung ähnlich derjenigen auf den Linienschiffen der *Ersatz Sachsen*-Klasse oder auf *E* vorgesehen, die eine Umladekammer auf Batteriedeckshöhe von schiffsfesten Schächten auf turmfeste Fahrstuhlaufzüge erforderte.[45] Die neuen Türme C/07 mit angehängter, mitdrehender Umladekammer und unteren Munitionsaufzügen waren aus denselben Gründen bis dato nur für eine Verwendung auf den Endpositionen eingeplant. Nach Verlegung der Breitseitbarbetten aber konnten sämtliche schweren Türme gemäß der neuen Konstruktion eingebaut und die Vorteile höherer Feuergeschwindigkeit gegenüber den durchgehenden Aufzügen, die auf den neuen Positionen natürlich ebenso Platz gefunden hätten, ausgenutzt werden. Auch war durch diese Maßnahme nun einer der Punkte, die A gegen *2b* vorgebracht hatte, ausgeräumt worden.

Schließlich waren die Maschinenleistung um 3.000 auf 39.000 PSw gesteigert — gerechnet wurde mit 24,5 kn — und die Wohnräume der Offiziere und Decksoffiziere in das Vorschiff verlegt worden. Letzteres war ein seltener Vorgang im Kriegsschiffbau, da die Offiziere traditionell im Achterschiff wohnten, und ist wohl auf die identische Anordnung auf *Dreadnought* zurückzuführen.[46]

In der Sitzung vom 14. Februar wurde neben der Entscheidung, $2c_1$ der weiteren Bearbeitung des *F*-Entwurfs zugrunde zu legen, auch bestimmt, für den Kreuzer zwei Ruder vorzusehen, den Panzer über dem Ruderraum zu verstärken und den Gürtel in Höhe des achteren Maschinenraums um 20 mm auf 250 mm zu verdicken.[47]

Rund vier Monate später waren die Bauunterlagen für das Schiff endlich so weit fertiggestellt, daß der Große Kreuzer *F* Anfang Juli ausgeschrieben werden konnte. Kaiser Wilhelm II. genehmigte die Bauordre am 22. Juni 1907 an Bord des Kleinen Kreuzers *München.* Vorbehalten blieb, eine Testreihe zur Aufstellung von Gittermasten durchzuführen.

Die Unterzeichnung der Bauordre erfolgte demnach fast exakt ein Jahr nach der entsprechenden Anweisung für *Blücher.* Daß keine allzu große Verschiebung der Fertigstellungstermine für die Bauunterlagen eintrat, war mit Sicherheit „forciertem Betrieb"[48] bei K zu verdanken. Trotz Personalmangels, Arbeitsbelastung durch die beginnenden Vorarbeiten für die Linienschiffe 1908 und der Begutachtung der Konkurrenzentwürfe für das kaiserliche Preisausschreiben hatte K den Entwurf binnen Jahresfrist zu Ende führen können, was bei der Fülle an Innovationen für *F* als ordentliche Leistung gelten kann.

Zwischen Ausschreibung und Kiellegung konnte die Konstruktionsabteilung am 17. September in einer Denkschrift an den Staatssekretär nachträglich noch vermelden, daß die weitere Durcharbeitung der Bauunterlagen Einsparungen am Schiffskörpergewicht erbracht hätte. Die nunmehr zusätzlich zur Verfügung stehenden 250 t sollten teilweise zur Verstärkung des Gürtelpanzers auf durchgängig 250 mm verwendet werden. Ebenso konnte die Kasematte einen Schutz von 150 mm erhalten. Für das Torpedoschott war in Höhe des Oberen Plattformdecks bis hinauf zur Panzerdecksböschung eine Stärke von 30 mm (sonst 25 mm) vorgesehen.

Am 27. März hatte Admiral v. Tirpitz den Prüfungsbericht für das vom Kaiser initiierte Preisausschreiben vorgelegt.[49] Ein unter dem Arbeitstitel „Polemos" eingereichtes Projekt der A.G. Weser, Bremen war dabei „nach übereinstimmendem Urteil des Preisgerichts" mit der Siegesprämie von 20.000.- Mark ausgezeichnet worden.

Ein Vergleich dieses Schnellen Linienschiffs mit dem Kreuzer *F* zeigt nun bemerkenswerte Ähnlichkeiten, die Deplacementangaben, Gewichtsgruppenaufteilung, Maschinenleistung, Bewaffnung, Panzerstärken und Verteilung des Schiffsschutzes sowie das generelle Design und auch die voraussichtlichen Kosten betreffen. Es ist zwar weniger erstaunlich, Kongruenzen festzustellen, zumal das Allgemeine Marine-Departement von Beginn der Konstruktionsarbeiten für *F* an auf den Entwurf einer Art Schnellem Linienschiff abgezielt und der Staatssekretär seine eigenenVorstellungen mit den von A vorgeschlagenen Charakteristika schließlich in Einklang gebracht hatte. Die Tatsache aber, daß die Prüfungskommission gerade jenes Projekt wählte, welches dem Kreuzer *F* schließlich am nächsten kam, ist schon bemerkenswert.[50] Den Kaiser wird diese Entscheidung gefreut haben.

Gemäß den von der Prüfungskommission nachgebesserten Konstruktionswerten für „Polemos" wurden für die Verdrängung rund 19.100 t errechnet, wozu noch einmal 250 t für „notwendige Verbesserungen" treten sollten; für $2c_1$ waren in demselben Bericht[51] 19.200 t angegeben, der endgültige *F*-

Entwurf hatte ein Konstruktionsdeplacement von 19.370 t. Die Gewichtsgruppenverteilung (Schiffskörpergewicht + Schiffshilfsmaschinen; Panzerung; Hauptmaschinen; Armierung) für „Polemos" erbrachte bei 19.100 t im Vergleich zu $2c_1$ teilweise nahezu identische Prozentwerte: 33,4; 33,0; 13,4; 9,4 zu 34,0; 32,3; 13,2; 9,6. Der *F*-Entwurf lag mit 31,5; 32,6; 14,7; 11,0 im Trend.[52] Ein Quervergleich zu den Planwerten für das Linienschiff *Nassau/Ersatz Bayern* mit 32,2; 36,0; 8,0; 13,0 bzw. für den endgültigen Entwurf 33,6; 35,2; 7,3; 14,3 zeigt dagegen offensichtliche Abweichungen bei Panzerung, Maschinenanlage und Armierung.

Hinsichtlich des Antriebs ist eine der wesentlichen Unstimmigkeiten zwischen „Polemos" und *F* festzustellen: beide sollten zwar ungefähr dieselbe Leistung und Geschwindigkeit erhalten, der RMA-Entwurf sah jedoch Turbinen vor. Die unterschiedliche Verteilung der Artillerie — „Polemos" wies die *F2*-Aufstellung auf — ist für diesen Vergleich weniger von Bedeutung, da für den RMA-Entwurf das Schema 2 bis Ende November ebenfalls grundlegend blieb; zudem waren die Anzahl der Geschütze der schweren und Mittelartillerie sowie ihre Kaliber bei beiden Projekten identisch.

Die von der A.G. Weser vorgesehenen Panzerstärken erfuhren bei der Prüfung eine Nachbesserung: Der Staatssekretär bestand auf 270 mm Gürtelpanzerung statt der geplanten 250 mm und begründete seine Forderung mit der diesbezüglichen Aufgabenstellung des Preisausschreibens, in welcher eine in den „vitalen Teilen (Wasserlinie und Kommandostand)" gleiche Panzerung wie das „jetzt projektierte Linienschiff des Gros" angestrebt wurde: 270 mm waren dabei gerade noch ausreichend, da *Ersatz Sachsen* einen 300 mm starken Schutzgürtel erhalten sollte. Das entstehende Mehrgewicht sollte zu Lasten der einkalkulierten 105 t Reserveverdrängung gehen.[53]

Die Zitadellpanzerung war bei beiden Entwürfen mit 200 mm identisch. Für die Stärken des Kasemattpanzers — 160 mm bei „Polemos", 150 mm bei *F* — sowie des Panzerdecks mit Böschungsteil — 40/60 zu 25/50 — und des Torpedoschotts — 20 zu 25-30 — waren jeweils wieder unterschiedliche Werte vorgesehen. Hauptabmessungen — „Polemos" $L_{üA}$ 170,2 x 25,6 x 8,1 und *F* 171,75 x 26,58 x 8,1 — und Design zeigen hingegen wieder erstaunliche Übereinstimmungen bei beiden Projekten. Der Preis für den Schiffbauanteil betrug für das Projekt der A.G. Weser nach Angaben der Werft 22,764 Millionen Mark. Die Gesamtkosten errechnen sich demnach unter Addition der Aufwendungen für die Armierung — nach den Angaben für *F* überschläglich beziffert etwa 11 Millionen — auf rund 33,7 Millionen Mark. Bei Berücksichtigung der durch die Prüfungskommission als notwendig erachteten Verbesserungen und des Einbaus von Turbinen erreichte „Polemos" dann summa summarum in etwa den Anschlag für *F*.

Anmerkungen

1 BAMA RM 3/2534; s. auch Fock, Des Kaisers Preisausschreiben II, in: MR 4 (1977), 183.

2 Vgl. Fock, Des Kaisers Preisausschreiben IV, in: MR 7 (1977), 384.

3 s. Punkt V der Ausschreibungsbedingungen für das Preisausschreiben des Kaisers vom 17.5.1906: „Das aus dem eigentlichen Linienschiff zu entwickelnde Schnelle Linienschiff darf (...) nicht größer sein als das die stärkste Kampfeinheit der Flotte bildende Linienschiff des Gros. Es darf also nicht über 19.000 ts Deplacement erhalten. (...).", zit. nach : Fock, Des Kaisers Preisausschreiben II, in: MR 4 (1977), 183.

4 Vollerthun, Der Panzerkreuzer als Flottentyp, in: MR 7 (1906), 779 - 803.

5 *Tennessee* und *Montana* gehörten derselben Klasse an. *Tennessee,* gebaut: Cramp, Philadelphia; Kiellegung 20. Juni 1903; 14.732 t; $L_{üA}$ 153,7 x B 22,2 x T 7,62 m; 4 x 25,4-cm-SK L/40, 16 x 15,2-cm-SK L/50, 22 x 7,62-cm-SK L/50; 26.534 PSi, 22,4 kn. *Minotaur,* gebaut Devonport Dockyard; Kiellegung 2. Januar 1905; 14.833 t; $L_{üA}$ 158,2 x B 22,7 x T 7,92 m; 4 x 23-cm-SK L/50, 10 x 19-cm-SK L/50 ; 27.000 PSi, 23 kn. *Edgar Quinet* s. Anm. 6.

6 *Edgar Quinet,* gebaut: Brest; Kiellegung November 1905; 14.068 t; $L_{üA}$ 158,9 x B 21,51 x T_{max} 8,41 m; 14 x 19,3-cm-SK L/50; 36.000 PSi, 23 kn; *Slava,* gebaut: Baltische Schiffswerft, Petersburg; Kiellegung Oktober 1902; 13.732 t; $L_{üA}$ 121 x B 23,22 x T_{max} 7,97 m; 4 x 30,5-cm-SK L/40, 12 x 15,2-cm-SK L/45; 16.300 PSi, 17,5 kn.

7 BAMA RM 3/3691, Denkschrift A, betreffend Große Kreuzer für 1907 und folgende Jahre, A, 29./30.6.1906. Eine Aktennotiz auf dem Deckblatt der Denkschrift besagt, daß das Dokument am 20.7. nach St. Blasien, dem Sommeraufenthalt des Staatssekretärs, verbracht worden war, Tirpitz das Schreiben aber nicht gelesen habe.

8 *Tsukuba,* gebaut: Kure; Stapellauf 26. Dezember 1905; 13.750 t; L 134,1 x B 22,9 x T 7,9 m; 4 x 30,5-cm-SK L/45, 12 x 15,2-cm-SK L/45, 12 x 12-cm-SK L/50; 20.500 PSi, 20,5 kn.

9 Gemeint waren vor allem die beiden führenden Persönlichkeiten des Flotten-Vereins, der Präsident Otto Fürst zu Salm-Horstmar und der Geschäftsführende Vorsitzende General a.D. August Keim. Insbesondere die in ihren Augen bescheidene Forderung der Novelle 1906 (s. Kap. I) ließ ihren Unmut gegen die Baupolitik des Staatssekretärs wachsen. Tirpitz befürwortete eine vorsichtige und besonnene Aufrüstung, um den angestrebten Marineäternat nicht zu gefährden, während

die Rücksichtnahme auf politische und finanzielle Aspekte für die populistisch agitierende Flottenvereinsführung bisweilen „Verrat an den Bedürfnissen an den Vaterlandes" darstellte, vor allem, wenn sie sich in als minderwertig empfundenen Schiffskonstruktionen ausdrückte, s. Willicks, Flottenbegeisterung und Flottenverein, in: MR 5 (1987), 295; vgl. auch Handbuch zur deutschen Militärgeschichte, Deutsche Flottenrüstung, 249; grundlegend und generell zur Flottenagitation im Kaiserreich, Deist, Flottenpolitik und Flottenpropaganda; vgl. weiterhin Eley, Reshaping the German Right; ders., The German Navy League; vgl. Fricke, Der Deutsche Flotten-Verein (DFV), in: Lexikon zur Parteiengeschichte, II, 67 - 89.

10 BAMA RM 3/ 3691, RMA/A an RMA/E, 23.6.1906.

11 Dieser Wert errechnete sich aus dem Gesamtetatpreis minus der Kosten für Artillerie und Torpedobewaffnung; er stellte somit die Aufwendungen für Schiffskörper, Maschinen, Panzerung und konjunkturbedingte Ausgabensteigerungen dar. Für die artilleristische Armierung wurden zusätzlich berechnet: bei 12 x 21-cm-SK 8,5 Millionen, bei 8 x 28-cm-SK 10 Millionen; für die Torpedobewaffnung wurden pauschal 0,5 Millionen in den Etat eingestellt.

12 BAMA RM 3/3691, RMA/KIV an RMA/A, 26.6.1906.

13 BAMA RM 3/3691, RMA/A an RMA/W, 2.7.1906.

14 s. Berghahn, Der Tirpitz-Plan, 511 und 515. Erst die *Orion*-Klasse erhielt ab 1909 diese Geschütze.

15 s. Ebd., 521. Auch hatten die Verhandlungen des britischen Unterhauses nach dem Wahlsieg des Liberalen Campbell-Bannerman zu diesem Schritt beigetragen; Tirpitz wollte nach der Ankündigung einer Reduzierung des englischen Schiffbauprogramms am 27.Juli 1906 nicht unnötigerweise eine Revision dieser Absicht provozieren, indem er eine Typensteigerung bei den Linienschiffen vornahm, s. Schreiben Tirpitz vom 6.8.1906, in: v. Hassel, Alfred von Tirpitz, 173f; s. ferner Marder, From Dreadnought to Scapa Flow, I, 70.

16 s. Ebd., 521ff.

17 BAMA RM 3/3693, Staatssekretär an Stellvertretenden Staatssekretär, 18.7.1906.

18 BAMA RM 3/3693, Denkschrift A, betreffend die Entwicklung unserer Linienschiffs- und Kreuzertypen, A, 30.8.1906.

19 Im Etat 1907 wurde dieses Verfahren jedoch noch nicht angewandt. Der Kreuzer *F* wurde mit seiner kompletten, gegenüber dem Kreuzer 1906 erhöhten Anschlagsumme ausgewiesen, allerdings mit der Bemerkung, daß „infolge des Vorgehens anderer Nationen (..) eine Steigerung des Deplacements (und der Armierung) des Großen Kreuzers notwendig geworden" sei, s. Reichshaushaltsetat für das Rechnungsjahr 1907, Anl. VI, Kap. 6, Titel 19 und 50.

20 Eine Randnotiz von RMA/K an RMA/A, hinzugefügt am 10.9., besagt ferner, daß der Staatssekretär „eine absolute Bindung an das gegebene Depl(acement)" — etwa 18.800 t — „nicht (für) notwendig" halten würde; Hervorgehoben im Original, BAMA RM 3/3693, Staatssekretär an RMA/K, 4.9.1906.

21 Berghahn, Der Tirpitz Plan, 514ff.

22 Schreiben Tirpitz vom 6.8.1906, zit. nach: v. Hassel, Alfred von Tirpitz, 174.

23 Vgl. hierzu auch Tab. 11. BAMA RM 3/775, Entwürfe für einen Kreuzer mit 28-cm-Armierung, K, 15.9.1906.

24 Hervorhebung im Original.

25 BAMA RM 3/3693, Protokoll über die Sitzung vom 19. September 1906, betreffend Projekt des Großen Kreuzers 1907, M, 1.10.1906.

26 Hervorhebung im Original.

27 Tatsächlich hatten sich A und W schon am 13.9. gegen eine solche Anordnung ausgesprochen, da sie ihnen als ungeeignet gegen Torpedoboote erschien, s. BAMA RM 3/775, Entwürfe für einen Großen Kreuzer mit 28-cm-Armierung, K, 15.9.1906.

28 Die Linienschiffe der *Brandenburg*-Klasse (Stapellauf 1891 - 1892) trugen 4 x 28-cm-L/40 und 2 x 28-cm-L/35 in drei Doppeltürmen in der Mittschiffsachse.

29 Hervorhebung im Original.

30 BAMA RM 3/775, Großer Kreuzer 1907 Entwurf *5*, K, 21.9.1906. Der Entwurf wurde erst am Montag, dem 24.9., von Baurat Bürkner vorgelegt.

31 Bei diesem Vortrag waren auch Vertreter von M, A und AV anwesend, s. BAMA RM 3/775.

32 K hatte einen entsprechenden Vorbehalt in seiner Denkschrift vom 15.9. gemacht und den Gewichtsmehrbedarf mit 150 bis 200 t angegeben.

33 Bezüglich der voraussichtlichen Kosten des Projekts *1a* wurden keine Angaben gemacht, sie blieben wahrscheinlich gegenüber jenen von *1* mit 35,1 Millionen konstant. Für *5/5a* waren 35,4 Millionen Mark in Anschlag genommen worden.

34 Berghahn, Der Tirpitz Plan, 523; vgl. dazu auch Anm. 38.

35 BAMA RM 3/2528, Staatssekretär an RMA/A/B/W/E/H und N, 2.10.1906.

36 BAMA RM 3/775, Staatssekretär an RMA/KI, 14.10. 1906.

37 Ebd., BAMA RM 3/775, RMA/KI an Staatssekretär, 15.10.1906.

38 Berghahn, Der Tirpitz Plan, 527ff. Zur Verringerung der durch die Typensteigerung ausgelösten, schleichenden Finanzmisere wurden kontinuierlich Sparappelle an alle Abteilungen erlassen. Zur Reduzierung des Panzerpreises wurde Krupp zudem um Entgegenkommen gebeten und Verhandlungen mit Thyssen zum Aufbau einer Konkurrenzfertigung gegen das Kruppmonopol geführt, s. Aufzeichnung aus dem Konstruktionsdepartement des RMA für Vizeadmiral v. Capelle (E) vom Januar 1913 über die Entwicklung der Panzerpreise seit 1900, nach: Berghahn/Deist (Hg.), Rüstung, Dok. VI/14, 301f.

39 In dieser Sitzung wurde u.a. auch ein Antrag abschlägig beschieden, das 12-cm-Kaliber als Antitorpedobootsgeschütz zu verwenden; W hielt es für „nicht handlich genug", s. BAMA RM 3/2528, Protokoll über die Sitzung vom 7.11.1906.

40 s. hierzu insbesondere Text zu Projekt $2c_1$.

41 Vor allem der Flotten-Verein kritisierte fast schon routinemäßig die Schiffskonstruktionen der Marineverwaltung, s. z.B. die in Anm. 2 der Einführung aufgelisteten Artikel der >Flotte<. Auch hatte Tirpitz anläßlich der Flottenkampagne 1905/06 verlautbaren lassen, „künftig den anderen Nationen gleichwertige Schiffe zu bauen", zit. nach: Berghahn, Der Tirpitz Plan, 515.

42 BAMA RM 3/775, Denkschrift zum Immediatvortrag über den Entwurf des Großen Kreuzers *F*, K, 9.11.1906.

43 BAMA RM 3/775, RMA/K an Staatssekretär, 14.12. 1906.

44 BAMA RM 3/3693, RMA/K an RMA/A, 16.2.1907.

45 s. den Beitrag von Strohbusch, Markante Kriegsschiffsentwürfe...*Nassau*, in: MR 7 (1978), 455f. *Nassau* und *Westfalen* hatten auf sämtlichen Positionen Aufzüge dieser Art erhalten, während *Rheinland* und *Posen* (Linienschiffe 1907) bei den Endtürmen angehängte Schächte aufwiesen. Der Kreuzer *E* zeigte in diesem Zusammenhang insofern eine Besonderheit, als die vorderen Breitseittürme nicht direkt aus eigenen Munitionskammern versorgt, sondern die Chargierungen durch

einen Mittelgang von achtern nach Höhe der Barbetten und von da über schräggestellte Klinkenkettenaufzüge nach der Umladeplattform verbracht wurden.

46 s. Strohbusch, Markante Kriegsschiffentwürfe...*Von der Tann,* in: MR 9 (1975), 536.

47 BAMA RM 3/3693, Protokoll über die Sitzung am 14.2.1907, betreffend Großer Kreuzer *F,* M, 2.3.1907.

48 BAMA RM 3/775, RMA/K an Staatssekretär, 14.12. 1907.

49 s. Fock, Des Kaisers Preisausschreiben IV, in: MR 7 (1977), 387. Den Text des Prüfungsberichts s. Ebd.

50 Angesichts der Ähnlichkeit beider Entwürfe ist es nur zu verständlich, wenn in verschiedenen zeitgenössischen Tageszeitungen und Fachblättern, die das Preisausschreiben beachteten, Irritationen bezüglich der Urheberschaft des *Von der Tann*-Entwurfs entstanden sind. Das RMA sah sich sogar dazu veranlaßt, ein Dementi herauszugeben, daß der „gesamte deutsche Schiffbau" an der Konstruktion teilgehabt habe, s. Strohbusch, Markante Kriegsschiffsentwürfe...*Von der Tann,* in: MR 9 (1975), 539.

51 s. Fock, Des Kaisers Preisausschreiben IV, in: MR 7 (1977), 386.

52 s. Evers, Kriegsschiffbau, 105; vgl. auch Friedman, Battleships, 173.

53 s. Fock, Des Kaisers Preisausschreiben IV, in: MR 7 (1977), 384. Die Sitzung, in der dieser Punkt zur Sprache kam, fand am 31.1.1907 statt.

III Große Kreuzer 1908/09 — *G/H* — *Moltke/Goeben*

Während an den Bauunterlagen des Großen Kreuzers *F* noch gearbeitet wurde, wandte sich der Departementsdirektor von K, Vizeadmiral v. Eickstedt, an seinen Dienstherren mit der Bitte, einen „direkten Befehl" bezüglich der Spezifika des Kreuzers 1908 zu erlassen.[1] Mit diesem Votum von Anfang Mai 1907 reagierte K auf eine mündliche Erklärung des Staatssekretärs, den Kreuzer *G* gegenüber seinem Vorgänger zu vergrößern.[2] Weitergehende Entwurfsrichtlinien schien Tirpitz aber noch nicht festgelegt zu haben, so daß die Konstruktionsabteilung schon den amtsinternen Entwürfen zum Etat 1908 hatte entnehmen müssen, welches ungefähre Ausmaß die Vergrößerung erreichen sollte und welche Gewichtsgruppen man voraussichtlich stärker würde betonen können.

Gemäß den Bedarfsberechnungen der Etatabteilung zum Haushalt 1908 waren für die Linienschiffe und den Kreuzer dieses Bauprogramms 47 bzw. 44 Millionen Mark angesetzt worden.[3] Damit ließ der finanzielle Rahmen, wie K in seinem Schreiben andeutete, Überlegungen zwar durchaus zu, den neuen Kreuzer mit 30,5-cm-SK auszurüsten, also einem Geschütztyp, der für die Linienschiffe des neuen Haushalts mit ziemlicher Sicherheit in Frage kommen würde. Doch gerade in Anbetracht dessen versuchte die Konstruktionsabteilung sofort eine Entwicklung des Kreuzers in diese Richtung zu vereiteln.

Ein Unterschreiten der Anzahl der schweren Geschütze sei für das Linienschiff unvorteilhaft, leitete der Vizeadmiral seine Betrachtungen über Typeneigenschaften ein, da die Trefferquote dadurch sinken könne. Gleichzeitig könnten aber keine weiteren schweren Türme mehr aufgestellt werden, ohne die Bestreichungswinkel der schon vorhandenen zwölf Rohre einschränken zu müssen. Um für die Linienschiffe eine Typverbesserung zu erreichen, müßte demnach das Geschützkaliber gesteigert werden. „Wesentlich anders", meinte v. Eickstedt, lägen mitunter die „Verhältnisse bei den Großen Kreuzern". Da die bislang vorgesehenen 28-cm-SK sogar noch gegen fremde Linienschiffe ausreichend seien, sollte sich eine Steigerung der Leistungsfähigkeit dieser Einheiten auf die Vermehrung ihrer schweren Geschütze auf zwölf beschränken, ehe man an eine Kalibererhöhung denken dürfe. Auch bewegte sich die Konstruktionsabteilung, was die voraussichtliche operative Verwendung des Kreuzers anbelangte, auf einer Linie mit dem Staatssekretär und erachtete eine quantitative Steigerung der schweren Artillerie bei Kreuzergefechten zumal als aus taktischen Gesichtspunkten bessere Option. Um den Kreuzer nun hinsichtlich des Preises und der Dimensionen annähernd auf jenem Niveau zu halten, welches durch den Etatvoranschlag und die voraussichtliche Größe der neuen Linienschiffe vorgegeben war[4], hielt es K für erforderlich, die Stärke des Panzerschutzes entlang der Werte für *F* zu bemessen. Ferner erachtete man als notwendig, keine „bestimmte Geschwindigkeit von vorneherein festzusetzen, sondern nur eine möglichst hohe, nicht unter 24 1/2 sm liegende Maximalgeschwindigkeit anzustreben".

Das vorstehend betrachtete Votum des Konstruktionsdepartements erhält seine Bedeutung nun zum einen dadurch, daß man bei K im Hinblick auf die angestrebte Kalibersteigerung für die Linienschiffe des Etats 1908 auf ein Nachziehen des Kreuzers zugunsten einer Vermehrung der Geschützzahl verzichten wollte. Hielt die Entwurfsabteilung das 28-cm-Geschütz schon gegen Linienschiffe für noch ausreichend, würde es demzufolge bei einer Auseinandersetzung mit den schwächer geschützten *Invincible*s mit Sicherheit völlig genügen können. Auf Grund der numerischen Überlegenheit der englischen Schiffe aber zählte im Kreuzergefecht jedes Rohr, deshalb befürwortete K vor allem eine quantitative Steigerung der Armierung.

Zum anderen ist das Drängen von K auf einen möglichst frühzeitigen Beginn der Konstruktionsarbeiten auch als ein deutliches Anzeichen für den durch die Erfahrungen mit den *F*-Projekten spürbarer gewordenen Termindruck zu werten. Denn für den Kreuzer 1907 hatten die eigentlichen Entwurfsarbeiten — natürlich auch wegen der Irritationen um *Invincible* — erst im September 1906 begonnen und standen bei oben zitierter Anfrage von K nur infolge „forcierten Betriebs" in der Entwurfsabteilung kurz vor ihrem Abschluß; dennoch konnte erst gegen Ende Juni die Bauordre unterzeichnet werden, also etwa drei Monate nach Beginn des neuen Rechnungszeitraums. Für den Kreuzer *G* wollte K deshalb vorbeugen, „um die Konstruktion des Schiffes durchzuführen und so fertigzustellen, daß es nach Beginn des Etatjahres 1908 zum Bau ausgeschrieben werden kann."[5]

Das Allgemeine Marine-Departement reagierte wenige Tage später auf die K-Vorlage.[6] Getreu seiner Auffassung, die „Mitwirkung in der Tagschlacht" als „vornehmste Aufgabe" des Kreuzers zu sehen, konnte A keinen Grund dafür erkennen, warum der Kreuzer bei der Bewaffnung nicht dem Linienschiff folgen sollte; sprich also: sobald für die Linienschiffe das 30,5-cm-Geschütz eingeführt war, konnte parallel dazu auch der Kreuzer *G* damit ausgerüstet werden. Immerhin hatten die beiden großen Kampfschifftypen des Etatjahres 1907 auch ein identisches Kaliber erhalten. Auf eine solche Forderung wollte man sich bei A jedoch nicht ausschließlich festlegen und erkannte auch die Haltung des Konstruktionsdepartements zum weiteren Einsatz der 28-cm-SK mit der Einschränkung an, statt der vorgeschlagenen zwölf Rohre nur deren zehn einzubauen. Bei A wollte man auf eines jener Projekte zurückgreifen, die anläßlich des kaiserlichen Preisausschreibens für ein Schnelles Linienschiff bei der Prüfungskommission des RMA eingereicht worden waren. Der Entwurf „Störtebecker"[7] der Hamburger Blohm & Voss-Werft hatte dabei nach „Polemos" den zweiten Preis erhalten. Er war von K mitunter „besonders scharf"[8] hinsichtlich der Gewichtskalkulationen sowie auch dahingehend geprüft worden, welches Deplacement notwendig sein würde, um seine Bewaffnung von 10 x 28-cm-SK in *Dreadnought*-Aufstellung mit einer Panzerung entsprechend dem ersten Entwurf für die Linienschiffe der *Ersatz Sachsen*-Klasse[9] zu vereinigen; die Konstruktionsabteilung hatte hierfür 20.300 bis 20.700 t errechnet. Dies bedeutete nun einerseits, daß, sollte *G* nach diesen Vorgaben konstruiert werden, das Schiff etwa 1.000 - 1.400 t größer als *F* werden würde. Andererseits blieb das Deplacement noch unter jener Marge, die für die 08-Linienschiffe mit etwa 22.000 t in Betracht gezogen worden war.[10] Weiterhin — und hier wurde eine nicht ungeschickt aufgebaute Argumentationskette deutlich — glaubte man bei A aus den Berechnungen der Entwurfsabteilung ableiten zu können, daß wiederum „bei Einführung des 30,5-cm-Kalibers und Herabsetzung der Panzerstärken auf die des Großen Kreuzers *F* kein übermäßig großes Deplacement sich ergeben" würde. Das Allgemeine Marine-Departement hatte auch sogleich einen entsprechenden Entwurf parat:

„Armierung: 10 x 30,5 cm in Dreadnought-Aufstellung; die beiden achteren Türme möglichst nahe aneinander gerückt; 8 oder 10 x 15-cm-SK L/45; 16 x 8,8-cm-SK L/45; 4 (Unterwasser)*Torpedorohre; Panzerung: wie für Großen Kreuzer 1907; Maximalgeschwindigkeit: möglichst nicht unter 24 1/2 sm."*

A setzte mit diesem Entwurf also auf eine in der Offensivkraft stark verbesserte Version eines Schnellen Linienschiffes und war in seiner Haltung gegenüber der Einführung des 30,5-cm-Geschützes für den Großen Kreuzer etwas offener als das Konstruktionsdepartement.

Eine am 17. Mai einberufene RMA-Sitzung brachte jedoch die Entscheidung für die Beibehaltung des 28-cm-Geschützes SK L/45 in Türmen C/07; als Mittelartillerie wurden 10 x 15-cm-SK L/45 gewählt.[11] Eine grobe Handskizze auf einem Aktenvermerk von A, der anläßlich dieser Sitzung angefertigt wurde, zeigt allerdings, daß die Marineverwaltung das Armierungsschema für den Kreuzer 1908 um die Komponente der überhöhten Endaufstellung der beiden achtersten Türme modifizieren wollte. Trotz einer erwarteten Beschränkung der Bestreichungswinkel für den überhöhten Turm — man nahm an, daß dieser wegen des Gasdrucks seiner Geschütze nicht würde über Turm D[12] nach recht achteraus feuern können — fiel das Votum für diese Anordnung aus, denn sie hatte den Vorteil, daß das Schiff, im Gegensatz zur *Dreadnought*-Aufstellung, eine volle Breitseite von zehn Geschützen zum Tragen bringen konnte. Zudem war ein relativ gutes Rundumfeuer gewährleistet, was ein entscheidendes Kriterium der Einsatztaktik darstellte.

Mithin bedeuteten die Vorgaben zur Armierung

[16] Großer Kreuzer *G* — *Moltke* entlassen in sein Element am 7. April 1910 bei Blohm & Voss, Hamburg. (Bundesarchiv-Militärarchiv)

[17] *Moltke* bei Blohm & Voss; der Kreuzer geht der Fertigstellung entgegen. (Bibliothek für Zeitgeschichte)

[18] Ansicht von Backbord achtern. Turm E ist nach Steuerbord geschwenkt, die Kartuschauswurföffnungen in der Rückseite sind deutlich zu erkennen. Beachtenswert sind zudem die veränderten Hauben und Schlitze bei Turm D — eine temporäre Vorsichtsmaßnahme zur Reduzierung der befürchteten Gasdruckeinwirkung. (Bibliothek für Zeitgeschichte)

einen Kompromiß auf kleinstem gemeinsamen Nenner zwischen den Forderungen von K und A. Diese Beobachtung trifft auch auf die vorgesehene Bemessungsgrundlage für die übrigen Gewichtsgruppen zu, denn die Panzerung sollte sich nach den entsprechenden Spezifika des Kreuzers *F* richten und die Antriebsanlage aus Turbinen bestehen, die dem Schiff bei einem Deplacement von circa 22.000 t eine Geschwindigkeit von etwa 24 - 24,5 kn verleihen konnten.
Entlang dieser Vorgaben fertigte K einen unter der Projektbezeichnung *G2i* stehenden Entwurf an, der anläßlich eines Immediatvortrags am 28. Mai 1907 das Einverständnis des Kaisers fand. Aus den Akten ist nicht zu ersehen, ob neben *G2i* noch andere Konstruktionsstudien für den Kreuzer 1908 eingereicht worden waren; zumindest sind keine weiteren Projektskizzen vorhanden. Ein Indiz aber, welches dafür sprechen könnte, daß dieser Entwurf nicht die einzige Alternative darstellte, die dem Kaiser zur Annahme vorgelegt worden war, besteht aus einer Aktennotiz von KII, datiert auf den 31. Mai.[13] Darin war unter anderem vermerkt, daß der Kaiser „dem Kreuzerprojekt mit 10 x 28 cm entschieden demjenigen mit 8 x 30,5 cm den Vorzug gegeben habe, namentlich wegen der Vorteile der brasilianischen Aufstellung" — das von A vorgeschlagene Projekt sollte *10* x 30,5 cm aufweisen, um den Entwurf „Störtebecker" kann es sich demnach nicht gehandelt haben. Trotz der in der Sit-

[19] Der Kreuzer im Schwimmdock. Die Klappen der vorderen 8,8-cm-SK an Steuerbord sind heruntergelassen und geben den Blick auf die Geschütze frei. (Sammlung Widmann)

zung vom 17. Mai festgelegten Vorgaben scheint K also dennoch einen Vergleichsentwurf mit 30,5 cm ausgearbeitet zu haben, oder aber das von Tirpitz vorgeschlagene, allzu gewagte Studienprojekt des Vorjahres war erneut aufgelegt worden.

Interessanterweise beruhte die Begründung für die Wahl von *G2i* auf der sogenannten „brasilianischen Aufstellung". Der Kaiser, in marinetechnischen Dingen stets ausgezeichnet informiert, nahm dabei Bezug auf das Armierungsschema der beiden Linienschiffe *Sao Paulo* und *Minas Gerais*[14], die sich in England bei Armstrong, Elswick bzw. Vickers, Barrow für die brasilianische Marine in Bau befanden. Sie erregten nicht nur dadurch internationales Aufsehen, daß sie einen maritimen Rüstungswettlauf unter den lateinamerikanischen A-B-C-Staaten auslösten[15], sondern scheinbar auch hinsichtlich ihrer damals recht ungewöhnlichen Verteilung der Hauptartillerie, wobei vier Türme in überhöhter Endaufstellung vorne und achtern sowie zwei en echelon mittschiffs postiert waren. Der Kreuzer *G* erhielt zwar kein damit kongruentes Schema und die für ihn gewählte Artillerieaufstellung stand zudem mehr in der „Tradition" des *Von der Tann*-Entwurfs, als daß sie die „brasilianische" kopierte. Der Kaiser dürfte jedoch mit der Entscheidung des RMA, dem Kreuzer neben einer verbesserten Armierung auch ein neuesten Linienschiffsbauten ähnliches Gepräge gegeben zu haben, nicht ganz unzufrieden gewesen sein, zumal die deutschen

Linienschiffe der künftigen *Kaiser*-Klasse sowie *Neptune* und die beiden Einheiten der *Colossus*-Klasse zwei Jahre später dasselbe, mit dem Kreuzer 1908 schon vorweggenommene Verteilungsschema aufweisen sollten.[16] Aus der Sicht des Monarchen war diese Wahl in Verbindung mit der Einführung der Deplacementparität zwischen Linienschiff und Kreuzer ein weiterer kleiner Schritt hin zu „seinem" Idealschiff.

Das Projekt *G2i* unterschied sich in seinem äußeren Erscheinungsbild von *F* in erster Linie durch das Hinzufügen des fünften schweren Turmes und des dadurch bedingten Heckabsatzes zur Gewichtsreduzierung. Seitenhöhe und Freibord waren jedoch mit 14,4 bzw. 6,4 m um etwa 1,1 respektive 1,2 m vergrößert, wobei das Oberdeck zum Bug hin in einem sanften Decksprung auf 7,6 m über CWL anstieg; dieser Wert entsprach jenem für *F,* und somit konnte für *G* auf eine abgesetzte Back verzichtet werden. Beibehalten wurden ferner der eher altmodisch wirkende Rammbug und die beiden nebeneinander plazierten Ruder. In Bezug auf die Hauptabmessungen waren die Schiffslänge um 8,3 m und die Breite um 1,4 m gewachsen, der Konstruktionstiefgang wurde um 0,1 m vermehrt. Die größte Maschinenleistung sollte konstruktiv 47.000 PSw betragen.

Die Panzeranordnung zeigt, obwohl im großen und ganzen derjenigen des Kreuzers 1907 nachempfunden, einige Besonderheiten. Wegen der gewachsenen Seitenhöhe mußten der Kasematt- und Zitadellpanzer mittschiffs entsprechend in vertikaler Richtung ausgedehnt werden. Auch wurde zum Schutz des zwischen den beiden achteren Turmbarbetten sich befindlichen Raumes — bei einem unglücklichen Treffer an dieser Stelle mußte damit gerechnet werden, daß beide Türme ausfallen konnten — auf Zwischendeckshöhe an den Barbetten eine Seitenpanzerung angebracht; es entstand somit eine Art Reduit. Hinzuzufügen bleibt, daß das Deck zwischen dem achteren Ende der Kasematte und der Barbette des Turms C, also des überhöhten Endturms, vier 8,8-cm-SK aufzunehmen hatte. Dies waren jene Geschütze, welche bei *F* auf dem achteren Aufbau standen; für *G2i* war ein solcher Aufbau nicht vorgesehen.

Die ursprünglich von K mit der frühzeitigen Aufnahme der Konstruktionsarbeiten verbundene Absicht, den Zeitrahmen einzuhalten, um für *G* nicht erneut in Termindruck zu geraten, wurde aus departementsinternen Gründen stark relativiert. Am 22. März 1908 — also etwa zehn Monate (!) nach der vorläufigen Genehmigung des Entwurfs *G2i* durch den Kaiser — resumierte die Konstruktionsabteilung in einer Denkschrift an den Staatssekretär zum „Stand der Arbeiten", daß diese „infolge Personalmangels (Inanspruchnahme des vorhandenen Personals durch die Arbeiten für *Ersatz Oldenburg* — starker Ausfall durch Erkrankung —, Platzmangel, durch welchen rechtzeitige Einstellung von neuem Personal verhindert wurde ...) nur langsam" vorangekommen seien.[17] Im Hinblick auf die nun

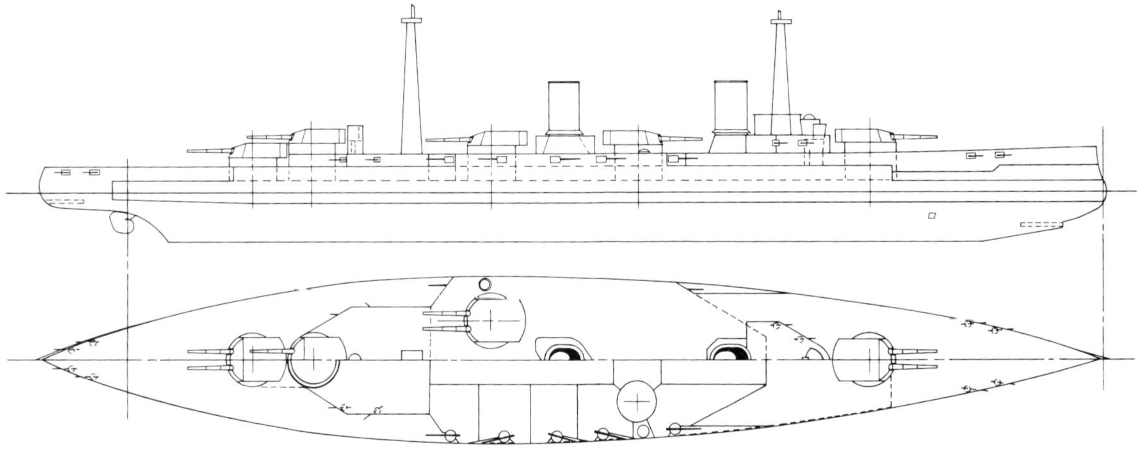

Projekt *G2i* für den Großen Kreuzer *G* — *Moltke*

[20] *Moltke* von achtern; die beiden überhöhten Endtürme dominieren das Bild. (WZ - Bilddienst)

[21] Die beiden achteren 28-cm-SK-Doppeltürme von *Moltke.* (WGAZ, Marineschule Mürwik)

vorsorglich erst für November ins Auge gefaßte Vergabe des Schiffes bat K sodann um Entscheidung über mehrere Veränderungen am genehmigten Entwurf, die eine Deplacementsteigerung von insgesamt etwa 900 t auf nunmehr 22.900 t zur Folge haben sollten; der mit den Linienschiffen 1908 vorgegebene Tonnagerichtwert, welcher zwischenzeitlich auch eine Nachbesserung auf 22.700 t erfahren hatte, mußte demnach knapp überschritten werden.
Verantwortlich für das Mehrgewicht waren zunächst einige Schleppversuche, die gezeigt hatten, daß die geplante Maschinenleistung von 42.000 PSw nur bedingt ausreichen würde, um die Geschwindigkeit von *F* zu erreichen. Ferner hatte die endgültige Durcharbeitung der Antriebsanlage für den Kreuzer 1907 ergeben, daß die auf vorhergehenden Berechnungen basierende Festlegung des Gewichts- und Raumbedarfs der Parsons-Turbinen für *G* unter der Bedingung einer Leistungssteigerung unzureichend war. In diesem Zusammenhang stand auch die geplante Vermehrung der Kesselzahl gegenüber *F* (18 Schulz-Doppelkessel in 5 Räumen 1 + 1 + 1 + 1 + 1) um sechs auf nunmehr 24 Naturumlaufkessel Typ Schulz-Thornycroft („Marine-Kessel") bei gleichzeitiger Verminderung deren Einheitsgröße, um die Rostfläche der Aggregate besser ausnutzen und ihre Anordnung in acht Kesselräumen (3 + 3 + 1 + 1) mit jeweils drei Kesseln nebeneinander ermöglichen zu können. Für *G2i* waren noch fünf Räume mit 18 Schulz-Kesseln ähnlich der Anordnung auf *F* vorgesehen.
Da mit den Linienschiffen der *Ersatz Oldenburg*-Klasse das neue 30,5-cm-SK L/50 eingeführt wer-

[22] *H* — *Goeben* in der Endausrüstung. Bei näherem Hinsehen sind die an Backbordseite postierten 8,8-cm-SK im Vorschiff zu erkennen. (Bibliothek für Zeitgeschichte)

den sollte, hatte K auch für den Kreuzer *G* das 28-cm-SK L/50 statt des L/45 — vorbehaltlich der Zustimmung des Staatssekretärs — in die Kalkulation mit einbezogen. Eine Gewichtsvermehrung für die Artillerie war damit zwar weniger verbunden, aber wegen der vergrößerten Rohrlänge um 1.400 mm dehnten sich die Schwenkbereiche aus, was vor allem infolge der beiden diagonal stehenden Breitseittürme und in Verbindung mit der durch die Umgruppierung der Kessel bedingten, etwas veränderten Schornsteinanordnung letztlich die Zitadellänge (und damit das Panzergewicht) anwachsen ließ. In den oben angeführten 900 t Deplacementsteigerung waren zudem eine Vermehrung der Munitionsdotierung der schweren Artillerie von 75 auf 90 Schuß pro Rohr sowie der Mittelartillerie von 150 auf 160 Schuß und eine Gewichtsreserve für Schutznetze von 140 t enthalten, deren Wiedereinführung für die neuen großen Kampfschiffe geplant war.

Gegenüber dem Kreuzer *F* war das Deplacement um insgesamt 3.600 t angestiegen; diese Gewichtsvermehrung setzte sich, gemäß den Angaben der Entwurfsabteilung, aus folgenden Komponenten zusammen:

„Erhöhung des Freibords 1.000 t; 5. Turm inclusive Munition und der dadurch bedingten Verlängerung der Zitadelle 900 t; Verbesserungen der Maschinenanlage einschließlich Raum- und Zitadellvergrößerung 450 t; Munitionsdotierung und vergrößerte Munitionskammern 90 t; Torpedoschutznetze 140 t; Vergrößerung der Hauptabmessungen: Bauteile und Panzerung 1.000 t.“

[23] *Goeben,* im November 1912 detachiert zur „Mittelmeerdivision". (WZ - Bilddienst)

Die beiden ersten Gruppen hatten demnach einen Anteil von mehr als 50 % am Deplacementzuwachs. Trotz des enormen Mehrgewichts bestand K aber auf der Freiborderhöhung, da diese, insbesondere wegen der gewachsenen Schiffsbreite im Vergleich zu den Vorgängertypen, eine größere Feuerhöhe der schweren Seitentürme und der Mittelartillerie sicherte und die Geschützpforten bei stärkerer Krängung nicht so leicht zu Wasser kommen ließ. Im Vergleich zu *F* (4,3 m) war für *G2i* eine Feuerhöhe von mehr als 5 m für die 15-cm-SK vorgesehen.
Gleichzeitig mit dem Freibord wurde auch das Panzerdeck gegenüber *F* um circa 900 mm nach oben versetzt, es lag nun 1.800 mm über der CWL. Dies war notwendig, um zwischen Panzerdeck und Batteriedeck wegen des gewachsenen Abstandes infolge der Freiborderhöhung kein weiteres Zwischendeck einschieben zu müssen; was wiederum den Freibord und damit die zu schützende Fläche über Gebühr vermehrt hätte. Die gewonnene Raumhöhe unterhalb des Panzerdecks machte es nun einerseits möglich, die Überdruckturbinen mit ihrem großen Schaufelkranzdurchmesser von 4,10 m besser unterzubringen. (Mangels einer hinreichenden Drehzahluntersetzung liefen Schraube und Turbine mit gleicher Umdrehung, dies erforderte im Durchmesser kleine Propeller, aber großdimensionierte Turbinen).[18] Andererseits mußte die Neigung der Panzerdecksböschungen von 30 auf 37° vermehrt werden, um die Öffnungen für die Schächte der Breitseittürme im horizontalen Decksbereich zu belassen — damit stieg jedoch die Wahrscheinlichkeit eines Treffers auf die Böschungen an.
Obwohl die Konstruktionsabteilung mit der Leistungssteigerung des Kreuzers durch eine Vermeh-

rung der Hauptartillerie grundsätzlich einverstanden war, äußerte sie dennoch vorsichtige Kritik an der Einführung des fünften Turms in der Mittschiffsachse. Man erkannte zwar an, daß diese Verteilung der Armierung einen großen Gesamtbestreichungswinkel erbrachte, sah jedoch in der achterlichen Aufstellung des Turmes „etwas Erzwungenes" und eine übermäßige Betonung des Feuers im hinteren Quadranten. Hinzu trat der voraussichtliche Nachteil, daß die volle Ausnutzung der Bestreichungswinkel des überhöhten Geschützstandes bei Besetzung von Turm D nicht garantiert war und dessen tiefe Aufstellung auf der niedrigen Schanze wiederum seine Freibordhöhe verringern mußte.

Auch in Bezug auf die vom Vorgängertyp übernommene Verteilung des Panzerschutzes mahnte K Schwächen an. So erachtete man die Stärke der Platten des Oberdecks mit 25 mm als zu gering, da die Entwurfsabteilung damit rechnete, daß „beim Feuergefecht, für das der Große Kreuzer bestimmt ist, und beim Ruderlegen Decksschüsse mit großem Aufschlagwinkel sehr wahrscheinlich sind."

Vorausschauende Konstrukteure wußten ja nicht erst seit Tsushima, daß diese Erkenntnis zutreffend war und ihre Gültigkeit proportional mit den Gefechtsentfernungen wachsen mußte. Dennoch war die Einsicht in einen verbesserten Horizontalschutz nur schwer umzusetzen, wie die Verhandlungen während der Schlußsitzung über den Großen Kreuzer *G* am 26. März zeigen sollten: Die Verstärkung des Oberdeckspanzers wurde mit der Begründung abgelehnt, daß ein wirksamer Schutz gegen Panzersprenggranaten nur unter Inkaufnahme einer massiven Gewichtsvermehrung erreichbar sei. Außerdem erachtete man eine Verlagerung von Panzergewicht nach oben aus Gründen der Stabilität als wenig zweckdienlich. Desgleichen wurde einer Verstärkung der Panzerdecksböschungen — ebenfalls von K gefordert — nicht entsprochen, da der Gürtel von 50 auf 270 mm verdickt und zudem

[24] Blick über den vorderen 28-cm-Doppelturm auf die Back des Großen Kreuzers *Goeben* (WZ - Bilddienst)

[25] Eine instruktive Aufnahme des Achterschiffs von *Goeben* im Schwimmdock Ende der 20er Jahre in Gölcük. Der Kreuzer war am 2. November 1918 der Türkei übergeben worden. (WZ - Bilddienst)

200 mm tiefer unter die CWL gezogen werden sollte. Mangels verfügbarer Gewichte konnte auch nicht berücksichtigt werden, die Torpedoschotten an denjenigen Stellen zu verstärken, die nicht zusätzlich durch Schutzbunker gesichert waren; hier kam das Argument der Einführung von Torpedoschutznetzen zum Tragen.[19] Das Gewichtsproblem im Zusammenhang mit der Panzerung machte sich schließlich auch noch dahingehend bemerkbar, daß die Dotation des achtersten sowie der Breitseittürme bei 75 Schuß belassen und die 15-cm-SK der Mittelartillerie nur je 150 Schuß zugewiesen bekamen.

Das Konstruktionsdepartement hatte seine Kritik am dritten Mittschiffsturm sowie der Panzerung mit einer bestimmten Absicht verbunden. Die Denkschrift vom 22. März schloß nämlich mit Untersuchung der Frage, ob nicht eine „Verbesserung der Panzerung der Vermehrung der Artillerie vorzuziehen" sei. Bei Wegfall des achtersten Turms war es mitunter möglich, die Zitadelle um etwa 7,2 m zu verkürzen, was wiederum bei einer Reduzierung der Schiffslänge ein kleineres Deplacement zur Folge hatte — etwa 22.600 t. Das Oberdeck konnte wieder bis zum Heck durchgeführt werden, was ein zweites Wohndeck im Achterschiff entstehen ließ. Projekt *G5*[20] — ein verbesserter Typ *F* — war entlang dieser Spezifika entworfen und lag im Preis insgesamt 1,5 Millionen Mark unter *G2i,* wobei alleine für den Wegfall des fünften Turmes (mit Munition) eine Ersparnis von rund 2 Millionen veranschlagt wurde.[21] Aus Gründen, auf die unten noch näher einzugehen sein wird, fiel dieses Projekt jedoch in der Sitzung am 26. März durch.

Hatte die Konstruktionsabteilung mit ihrer letzten Denkschrift zwar bestimmt, wenn auch vorsichtig, mit *G5* schon die Alternative in den Raum gestellt, die Verstärkung des Kreuzers 1908 möglichst auf eine Verbesserung des Typs *F* zu beschränken, warteten die Bauräte Bürkner und Hüllmann drei Tage später mit einem doch überraschenden Votum auf: Sie baten den Staatssekretär nun ausdrücklich, „den Großen Kreuzer *G* nicht nach der genehmigten Skizze *G2i,* sondern nach den Plänen des Großen Kreuzers *F* (zu bauen und) erst für den Kreuzer *H* die Vergrößerung des Typs und die Verstärkung seiner Armierung ins Auge (zu fassen)."[22] War diese Bitte schon ungewöhnlich, die ihr beigefügte Begründung klingt ebenso bemerkenswert. Zunächst führte K das bereits in der jüngsten Denkschrift angedeutete Argument an, daß die Einhaltung des Deplacementlimits ohne Beschränkung wichtiger Forderungen nicht möglich sei. Bürkner und Hüllmann wiesen in diesem Zusammenhang noch einmal auf die notwendige Freiborderhöhung, die Feuerhöhen sowie auch auf die erforderlichen Modifikationen der Kesselanlage und des Panzerschutzes hin, der ja gemäß den Vorgaben des Kreuzers 1907 konzipiert war und dessen Schwächen — so die beiden Bauräte — mit wachsendem Deplacement „immer bedenklicher" würden. Auch stünden noch Schießversuche auf dem Meppener Krupp-Testgelände an, die eine etwaige gegenseitige Störung der überhöhten Türme klären sollten.

Doch K machte nicht nur Bedenken technischer Art gegen eine Inbaugabe des Kreuzers *G* nach neuen Plänen geltend. Der eigentliche Anlaß für das eingereichte Votum ist wohl in der Arbeitsbelastung der Entwurfsabteilung zu suchen, und K führte dagegen vehement Klage:

„Seit drei Jahren mußte in jedem Jahre ein neuer Kreuzertyp geschaffen werden, nach dem nur ein einziges Schiff gebaut wurde. Die Belastung von K ist durch dieses Vorgehen übermäßig gesteigert worden. Es würde für die Entwicklung sowohl der Linienschiffe wie der Kleinen Kreuzer auf das Freudigste zu begrüßen sein, wenn K durch die beantragte Entschließung für die nächste Zeit entlastet würde."[23]

Die Konstruktionsabteilung spekulierte also darauf, daß die Ausschreibung des Kreuzers *G* noch zu Etatbeginn 1908 erfolgen konnte, falls neue Pläne gar nicht erst ausgearbeitet werden mußten. Die Vergabe an Blohm & Voss — die Bauwerft des Großen Kreuzers 1907 — beeilte man sich hinzuzufügen, erbrächte dann auch einen niedrigeren Preis, denn die Hamburger Werft würde sich die „Lieferung des Schwesterschiffes nicht entgehen lassen." Nach Fertigstellung der Arbeiten an den Bauvorschriften für den modifizierten Entwurf *G2i* im Oktober konnte dann der Kreuzer *H* im November oder Dezember gemäß der neuen Spezifika ausgeschrieben und zu Beginn des Etatjahres 1909 vergeben werden — der Zeitraum stimmte wieder, und die Belastung von K würde sich in Grenzen halten.

Zur Unterstützung ihrer Bitte zog die Konstruktionsabteilung abschließend noch einen Vergleich zur Entwicklung in den fremden Marinen und kam zu dem Schluß, daß England nach Inbaugabe der „*Invincible*s von 18.000 t" abwarte, Japan sich „für die nächste Zeit" mit 19.000 t-Kreuzern begnüge und andere Marinen sich noch nicht zum Bau vergleichbarer Einheiten entschlossen hätten. Darum sei es auch „politisch zu vertreten", wenn die Kaiserliche Marine die Steigerung des Kreuzers um ein Jahr verschieben würde. Genau dies war jedoch nicht der Fall.

Zur Erläuterung der Zusammenhänge ist es erforderlich, wieder einen Blick auf die innenpolitischen Begleitumstände zu werfen, um die einen Tag nach Eingabe des vorstehend behandelten Votums erfolgte, strikte Ablehnung der von K geäußerten Bitte zu verstehen. Denn in der Entschließung der RMA-Sitzung vom 26. März, daß eine Wiederholung des Kreuzers *F* „schon aus politischen Gründen ausgeschlossen sei", da die Marineverwaltung im Parlament die Deplacementparität zwischen Linienschiff und Kreuzer „durchgesetzt" habe[24], wird die Eigendynamik, die der Tirpitz Plan zu diesem Zeitpunkt schon bekommen hatte, schemenhaft erkennbar. Deutlicher kommt dieses nahezu unaufhaltsam laufende Räderwerk aber erst zum Vorschein, wenn man in Betracht zieht, daß wiederum einen Tag nach jener RMA-Sitzung die Verabschiedung der sogenannten „Vierertemponovelle" im Reichstag erfolgen sollte. Die mit ihr verbundenen politischen Implikationen schlugen nun auch auf das Tempo der technischen Entwicklung der Großen Kreuzer zurück.

Wie in Kapitel II schon angesprochen wurde, war das RMA im Herbst 1906 wegen der durch die

Typensteigerung im Großkampfschiffbau ausgelösten chronischen Geldnot gezwungen, die Einbringung einer für 1910/11 geplanten „Stabilisierungsnovelle" schon für das Jahr 1908 zusammen mit enormen Geldbedarfsberechnungen für Schiffsbauten anzugehen. Baupolitischer Inhalt der neuen Flottenvorlage war, die Ersatzzeit nun auch für die Linienschiffe auf 20 Jahre zu verkürzen[25], damit in den Jahren 1911 bis 1917 im Idealfalle jeweils zwei Linienschiffe und ein Großer Kreuzer im Dreierbautempo in Auftrag gegeben werden konnten, um den Äternat zu vollenden.[26] Neben dem Zwang zur verfrühten Einbringung der neuen Vorlage war diese aber auch in weiteren Punkten inkonsequent. Bedingt durch die launenhafte Baupolitik der Prä-Tirpitzschen Ära wurden die Linienschiffe nicht jährlich paarweise ersatzpflichtig, und im Zusammenhang mit der Verkürzung der Ersatzzeit auf 20 Jahre führte dies nun dazu, daß 1908 bis 1911 insgesamt elf Linienschiffe fällig werden sollten[27], danach würde die Baurate wieder auf ein Linienschiff und einen Kreuzer pro Jahr — auf das sogenannte „Loch" — zurückgehen. Gleichzeitig war dagegen, gemäß den Bestimmungen des Gesetzes von 1900 und der Novelle von 1906, der Bau zweier Linienschiffe pro Jahr aber schon bis einschließlich 1910 legislatorisch abgesichert — die geplante Novelle wäre praktisch erst 1911 in Kraft getreten.

Im Sommer 1907 war es deshalb fraglich, ob die flottenkritischen Fraktionen im Reichstag, deren Stimmen wegen der Mehrheitsverhältnisse für die Verabschiedung der Novelle teilweise gebraucht wurden, diesen offensichtlichen Inkonsequenzen ihr Plazet erteilen würden. Infolge eines unerwarteten Flottenenthusiasmus im Herbst 1907[28] waren der Staatssekretär und die Kritiker jedoch gezwungen, alle elf Linienschiffe plus einem schon geplanten Neubau sowie die etatmäßigen Kreuzerbauten in den Jahren 1908 bis 1911 auf Stapel legen zu lassen und das „Loch" in Kauf zu nehmen. Diese „Vierertemponovelle" wurde am 27. März 1908 in dritter Lesung vom Reichstag verabschiedet.

Hatte die „Flottenpanik" die Mängel der ursprünglichen Vorlage letztlich zwar nicht zu offen zu Tage treten lassen, mußte bei den Abgeordneten — ob Gegnern oder Befürwortern, wobei letztere im Gleichschritt mit dem Flotten-Verein das Vierertempo allzu kräftig unterstützten — dennoch der Beigeschmack bleiben, daß die Marineverwaltung nicht die Anzahl von Schiffen auf Stapel legen lassen wollte, die sich aus ihren eigenen Anforderungen ergab. Wollte der Staatssekretär nun auch noch die schon im Reichstag durchgesetzte Deplacementparität zwischen Linienschiff und Kreuzer ungenutzt lassen, indem er *G* nach den Plänen des Vorgängertyps bauen ließ, obwohl die Linienschiffe an Gewicht zugelegt hatten, würde er erneut unliebsame Fragen bezüglich der Konsequenz seiner Bauprogramme und der gegenüber dem Vorjahresetat erhöhten Bedarfsanmeldung riskieren. Die Steigerung des Kreuzers mußte somit, trotz der Bedenken des Konstruktionsdepartements, im Jahre 1908 erfolgen. Es mag für die in der Sitzung vom 26. März anwesenden Vertreter von K nur ein schwacher Trost gewesen sein, einen „Auftrag nebenher, das heißt soweit die Projektierungsarbeiten des Großen Kreuzers *G* nicht beeinträchtigt werden", für ein „zweites (Studien)-Projekt" erhalten zu haben, welches bei 22.900 t die Armierung von *F* und eine verbesserte Panzerung zeigen sollte.[29] Die Aussichten zur Annahme eines solchen Typs standen jedoch nicht zum Besten, denn mit Blick auf die Linienschiffe der Jahre 1908 und 1909 (*Ersatz Hildebrand/Heimdall* = *Kaiser*-Klasse) wäre trotz der Deplacementparität mit ersteren nun in artilleristischer Hinsicht eine zu große Lücke entstanden — der Kaiser hätte dieser Stagnation der Kreuzerentwicklung wohl kaum zustimmen mögen, zumal die „brasilianische Aufstellung" dann verworfen worden wäre.

Ganz erfolglos waren die Bemühungen des Konstruktionsdepartements um Arbeitsentlastung jedoch nicht gewesen. Anläßlich eines Vortrags eines Vertreters von K (wahrscheinlich Baurat Bürkner) beim Staatssekretär äußerte Tirpitz am 15. Mai die Absicht, den Kreuzer *H* nach den Plänen für *G* bauen zu lassen.[30] Dieses Verfahren hatte neben der schon erwähnten Arbeitsentlastung für K den Vorteil, daß der Kreuzer 1909 spätestens zum neuen Etatjahr vergeben werden konnte, der Zeitrahmen also mit dem positiven Nebeneffekt eingehalten würde, daß die Deplacementparität für 1908/09 gewahrt bleiben und die Konstruktionsarbeiten am Kreuzer 1910 voraussichtlich ohne Termindruck durchgeführt werden konnten; der oben zitierte

Vorschlag von K erfüllte zwar ebenso die zweite, nicht aber erstere Bedingung. Auch drängte der Staatssekretär bezüglich der Fertigstellung der erforderlichen Bauunterlagen für *G* zur Eile und wies K an, „unter allen Umständen dafür Sorge zu tragen", daß die Vergabe des Schiffes noch vor den Verhandlungen der Budgetkommission des Reichstags über den Marineetat 1909 erfolgen könne. Da sich im Laufe des Jahres 1908 wegen der instabilen Mehrheitsverhältnisse im konservativ-liberalen „Bülow-Block" zähe Verhandlungen mit den „Oppositionsparteien" von Zentrum und SPD infolge der durch die erdrückende Schuldenlast des Reiches bedingten Finanzreform 1909 abzeichneten, fürchtete der Staatssekretär einerseits Konsequenzen für seine Baupolitik, wenn der Kreuzer *G* trotz Bewilligung für das Vierertempoprogramm 1908 immer noch nicht vergeben war. Andererseits wollte Tirpitz mit einer „gleichzeitigen" „Ausschreibung" des Kreuzers *H* neben der „freihändigen"[31], submissionslosen Vergabe für *G* sowohl hinsichtlich der Preisgestaltung und der weiteren Bedarfsanmeldungen Fakten schaffen — er spekulierte mithin darauf, daß der Preis für das Schwesterschiff ja nicht gesteigert würde und bei einem doppelten Zuschlag an Blohm & Voss vielleicht sogar ein etwas kostengünstigeres Angebot herausspringen konnte[32] — als auch keine bohrenden Fragen dahingehend riskieren, ob denn die Marineverwaltung überhaupt organisatorisch in der Lage sei, ein verschärftes Bauprogramm durchzuhalten. Die Hamburger Werft wurde tatsächlich am 17. September 1908 — also noch vor Unterzeichnung der Bauordre für *G* und *H* am 28.9. — mit dem Bau des Großen Kreuzers 1908 beauftragt. Den verbindlichen Zuschlag für *H* konnten Blohm & Voss, auch wegen etatrechtlicher Zwänge, zwar erst am 8. April 1909 erhalten, Zeit- und Geldgewinn waren für das RMA damit jedoch voraussichtlich garantiert.

Aus der Steigerung der Baurate in den Jahren des Vierertempos ergaben sich zumal andere spezifische Probleme; ein kurzer Exkurs in die Vergabepolitik der Marineverwaltung erscheint an dieser Stelle zur Erläuterung angebracht. Den Werften bot sich durch die erhöhte Nachfrage der Marine nämlich die Chance, ihre Preiskalkulationen für Schiffsneubauten darauf einzurichten, kurz: die Anbieter reagierten mit Preiserhöhungen. Im RMA hatte man jedoch die Möglichkeit, die reguläre Ausschreibung durch „erhebliche" Vorvergabe von Aufträgen zu umgehen, somit die privaten Schiffbaubetriebe gegeneinander auszuspielen, oder aber mit der Auftragserteilung an einen der Kaiserlichen Werftbetriebe zu kontern, um nicht „über kurz oder lang in eine Zwangslage den Werften gegenüber" zu geraten, die der Marineverwaltung, so befürchtete der Staatssekretär, „erbarmungslos das Fell über die Ohren ziehen" würden.[33] Beispielhaft für den nun sich ergebenden Vergabeschacher ist das Jahr 1909; der Kreuzer *G* war davon indirekt betroffen. So sollte die Schichau-Werft in Danzig das 4. Linienschiff des Konstruktionsjahres 1908 (= 1. Schiff des Etats 1909, *Ersatz Frithjof* = *Oldenburg*) erhalten, Blohm & Voss dafür den Auftrag für *H* bekommen.[34] Das zweite Linienschiff des Haushalts 1909 (*Ersatz Hildebrand* = *Kaiser*) konnte dann an die Kaiserliche Werft Kiel vergeben und das dritte Schiff (*Ersatz Heimdall* = *Friedrich der Grosse*) ausgeschrieben werden, wobei die Vulcan-Werft, Hamburg oder die Kruppsche Germaniawerft in Kiel gute Aussichten hatten. Sollten beide Privatbetriebe allerdings „exorbitante" Preisforderungen stellen, wollte das RMA mit der Kaiserlichen Werft Wilhelmshaven „drohen". Bei der Marineverwaltung war man aus Erfahrung klug geworden, denn im ersten Jahr des Vierertempos waren die Preisofferten der Werften während der Ausschreibung durch einen — nach Befinden des Staatssekretärs — „Schichau-Germania-Vulcan-trust" in die Höhe getrieben worden; nur die Howaldtswerke, Kiel wollten — oder mußten — unter einer Summe für den Schiffbau produzieren, die die vom RMA angestrebten Anschläge einzuhalten möglich machte.[35] Die A.G. Weser, Bremen, die den Auftrag für das dritte Schiff des Etats 1908 (*Ersatz Beowulf* = *Thüringen*) erhalten hatte, war von sämtlichen privaten Anbietern die zweitbilligste Alternative gewesen; den Auftrag für *Ersatz Oldenburg* = *Ostfriesland* hatte das RMA an den staatlichen Wilhelmshavener Werftbetrieb vergeben.

Zwei Monate nach der oben angeführten Anweisung des Staatssekretärs legte die Konstruktionsabteilung die Entwurfszeichnungen für *G* vor.[36] Sie basierten auf dem mittlerweile durch weitere Detailentscheidungen modifizierten Entwurf *G2i.* So war schon in der Sitzung vom 26. März bestimmt worden, die Höhe des Panzerdecks über der Konstruktionswasserlinie auf 1.600 mm zu senken; dafür wurde der Gürtelpanzer von 250 auf 270 mm verstärkt. Im Bereich der Zitadelle war vorgesehen, den Seitenpanzer nicht wie bisher aus hochgestellten Platten zusammenzusetzen, sondern in zwei horizontalen Plattengängen übereinander anzubringen — damit trug man der vergrößerten Seitenhöhe besser Rechnung. Der untere Gang sollte von 1.800 mm unter der CWL bis 1.400 mm über die Wasserlinie reichen, der folgende 200 mm dicke Zitadellpanzergang direkt an die Unterkante der Kasemattpforten anschließen; seine größte Höhe sollte 3.160 mm betragen.[37] Das Torpedoschott war im Vergleich zu *F* 250 mm näher zur Bordwand hin gerückt, dafür aber durchweg 30 mm stark; im Bereich der Munitionskammern der Breitseittürme erreichte das Schott eine Dicke von 50 mm. Das Reduit zwischen den achteren Turmbarbetten war weggefallen.

Auf eine Forderung von A zurückzuführen ist die Vermehrung der Mittelartillerie von 10 auf 12 x 15-cm-SK und die gleichzeitige Reduzierung der 8,8-cm-SK von 16 auf 12 Geschütze. Von letzteren waren zwei der vier unter der Schanze postierten Rohre auf den nun vorhandenen achteren Aufbau versetzt worden, da ihre tiefe Aufstellung in der Heckposition bei größeren Fahrtstufen das Anvisieren des Horizonts beeinträchtigte. Zwei der vier für den vorderen Aufbau vorgesehenen Geschütze fielen wegen ihres eingeschränkten Vorausfeuers weg. Die Feuerhöhe der 15-cm-SK schließlich wurde etwas gesenkt und betrug nun genau 5,0 m; alle 15-cm-SK erhielten einen eigenen Aufzug aus den Munitionskammern.

Im Hinblick auf die Ausführungsart der Masten fiel Mitte April die grundsätzliche Entscheidung gegen den Gitter- und für den leichten Pfahlmast aus Blech.[38] Einer der Gründe für diese Wahl war die Notwendigkeit, daß, sollten für *G* zwei Gittermasten vorgesehen werden, der vordere zwischen Kommandoturm und vorderem Schornstein hätte postiert werden müssen — eine Verlängerung der Zitadelle bzw. ein erhöhtes Panzergewicht wären die Folgen gewesen. Ebenso nahm man an, daß ein Gittermast wegen seiner „Eisenmassen" die Leistung der Funkentelegraphie beeinträchtigen würde, sollte er auch gut gegen das Schiff isoliert sein. Ein als Ersatz für den zweiten Mast vorgesehener 60 m hoher Einzelgittermast wurde vor allem aus diesem Grund als wenig geeignet befunden. Die Standfestigkeit des Pfahlmastes wurde im Vergleich zum Gittermast zwar als weitaus geringer erachtet, doch sah man diesen Nachteil wegen der größeren Trefferwahrscheinlichkeit bei einem voluminöseren Gittergerüst und der voraussichtlich schwereren Schäden bei Herabstürzen des Mastes oder Teilen seiner Konstruktion als tragbar an. Die aus Festigkeitsgründen bedingte geringere Höhe des Pfahlmastes wurde für Signalzwecke noch als ausreichend beurteilt. Zur Artilleriebeobachtung hielt der Vertreter von A auf der Sitzung zur Bemastung des Kreuzers *G,* am 16. April, schließlich ein kleines Krähennest für ausreichend. Rückwirkend wurden Pfahlmasten auch für die Kreuzer *E* und *F* sowie für die Linienschiffe der Etatjahre 1906 bis 1908 eingeplant.[39]

Eine weitere grundsätzliche Entscheidung, die für die Kreuzer der nächsten Jahre prägend wurde, betraf die ungewöhnliche Anordnung zweier Ruder in der Mittschiffsachse. Neben einer größeren Stetigkeit beim Kurssteuern in langsamer Fahrt versprach man sich dadurch auch eine gleichmäßige Ruderwirkung nach beiden Seiten. Der Fahrtverlust bei hohen Geschwindigkeiten wurde als unerheblich erachtet, da beide Ruder in der Mittschiffsebene hinter dem Steven liegen sollten und das Heck somit schärfer gehalten werden konnte. Ferner sprachen für diese Anordnung der mitunter bessere Wirkungsgrad der Schrauben infolge des freien Abflusses des Schraubenwassers sowie die nicht sehr hohe Wahrscheinlichkeit eines Ausfalls beider Ruder bei einem Treffer, da sie 12 m voneinander entfernt eingebaut werden sollten. Auch würde der Verlust eines Ruders die Steuerfähigkeit nach beiden Seiten hin voraussichtlich nicht beeinträchtigen.

Die neue Anordnung hatte jedoch auch erhebliche Nachteile, da zum einen die direkte Steuerwirkung der Schrauben auf die Ruder fehlte und somit bei langsamer Fahrt der Drehkreis größer war; auch lag das vordere Ruder sehr tief und war bei Grundberührung weniger geschützt. Sein Wirkungsgrad sollte sich zum anderen bei Modellversuchen als gering erweisen, und hinzu kam, daß das Torpedoheckrohr von seinem Platz in der Mittschiffsachse nach Steuerbordseite hin verlegt werden mußte.

Auf eine Anregung der Flotte hin hatte K sämtliche acht Scheinwerfer Typ G 110 je paarweise schräg übereinander an beiden Schornsteinen angeordnet. Diese Aufstellung hatte den Vorteil, daß alle Scheinwerfer größere Bestreichungsfelder erhalten und die beiden achteren Paare weiter entfernt von dem hinteren Regelkompass postiert werden konnten. Die vordere Kommandobrücke sollte zudem gleichzeitig als Scheinwerferleitstand dienen. Zur Befestigung der betreffenden Plattformen an den Schornsteinmänteln mußten jedoch Verstärkungen angebracht werden, und diese Schwierigkeit war neben der erwarteten Beschädigung der Geräte durch den Gasdruck der 28-cm-Breitseittürme auch ein Grund dafür, daß jene Scheinwerfer, die für den zweiten Schornstein vorgesehen waren, doch nach achtern hinter den Großmast auf hohe Plattformen versetzt wurden. So war es wiederum möglich, die Ummantelung des zweiten Schornsteins entfallen zu lassen — Mindergewicht etwa 10,3 t —; Blohm & Voss hatten diese Maßnahme für *H* angeregt.[40] Hinzuzufügen bleibt, daß die Hauptabmessungen verändert wurden: die Länge ü.A. war um 6,65, die Breite um 1,5 m bei konstantem Tiefgang und Deplacement gewachsen. Der antiquierte Rammbug entfiel mit der *Moltke*-Klasse für die Kreuzer generell und wurde zunächst durch einen geraden, jedoch etwas nach vorn ausfallenden Steven ersetzt.

Anmerkungen

1 BAMA RM 3/ 3693, Betrifft, Konstruktion des Großen Kreuzers 1908, RMA/K an Staatssekretär, 2.5.1907.

2 Die Erklärung des Staatssekretärs datiert vom 22. April 1907.

3 s. Berghahn, Der Tirpitz Plan, 566; vgl. Denkschrift betreffend Großer Kreuzer *G,* KIE, 22.3.1908. Zum Etatpreis, s. Reichshaushaltsetats 1908 bis 1911, Anl. VI, Kap. 6. Witt, Die Finanzpolitik, 143, Tab. VIII, nennt als Etatsumme für 1908 41,0 Millionen Mark und beruft sich ebenfalls auf die Angaben der Reichshaushaltsetats. Leider wurden für Schiffsbauten ab 1908 keine Anschlagsummen mehr in den Etatentwürfen veröffentlicht, so daß ein exakter Vergleich zwischen Anschlagsumme und Etatpreis allein aus den Haushaltsrechnungen nicht möglich ist.
Zur Ermittlung des Etatpreises im Reichshaushalt müssen die getrennt ausgewiesenen Einzelangaben für Schiffbau, Artillerie- und Torpedoarmierungen für die drei Jahre nach Einstellung in den Etat aufsummiert werden, da Großkampfschiffe — die Großen Kreuzer ab 1904 — in vier Jahresraten bezahlt wurden.

4 s. hierzu auch Kapitel II und unten.

5 BAMA RM 3/3693, Betrifft, Konstruktion des Großen Kreuzers 1908, RMA/K an Staatssekretär, 2.5.1907.

6 BAMA RM 3/3693, Großer Kreuzer 1908, RMA/A an Staatssekretär, 7.5.1907.

7 Technische Daten des Entwurfs „Störtebecker": $L_{üA}$ 172,5 x B 25,7 x T 8,1 m; 19.000 t; 10 x 28-cm-SK, 8 x 15-cm-SK, 18 x 8,8-cm-SK; Panzerung: Gürtel 270 - 290, Gürtel Mitte 170, Enden 120, Panzerdeck 60/40, Türme 280 - 220, Barbetten 280 - 250, Kasematte 160, Torpedoschott 40 - 30; Kohlenvorrat 1.100 t; 38.000 PSw, 24,5 kn; Preis ohne Bewaffnung 23,21 Millionen Mark, s. Fock, Des Kaisers Preisausschreiben III, in: MR 6 (1977), 299ff und IV, in: MR 7 (1977), 385f.

8 s. Ebd., IV, in: MR 7 (1977), 387.

9 Welcher spezifische Entwurf hier gemeint ist, ist unklar.

10 Die Einheiten der *Ersatz Oldenburg*-Klasse verdrängten schließlich rund 22.800 t.

11 BAMA RM 3/3693, Aktenvermerk Großer Kreuzer *G,* AIa/AV, 4.6.1907.

12 Die Turmbezeichnung der schweren Artillerie lief bei Aufstellung en echelon von vorne über die Steuerbordseite nach achtern und zurück über Backbord. Der achterste Turm trug also z.B. bei den Kreuzern *G, H* und *J* den Buchstaben D. Diese Regelung wurde ab Juli 1909 für militärische Zwecke festgeschrieben. Während des Baus und im Schriftverkehr mit Privatwerften waren die Bezeichnungen I., II., III. Mittelturm; I., II. Steuerbordturm bzw. I., II. Backbordturm (von vorn) zu wählen; Turm D war im Verkehr mit Blohm & Voss somit der III. Mittelturm, s. BAMA RM 3/3693, Weisung des Staatssekretärs vom 5.7.1909.

13 BAMA RM 3/3693, Aktenvermerk KII Großer Kreuzer *G* zu Aktenvermerk Großer Kreuzer *G,* AIa/AV, 4.6.1907.

14 *Sao Paulo, Minas Gerais,* gebaut: Vickers, Barrow bzw. Armstrong, Elswick; Kiellegung 17. bzw. 30. April 1907; ca. 19.600 t; L_{CWL} 162,4 x B 25,3 x T 7,6 m; 12 x 30,5-cm-SK L/45, 22 x 12-cm-SK L/50; 22.500 PSi, 21,2 kn.

15 s. hierzu Sheina, Lateinamerikanische Dreadnoughts, in: MR 9 (1979), 571ff.

16 *Kaiser*-Klasse — *Kaiser, Friedrich der Grosse, Kaiserin, König Albert, Prinzregent Luitpold* — Kiellegung 1909/10; 24.700 t; L_{CWL} 171,8 x B 29,0 x T 8,8 m; 10 x 30,5-cm-SK L/50, 14 x 15-cm-SK L/45; *Neptune,* gebaut: Portsmouth Dockyard, Kiellegung 19. Januar 1909; 20.000 t; L_{CWL} 164,9 x B 25,9 x $T_{achtern}$ 8,6 m; 10 x 30,5-cm-SK L/50, 12 x 10,2-cm-SK L/50; *Colossus; Hercules,* gebaut: Scott, Greenock bzw. Palmer, Newcastle; Kiellegung 8. bzw. 30. Juli 1909; 20.350 t; L_{CWL} 165,0 x B 26,4 x T 8,22 m; 10 x 30,5-cm-SK L/50, 16 x 10,2-cm-SK L/50.

17 BAMA RM 3/3693, Denkschrift betreffend Großer Kreuzer *G,* KIE, 22.3.1908.

18 vgl. hierzu Strohbusch, Markante Kriegsschiffsentwürfe...*Von der Tann,* in: MR 9 (1975), 538.

19 BAMA RM 3/3693, Protokoll der Sitzung über den Großen Kreuzer *G* vom 26. März 1908, M, 28.3.1908.

20 Über Entwürfe mit den Bezeichnungen *G3* und *G4* ist in den Akten leider nichts Näheres ausgeführt, sie wurden aber von K ausgearbeitet, wie der Denkschrift vom 22.3. indirekt zu entnehmen ist.

21 Der Preis von *G2i* ist nicht angegeben. K rechnete für

G5 mit einem Panzermehrgewicht von 250 t, was etwa einer halben Million Mark Mehrkosten entsprach, die bei Verrechnung mit den zwei Millionen Minderpreis für die Artillerie die Kostenreduzierung um 1,5 Millionen ergaben.

22 BAMA RM 3/3693, RMA/KIE an Staatssekretär, 25.3. 1908.

23 s. Ebd., BAMA RM 3 /3693.

24 BAMA RM 3/3693, Protokoll der Sitzung über den Großen Kreuzer *G* vom 26. März 1908, M, 28.3.1908.

25 Die zur Sollzahl noch fehlenden zwei Linienschiffsneubauten wurden 1907 wegen der erwarteten Geldsorgen vorläufig gestrichen; sie sollten aber 1912 nachgefordert werden, um den Äternat bei 20jähriger Ersatzfrist zu vollenden, s. Berghahn, Der Tirpitz Plan, 581ff insbesondere für die Verwirrungen um die Vierertemponovelle.

26 Hier ist zu beachten, daß gemäß der Fassung der Novelle 1908 die Verteilung der Kreuzerneu- und Ersatzbauten neu geregelt wurde: *J* und *K* wurden auf die Jahre 1910 bzw.1911 vorverlegt, die Ersatzbauten für *Kaiserin Augusta* bis *Ersatz Hansa* auf den Zeitraum von 1912 bis 1917 zurückversetzt, so daß sich ein kontinuierliches Tempo von einer Einheit pro Jahr ergeben sollte — s. Tab. 15.

27 Bei 25jähriger Ersatzfrist wären nach 1906 (*Oldenburg*) erst wieder 1912 ein Linienschiff der *Siegfried*-Klasse und dann 1914 gleich sechs Schiffe der *Siegfried*- und *Brandenburg*-Klassen ersatzpflichtig geworden; bei 20jähriger Frist verschoben sich diese Termine konsequenterweise um fünf Jahre nach vorn, s. hierzu Fernis, Die Flottennovellen, 62 (Tabelle); vgl. Handbuch zur deutschen Militärgeschichte, Deutsche Flottenrüstung, 254. Für Schiffsdaten s. Gröner, Die deutschen Kriegsschiffe, I. Beachte: Die zu ersetzenden Schiffe datieren auf die Bewilligung der ersten Rate, nicht auf Ausschreibungs-, Vergabe-, Kiellegungs- oder Stapellauftermine!

28 Zu den Gründen für diese deutsche „Flottenpanik", s. Deist, Flottenpolitik und Flottenpropaganda, 212f; vgl. auch Handbuch zur deutschen Militärgeschichte, Deutsche Flottenrüstung, 253f.

29 BAMA RM 3/3693, Protokoll der Sitzung über den Großen Kreuzer *G* vom 26. März 1908, M, 28.3.1908. An der Sitzung nahmen von K teil: Konteradmiral Rollmann, die Bauräte Bürkner und Veith sowie Marinebaumeister Dietrich.

30 BAMA RM 3/3693, Tatsache *G* zum Vortrag vom 15.5.1908, KIE, 16.5.1908.

31 s. Ebd., BAMA RM 3/3693.

32 Zuweilen waren Blohm & Voss bei Neubauaufträgen in eine starke Abhängigkeit von der Vergabe von Kriegsschiffbauten geraten, die bei der latenten Werftenkrise in der ersten Dekade dieses Jahrhunderts die Weiterführung des Betriebes sichern sollten.

Die gleichzeitige Ausschreibung bzw. „freihändige" Vergabe von *H*, bedingt also sowohl durch die Option auf Einhaltung des Terminrahmens als auch durch wirtschaftlichkeits- und geschäftspolitische Gründe, hatte jedoch außenpolitische Konsequenzen: In England sah man im Gefolge der Vierertemponovelle 1908 eine weitere Verschärfung des Rüstungswettlaufs darin, daß Schiffe des Etatjahres 1909 bereits früher vergeben wurden. Mitunter entstand daraus der Navy Scare von 1909, s. hierzu Epkenhans, Wilhelminische Flottenrüstung, 44 und 226f. Nach Angaben der Marineverwaltung belief sich der Vergabepreis für *H* auf 44,09 Millionen, s. BAMA RM 3/2528, der bewilligte Etatpreis lag bei 44,125 Millionen Mark, während für *G* 44,08 Millionen in den Etat eingestellt wurden. Zu den Preisspekulationen des RMA, s. auch: Der Staatssekretär des Reichsmarineamts an den Marineattache London, 25.3.1909, in: Tirpitz, Politische Dokumente, 139.

33 BAMA RM 3/788, Staatssekretär an RMA/K, 4.9.1908. Kaiserliche Werftbetriebe befanden sich in Wilhelmshaven, Kiel und Danzig, wobei die Danziger Werft in erster Linie Reparaturbetrieb und für den Bau von großen Kampfschiffen wegen zu kleiner Hellinganlagen nicht ausgelegt war.

34 Der Schichaubau war neben *H* eines der Schiffe des Etatjahres 1909, die bereits im Herbst 1908, also noch vor Bewilligung durch das Parlament, mithin aus geschäfts- und werftpolitischen Gründen — Schichau benötigte zur Aufrechterhaltung des Betriebs unbedingt einen Neubauauftrag — vorvergeben bzw. ausgeschrieben wurden, s. hierzu: Der Staatssekretär des Reichsmarineamts an den Marineattache London, 25.3.1909, zit. nach: Tirpitz, Politische Dokumente, 139; vgl. Epkenhans, Wilhelminische Flottenrüstung, 228.

35 BAMA RM 3/788, Staatssekretär an RMA/K, 4.9.1908. Gemeint waren die Werften Ferdinand Schichau in Danzig und Elbing, die Krupp Germaniawerft und die Vulcan Werften Stettin und Hamburg. Tirpitz beklagte am 5. April 1910 dieses Verhalten der Schiffbaubetriebe gegenüber dem Kaiser: „Zum Bau von Linienschiffen neu herangezogen sind in den letzten Jahren nur die Howaldtswerke. Sie mußten einen Linienschiffsauftrag erhalten, weil die alten Werften, insbesondere Schichau, Vulcan, Germania und Blohm & Voss, im Jahre 1908 den Übergang von jährlich 2 Linienschiffen und 1 Großem Kreuzer zu jährlich 3 Linienschiffen und 1 Großem Kreuzer zu bedeutenden Preiserhöhungen auszunutzen versuchten. Ihre Forderungen gingen um 1,6 bis 2,2 Millionen (nur Schiffbaukosten ohne Panzerung, Artillerie- und Torpedoarmierung, d.V.) über die den Etatsforderungen zu Grunde gelegten Voranschläge hinaus, während die (AG) Weser (für *Ersatz Beowulf = Thüringen)* nur rund 0,9 Millionen mehr forderte und die Howaldtswerke 0,3 Millionen unter dem Voranschlage blieben", Bericht des Staatssekretärs des Reichsmarineamts, Admiral v. Tirpitz, an Kaiser Wilhelm II., 5.4.1910, zit. nach: Epkenhans, Großindustrie und Schlachtflottenbau 1897 - 1914, in: MGM 43 (1988), Anl. 14, 118; vgl. auch ders., Wilhelminische Flottenrüstung, 271.

Aus der Sicht der Werften hingegen wird die „neue" Preispolitik durchaus verständlich, wenn man bedenkt, daß diese wegen der herrschenden Schiffbaukrise teilweise schon unter Selbstkostenpreis bauten, gleichzeitig aber von Aufträgen des sparsamen RMA abhängig waren. Diese Fakten relativieren natürlich die recht ungehaltenen Proteste des Staatssekretärs. Aus seinen Vorwürfen gegenüber einem Werftentrust sollte indessen nicht die Folgerung einer Einheitsfront der Schiffbaubetriebe gezogen werden — dazu hatten diese zu unterschiedliche Interessen an einer dauerhaften Absprache, s. Epkenhans, Wilhelminische Flottenrüstung, 202ff insbesondere 226ff und 272.

36 BAMA RM 3/3693, Bemerkungen von KIE zu den Entwurfszeichnungen des Großen Kreuzers *G*, (15.7.1908).

37 Vgl. hierzu auch die Werte der Bauvorschrift für den Schiffskörper in: BAMA RM 3/788 und 789.

38 BAMA RM 3/3693, Protokoll der Sitzung bei KI am 16. April 1908 über die Bemastung des Großen Kreuzers *G*, 22.4.1908.

39 Geplant waren zu diesem Zeitpunkt noch 32 m hohe Masten, an denen je zwei nach der Seite und achtern gespreizte, fierbare „Funkengaffeln" befestigt sein sollten. Solche Masten erhielten jedoch nur die beiden 06-Linienschiffe *Nassau* und *Westfalen*.

40 BAMA RM 3/800, Blohm & Voss an Staatssekretär, 8.11.1912.

IV Großer Kreuzer 1910 — *J* — *Seydlitz*

Anfang März 1909 läutete das Allgemeine Marine-Departement mit einer Denkschrift an den Staatssekretär die neue Runde für die Konstruktion des Kreuzers *J* ein. Neben konkreten Vorstellungen zu „wünschenswerten und notwendigen Verbesserungen" am Kreuzer 1910 hatte AV, verantwortlich zeichnete Korvettenkapitän Vollerthun, darin auch allgemeine Grundsätze zur Typenentwicklung zu Papier gebracht, die wiederum ebenso grundsätzliche Kommentare des Adressaten hervorrufen sollten.[1] Eine etwas ausführlichere Beschäftigung mit dieser Denkschrift — und den Reaktionen, die sie verursachte — ist gerade im Hinblick auf eine nochmalige Gegenüberstellung der teilweise ziemlich konträren Auffassungen des Chefs des Reichsmarineamts und des Allgemeinen Marine-Departements angebracht.

In einer kurzen Einleitung begründete Vollerthun zunächst die Notwendigkeit der Vorlage zu diesem relativ frühen Zeitpunkt mit den anstehenden Etatvorarbeiten für 1910, die eine rechtzeitige Festlegung der Anschlagsummen erforderlich machen würden. Diese Erklärung umriß den eigentlichen Anlaß jedoch nur zum Teil, denn zumindest ebenso wichtig erschien es ihm — wie er in einem Vorentwurf des Schreibens an seinen Departementskollegen von AV, Fregattenkapitän v. Ammon, bemerkt hatte —, die etwaige Weiterverfolgung des K-Studienprojekts vom März 1908 mit 8 x 28-cm-SK und verbesserter Panzerung (s. Kapitel III) zu vereiteln.[2] Dieser Entwurf stand hinsichtlich der von A stets geforderten „Kampfwertsteigerung" in diametralem Gegensatz, da er einen „erheblichen Rückschritt in der Offensivkraft"[3] gegenüber dem *G/H*-Typ bedeutet hätte. A wollte einer solchen Entwicklung rechtzeitig Einhalt gebieten und die Konstruktion für den Kreuzer *J* auf jenem bewährten Pfad weiterverfolgen, den Vollerthun sodann in eindrucksvoller Weise aus der bisherigen Typenentwicklung nachzuzeichnen versuchte.

Der Korvettenkapitän begann diesen Überblick mit der Feststellung, daß für die Kreuzer der Kaiserlichen Marine, angeregt durch die *Invincible*-Klasse, seit 1907 „immer mehr die Qualitäten eines schnellen Linienschiffes angestrebt worden (seien) in der Absicht, die gesetzlich festgelegte Zahl unserer großen Schiffe in weitestgehendem Maße auch der Kampfkraft der Linie nutzbar zu machen." Als Folge dieser taktischen Vorgabe erkannte Vollerthun im „Gepräge" der deutschen Kreuzer einen wesentlichen Unterschied zu den englischen Konkurrenzbauten, deren unzulänglicher Schutz sie für den „Flottenkampf" nur beschränkt qualifizieren würde. In der potentiellen Linienfähigkeit der deutschen Schiffe sah er auch die Grundlage für die Deplacementparität zwischen Linienschiff und Großem Kreuzer, wobei letzterer im Vergleich zu fremden Bauten zu Gunsten des Schutzes habe an Geschwindigkeit einbüßen müssen. Vollerthun befürwortete den von ihm beobachteten Weg der bisherigen Typengenese als einzig gangbare Alternative und riet, „die Verwendung gegen Linienschiffe (..) schlechtweg als Norm für die Stärkebemessung und als Ziel für die Kreuzerentwicklung" künftig weiterhin anzustreben — der Staatssekretär bemerkte hierzu wenig begeistert am Rande: „Nein! gegen gr(oße) Kr(euzer)." In diesem Zusammenhang prägte Vollerthun das Schlagwort vom „englischen Linienschiffskreuzer, (dem) unser Kreuzerlinienschiff" gegenüberstehe — was Tirpitz offenbar mißverstand und zu einem beistimmenden „also" veranlaßte —, welches konsequenterweise, so die Denkschrift weiter, auch in „Kampfkraft und Deplacement" der Linienschiffsentwicklung folgen solle — der Staatssekretär korrigierte daraufhin seinen voreiligen, zustimmenden Vermerk wieder und quittierte mit: „sondern gegen gr(oße) Kr(euzer)."

Um den Schiffen aber dennoch ihren „Charakter als Kreuzer" zu belassen, fuhr Vollerthun fort, müsse gleichzeitig mit der angestrebten „Kampfwertsteigerung" ein gewisses Geschwindigkeitslimit beibehalten werden, was aber wiederum nur durch Abstriche am „Kampfwert" zu erreichen sei, da das Deplacement, „aus mancherlei Gründen", nicht über Linienschiffsniveau gehoben werden

könne — Randbemerkung hierzu: „richtig". Diese Vorgaben sah er beim Kreuzer *F* im Vergleich zur *Nassau*-Klasse sowie bei den 08-Typen als relativ gut erfüllt an — obwohl bei letzteren Einheiten zwischen Linienschiff und Großem Kreuzer bei der Armierung schon größere Diskrepanzen entstanden waren. Der Deplacementsprung der *Ersatz Hildebrand*-Klasse aber, der vorrangig dem besseren Schiffsschutz zugute gekommen sei, drohe nun den Abstand zwischen beiden Großkampfschifftypen auch bei den Defensiveigenschaften zu vergrößern, „wenn der Kreuzer dieser neuesten Entwicklungsrichtung (..) nicht baldigst" folge, meinte Vollerthun. An dieser Stelle war der Staatssekretär offenbar mit seiner Geduld am Ende. Zumindest gewinnt man diesen Eindruck aus der Schärfe eines Kommentars, den er in großen Lettern über die ganze Seite geworfen hatte. Er umriß darin in aller Deutlichkeit noch einmal seinen Standpunkt bezüglich der bisherigen und künftigen Kreuzerentwicklung, die er kaum bereit war, der Gefahr eines Abtriftens in Richtung Linienfähigkeit oder Einheitstyp auszusetzen:

„*Das hier betonte Prinzip halte ich doch nicht für einwandfrei. Gegen gleiche Größe habe ich grundsätzlich nichts einzuwenden*[4]. *Solange wir aber am gr*(oßen) *K*(reuzer) *überhaupt festhalten, u*(nd) *das tun wir doch z*(ur) *Z*(eit), *so ist d*(as) *Gegenschiff nicht das Linienschiff, sondern d*(er) *gr*(oße) *Kr*(euzer) *und das Opfer besteht = Panzer und Artillerie. Da es sich vorwiegend um eine politische Frage handelt, so ist sie z*(ur) *Z*(eit) *nicht zu übersehen.*"[5]

In ihrem Schlußteil enthielt die A-Denkschrift noch einige sehr detaillierte Verbesserungsvorschläge für den Kreuzer 1910. Bei konstanter Geschwindigkeit gegenüber *G* und *H* hielt man eine Kalibersteigerung auf das 30,5-cm-Geschütz zwar für „erwünscht", gleichzeitige Verbesserungen des Schiffsschutzes aber ließen eine Armierung von 10 x 30,5-cm-SK aus Gewichtsgründen kaum zu, so daß sich nur die Alternative 4 x 30,5-cm- oder 5 x 28-cm-Doppeltürme ergab, sollte eine „außerordentliche Schwächung der Offensivkraft" vermieden werden. Da die Meldungen über Panzerstärken in den anderen Marinen die Wahl des 28-cm-Geschützes zumindest für 1910 als gerade noch vertretbar erscheinen ließen, schlug A daraufhin — wenn auch widerstrebend — vor, zunächst nur die Defensiveigenschaften stärker zu betonen; dies jedoch teilweise recht deutlich, wie Tabelle 14 entnommen werden kann. Die erforderlichen Mehrgewichte sollten durch ein Tieferlegen des Panzerdecks und Deplacementsteigerungen ermöglicht werden. Etataspekte, mitunter der unmittelbare Anlaß für die Denkschrift, wurden nurmehr oberflächlich gestreift; einem konkreten Vorschlag für die anzusetzende Summe enthielt sich A.

Das Konstruktionsdepartement stimmte der Ansicht seiner Kollegen zu, im Interesse der Inbaugabe des Kreuzers *J* zu Beginn des Etatjahres 1910 „noch in diesem Frühjahr" dessen „militärische Bedingungen" festzulegen, wobei der Ausgangspunkt diesbezüglicher Entscheidungen die Gesamthöhe der Kosten sein sollte. Einer entsprechenden Stellungnahme von K zum Text der A-Denkschrift vom 8. März ist ferner zu entnehmen, daß das Konstruktionsdepartement jedoch der vorgeschlagenen Tieferlegung des Panzerdecks einigen Widerstand entgegensetzen wollte, da man in der Entwurfsabteilung einen Verlust an Raumhöhe und eine dadurch bedingte schwierigere Unterbringung der Maschinen- und Kesselanlage zu vermeiden versuchte. K befürchtete die Kettenreaktion einer kompletten „Umwälzung der Konstruktion", weil die verlorene Raumhöhe durch Verlängerung des Schiffskörpers hätte ausgeglichen werden müssen, wobei einer übermäßigen Deplacementsteigerung zur Raumerweiterung unter Umständen nur durch die Aufstellung von „Tripeltürmen" oder dem Wegfall eines Doppelturms — vielleicht unter Steigerung des Kalibers von 28 auf 30,5 cm — vorgebeugt werden konnte. Mit einem Zusatzvermerk, der ebenfalls auf der oben zitierten A-Denkschrift niedergelegt war, lehnte fernerhin die Waffenabtei-

◁ [26] *Seydlitz* zu Beginn der Ausrüstungsarbeiten. Die breite Öffnung im Oberdeck zwischen den Barbetten der Türme C und E liegt über den Maschinenräumen und diente zum ungehinderten Einsetzen verschiedener Aggregate. Barbetteteile der Türme A und D liegen noch auf Oberdeck. (Bibliothek für Zeitgeschichte)

[27] Großer Kreuzer 1910 — *J* — *Seydlitz*. (Bibliothek für Zeitgeschichte)

lung sofort die Verwendung von „Tripeltürmen" unter dem Hinweis ab, daß W auf seiner schon früher geäußerten ablehnenden Haltung gegenüber einer solchen Turmkonstruktion bestehe; auch waren Versuche, mit denen das Kuppeln von Geschützen geklärt werden sollte, noch nicht abgeschlossen.

Eine vorläufige Entscheidung über das weitere Vorgehen brachte die RMA-Sitzung am 4. April. Auf Anraten der Etatabteilung, die eine Erhöhung der Anschlagsumme für den Kreuzer 1910 „völlig ausschloß", lehnte der Staatssekretär jegliche Typenänderung ab, die mit einer Kostensteigerung verbunden sein würde.[6] Ferner wurde bestimmt, in Bezug auf die Kreuzerentwicklung vorläufig nichts weiter zu veranlassen. Ein Versuch des Waffendepartements, über das „Drücken" der Geschützpreise eine Verbesserung des Schiffsschutzes zu erreichen, sollte weiterverfolgt werden.

Erst Ende August traten die Vorbereitungen für den Kreuzer *J* in eine neue Phase ein. Im Hinblick auf den jährlich stattfindenden Romintenvortrag wurde am 28.8. eine weitere RMA-Sitzung einberufen, auf der jedoch die Entscheidung vom April im wesentlichen bestätigt wurde: Größere Veränderungen am Typ sollten nicht vorgenommen werden. Lediglich ein Vorschlag von K, der unter anderem eine Verstärkung des Gürtelpanzers auf 280 mm sowie der Zitadelle zum Schutz des hochliegenden Panzerdecks und dessen Böschungen beinhaltete, fand die Zustimmung der Runde und sollte etwas detaillierter ausgearbeitet werden. Für sämtliche Verbesserungen wurde nun immerhin eine Kostensteigerung gegenüber dem Preisanschlag für *G* (44,08 Millionen) von etwa 0,75 - 1 Million Mark zugestanden, die jedoch — auf Anweisung des Staatssekretärs — nicht über eine Erhöhung der Etatsumme, sondern aus Ersparnissen der Deckungsgemeinschaft finanziert werden sollte.[7]

Die finanzielle Selbstbeschränkung vom Frühjahr wurde im Spätsommer also zum Erfordernis: Tirpitz mußte Konsequenzen aus der Reichsfinanzreform 1909 ziehen, die der konservativ-liberale „Bülow-Block" auf Grund inneren Dissenses nur in einer für die Gesundung des Staatshaushalts recht unzureichenden Form über die parlamentarischen Hürden hatte bringen können und in deren weiterem Verlauf Reichskanzler v. Bülow, auch belastet durch sein seit der >Daily Telegraph<-Affaire gereiztes Verhältnis zum Kaiser, am 14. Juli 1909 den Abschied erhielt. Die Politik des neuen Kanzlers v. Bethmann Hollweg und seines im Vergleich zu den Amtsvorgängern sichtlicher um Konsequenz für eine geordnetere und sparsamere Haushaltsführung bemühten Finanzstaatssekretärs v. Wermuth wirkte sich nun dahingehend aus, daß Tirpitz etwas nachdrücklicher zur Einhaltung scheinbar routinemäßiger Bekenntnisse zur Ausgabenkontrol-

le gebeten wurde. Die Haushaltskasse wurde seit Ende August 1909 vom Reichsschatzamt „mit Stacheldraht umgeben"[8] und die Marine zu äußerster Maßhaltung gedrängt, was sich in Bezug auf den Kreuzer *J* nun dergestalt bemerkbar machte, daß an eine deutliche Erhöhung des Etatanschlags in Anbetracht der Finanzentwicklung nicht im entferntesten zu denken war.
Baurat Bürkner konnte dem Staatssekretär am 25. September zwei mittlerweile ausgearbeitete Projekte präsentieren, von denen Entwurf *I* sich genau an die bis dato verfügten Vorgaben anlehnte.[9] Bei einem Deplacement von 23.700 t waren für das Projekt die zugestandenen Mehrkosten aus dem Fonds der Deckungsgemeinschaft von einer Million in voller Höhe eingesetzt worden. K hatte jedoch zur Kostenkalkulation die erzielten Preise für den Kreuzer *G* herangezogen, somit blieb die Möglichkeit, daß für Schiffskörper und Maschinenanlage bei Vergabe an Blohm & Voss ein Minderpreis von etwa 0,3 - 0,4 Millionen Mark zu erwarten stand. Neben der schon festgelegten Verstärkung des Gürtels war die Dicke der Böschungen des Panzerdecks von 50 auf 30 mm herabgesetzt, der horizontale Teil dafür auf 30 mm verstärkt worden. Das Torpedoschott stand im Vorschiff weiter als bei *H* von der Bordwand ab. Trotz einer Deplacementsteigerung von 800 t wurde bei nahezu konstanter Maschinenleistung infolge einer Verlängerung des Schiffskörpers und verbesserter Unterwasserschiffsformen die Geschwindigkeit von *G* und *H* erwartet. Im äußeren Erscheinungsbild zeigt der Entwurf zu den beiden Vorgängern keine wesentlichen Unterscheidungsmerkmale, bemerkenswert ist aber, daß die vier vorderen 15-cm-SK für Feuer recht voraus ausgelegt waren.
Bürkner bezeichnete in seinem Vortrag das hochliegende Panzerdeck als „bedenklichen Fehler des Systems", obwohl K diese Anordnung mit dem Kreuzer 1909 selbst eingeführt und gerade gegen eine gleichlautende Kritik von A verteidigt hatte. Mit seiner Stellungnahme offenbarte er recht deutlich, daß jene, infolge einer notwendigen Freiborderhöhung getroffene Maßnahme auch im Konstruktionsdepartement kaum als optimale Lösung angesehen wurde. Ihre Zurücknahme mußte aber zweifelsohne mehr Schaden als Nutzen verursachen, da infolgedessen eine Neukonstruktion des Typs nicht hätte vermieden werden können — was K erneut, auch in eigenem Interesse, ablehnte. Die Entwurfsabteilung kam aber jener Forderung — und somit auch der eigenen Überzeugung — insofern entgegen, als sie in einem zweiten Entwurf das Panzerdeck um 0,2 m gesenkt und die jeseitigen Ansätze für die Böschungen weiter zur Mittschiffsachse hin verlegt hatte. Es ergab sich nun eine flachere Anordnung, wobei der Übergang vom horizontalen Decksabschnitt zum schrägen Böschungsteil in einer Rundung ausgeformt war. Dadurch ragten jedoch die Öffnungen für die Schächte der Breitseittürme vollständig in den Böschungsteil hinein, was aus konstruktiven Gründen und hinsichtlich des Schiffsschutzes unerwünscht war. Zudem mußte, wie erwartet, die Zitadelle um drei Spanten verlängert werden, um die Kessel, die elektrische Primäranlage und die Muni-

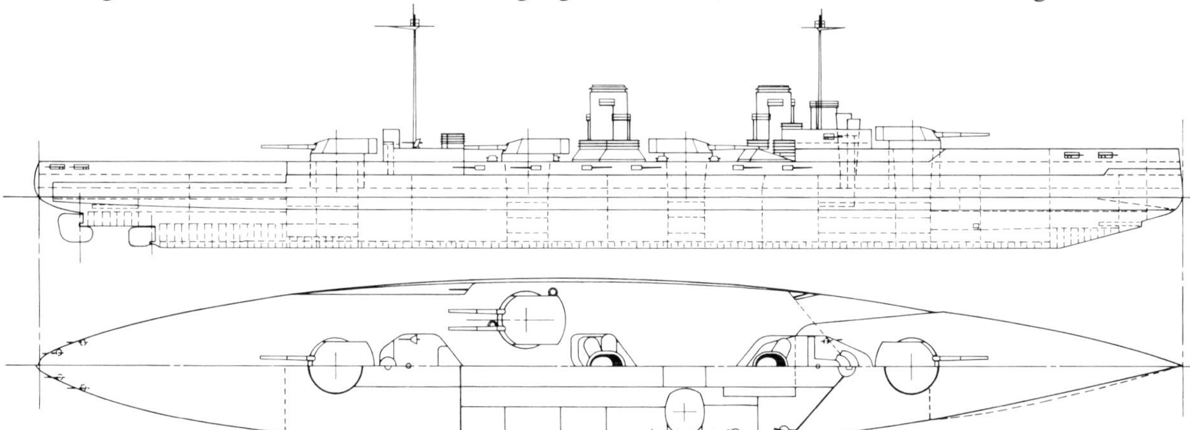

Entwurf *IIIc* mit 30,5-cm-SK

[28] Der Steuerbordturm B von *Seydlitz*. Die Spieren und der Netzaufleger der Torpedoschutzeinrichtung sind bereits montiert, die Netze selbst fehlen noch. (WGAZ, Marineschule Mürwik)

tion unterbringen zu können. Analog zur Tieferlegung des Panzerdecks wurden auch der Freibord und die Feuerhöhe aller Geschütze um 0,2 m gesenkt — bis auf jene des vordersten Turms: Dieser stand, um einer „unzulässigen Verminderung seiner Feuerhöhe" vorzubeugen, wieder auf einer abgesetzten Back, was jedoch eine Verringerung der Bestreichungswinkel der Breitseittürme um jeweils 5° von der Vorausrichtung zur Folge hatte. Diese Veränderungen gegenüber Entwurf *I* bedingten eine Verlängerung des Schiffskörpers um 1 m, eine Deplacementsteigerung um 200 t und Mehrkosten in Höhe von 0,2 Millionen Mark — unter Vorbehalt eines möglichen Preisnachlasses.

Parallel zu diesen Entwürfen durchgeführte neue Studien über Projekte mit 8 x 30,5-cm-SK — Projekte *IIIa,b,c* —, verteilt nach dem Armierungsschema des Kreuzers *F*, hatten ergeben, daß weder Raum noch Gewicht noch Kosten gespart werden konnten, die eine Verbesserung des Schiffsschutzes oder eine wesentliche Senkung des Panzerdecks erlaubt hätten; diese Entwürfe schieden somit aus der Diskussion aus.

Seinen Bedenken bezüglich der wenig zufriedenstellenden Lage des Panzerdecks fügte Baurat Bürkner nach den Ausführungen über die Entwürfe *I* bis *III* die Kritik hinzu, daß eine Geschwindigkeitssteigerung bislang nicht in Betracht gezogen worden sei, obwohl die Nachrichten über die neuen englischen „Linienschiffs-Kreuzer" diese erforderlich machen würden.[10] Außerdem erschien ihm — und dem Allgemeinen Marine-Departement — der vorgegebene finanzielle Rahmen für alle notwendigen Verbesserungen als zu eng gefaßt.[11] Mit dem nunmehr von K geforderten Mehranschlag von insgesamt 1,2 Millionen für Entwurf *II* war Tirpitz insofern einverstanden, als dieser durch „anderweitige Ersparnisse" abgesichert war; hingegen schloß

[29] *Seydlitz* im Dock. Gut zu erkennen, der Verschluß für das Bugtorpedorohr. Sämtliche Stützen am schrägen Unterwasserteil des Vorstevens sind mit dem Schiffsnamen gekennzeichnet. (WZ - Bilddienst)

er eine Etatpreiserhöhung für *J* noch einmal nachdrücklich aus. Der Staatssekretär beendete die Unterredung mit Bürkner, indem er die Entscheidung über den Kreuzer 1910 auf eine Sitzung nach dem Romintenvortrag vertagte, der folgende Anträge zur Abstimmung vorliegen sollten:

„1) ob ein 3. Schwesterschiff des Großen Kreuzers G, für welches ein sehr niedriges Angebot und kurze Bauzeit zu erwarten steht, in Bau gegeben werden soll, oder der Entwurf II des Großen Kreuzers J angenommen werden soll, und 2) welche etwaigen Änderungen am Entwurf II im ungefähren Rahmen der von Seiner Excellenz zugestandenen Kosten vorgenommen werden sollen und den Typ zu verbessern."

Am 8. Oktober legte die Entwurfsabteilung einen modifizierten Entwurf *IIb* von 24.000 t vor, bei welchem die Einteilung der Kesselräume gegenüber der bisherigen Anordnung neu arrangiert (3 + 3 + 1 + 1 + 1 mit 6 + 6 + 3 + 6 + 4 Kesseln) und eine Verlängerung der Zitadelle um 1 1/2 Spanten vorgesehen worden war.[12] Auch stellte KIE die Möglichkeit einer zusätzlichen Vermehrung des Panzergewichts um insgesamt 200 t bei Verzicht auf Erhöhung der Geschwindigkeit in Aussicht. Der Staatssekretär, von seinem Vortrag beim Kaiser zurückgekehrt[13], stimmte dieser Option zu und entschied, daß ein verbesserter Typ *IIc* von 24.700 t ausgearbeitet werden solle.[14] Besonderen Wert legte Tirpitz dabei auf eine Erhöhung des Konstruktionskohlenvorrats auf 1.100 t, eine Verstärkung des Gürtelpanzers neben den Maschinenräumen auf 300 mm und eine Leistungsbemessung, die die Geschwindigkeit des Kreuzers 1908 garantieren würde. Da für diese Verbesserungen jedoch keine weiteren zusätzlichen Finanzmittel mehr zur Verfügung gestellt werden konnten, mußte K offen-

[30] Vorderer Brückenaufbau und Turm A des Großen Kreuzers *Seydlitz.* (WZ - Bilddienst)

bar die vollständige Ausnutzung des für Projekt *II* erwarteten Minderpreises einkalkulieren, also an den Rand des voraussichtlich Verfügbaren gehen.

Tirpitz hat die Entscheidung gegen die Beibehaltung des *G*-Typs (unter Mithilfe der Entwurfsabteilung) im Alleingang gefällt, ohne die vor Rominten in Aussicht gestellte Sitzung, in welcher sämtliche drei o.g. Alternativen zur Diskussion gestellt werden sollten, einzuberufen. Auch betrachtete er die Angelegenheit zu diesem Zeitpunkt wohl schon als erledigt, da er K, A und W die Detailverhandlungen zur weiteren Panzerverstärkung überließ und darüberhinaus eine Sitzung über den Kreuzer 1910 nicht mehr einberufen wollte.[15] Das Agreement mit KIE wurde zudem ohne vorherige Unterrichtung der anderen Abteilungen über den zur Wahl stehenden Entwurf getroffen, so daß A bei K erst nachfragen mußte, inwiefern sich zunächst die Projekte *IIb* und *II* voneinander unterscheiden würden und welche finanziellen Konsequenzen zu erwarten stünden.[16]

Tempo und Vorgehensweise des Staatssekretärs bei der Typenentscheidung für den Kreuzer *J* hatten einen besonderen Grund: Bis zum Beginn der Etatverhandlungen wollte Tirpitz gegenüber 1909 eine spürbare Erhöhung der Bedarfsanmeldung für den neuen Kreuzer unter allen Umständen vermeiden. Das Schiff sollte so schnell als möglich auf der Basis der Vorgängerentwürfe durchkonstruiert und damit möglicherweise zeitraubenden und/oder kostenintensiven Verbesserungsvorschlägen vorgebeugt werden. Der Admiral hatte hierbei mitunter vorausschauend gehandelt, denn an Eingaben zur Neugestaltung der bestehenden Entwürfe mangelte es gerade in den folgenden Monaten nicht. Und beinahe wäre die Wahl des Typs *IIc* tatsächlich in letzter Minute konterkariert worden, denn A und KIE bemühten sich in einer teilweise konzertierten Aktion recht energisch um die Einführung der reinen Mittschiffsaufstellung der Hauptartillerie. Mit

[31] Entlang der Backbordseite nach achtern — die Türme C, D und E der Hauptartillerie, dazwischen der hintere Aufbau mit seinen Scheinwerfergruppen. Das Lager des Schutznetzes wurde abschnittsweise um 700 mm tiefer angebracht, um die Verwendung der Klampen in diesem Bereich nicht zu beeinträchtigen. (WZ - Bilddienst)

einer Flut von Denkschriften und Stellungnahmen, die alle in gleichlautendem Kanon einen neuen Entwurf *IVe* anpriesen, versuchten beide Abteilungen — trotz angeblicher Scheu vor totaler Umkonstruktion auf Seiten von K — den Staatssekretär zu einer Revision seines Entschlusses für Projekt *IIc* zu bewegen.

Anlaß zur Inbetrachtnahme eines Projekts mit reiner Mittschiffsaufstellung gaben sowohl schiffbauliche Mängel in Bezug auf Panzerung und Kesselanlage bei *IIc*[17] — was demzufolge auch für die Vorgängerklasse gilt — als auch die Einführung dieser Artillerieaufstellung mit den neuesten englischen Linienschiffsprojekten der *Orion*-Klasse, deren Typschiff im Herbst 1909 auf Stapel gelegt worden war.

Die Entwurfsabteilung bezog sich in ihrer Mängelanalyse für *IIc* in erster Linie auf die fehlende wasserdichte Unterteilung der beiden großen Kesselräume der vorderen Dreiergruppe (3 + 3 + (1) + 1 + (1) mit 6 + 6 + (6) + 3 + (6) Kesseln).[18] Der Einbau zweier Längsschotten (somit also 3 + 3 + (3) + 1 + (3)) bedeutete hier eine kompliziertere Führung der Rauchfänge insofern, als diese wegen der erweiterten Kesselaufstellung nun tiefer in die Panzerböschung eingeschnitten werden mußten und der waagerechte Teil des Panzerdecks deshalb kaum mehr tiefer als 1.400 mm über CWL gelegt werden konnte. Bei Regruppierung von nur 22 Kesseln mit jeweils etwas vergrößerter Rostfläche in paarweiser Anordnung (bislang standen drei Aggregate nebeneinander) und der Einrichtung eines weiteren, sechsten Raumes in Längsrichtung (2 + 2 + 2 + 2 + 2 + 2 mit 4 + 4 + 4 + 4 + 4 + 2 Kesseln) konnten sowohl das Panzerdeck auf 1,25 m verringert als auch zusätzlicher Bunker- und Stauraum neben den Kesselräumen gewonnen werden. Insgesamt rechnete man mit einer Gewichtsersparnis von 125 t, die aus diesen Maßnahmen resultieren sollte. Zur aus Festigkeitsgründen ungehinderten Durchführung der beiden inneren Längsschotten neben den Kesselräumen hielt KIE es für

[32] Blick von der Schanz über die beiden achteren 28-cm-SK-Doppeltürme zu den hinteren Scheinwerfergruppen. Links im Bild, Turm E, darunter zwei 8,8-cm-SK. (WGAZ, Marineschule Mürwik)

„zweckmäßig", die 28-cm-Seitentürme in die Mittschiffsachse zu versetzen; ein Turm sollte in überhöhter Endaufstellung vorn, der andere zwischen Großmast und achterem Schornstein postiert werden, wobei beide Rauchabzüge näher zusammenrücken mußten, um dem mittleren Turm Platz zu machen. Das von dieser Aufstellung verursachte Mehrgewicht — z.B. wegen des vermehrten Barbettepanzers des vordern überhöhten Turmes — sollte durch eine Verminderung der Schiffsbreite von 28,5 m *(IIc)* auf 27,4 m, ein verstärktes „Einziehen" des Oberschiffs im Hauptspant sowie durch den Ersatz der Back mit Hilfe eines starken Deckssprunges kompensiert werden. In schiffbaulicher Hinsicht waren in Verbindung mit dieser Aufstellung u.a. mehrere Vorteile zu verzeichnen: Lediglich ein Schornstein war durch den Gasdruck der Geschütze gefährdet, die Kasematte konnte wegen des Wegfalls der Seitentürme übersichtlicher gestaltet werden und die Kesselanordnung erlaubte einen etwas größeren Abstand des Torpedoschotts von der Außenwand, wodurch die Explosivwirkung eines Treffers weiter verringert wurde. Negativ schlug jedoch zu Buche, daß das Fehlen der Back trotz gleichbleibender Freibordhöhe im Bug das Schiff in rauher See voraussichtlich sehr viel Wasser übernehmen ließ, die Verteilung der Kesselanlage und Artillerie den Schiffskörper ungünstiger als bei *IIc* belastete und der vordere Kommandoturm wegen der vermehrten Geschützzahl stärkerer Raucheinwirkung ausgesetzt sein würde. Insgesamt wertete KIE die Summe aus schiffbaulichen Vor- und Nachteilen für *IVe* aber als günstiger im Vergleich zu *IIc* und befürwortete die Annahme des neuen Entwurfs, „sofern nicht die bisher vorgebrachten militärisch-artilleristischen Bedenken gegen die reine Mittschiffsaufstellung aufrecht erhalten werden müssen”[19], fügte man einschränkend hinzu.

Mit deren Analyse und Zerstreuung hatte sich A in einem Votum an den Staatssekretär vom 20. Dezember etwas näher beschäftigt. Unter Zuhilfenahme von Schwenkwinkelberechnungen der einzelnen Türme wies das Allgemeine Marine-Departement nach, daß die Bestreichungsfelder für die Artillerie des Projektes *IVe* in den Vorausquadranten und der Breitseite gegenüber *IIc* recht erheblich erweitert, das Heckfeuer allerdings etwas geschwächt würde.[20] Dabei hatte man einerseits in Betracht gezogen, daß die überhöhten Endtürme von *IVe* jeseits voraussichtlich nur bis 10° an die Kielrichtung würden feuern können, um die Hauben und Visierschlitze des darunterliegenden Turmes nicht zu beeinträchtigen. Andererseits galten Einschränkungen der Richtwinkel auch für die Seitentürme von *IIc,* von denen man im praktischen Gebrauch kaum annahm, daß sie wegen des hinteren bzw. mittleren Aufbaus in Kielrichtung würden achteraus feuern können; die abgesetzte Back machte dies recht voraus ohnehin nicht möglich.

Ebenso wie KIE war man bei A der Auffassung, daß Entwurf *IVe* „ trotz einiger, mit der reinen Mittschiffsaufstellung verbundener Schwächen” gegenüber *IIc* die bessere Wahl darstellen würde, zumal auch in dieser Artillerieverteilung das „Endglied einer ganz natürlichen Entwicklungsreihe für die Aufstellung von 10 Geschützen” liege, meinte A.

Während also die Haltung des Konstruktionsdepartements zur überhöhten Endaufstellung noch leichten Vorbehalten unterlag, setzte A trotz der bestehenden Bedenken technischer Art recht konsequent auf die Mittschiffspostierung. Diese Auffassung ist auch der nachträglichen Stellungnahme zu einer Denkschrift von KIE zu entnehmen, die einem Immediatvortrag des Staatssekretärs beim Kaiser über die Entwicklung der englischen Linienschiffe von *Dreadnought* über *Neptune* zur *Orion*-Klasse zugrunde lag.[21] Mißgestimmt darüber, daß man nicht zur Mitzeichnung dieser Denkschrift herangezogen worden war, obwohl A doch bislang den Kurs von KIE unterstützt hatte, wurde heftig dem gegenüber dem Monarchen vertretenen, aus Sicht des Allgemeinen Marine-Departements ungeschickten Argument widersprochen, der (wahrscheinliche) Übergang der Royal Navy zur reinen Mittschiffsaufstellung sei alleine durch einen Wandel der militärisch-artilleristischen Anschauungen erklärbar. Vielmehr habe die Admiralty eine Notwendigkeit darin gesehen, mit einer Steigerung der Breitseitwirkung von vier auf fünf Türme auf das Vorgehen in fremden Marinen zu reagieren. Die Diagonalaufstellung der *Neptune*-Klasse sei der erste Ausdruck dieses Trends gewesen, der Übergang zur reinen Mittschiffsaufstellung nun, falls die Richtigkeit der Nachricht sich bestätige — und A verwendete dieses Argument noch einmal —, das „Endglied einer ganz natürlichen Entwicklungsreihe” geworden. Zudem hätten „berufene Quellen” gemeldet, daß die amerikanische Marine mit der *South Carolina*-Klasse wegen „schiffbaulicher Momente” die überhöhte Endaufstellung eingeführt habe.[22] Auch würden die Arbeiten am Entwurf *IVe* den Beweis gegen bislang im Zusammenhang mit einer Umverteilung der Artillerie vorgebrachte Einwände bezüglich einer unzulässigen Kostenvermehrung erbringen: Es sei sehr wohl möglich, innerhalb des vorgegebenen Finanzrahmens zu bleiben. Und schließlich habe man im Jahr zuvor mit der Annahme der sogenannten „brasilianischen Aufstellung” (s. Kapitel III) die größere Hälfte des Schrittes bereits getan.

Da A und K nunmehr auch mit Zustimmung des Waffendepartements zur Vollendung dieses Schrittes rieten, sah sich der Staatssekretär nolens volens dazu gezwungen, kurzfristig eine weitere Sitzung zum Bau des Kreuzers 1910 einzuberufen; sie fand schon einen Tag nach den beiden A-Voten statt.

Diese Eile war geboten. Denn wie der Einleitung zum Protokoll der Beratung vom 21. Dezember zu entnehmen ist, war eine schnelle Entscheidung vonnöten, um die in laufenden Vergabeverhandlungen mit Blohm & Voss festgestellte „günstige Konjunktur” entweder für *IIc* oder aber — unter Forcierung der Konstruktionsarbeiten — für *IVe* ausnutzen zu können. Tirpitz ließ sich zumal, bevor er zur Typendiskussion überleitete, von dem anwesenden Vertreter der Etatabteilung, Kapitän z.S. Dähnhardt, „ausdrücklich” bestätigen, daß „die geplante Überschreitung des Etatpreises von *G* und *H* um die zur Verfügung stehende 1 Million keiner-

lei Schwierigkeiten dem Reichstage gegenüber hervorrufen" werde.[23]
Zur Frage der überhöhten Turmaufstellung erklärte hiernach der Vertreter des Waffendepartements, Konteradmiral Gerdes, daß jüngste Schießversuche „Chancen" für ein „Übereinanderwegschießen" gezeigt hätten, dies aber nicht gewiß sei. Zu bedenken stünde auch, „daß beim praktischen Schießen die Leute im unteren Turm, falls der obere Turm zuerst schösse, nervös werden würden und der betreffende Stückmeister durch unwillkürliche Unruhe schlechter schösse!"[24] Ein teilnehmender Offizier des Allgemeinen Marine-Departements widersprach sofort, indem er einen solch schnellen Salventakt zweier benachbarter Türme generell schon wegen der Rauchbehinderung ausschloß. Konteradmiral Paschen, Leiter der A-Vertretung, wies auf die Entwicklung in anderen Marinen und auf die taktische Verwendung des Kreuzers „hauptsächlich im Breitseitfeuer der Linie" hin; er befürwortete weiterhin *IVe.* Korvettenkapitän Vollerthun, ebenfalls A, nahm noch einmal Bezug auf die eigene Stellungnahme zu Projekt *IVe* vom Vortag und betonte erneut die Überlegenheit dieses Entwurfs gegenüber *IIc* — gemessen an der Summe der Bestreichungswinkel in den Vorausquadranten. Da Vollerthun einen taktischen Einsatz hauptsächlich in der „Kreuzerlinie" erwartete, erschien ihm die Artillerieverteilung bei *IVe* „erheblich" besser gelungen als bei *IIc.* Auch versuchte er, die noch bestehenden technischen Bedenken gegen die überhöhte Endaufstellung mit dem Hinweis zu zerstreuen, daß die Tests auf dem Meppener Schießgelände zumindest die Möglichkeit erwiesen hätten, mit dem erhöhten Turm viel näher als bislang an die Kielrichtung heranzugehen. Eine veränderte Anordnung der Visierschlitze und Turmhauben würde vielleicht sogar das direkte Überschießen ermöglichen. Auf alle Fälle sei *IVe* seinem Konkurrenzentwurf beim Schiffsschutz überlegen.
Interessant ist die Haltung der Vertreter des Konstruktionsdepartements. Baurat Bürkner befürwortete zwar „alles in allem" das Projekt *IVe*, doch bezog er letztlich nur ausweichend Stellung, indem er lediglich von einer „Zwitterbildung" zwischen der neuen Kesselanordnung und der Armierungsverteilung en echelon abriet. Der Vergleich der beiden eingereichten Entwürfe ergab aus seiner Sicht ein Mehrgewicht von 167 t bei Mittschiffsaufstellung, welches durch „Abzwacken" bei Back und Oberschiff ausgeglichen werden könne. Indessen könne die Geschwindigkeit bei *IIc* wegen der günstigeren Schiffsform eventuell um 0,25 kn höher liegen. Der Departementschef von K, Konteradmiral Rollmann, äußerte sich im Verlauf der Diskussion nur einmal und gab hierbei zu Protokoll, daß er seine Ansicht während der Sitzung aus artilleristisch-militärischen Gründen zu Gunsten von *IIc* geändert habe. Eine weitere Stellungnahme von Konteradmiral Bachmann (M) pro *IIc* gab dem Staatssekretär schließlich die Möglichkeit, seiner seit Beginn der Sitzung kaum verhehlten Abneigung gegen *IVe* mit der bindenden Schlußentscheidung für den Konkurrenzentwurf Nachdruck zu verleihen. Neben Zweifeln an den schiffbaulichen Vorteilen von *IVe* erschien ihm die Möglichkeit des „Drüberwegfeuerns" des erhöhten Turms noch als zu ungewiß, als daß er im Sinne eines starken Bug- und Heckfeuers beim — nach seiner Auffassung — häufig zu erwartenden Einzelgefecht eine solche Einschränkung in Kauf nehmen wollte. Er räumte zwar ein, daß sich beide Projekte, insgesamt gesehen, in „artilleristisch-militärischer Beziehung ungefähr die Waage halten" würden, dies veranlasse ihn aber, bei der „großen prinzipiellen Bedeutung der Frage (...) bei dem Bewährten zu bleiben und mit (einer) Änderung des Prinzips zu warten. Im Gegensatz zu Konteradmiral Paschen sei er gerade der Ansicht, daß es besser sei, nach außen und nach innen durchzuhalten[25] und nicht auf ungewisse Erwartungen hin zu ändern, ganz abgesehen von etwaigen personellen Schwierigkeiten in der weiteren Behandlung der Frage. (Immediatvortrag, Reichstag)." Da zumal die konjunkturelle Situation eine schnelle Entscheidung erforderte, um in die weitere Durchkonstruktion des Projekts einzutreten, fiel sein Votum für das „Bewährte" aus. Eine bindendes geschäftliches Engagement mit Blohm & Voss wollte Tirpitz allerdings noch vermeiden. Verbesserungen am Entwurf sollten eine Verstärkung der Torpedoschotten neben den vorderen Kesselräumen auf 50 mm und des Gürtelpanzers im gesamten Antriebsbereich auf 300 mm beinhalten, das hierdurch entstehende Mehrgewicht durfte notfalls durch den Wegfall der Back freigemacht werden.

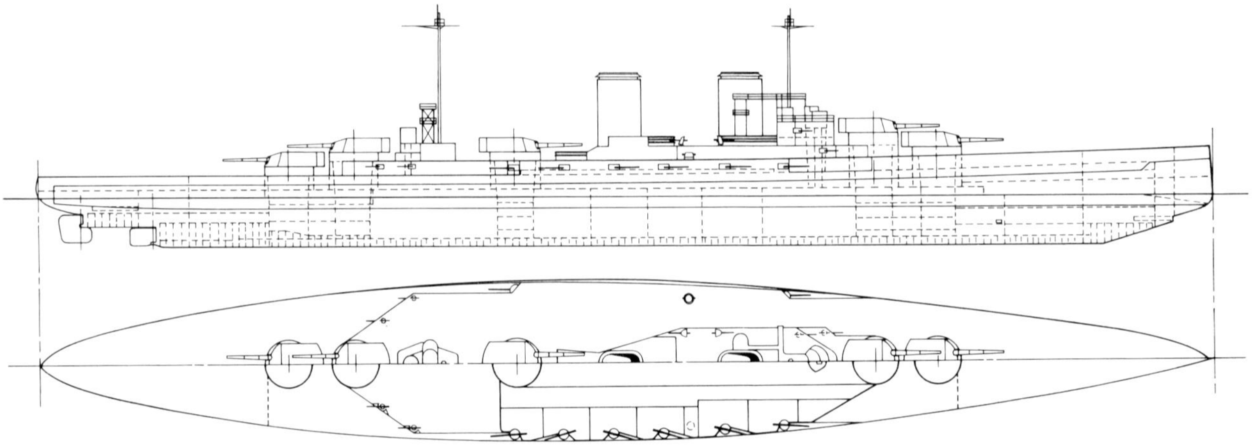

Projekt *IVe* mit Hauptartillerie in reiner Mittschiffsaufstellung

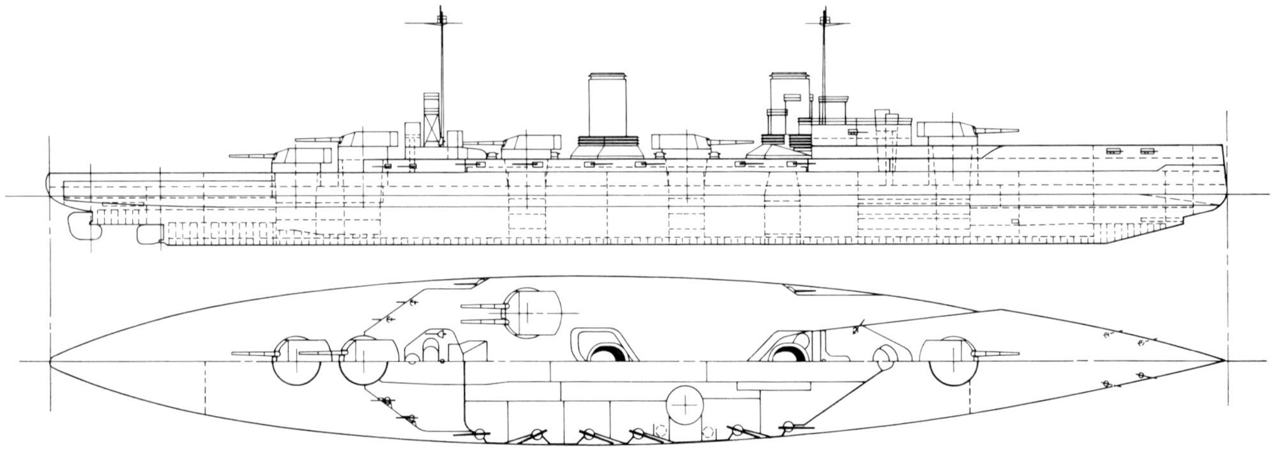

Projekt *IIc*/~*IIe* für den Großen Kreuzer *J* —*Seydlitz*

Das Ergebnis der Sitzung zeigt erneut deutlich, daß der „Meister" einmal getroffene technische Entscheidungen, sollten sie auch durch berechtigte Gegenargumente oder -vorschläge angefochten werden, kaum mehr zu revidieren bereit war, vor allem dann nicht, wenn sie voraussichtlich mit finanziellen oder politischen Implikationen verbunden sein würden. Hier galt es „durchzuhalten". Daß Tirpitz schließlich die Anweisung erteilte, noch kein bindendes Vertragsverhältnis mit Blohm & Voss einzugehen, entsprang der eingangs der Sitzung durch K ausgesprochenen Erwartung, gewisse konjunkturbedingte und sonstige Preisnachlässe für die Vertragsgewichte des schiff- und maschinenbaulichen Anteils zu erlangen. Wie dem überschläglichen Vergleich zweier Offerten der Werft vom Dezember 1909 und März 1910 zu entnehmen ist, machte das Reichsmarineamt auch in etwa einen guten Schnitt.[26] So konnte die Marineverwaltung für ein nach dem verbesserten Entwurf *IIe* bemessenes Vertragsgewicht von 14.285 t (24.700 t gesamt) im Vergleich zu dem auch für *IIc* aufrechterhaltenen Angebot auf Grundlage des Entwurfs *II* über 13.655 t (23.900 t gesamt) einen Minderpreis von etwa 150.000.- Mark, oder 11.- Mark pro Tonne, erzielen.[27] Bei den Panzerpreisen — dem

Anteil Krupps und Dillingens am Schiffbauetat — profitierte das RMA zudem im Geschäftsjahr 1909/10 von einer Preissenkung für Schutzplatten von 1.600.-/t auf 1.550.-/t gegenüber dem abgelaufenen Rechungszeitraum.[28] Interessant ist in diesem Zusammenhang auch, daß die Tirpitzsche Behörde seit Beginn der Konstruktionsarbeiten für den Großen Kreuzer 1910 an nicht in Betracht gezogen hat, ein anderes Unternehmen mit dem Bau des Schiffes zu beauftragen. Denn kaum war Entwurf *II* Ende September konzipiert, reichte die Werft am 5. Oktober ihr erstes Angebot ein. Allen weiteren Entwurfsvarianten — inklusive *IVe*! — folgten entsprechende Offerten aus Hamburg: RMA und Blohm & Voss waren also stets in gutem Einvernehmen über die ausgearbeiteten Projekte.

Für die Werft bedeutete der Zuschlag für den Kreuzer *J* im März 1910 den vierten Auftrag in Folge. Dieses Vertrauen des RMA hatten Blohm & Voss jedoch nur zum Teil ihrer mit jedem Kreuzerneubau gestiegenen Erfahrung zu verdanken. Die recht rigorose Vergabepolitik der Marine hatte hier wohl ebenso ihren Beitrag geleistet, da man dort sehr gut wußte, daß das Hamburger Unternehmen angesichts der großen nationalen Konkurrenz, der latenten Werftenkrise sowie zur Sicherung von Arbeitsplätzen auf Rüstungsaufträge angewiesen war. Das Ergebnis aus dem Zwang zu sparsamer Haushältsführung auf seiten des RMA und der Auftragsabhängigkeit auf seiten der Werft war denn auch, daß letztere in der Endabrechnung nicht auf ihre Kosten kam und sogar Verluste in Millionenhöhe einfuhr.[29]

Bei K verschwand das Projekt mit reiner Mittschiffsaufstellung vorerst im Aktenschrank, und man konzentrierte sich befehlsgemäß auf eine zügigere Ausarbeitung des Entwurfs *IIc,* da die Parallelstudie reichlich Zeit in Anspruch genommen hatte — was Tirpitz allen Departementschefs während der Sitzung vom 21. Dezember noch nachträglich mißbilligend vorwarf. Für einen Immediatvortrag am 7. Januar faßte K die Spezifika der neuen Variante *IIe* unter Beachtung der Vorgaben eines Nachtrags zum Sitzungsprotokoll vom 21.12., datiert auf den 26. Januar, zusammen[30]: Danach sollte das Schiff zur Verbesserung der Seefähigkeit und Gewinnung von Wohnraum endgültig die Back beibehalten. Der Gürtelpanzer von 300 mm Stärke sollte nun über den ganzen Zitadellbereich ausgedehnt werden. Zur Gewichtskompensation wurde der Konstruktionskohlenvorrat wieder um 100 t verringert, der Seitenschutz bis zur Höhe des Batteriedecks auf 230 mm getäpert und die Stärke der Turmunterbauten über dem Panzerdeck von 40 auf 30 mm reduziert. Das Panzerdeck erhielt flachere Böschungen von 30 mm Dicke, der Schutz der Türme und Barbetten wurde im Vergleich zu *G* und *H* um 20 bis 30 mm verstärkt. Insgesamt hatte die Panzerung einen Anteil von gut 38 % des Konstruktionsdeplacements; etwa 9.500 t. Hervorgehoben wurde — sicherlich zur Information des Kaisers —, daß „Gründe für den Übergang zur reinen Mittschiffsaufstellung zur Zeit nicht vorliegen (würden), im Besonderen nicht für die Großen Kreuzer." Sämtliche Änderungen bedingten gegenüber den Kreuzern 1908 und 1909 eine Deplacementsteigerung um 1.800 t, inklusive der von 186 auf 200 m angewachsenen Schiffslänge. Um auch eine geringe Steigerung der Geschwindigkeit bei vermehrtem Deplacement zu gewährleisten, wurde die Konstruktionsleistung der Maschinenanlage auf 52.000 PSw festgesetzt, wobei eine Gesamtzahl von 27 Kesseln — drei Aggregate mehr als für *G* und *H* vorgesehen waren — in nunmehr 11 Räumen (3 + 3 + 3 + 1 + 1 mit 6 + 6 + 6 + 6 + 3 Kesseln) eingeplant wurde. Der letztendliche Vergabepreis für *J* betrug nach Angaben der Marineverwaltung 45,83 Millionen Mark — 30,9 für Schiffbau, 14,0 für Artillerie und 0,93 Millionen für die Torpedoarmierung —, der Anschlagpreis im Etat lag bei 44,685 Millionen Mark — 29,65; 14,115; 0,92 Millionen respektive.[31] Gegenüber *G/H* war schließlich doch eine leichte Etatpreiserhöhung beim Schiffbauanteil von 0,5 Millionen notwendig geworden. Der Kaiser genehmigte Entwurf *IIe* anläßlich des Immediatvortrags am 27. Januar 1910.

Während der abschließenden Arbeiten an den Konstruktionsunterlagen irritierte ein neuer Verbesserungsvorschlag die von Tirpitz mühsam herbeigeführte Typentscheidung. Es stellte sich nämlich die Frage, ob nicht die bisherige 2-Satz-Vierwellenanlage — mit zwei Hochdruckturbinen in zwei vorderen Maschinenräumen auf den Außenwellen und zwei Niederdruckturbinen in zwei hinteren Maschinenräumen auf den Innenwellen —

[33] Eine interessante Aufnahme der unterschneidenden Schanz des Kreuzers bei hoher Fahrt. Die geringe Freibordhöhe achtern — etwa 3,8 m über CWL — machte eine Erhöhung des Hecks bei den Nachfolgebauten unumgänglich. (WZ - Bilddienst)

durch eine 3-Satz-Dreiwellenanlage — mit je einer Hochdruck- und Niederdruckturbine hintereinander auf die gleiche Welle arbeitend — versuchsweise ersetzt werden sollte. Ein heftiger Votenaustausch zwischen den Departements kam in Gang, der von Tirpitz letztlich auf ziemlich rabiate Weise gegenüber A, dem stärksten Verfechter dieser Änderung, gestoppt wurde.

Das Allgemeine Marine-Departement befürwortete die Dreiwellenanlage insbesondere wegen ihrer Vorteile für die Manövrier- und Drehfähigkeit während der Langsam- oder Kanalfahrt, da der Kreuzer *J* nicht unwesentlich an Schiffslänge zugelegt hatte. Auch im Interesse einer größeren Übersichtlichkeit und Einfachheit beim Betrieb der Anlage sowie infolge der Vertrautheit des Personals auf Linienschiffen mit dem Dreiwellenantrieb beurteilte man diese Anordnung positiv.[32] Das Konstruktionsdepartement verwies in seinem Diskussionsbeitrag auf den Umstand, daß die neue Wellenanordnung bei der gegebenen scharfen Form des Achterschiffs und der notwendigen Umkonstruktion der bisherigen Ruderanlage Schwierigkeiten für den Einbau des Hecktorpedorohres erzeugen mußte, da dieses nun nicht mehr parallel zur Mittschiffsachse postiert, sondern unter einem Winkel von etwa 10° nach außen zeigend würde installiert werden müssen.[33] Das Werftdepartement hielt von dieser Anordnung wenig, weil es eine Verkomplizierung des „an sich schon schwer anzubringenden Heckschusses" befürchtete[34], erklärte sich aber dennoch wie A damit einverstanden, ein Rohr dicht am Achtersteven in einem Winkel von 6 - 8° einbauen zu lassen.[35] Kurz darauf wurde jedoch die Diskussion über die Dreiwellenanlage und den technisch zweckmäßigsten Einbau des Hecktorpedorohres von Tirpitz mit einer mündlichen Anordnung abgebrochen. Weder Baurat Bürkner als Vertreter von KI noch das Allgemeine Marine-Departement waren zu der betreffenden RMA-Sitzung am 18. März befohlen worden und kannten somit auch nicht die Gründe, die zur Einstellung der Studien geführt hatten. Auf eine diesbezügliche Anfrage von KI bei KII wurde Bürkner mitgeteilt, daß zunächst Wert auf die Gleichartigkeit der Wellenanordnung bei Großen Kreuzern gelegt worden sei. Auch sei zweitens die eventuell bessere Manövrier- und Drehfähigkeit, die eine Dreiwellenanlage bieten könne, für die „militärische Seite" nicht sonderlich ins Gewicht gefallen. Und drittens sollte schließlich jede Verzögerung bei der Vergabe des Schiffes vermieden werden.[36] A hatte den Votenaustausch der K-Abteilungen verfolgt und richtete Mitte April an das Konstruktionsdepartement ein Protestschreiben, in welchem es sich darüber beschwerte, bei der „Entscheidungsfindung völlig ausgeschaltet" gewesen zu sein. Außerdem wollte man gerne wissen, auf wen die Bezeichnung „von militärischer Seite" zutreffen würde, wo doch nach sonstigem Gebrauch auch das Allgemeine Marine-Departement darunter zu verstehen sei. K riet, bei M einmal nachzufragen[37], und daraufhin teilte die Zentralabteilung Anfang Mai mit, daß der Staatssekretär während der Sitzung am 18. März die Vergabefrage für die 1910-Schiffe angeschnitten und davor gewarnt habe, hier Verzögerungen eintreten zu lassen; der Kreuzer *J* sollte „so schnell als möglich" in Auftrag gegeben werden. M war zudem der Meinung, daß Art und Weise der Entscheidungsfindung in solchen Fragen dem Chef des Reichsmarineamts „jederzeit freistehen" würden.[38]

Inzwischen waren Blohm & Voss am 21. März mit dem Bau des Kreuzers 1910 nach Projekt *IIe* beauftragt worden. Der Kaiser unterzeichnete die Konstruktionsordre fünf Tage später im Berliner Schloß.[39]

Anmerkungen

1 BAMA RM 3/3693, Betrifft: Wünschenswerte und notwendige Verbesserungen am Großen Kreuzer 1910 (*J*), RMA/AV an Staatssekretär, 8.3.1909.

2 BAMA RM 3/3693, Entwurf zur Denkschrift Wünschenswerte und notwendige Verbesserungen am Großen Kreuzer 1910 (*J*), AV, 28.2.1909. Fregattenkapitän v. Ammon riet Vollerthun, seine Aufzeichnung nicht schon mit der Kritik an dem A-Studienprojekt zu beginnen. Dieser Aspekt erschien in der endgültigen Fassung schließlich unter Punkt 7 in etwas verklausulierter, nichtsdestoweniger aber zweckorientierter Form.

3 s. Ebd., BAMA RM 3/3693.

4 Hervorgehoben im Original.

5 Die Randbemerkung des Staatssekretärs datiert vom 12.3.1909. Tirpitz bestand ausdrücklich darauf, daß den anderen Stellen des Reichsmarineamts Kenntnis von seinen Marginalien gegeben werde.

6 BAMA RM 3/3693, Vermerk zur Denkschrift A (vom 8.3.1909), 11.5.1909; s. auch Stellungnahme E zur Denkschrift A, Wünschenswerte und notwendige Verbesserungen am Großen Kreuzer 1910 (*J*), 23.4.1909.

7 BAMA RM 3/3693, Tatsache KIE betreffend Großer Kreuzer *J*, KIE, 28.8.1909. Nach Auskunft der Mittelverwaltung (KIV) hatte man dort schon mit einer Erhöhung der Kosten gerechnet: 225.000.- Mark konnten aus Ersparnissen für den Kreuzer 1909, 500.000.- Mark aus dem Fonds der Deckungsgemeinschaft entnommen werden; letzterer Betrag durfte bis auf eine Million ausgedehnt werden, s. BAMA RM 3/3693, RMA/KIV an RMA/KI, o.D.
Die Marineverwaltung hatte grundsätzlich die Möglichkeit, die Etatpreise aus vorhandenen Haushaltsmitteln dadurch zu strecken, daß sie untereinander und mit bereits durch frühere Etats für den gleichen Zweck bewilligte, deckungsfähige Geldmittel für den Bau und Umbau von Schiffen anzapfte. Diese Finanzierungsmethode war jedoch auf drei Jahre befristet und nach Schiffbauanteil, artilleristischer sowie Torpedoarmierung getrennt. Desweiteren standen Mittel aus einem Schiffbaureservefonds zur Verfügung, s. Reichshaushaltsetats, div., Anl. VI, Kap.6.

8 So Finanzstaatssekretär v. Wermuth, s. Epkenhans, Wilhelminische Flottenrüstung, 88; vgl. Handbuch zur deutschen Militärgeschichte, Deutsche Flottenrüstung, 259.

9 BAMA RM 3/3693, Entwürfe für den Großen Kreuzer *J*, KIE, 23.9.1909.

10 Möglicherweise lagen dem RMA die Probefahrtergebnisse von *Invincible* vom November 1908 vor. Das Schiff hatte bei 46.500 SHP (PSw) 26,64 kn erreicht. Die Konstruktionsdaten der nachfolgenden *Indefatigable*-Klasse sahen bei 43.000 SHP 25,8 kn vor, s. Burt, British Battleships, 48 und 89.

11 BAMA RM 3/3693, Betrifft Großer Kreuzer *J*, KIE, 28.9.1909.

12 BAMA RM 3/3693, RMA/M an RMA/K, A und W, 8.10.1909.

13 Anläßlich dieses Vortrags fielen offenbar keine Typentscheidungen, auch wurde Entwurf *II* nicht angenommen.

14 BAMA RM 3/3693, RMA/K an RMA/A, 14.10.1909. Weitere Abweichungen zwischen *IIb* und *II* s. Tabelle 17.

15 BAMA RM 3/3693, RMA/M an RMA/K, A und W, 8.10.1909.

16 BAMA RM 3/3693; RMA/A über M an K, 11.10. 1909.

17 BAMA RM 3/3693, Denkschrift über die Entwürfe *IIc* und *IVe* für den Großen Kreuzer *J*, KIE, 15.12.1909.

18 BAMA RM 3/3693, Vor- und Nachteile des Entwurfs *IVe* für den Großen Kreuzer *J*, KIE, 13.12.1909. Die betreffenden Räume sind in gesonderten Klammern eingefaßt. Die Kesselraumanordnung und Belegung war gegenüber *IIb* verändert worden.

19 s. Ebd., BAMA RM 3/3693.

20 s. hierzu Skizzen in BAMA RM 3/3693 zu Militärische

Beurteilung des Projektes Großer Kreuzer *J*. Projekt *IVe* gegen *IIc,* A, 20.12.1909.
21 BAMA RM 3/3693, Militärische Stellungnahme zur Denkschrift zum Immediatvortrag über die englischen Linienschiffe *Neptune* und *Orion,* A, 20.12.1909.
22 Die „berufenen Quellen" hatten teilweise recht: Chief Constructor W.L. Capps waren vom Kongress nur 16.000 ts zugestanden worden. Um aber eine Vierturmsalve in der Breitseite garantieren und gleichzeitig Länge und Raum bei ausreichendem Fahrbereich einsparen zu können, blieb nur die überhöhte Endaufstellung als beste Lösung übrig, sollte die Aufstellung en echelon vermieden werden. Voraussichtliche technische Probleme beim Übereinanderschießen spielten für Capps keine Rolle, s. Friedman, U.S. Battleships, 55.
23 BAMA RM 3/3693, Protokoll über die Sitzung betreffend den Großen Kreuzer *J* am 21.Dezember 1909, M, 24.12.1909.
24 Schießversuche, die das konsequente Überendfeuer klären sollten, fanden in unregelmäßigen Abständen seit 1907 statt, s. auch BAMA RM 3/3706, Votenwechsel zwischen A, W und K, 16.9.1909 - 22.1.1910.
25 Hervorgehoben im Original
26 BAMA RM 3/373, Angebote Blohm & Voss vom 19. Dezember 1909 bzw. 3. März 1910 auf einen Schiffsneubau, 19.12.1909/ 3.3.1910. Den Zuschlag erhielten Blohm & Voss am 21. März 1910, s. Ebd., BAMA RM 3/373.
27 Den Offerten der Werft waren Preislisten, aufgeschlüsselt nach den verschiedenen Gewichtsgruppen für den Schiffbauanteil und deren jeweilige Tarife, beigegben, die einen groben Vergleich zulassen.
28 s. Epkenhans, Großindustrie und Schlachtflottenbau, in: MGM 43 (1988), 122; vgl. ders., Wilhelminische Flottenrüstung, 460, Tab. 6.
29 Für die Kreuzer *J* und *K* betrugen diese Verluste zusammen etwa 2 Millionen Mark, s. Ebd., 90 bzw. 242.
30 BAMA RM 3/3694, Denkschrift zum Immediatvortrag über den Großen Kreuzer *J,* K, 28.1.1910 sowie BAMA RM 3/3693, Nachtrag zum Protokoll über die Sitzung betreffend den Großen Kreuzer *J* vom 21. Dezember 1909, M, 24.12.1909.
31 Zum Vergabepreis s. BAMA RM 3/2528, zum Etatpreis s. Reichshaushaltsetat 1910ff, Anl. VI, Kap.6.
32 BAMA RM 3/3694, RMA/A an RMA/K, 22.2.1910.
33 BAMA RM 3/3694, RMA/K an RMA/A und BV (Werftdepartement Abteilung Torpedowesen), 26.2.1910.
34 BAMA RM 3/3694, RMA/B an RMA/A, 2.3.1910.
35 BAMA RM 3/3694, RMA/A an RMA/K über B, 12.3.1910.
36 BAMA RM 3/3694, RMA/KII an RMA/KI, 13.4.1910 auf Anfrage RMA/KI bei RMA/KII vom 1.4.1910.
37 BAMA RM 3/3694, RMA/A an RMA/K, 14.4.1910 sowie RMA/K an RMA/A, 2.5.1910.
38 BAMA RM 3/3694, RMA/M an RMA/A, 6.5.1910.
39 BAMA RM 3/3694, Konstruktionsordre für den Großen Kreuzer *J,* 26.3.1910.

V Große Kreuzer 1911-1913 — *K/Ersatz Kaiserin Augusta/Ersatz Hertha: Derfflinger*-Klasse

K — Derfflinger

Daß man bei der Entscheidungsfindung über die eventuelle Einführung einer Dreiwellenanlage für *J* übergangen worden war, nahm man im Allgemeinen Marine-Departement dem Staatssekretär und den anderen Abteilungen übel.[1] In dieser Situation, Mitte April 1910, trug ein Ersuchen von KIE an A, „baldigst" Angaben für die 1911-Schiffe zu machen, da deren Bauunterlagen rechtzeitig fertiggestellt werden sollten, wohl nur dazu bei, diesen Unmut weiter anwachsen zu lassen. So machte man auch — mit sachlichen Argumenten, aber bestimmt — darauf aufmerksam, daß der „jetzige Zeitpunkt ganz besonders ungeeignet" sei, um die Spezifika für die Linienschiffe und den Kreuzer 1911 festlegen zu wollen.[2] Begründet wurde dieser Standpunkt mit den nahe bevorstehenden, grundlegenden Schießversuchen der Linienschiffe der *Nassau*-Klasse, erst kürzlich von Krupp eingegangenen Studien über Drillingsgeschütztürme[3] und noch ausstehenden Versuchsresultaten zu den bei der M.A.N. und der Germaniawerft in Auftrag gegebenen Dieselantriebsaggregaten (12.000 PSe, 6-Zylinder doppeltwirkende Zweitaktdiesel), die für Anfang Winter 1910 erwartet wurden. Auf letzteren Aspekt legte man bei A besonderen Wert, denn es wurde ernsthaft zur Erwägung gestellt, die Maschinenanlage der Linienschiffe 1911 entweder nach dem Versuchstyp *Ersatz Odin (Prinzregent Luitpold)*, mit zwei auf die Außenwellen arbeitenden Turbinensätzen und einem Diesel auf die Mittelwelle wirkend[4], fertigzustellen, oder aber sogar drei „Ölmaschinen" vorzusehen. Für den Kreuzer schlug A gleichfalls die Verwendung eines Dieselaggregats als Mittelmaschine einer Dreiwellenantriebsanlage vor.

Aus den Vorteilen des neuen Dieselsystems gegenüber „konventionelleren" Maschinenanlagen — wie Raumersparnis, hoher thermischer Wirkungsgrad und damit wirtschaftliches Arbeiten, unkomplizierte Brennstoffübernahme und -speisung der Aggregate, Personalersparnis und, nicht zuletzt, ein günstigeres Preis-Leistungsverhältnis — wollte das Allgemeine Marine-Departement demnach rasch und massiv auch für große Kampfschiffe Nutzen ziehen. Sie gaben mithin zu dem etwas übereuphorischen Vorschlag Anlaß, schon die Linienschiffe des Etatjahres 1911 mit *reinem* Dieselantrieb ausrüsten zu wollen, sollten die laufenden Versuche mit Ölmaschinen positiv ausfallen. Die Lösung der Antriebsfrage schien sogar von solcher Wichtigkeit zu sein, daß man hinsichtlich der zu erwartenden konstruktiven Änderungen für den Gesamtaufbau der Schiffe — „einschließlich der Geschützaufstellung" — den vorgeschobenen Rat zum Abwarten bei der Festlegung der Projektvorgaben etwas relativierte.

In Bezug auf die Armierung des Kreuzers hielt die A-Stellungnahme eine Kalibersteigerung auf das 30,5-cm-SK für unumgänglich, falls Meldungen über die Einführung des 34,3-cm-Geschützes auf den neuesten englischen Bauten *Lion* und *Princess Royal*[5] sich bestätigen sollten. Als Postierungsschema wurde die kombinierte Mittschiffs- und „Schrägaufstellung" vorgeschlagen: A wollte sich offenbar so kurz nach der Abfuhr, die es wegen seines Eintretens für Projekt *IVe* (Großer Kreuzer 1910, s. Kapitel IV) hatte einstecken müssen, keineswegs mehr so schnell für die damit verbundene Neuerung stark machen, obgleich man fernerhin für die Linienschiffe die Mittschiffsaufstellung der Doppeltürme, „wie bereits früher nachgewiesen (worden sei), in einer natürlichen Entwicklungsreihe (..) zur Verstärkung des Breitseitfeuers" sah.

Nähere Angaben zum Schiffsschutz wurden in der Denkschrift nicht gemacht, Verbesserungen sollten auf der Grundlage der „übrigen Konstruktionsanforderungen 1910" aufbauen.

Am selben Tag, an dem A die wenig zufriedenstellende Antwort der Zentralabteilung erhalten hatte, die besagte, daß dem Staatssekretär die alleinige

[34] Der Große Kreuzer *K — Derfflinger* geschmückt zur — zweiten — Stapellaufzeremonie am 12. July 1913. Beim ersten Versuch, etwa vier Wochen zuvor, war der Rumpf während des Ablaufens gleich nach einem halben Meter steckengeblieben. (Sammlung Widmann)

Entscheidung in wichtigen technischen Angelegenheiten jederzeit freistehen würde, fand im Reichsmarineamt die erste einer Serie von Sitzungen über Armierungs- und Antriebsfragen für die vier Schiffe des Etatjahres 1911 statt — unter Beteiligung aller Ressorts.[6] Insbesondere aber die Zusammenkunft am 11. Mai verdient Aufmerksamkeit, zum einen, da hier sehr interessante Aspekte zur technischen Weiterentwicklung der neuen Schiffe diskutiert wurden, zum anderen, weil der Verlauf der Besprechung und der Austausch der Argumente erneut einen hervorragenden Einblick in die Entscheidungsfindungen innerhalb des RMA gestatten. Nicht zuletzt sind die durch den Staatssekretär vertretenen Standpunkte von Bedeutung, denn wie sich über kurz oder lang herausstellen sollte, mußten sie sämtlich revidiert werden.

Richtig in Schwung kam die Diskussionsrunde vom 11. 5., als Konteradmiral Gerdes (W) Ergebnisse der neuesten Schießversuche und Leistungsdiagramme von 28-cm-, 30,5-cm- und 32-cm-Geschützen vorstellte, die eine vergleichende Betrachtung der Geschoßwirkung auf große Distanzen ermöglichen sollten.[7] Unter Annahme künftiger Gefechtsentfernungen von 8.000 - 10.000 m und Panzerstärken von 250 mm (Gürtel) auf den neuesten Kreuzern der Royal Navy[8] war Gerdes der Überzeugung, daß das 28-cm-Geschütz für den Großen Kreuzer *K* nicht mehr ausreichend sei — zumal, wie er später hinzufügte, der Kreuzer „sehr wohl auch gegen Linienschiffe" werde kämpfen müssen, welche Panzerstärken von 300 mm aufwiesen (*Orion*-Klasse). Die relativ geringe Steigerung des Artilleriegewichts gegenüber *J* bei Einführung von 8 x 30,5-cm-SK — ca. 36 t inklusive Munition und einer verstärkten Frontplatte der Türme um 20 mm — war dabei für die Argumentation des Konteradmirals nicht unwesentlich.[9]

Tirpitz hielt dem entgegen, daß er sich Gefechtsentfernungen von 10.000 m und mehr nicht vorstellen könne, und falls doch auf diese Distanzen das Feuer eröffnet werden sollte, der Abstand rasch abneh-

men würde. Er ging weiterhin in erster Linie von reinen Kreuzergefechten inbesondere mit einem „fast wing" der britischen Flotte aus, von denen er annahm, daß sie sich „á utrance" auf „nähere Distanzen" in einem „Kampf auf Leben und Tod" abspielen würden; hier seien 5 x 28-cm-Doppeltürme zweckmäßiger. Den Kreuzer für große Schußentfernungen zu armieren, betrachtete Tirpitz als „zweifelhaften Luxus". Im Falle der Bestätigung der „Gerüchte" über einen 250 mm-Gürtelpanzer auf den neuesten englischen Kreuzern räumte er zwar die Notwendigkeit einer Kalibersteigerung durchaus ein, der Staatssekretär ließ jedoch im Verlauf der Diskussion stets deutlich erkennen, daß er 5 x 28-cm-Doppeltürme gegenüber dem schwereren Kaliber favorisierte — auch hinsichtlich einer späteren Auslandsverwendung, denn auf den entfernteren Stationen seien ebenfalls nur Gefechte mit gegnerischen Panzerkreuzern zu erwarten, fügte Tirpitz seinen Ausführungen hinzu. Schließlich befragte er die Teilnehmer der Runde nach ihren Standpunkten zur Kaliberfrage — das Meinungsbild war dabei nicht gerade einheitlich.

Vizeadmiral Paschen (A) erklärte sich für 5 x 28-cm(-Doppeltürme). Dies verwundert etwas, wenn man bedenkt, daß die oben zitierte A-Denkschrift, in welcher 10 x 30,5-cm-SK vorgeschlagen worden waren, seine Paraphe trägt. Sein Departementskollege hingegen, Kapitän z.S. v. Ammon, sprach sich „mit vollem Nachdruck" für das 30,5-cm-Kaliber aus, auch bei einer erforderlichen Reduzierung auf acht Geschütze. Ausschlaggebend für ihn war die mit dem größeren Geschoßgewicht verbundene stärkere Sprengwirkung[10] sowie die bessere Durchschlagskraft der Granate auf weite Distanzen. Mit Konteradmiral Gerdes ging v. Ammon insofern konform, als auch er größere Gefechtsentfernungen, „als man vielfach bei uns bisher glauben wollte", annahm. Es gelte, „zuerst" und wirkungsvoll zu treffen; die hierzu erforderlichen optischen Visiereinrichtungen seien bereits vorhanden. Bezüglich der Anzahl der schweren Türme griff v. Ammon auf die Ergebnisse der Schießversuche mit dem Linienschiff *Nassau* zurück, die eine gegenseitige Rauchbehinderung der sechs in Hexagonalaufstellung postierten Doppeltürme gezeigt hätten — vier auseinanderstehende Türme, so meinte er, würden diesen Mißstand in etwa korrigieren können. Der Vertreter des Konstruktionsdepartements, Vizeadmiral Rollmann, sprach sich demgegenüber ohne nähere Erläuterungen für 5 x 28-cm-Doppeltürme aus.

Der Staatssekretär beendete den Meinungsaustausch über die Armierungsfrage, indem er „sich selbst vorläufig" für 5 x 28-cm-Doppeltürme entschied. Er hielt den Zeitpunkt für eine Kalibersteigerung beim Kreuzer erst dann für gegeben, wenn auch die Linienschiffe schwerere Geschütze erhalten würden. Einen günstigen Termin für diese Maßnahme bot der Übergang zum „Zweiertempo" im Jahr 1912, wenn neben dem etatmäßigen Kreuzer nur ein Linienschiff auf Kiel gelegt werden konnte. Nachteilig wirkte sich bei dieser Entscheidung jedoch aus, daß die Kalibersteigerung 1912 eine erneute Umkonstruktion erforderlich machen mußte, da Tirpitz schon für den Kreuzer *K* reinen Dieselantrieb vorsehen wollte. Dieser Neuerung im Antriebssystem räumte er absolute Priorität sogar vor einer möglichen Verbesserung des Linienschiffstyps 1911 ein, insofern er, um dem Konstruktionsdepartement weitere „Belastungen" zu ersparen, die Linienschiffe des Etatjahres 1911 nach ihrem Vorgänger *Ersatz Odin (Prinzregent Luitpold)* bauen lassen wollte. Dies wahrte zudem die Einheitlichkeit des Geschwaders, und die Vergabe der Schiffe konnte, da die „Konjunktur" noch günstig schien, „schnell und billig" vonstatten gehen — „eventuell schon im Haushalt 1910 mit Etatvorbehalt", spekulierte Tirpitz. Bereits während der ersten Sitzung, am 6. Mai, hatte der Staatssekretär betont, daß er die „Durchkonstruktion der Ölmaschinenfrage für die wichtigste aller der für die 1911-Schiffe zur prinzipiellen Entscheidung stehenden und jetzt konstruktiv zu lösenden Fragen" halte und „alles andere vor ihr in den Hintergrund treten" müsse. Er sah in der Einführung des

◁ [35] *Derfflinger* in der Ausrüstung bei Blohm & Voss. Die Turmbarbetten und Aufbautendecks sind im Entstehen begriffen. Zu erkennen sind ferner die Behälter für die Schlingerdämpfungsanlage jeweils seitlich des Mittelaufbaus sowie die Aussparung für den vorderen Kommandoturm. (Sammlung Widmann)

Dieselantriebs die Chance „für einen wirklichen Vorsprung vor den anderen Marinen" und stellte mit Genugtuung fest, daß die Vertreter der verschiedenen Departements ihr Plazet für dieses Vorhaben erkennen ließen — wenn auch teilweise widerstrebend und unter Vorbehalten: Die Bauräte Bürkner und Hüllmann gaben nämlich zu bedenken, daß die Zeit für notwendige Versuche mit einem geeigneten Unterwasserschutzsystem in Verbindung mit der zweckmäßigsten Unterbringung des Öles fehle. Und es klang eher fatalistisch, als sie bemerkten, man müsse es dann wohl „darauf ankommen lassen, ob wir das Richtige treffen." Auch war Bürkner nicht damit einverstanden, daß die beschleunigte Arbeit an Projekten mit Dieselantrieb aus verfehlter Rücksichtnahme auf die „Belastung" des Konstruktionsdepartements einen Stillstand bei der Linienschiffsentwicklung nach sich ziehen sollte. Er war, was die Serienreife der Großdiesel anbetraf, nicht gerade optimistisch und sah die Entwurfsabteilung trotz anderweitiger Arbeiten durchaus in der Lage — wenn auch mit wahrscheinlichen Verzögerungen —, erforderliche Änderungen am Linienschiffstyp 1911 durchzuführen. Diese von K angesprochenen Neuerungen betrafen insbesondere die Mittschiffsaufstellung der schweren Artillerie, eine Forderung, die nunmehr einmütig von allen Departements zumindest für die Linienschiffe erhoben wurde.
Tirpitz zeigte sich der Probleme bewußt, die sich aus der Konstruktion eines Schiffes mit Dieselantrieb für das Schutzsystem ergeben mußten, wollte jedoch das „Risiko" eingehen, ohne ausreichende Untersuchungen Projekte ausarbeiten zu lassen. Er setzte auf einen erfolgreichen Ausgang der Versuche mit den M.A.N.-Motoren, doch hatte er im Falle wenig zufriedenstellender Ergebnisse schon eine Ersatzlösung für *K* parat: der Kreuzer 1911 sollte als Schwesterschiff von *J* in Auftrag gegeben werden.
Grundsätzlich wollte der Staatssekretär sich mit der reinen Mittschiffsaufstellung noch immer nicht anfreunden: Das „Übereinander-Wegschießen" der Endtürme schien ihm weiterhin unzureichend geklärt zu sein, und die erforderliche Deplacementsteigerung um 800 t war ihm zu reichlich bemessen, als daß er diese Nachteile durch die Vorteile der Mittschiffsaufstellung ausgeglichen sah. Hinzu kam, und auf die Bedeutung dieses Aspekts muß nicht mehr besonders hingewiesen werden, die Befürchtung eines konjunkturbedingten Preisanstiegs, falls die Linienschiffe nicht vor Herbst 1911 ausgeschrieben und vergeben sein sollten.
K blieb dennoch vorbehalten, für den Kreuzer 1911 Entwürfe mit „5 x 28-cm in der bei der Durchkonstruktion der Ölmaschine sich am vorteilhaftesten zeigenden Aufstellung" auszuarbeiten. Die Entwurfsabteilung prüfte daraufhin in den folgenden Wochen die in Frage kommenden Alternativen. Man konnte dabei — zur Arbeitsrationalisierung — auf eine Anpassung der *J*-Pläne an die veränderten Anforderungen zurückgreifen sowie auch das noch wenige Monate zuvor abgelehnte Projekt *IVe* für den Kreuzer 1910 wieder aus dem Aktenschrank nehmen. Sukzessive folgten diesen Aufgaben jedoch noch im Mai die Aufforderung, auch einen Entwurf mit 4 x 30,5-cm-Doppeltürmen en echelon zu bearbeiten, und ferner, einen Monat später, die Anweisung, dieselbe Armierung in Mittschiffsaufstellung vorzusehen. Für letzteres Projekt war ein gegenseitiger Munitionsaustausch der jeweiligen Turmgruppen zur Bedingung gemacht worden.[11] Für erstere Aufstellungsart konnte K ebenfalls Anlehnung an Projekte für *J* nehmen, es boten sich die Studien *IIIa-c* an. Der Entwurf mit reiner Mittschiffsaufstellung mußte neu ausgearbeitet werden.

Wenn auch der Staatssekretär seinen Widerstand gegen die Kalibersteigerung noch immer nicht völlig aufgegeben hatte, war die zweigleisige Fahrt in diese Richtung ein deutlicher Hinweis für die Departements, daß der Spurwechsel nicht mehr lange würde auf sich warten lassen. Eine Weichenstellung in dieser Hinsicht war schließlich vonnöten, denn K war trotz der bislang geleisteten Vorarbeiten, auf die man zurückgreifen konnte, mit der Bearbeitung von vier verschiedenen Grundentwürfen recht gut ausgelastet, von welchen zudem die eine Hälfte wohl bald sowieso kaum mehr aktuell sein würde und deren zweites Paar wesentlich

◁ [36] In der Ausrüstung weiter vorangeschritten. Das gepanzerte Schild des Steuerbord vorderen 15-cm-Kasemattgeschützes steht kurz vor der Montage auf Oberdeck. (Bibliothek für Zeitgeschichte)

von einer noch unberechenbaren Variable bestimmt wurde: dem Erfolg der Ölmaschine.
Seit August 1909 stand der Chef KII, Geheimrat Veith, wegen Entwicklungsarbeiten zu einem Dieselversuchsaggregat in Verbindung mit der M.A.N.[12] Daß marineseitig von Beginn an der Einsatz solcher Motoren auf großen Kampfschiffen anvisiert worden war, zeigt die sofort gegenüber der Maschinenfabrik abgegebene Erklärung, man habe nur an großen Zylinderleistungen ab 2.000 PSe Interesse. Demgemäß wurde zwischen dem RMA und der M.A.N. am 28. Februar 1910[13] ein Vertrag dahingehend geschlossen, einen Dreizylinder-Versuchssatz von 6.000 PSe (165 U/min) zu erproben, der nach erfolgreichem Testverlauf und nach Bestätigung seiner Borddiensttauglichkeit zu einem Sechszylindermotor ausgebaut werden sollte. Abgesehen davon, daß alleine schon die geforderte Zylinderleistung die Konstruktion vor enorme Probleme stellte[14], mußte die ganze Anlage auch den Maschinenraumabmessungen der Linienschiffe und Großen Kreuzer angepaßt werden. Man betrat motorentechnisches Neuland, und so war es auch kaum verwunderlich, daß Geheimrat Veith in der nächsten RMA-Sitzung über den Kreuzer *K*, am 1. September 1910, in dieser Hinsicht die Euphorie des Staatssekretärs etwas bremsen mußte, als er die Frage der Ölmaschine für „noch nicht reif" erklärte.[15] Aus dem gleichen Grund erhoben Bürkner und Veith natürlich auch Bedenken gegen die Verwendung des Dieselmotors als Mittelmaschine zwischen zwei Turbinensätzen; der Kreuzer 1911 mußte somit, ebenso wie die Linienschiffe des neuen Etats, mit reinem Turbinenantrieb ausgerüstet werden.
War damit ein Unsicherheitsfaktor für die Konstruktion des neuen Kreuzers beseitigt, brachte die Sitzung vom 1. September auch die — zumindest von A und K — erwartete, grundsätzliche Entscheidung in der schwebenden Kaliberdiskussion: der Kreuzer sollte mit dem 30,5-cm-SK L/50 ausgestattet werden. Allerdings wollte Tirpitz noch in Erwägung ziehen, ob die zunächst festgelegte Anzahl von vier Doppeltürmen durch einen weiteren Turm vermehrt werden sollte. Diese Maßnahme konnte jedoch sowohl aus Deplacement- und Kostengründen als auch wegen der dann entstehenden Armierungsparität zwischen Linienschiff und Kreuzer sehr bedenklich werden. Tirpitz verwarf diesen Gedanken schließlich wieder und entschied sich für 8 x 30,5-cm-SK in reiner Mittschiffsaufstellung, jedoch unter der Voraussetzung, daß die überhöhten Türme in der Lage sein sollten, recht voraus bzw. achteraus zu feuern. Der Admiral blieb in dieser Hinsicht trotz aller bislang durchgeführten Versuche weiterhin skeptisch und unterstrich diese Haltung mit der Anweisung, im Zweifelsfalle die „*Von der Tann*-Aufstellung" zu übernehmen. Dies sollte aber ebenfalls unter der Prämisse geschehen, jeweils vier schwere Geschütze in Hartrichtung zum Tragen bringen zu können — bei *Von der Tann* selbst war diese Forderung wegen der Back nicht ganz erfüllt.
Drei Wochen nach dieser Sitzung legte KIE — die betreffende Denkschrift datiert vom 22. September — die Entwürfe *1, 2* und *3* mit 8 x 30,5-cm-SK vor; sie waren für den vier Tage später anberaumten Romintenvortrag ausgearbeitet worden. Nach Auskunft Bürkners erfüllten sie die aufgestellten Bedingungen.[16] Alternativprojekte mit fünf schweren Türmen scheinen nicht erstellt worden zu sein, obwohl sich der Staatssekretär erst einen Tag zuvor endgültig für die Vierturmversion entschieden hatte. Angeboten wurden die beiden gewünschten Aufstellungsschemata: Diagonal- und reine Mittschiffspostierung, wobei letztere in zwei Versionen ausgearbeitet worden war. Entwurf *2* zeigt schon jene später akzeptierte und ausgeführte Aufstellung der achteren Türme mit etwas Abstand voneinander.[17] So war einerseits die Gewähr dafür geboten, daß das achtere Turmpaar nicht zugleich durch einen unglücklichen Treffer ausfallen konnte; ferner würde auch das Feuer in Hartrichtung vollends gesichert sein. Andererseits konnte durch die Anordnung der beiden achteren Maschinenräume der Innenwellen zwischen den Turmunterbauten und -kammern Raum eingespart werden, da die Turbinen für die Außenwellen neben Turm C dieselbe Abteilung besetzten.[18] Die Länge der Zitadelle mußte somit gegenüber dem *J*-Entwurf nicht

◁ [37] *Derfflinger* nach Indienststellung. Der Kreuzer übernimmt soeben 30,5-cm-Granaten aus einem längsseits liegenden Prahm. (Sammlung Widmann)

wesentlich — um etwa 3 m — gesteigert werden, und das erforderliche Mehrgewicht sowie die Kosten für das Panzermaterial hielten sich in erträglichen Grenzen.
Bei Entwurf *3* waren beide Turmpaare in der „klassischen" überhöhten Endaufstellung postiert; dies entsprach somit jenem Schema, das später für die Linienschiffe 1913 gewählt werden sollte.
Panzerverteilung und -dicken blieben gegenüber *J* größtenteils unverändert, im wesentlichen wurden die Barbetten der Hauptarmierung (nun 260 mm) und die Frontplatten der Türme (270 mm) als Folge der Kalibersteigerung verstärkt. Für eine Senkung des Panzerdecks sah Bürkner erneut, wie bei *G - J*, wenig Aussichten, da die erforderliche Raumhöhe dies bei der vorgesehenen Kesselanordnung kaum zuließ. Keines der Projekte zeigt eine Back, da entweder Feuer recht voraus für die Seitentürme angeordnet worden war oder bei den beiden Entwürfen mit überhöhten Endtürmen zur Senkung des Gewichtsschwerpunktes eine möglichst niedrige Postierung ratsam schien. Ein hoher Freibord im Bug blieb jedoch durch einen sanft ansteigenden Deckssprung gewahrt. Den mit der Back verlorengegangenen Raum für die Besatzung versuchte KIE anderweitig zur Verfügung zu stellen: bei Entwurf *1* mit der Durchführung des Oberdecks bis hin zum Heck, bei *2* und *3* durch einen Mittelaufbau, der gleichzeitig zur Steigerung der Festigkeit des Schiffskörpers beitragen sollte. Projekt *1* und *2* wiesen dieselbe Postierung und Feuerhöhe für die Mittelartillerie auf wie der Kreuzer 1910; für *2* jedoch insofern etwas alternierend, als vier 15-cm-SK recht achteraus feuern konnten. Zur Sicherstellung der Verwendung der Mittelartillerie „in jedem Wetter" beschritt K bei Entwurf *3* einen besonderen Weg: die 12 x 15-cm-SK wurden in den Mittelaufbau gehoben, so daß deren Feuerhöhe nun etwa 2 m über dem bisherigen Niveau lag. Allerdings stand die Batterie zur Mittschiffsachse hin um die gesamte Rohrlänge eingezogen auf dem Oberdeck — geringe Einschränkungen für die Höhenrichtwinkel querab waren demnach nicht zu vermeiden. Um das Schußfeld der beiden achteren 15-cm-SK nicht zusätzlich beschränken zu müssen und infolge des zur Aufnahme von vier 8,8-cm-SK bis zur Barbette des Turmes C verlängerten Mittelaufbaus, wurde die Feuerhöhe dieses Turms auf 9,8 m gesteigert. Dies hatte den positiven Nebeneffekt, daß, in Anlehnung an das bei Entwurf *2* verfolgte Konzept, ein gewisser Sicherheitsabstand zwischen den Türmen der schweren Artillerie erreicht wurde — hier jedoch in der Vertikalen statt in der Horizontalen. Daß die recht niedrige Aufstellung der Mittelartillerie bei den bisherigen Entwürfen als wenig optimal empfunden wurde, zeigt in diesem Zusammenhang eine Empfehlung Bürkners, Entwurf *2* „vom schiffbaulichen Standpunkt" her den Vorzug zu geben, falls die mit dem Höherlegen der 15-cm-Batterie verbundenen Mehrkosten (für den Kasemattpanzer) zugestanden und das Schiff dementsprechend ausgerüstet werden könne. Die Aufstellung der 8,8-cm-SK hatte Bürkner einer späteren Entscheidung vorbehalten, etwaige Positionen wurden auf den Skizzen nur angedeutet.
Maschinenleistung, Geschwindigkeit und Kohlenvorrat richteten sich nach den entsprechenden Werten für *J*. Die ermittelten Konstruktionsdeplacements überstiegen jene des Kreuzers 1910 um 300 (Entwurf *1*), 500 (*2*) bzw. 900 t (*3*). Die Schiffbaukosten wurden entsprechend um etwa 0,25 bis 0,75 Millionen höher veranschlagt, dies jedoch unter der Voraussetzung, daß die „Konjunktur" sich unverändert günstig entwickeln würde.
Der Empfehlung Bürkners, Entwurf *2* mit höherliegender 15-cm-Batterie auszurüsten, stand der Staatssekretär offenbar nicht abgeneigt gegenüber, denn sie nahm schon drei Tage nach Einreichen der Denkschrift Gestalt an. Gemäß des bei Entwurf *3* gewählten Verfahrens zur Vermeidung von Behinderungen für die Mittelartillerie wurde auch die Feuerhöhe von Turm C im Niveau angepaßt. Zur Gewichts- und Kostenreduzierung und im Sinne einer verbesserten Stabilität hatte die Entwurfsabteilung aber im Gegenzug die Höhen der beiden Türme der vorderen Gruppe jeweils um 1 m abgesenkt. Überwiegend aus Kostengründen waren auch das Bug- und Hecktorpedorohr weggefallen — was jedoch postwendend, nach Einspruch des Staatssekretärs, wieder revidiert wurde.[19] Der Freibord im Bug blieb mit 8,0 m konstant, das niedrige Heck des Entwurfs *2* von 3,6 m wurde ebenfalls übernommen. Hauptsächlich infolge des vermehrten Panzergewichts für die Unterkasematte und einer Verlängerung des Schiffskörpers vorne um 5 m stieg das Deplacement gegenüber Entwurf *2*

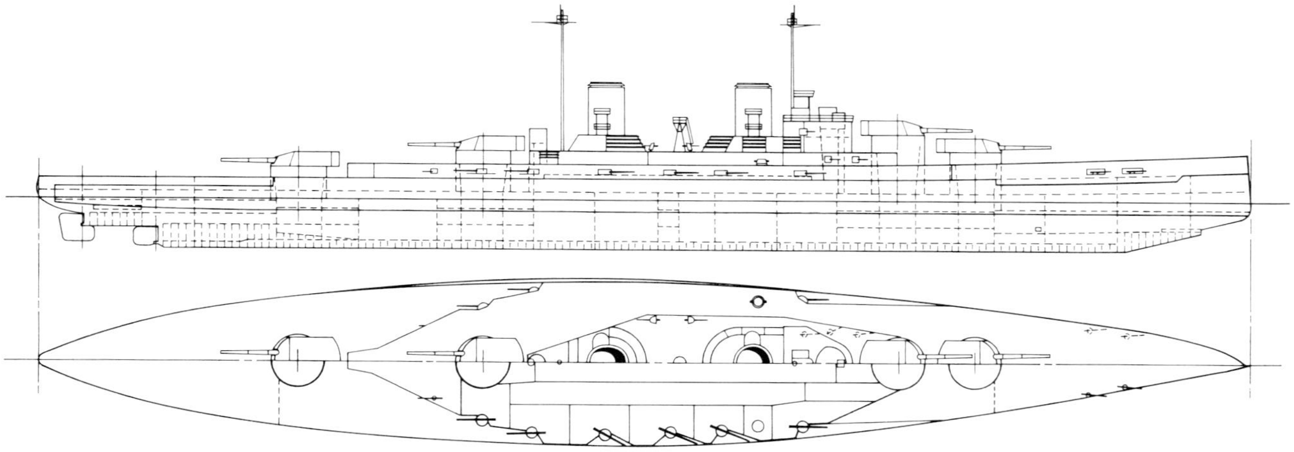

Entwurf *2* für den Großen Kreuzer *K* — *Derfflinger*

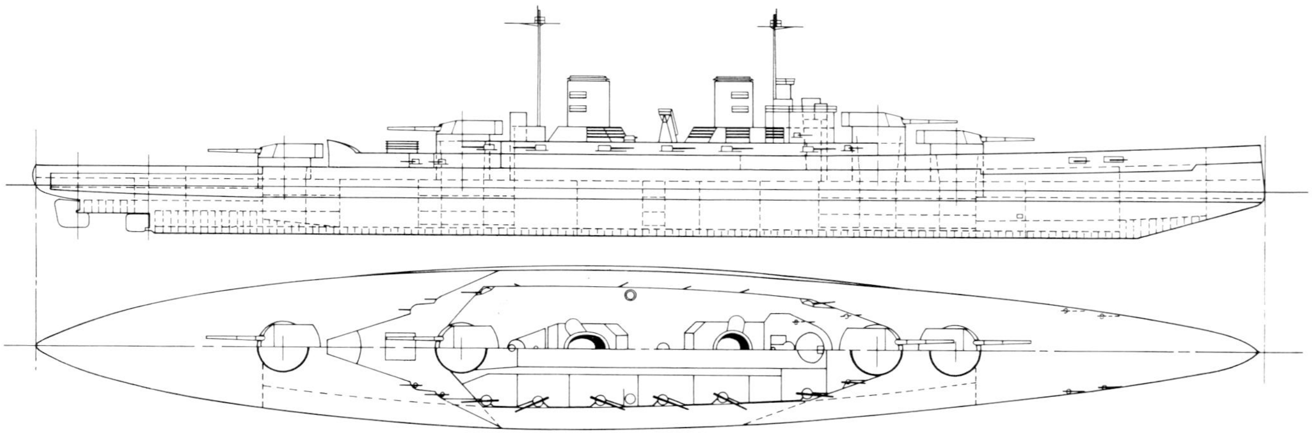

Der am 26. September 1910 vorläufig genehmigte Entwurf *4*

um 700 t an; mithin bedeutete dies eine Steigerung um mehr als 1.000 t im Vergleich zu Projekt *IIe* des Großen Kreuzers 1910. Dieser neue Entwurf *4* wurde einen Tag später vom Kaiser vorläufig genehmigt; die reine Mittschiffsaufstellung für Kreuzerbauten damit von allerhöchster Seite abgesegnet.

Trotz aller Unebenheiten, Unwägbarkeiten und temporären Hindernisse verlief die Marinerüstung in den vorgezeichneten Bahnen. Seit 1908 waren alle bis dato geforderten Großkampfschiffe auf Stapel oder in Vorbereitung, die Planungen für das nächste Quartett liefen auf vollen Touren. Erste Erfahrungen mit den neuen *Dreadnought*-Linienschiffen der *Nassau*-Klasse — zumeist positive, aber auch negative — lagen vor, und *Von der Tann* hatte am 1. September mit den Probefahrten begonnen, genau wie im Terminplan vorgesehen zu Beginn des neuen Ausbildungsjahres, das den Kreuzer zur Überprüfung seiner Hochseetauglichkeit auch nach Südamerika führen sollte.[20]
Das ganze, mit emsiger Geschäftigkeit ablaufende Prozedere dauerte dem Kaiser jedoch noch viel zu lange; er trat für eine Beschleunigung der Bauzeiten ein. Schon im März 1910 hatte der Monarch — offenbar besorgt über das englische „We Want Eight"-Programm[21] des Vorjahres und die augenscheinlich kürzeren Ablieferungszeiten britischer Werften, über die er als Liebhaber von Flottentabellen natürlich bestens informiert war — in Randbemerkungen zu einem Bericht der Kaiserlichen Botschaft in London vom 15.3. diesbezügliche Forderungen erhoben, die der Staatssekretär anhand mehrerer Denkschriften und Stellungnahmen abzuwehren versuchte.[22] Seine Ausführungen umfaßten gut aufeinander abgestimmte, recht überzeugende Argumente technischer, finanzieller und politischer Art. Grundsätzlich hielt er eine Bauzeitverkürzung nur für sinnvoll, wenn sie statt der bislang dreijährigen Konstruktionsperiode mit Probefahrten während des vierten Jahres eine solche von 24 Monaten plus Probejahr erbringen konnte.[23] Diese zeitliche Inflexibilität lag darin begründet, daß stets im Herbst das neue Ausbildungsjahr begann und es von Vorteil war, wenn die Schiffe zu diesem Zeitpunkt in die Flotte eintraten. Die generelle Festlegung einer zweijährigen Bauzeit aber war insofern wiederum zu kurz bemessen, als Krupp und das Panzerplattenwerk in Dillingen mit diesem Tempo nicht Schritt halten konnten. Für die Schiffe des Etatjahres 1911 „verlange" das Essener Unternehmen Konstruktionsfristen von 32, 34,5 und 37 Monaten für die Linienschiffe bzw. 39 Monate für den Kreuzer *K*, um seine Geschützlieferungs- und Montagezeiten einhalten zu können, konstatierte der Staatssekretär.[24]
Ferner ging mit einer Verkürzung der Bauzeiten auch eine Änderung der Ratenzahlungen einher: Statt wie bislang in vier jährlichen Raten mußten die Kosten dann in drei Teilzahlungen aufgebracht werden. Dies wiederum bedinge eine „plötzliche" Erhöhung der Gesamtetatsumme im ersten Jahr um 24 Millionen[25], rechnete Tirpitz dem Monarchen vor, und würde Spannungen zwischen dem RMA und dem in Bezug auf die Flottenrüstung knauserigen Reichskanzler erzeugen. Das Parlament könne zudem im Hinblick auf die Verkürzung der Bauzeit „nicht zu übersehende Schwierigkeiten" machen.[26]
Die Kritik des Monarchen an der teilweise doch enormen Zeitdifferenz zwischen der Bewilligung der ersten Rate und der Kiellegung eines Schiffes[27] — für *J* wurden 10 Monate benötigt, für *K* sollten erst nach einem Jahr die Arbeiten auf der Helling beginnen — suchte Tirpitz dadurch zu entkräften, daß er dem Kaiser die Arbeitsvorbereitungen schilderte, welche die Werften vor Stapellegung leisten würden. Das Aufschnüren des Schiffes, der Aufbau des Leergerüsts, die Anfertigung der Bauzeichnungen, die Bestellung des Materials, dessen Bearbeitung und Zusammenbau seien alles notwendige Präliminarien. Die Helling selbst sei nur zur Endfertigung und Montage vorbereiteter Teile zu einem kompletten Ganzen da. Die relativ kurzen Bauzeiten für englische Schiffe resultierten — nach Tirpitz — neben dem „3-Ratensystem" in der Hauptsache aus dem Interesse britischer Werften, ihre „Hellings frei zu bekommen", da genügend Anschlußaufträge insbesondere auch auf ausländische Order vorhanden seien — in Deutschland sei „das Umgekehrte" der Fall. Zudem arbeiteten in England an einem Bau 3.000 Mann, bei deutschen Schiffbaubetrieben übersteige die Arbeiterzahl aufgrund der Kostenüberlegungen der Werften und fehlender Neuaufträge selten 1.000. Bei Zusicherung von Aufträgen aber ginge infolge der jährlich

begrenzten Zahl an Neubauten die Hälfte der sechs Privatwerften ein[28] — deutlicher konnte der Staatssekretär die spezifische Problematik seiner Flottenbau- und Werftenpolitik kaum beschreiben.
Schließlich kam Tirpitz auch auf jene Faktoren zu sprechen, die Beginn und Ende der Konstruktionsarbeiten beeinflußten. Start der Vorarbeiten für die Einheiten des neuen Etats sei jeweils der Sommer des Vorjahres insofern, als erst dann die Ersparnisse aus dem Schiffbaufonds und die Gestaltung des neuen Etats erkennbar seien. Nach deren Höhe richteten sich die für die Neubauten zur Verfügung stehenden Mittel sowie der Umfang derjenigen Verbesserungen aus, welche Kostensteigerungen bedingen würden. Ferner würden erst die Sommerverhandlungen des englischen Unterhauses Angaben über neue Schiffbauprojekte der Royal Navy erbringen. Verzögerungen der Konstruktionsarbeiten hätten vor allem darin ihren Grund, daß K in den Jahren, die eine Ausarbeitung zweier Großkampfschifftypen erforderten, zu überlastet sei, um beide gleichzeitig fertigzustellen, und zudem wesentliche technische Neuerungen oftmals während der Entwurfsphase Berücksichtigung finden müßten. Als Beispiel einer solchen Neuerung führte der Staatssekretär die „Frahmsche Schlingerdämpfungsanlage" an, für deren Einbau auf dem Kreuzer *K* sich das Konstruktionsdepartement einsetzte.

Die Entwicklungsabteilung hatte bis Mitte März 1911 zwei verbesserte Versionen *4b* und *5* des vorläufig genehmigten Projektes *4* ausgearbeitet, die der Departementschef von K am 18.3. dem Staatssekretär in Form einer Denkschrift vorstellte.[29] Danach hatte sich gegenüber Projekt *4* eine Gewichtsvermehrung von insgesamt etwa 400 t ergeben, die u.a. durch die Verwendung eines neuen Modells der Mittel-Pivot-Lafette C/06 für die 15-cm-SK, die Wiedereinführung des Bug- und Hecktorpedorohres, eine genauere Veranschlagung des Schiffskörpergewichts und der Panzerung sowie eine Vermehrung der Deplacementreserve bedingt war. Das Vorschiff war erneut um 3 m verlängert, dafür aber der Freibord im Bug um 0,3 m verringert worden. Tiefer gelegt wurden auch die jeweils dritten Türme: *4b* auf 9,6 m, *5* auf 9,1 m. In letzterem Falle hatte dies weniger mit einem Deplacementausgleich oder der Verminderung von Toppgewichten zu tun, als vielmehr mit einer Maßnahme, die letztendlich dazu beitragen sollte, die Silhouette des Kreuzers *K* und seiner beiden Schwesterschiffe charakteristisch zu bestimmen. Denn obwohl die Entwurfsabteilung die höhere Aufstellung der Mittelartillerie fraglos als großen Vorteil wertete, sah man in der sich daraus ergebenden, relativ ausgedehnten Seitenfläche, welche nur durch 150 mm Kasemattpanzerung geschützt war, eine nicht zu unterschätzende „Schwäche". Eine Verdickung der Platten bei gleichbleibender Fläche aber war deshalb ausgeschlossen, als die „zur Verfügung stehenden Mittel" dies kaum zuließen. Die Entwurfsabteilung behalf sich, indem sie das Zwischendeck etwa ab Höhe des vorderen Schornsteins wegfallen ließ, um die darüberliegenden Decks etwas absenken zu können. Anregung zu dieser Maßnahme hatte sich KIE offenbar auf einen Attachebericht aus Washington hin geholt, in welchem über ein ähnliches Vorgehen der amerikanischen Marine bei den Linienschiffen *Wyoming* und *Arkansas*[30] Meldung gemacht worden war[31]: So habe die U.S. Navy diesen Weg beschritten, um „mit einem großen Freibord im Bug und einer ausreichenden Feuerhöhe der vorderen Kasemattgeschütze eine möglichst geringe Höhe der Seitenpanzerung zu vereinigen." Bei gleichem Panzergewicht für *4b* und *5* ergab sich bei letzterem Entwurf nun eine etwas günstigere Verteilung des Schutzes, da die stärkere Zitadellpanzerung im Austausch für die abgesenkte Kasematte größere Seitenflächen abdecken konnte. Effekt des Ganzen war aber auch, daß die Feuerhöhen der 15-cm-SK im Mittel von 6,9 auf 5,4 m abfielen — Ursprung und Anlaß für die Konstruktion der Projekte *4* und *4b* wurden also bei Entwurf *5* wenn nicht neutralisiert, so doch stark relativiert. Immerhin hatte diese Maßnahme, wie KIE hervorhob, einen positiven Einfluß auf den Gesamteindruck des Schiffes, denn die noch bei *4b* vorhandene, weit nach achtern reichende abgesetzte Back mündete jetzt nach langgezogenem, steil nach hinten abfallendem Decksprung in einem gegenüber dem Vergleichsentwurf um 0,7 m nach oben korrigierten Heck. Es entstand der Eindruck eines wohlgerundeten Flushdecks, welches dazu beitragen sollte, den Gegner über die Größe des Schiffes zu täuschen. Der gerade wegen dieses Decksprunges so ästhetische Anblick der

[38; 39; 40; 41] *Derfflinger* nach dem Umbau 1916:
Das Schiff aus der Vogelperspektive. Wenn auch des öfteren publiziert, zeigt diese Aufnahme wohl immer noch am besten die Gestaltung des Aufbautengefüges.

Die vorderen beiden 30,5-cm-Doppeltürme werden überragt von dem mächtigen Dreibeinmast mit seinen weitgespreizten Standbeinen.

Blick über die Türme B und A zur Back; im Vordergrund der gepanzerte Kommandoturm.

Das Achterschiff vom Dreibeinmast aus aufgenommen. Hinter dem Schornstein hervorragend, die Rohre von Turm C. Die vier 8,8-cm-SK jeseits dieses Turms sind ausgebaut. (alle WZ - Bilddienst)

Derfflinger-Klasse ist also auf eine finanziell bedingte Inkonsequenz zurückzuführen.
Fernerhin ergab sich durch den Wegfall des Zwischendecks im Mittelschiff eine relativ große Raumhöhe oberhalb des Panzerdecks, die für Oberbunker reserviert werden sollte, welche das Kohlenfassungsvermögen auf voraussichtlich 4.000 t steigern konnten. Das Unterschiff hatte KIE bei konstanten Verbandgewichten zur Erhöhung der Bodenfestigkeit nach dem reinen Längsspantensystem ausgeführt; der Spantabstand betrug nun 640 mm statt wie bisher 1.200 mm. Die Kesselanordnung war (ähnlich wie bei Entwurf *IVe* für den Kreuzer 1910 vorgeschlagen) durch ein Mittellängsschott zweigeteilt worden (2 + 2 + 2 + 2 + 2 + 2 Räume mit 2 + 4 + 4 + 4 + 4 + 4 Kesseln). Vorgesehen waren, da Bedenken gegen große Aggregate durch Versuche mit *Von der Tann* etwas beiseite gedrängt werden konnten, 22 Marine-Doppelkessel mit 266 m^2 Rostfläche, die als ausreichend erachtet wurde, um die Geschwindigkeit von *J* zu gewährleisten. Durch diese Maßnahmen war es nun auch möglich, das Panzerdeck auf 1.150 mm über CWL abzusenken.
Ungewöhnlich breiten Raum widmete KIE Erwägungen, im Interesse einer ruhigen Plattform den Einbau einer Frahmschen Dämpfungseinrichtung vorzusehen oder aber die Stabilität der Entwürfe herabzusetzen. Grundsätzlich hatte K bislang relativ große Metazentrische Höhen für Linienschiffe und Kreuzer gewählt — die Werte pendeln zwischen 2,1 und 3,1 m; für *4b* und *5* wurden 2,7 bzw. 2,9 m angegeben. Wie die Entwurfsabteilung in einer „Denkschrift über die Schiffsbreite und Stabi-

lität unserer neuen Schiffe"[32] ausgeführt hatte, kam es besonders darauf an, beim Drehen eine geringe Krängung und damit ein Austauchen der Gürtelunterkante sowie Störungen beim Schießen zu vermeiden. Genauso wichtig war, daß ein steifes Schiff große Schlagseiten bei Treffern besser ausgleichen konnte, insbesondere, da die in weitem Abstand von der Außenwand stehenden Torpedoschotten recht breite Seitenzellen freiließen, deren Vollaufen stärkere Neigungen hervorrufen mußte. Im besten Falle konnte durch eine hohe Stabilität die Gefahr des Kenterns verringert werden, was KIE am Beispiel des Linienschiffes *Nassau* demonstrierte: Man nahm an, daß beim Vollaufen eines Seitenmaschinenraums nebst allen Seitenzellen lediglich eine Schlagseite von 7 1/2 Grad eintreten würde.

Schiffe mit großen Metazentrischen Höhen besitzen aber ebenso den Drang, nach einem Krängungsimpuls recht schnell und heftig wieder in erneute Ruhelage zu gelangen; ihre Schlingerperioden sind vergleichsweise kurz. Dieses Verhalten ist vor allem dann von Nachteil, wenn beim Waffengebrauch eine ruhige, sanfter schwingende Plattform erwünscht ist. Aus diesem Grund machte die Entwurfsabteilung für Projekt 5 den Vorschlag, die Metazentrische Höhe (MG) etwa auf 1,6 bis 1,8 m herabzusetzen. Die dadurch bedingte Verringerung der Schiffsbreite um 2 m vermehrte aber nicht nur die Anfälligkeit für höhere Schlagseiten bei Wassereinbruch, sondern verschlechterte zudem den Unterwasserschutz, da der Abstand des Torpedoschotts von der Außenwand ebenfalls verkleinert werden mußte. Diese Überlegungen und die Tatsache, daß sich wegen der spezifischen Wellenverhältnisse in der Nordsee große Metazentrische Höhen durchaus vertreten ließen, veranlaßten das Konstruktionsdepartement dazu, gegen die Herabsetzung der Stabilität und für die Installierung einer Dämpfungsanlage — dem Beispiel des Kreuzers *F* folgend — zu votieren. Den Anbau von Schlingerkielen hatte K wohl zur Vermeidung einer Geschwindigkeitsreduzierung verworfen. Die Schlingeranlage hatte jedoch ihren Preis — und dies in zweifacher Hinsicht: der Einbau der Schlingerbehälter erforderte eine Verlängerung der Zitadelle um etwa 3 m, somit eine Deplacementvergrößerung um 300 t (ohne Dämpfungswasser) und Mehrausgaben von ca. 0,5 Millionen Mark inklusive Lizenzgebühr. Diese Kosten trieben den bisher veranschlagten Schiffbaupreis auf die stolze Höhe von 32,8 Millionen Mark, wozu noch die Ausgaben für die Artillerie- und Torpedoarmierung treten sollten, deren Anschlagsummen mit 15,78 bzw. 0,97 Millionen beziffert wurden — also ein Gesamtpreis von 49,55 Millionen Mark.[33] Da der Etatanschlag für Schiffbau mit 29,65 Millionen gegenüber *J* konstant geblieben war, mußten demnach 3,15 Millionen Mark zusätzlich aufgebracht werden, von denen 2,65 aus dem sogenannten „Neubaufonds" und die restlichen 0,5 Millionen für die Dämpfungseinrichtung auf Vorschlag von K aus der Deckungsgemeinschaft bezogen werden sollten.[34] Nach Abwägung aller schiffbaulichen und finanziellen Faktoren empfahlen die Entwurfsabteilung und der Chef des Konstruktionsdepartements Projekt *5* zur Annahme.

Das Allgemeine Marine-Departement machte gegen diese Empfehlung erhebliche Bedenken geltend. In einem Votum an den Staatssekretär[35] vom 25. März wurden zwar die Vorteile der gegenüber Entwurf *4b* veränderten Panzeranordnung, das zur Anpassung an den Deckssprung um 70 cm erhöhte Heck sowie die niedrige Silhouette durchaus positiv bewertet. Auch beurteilte man bei A die Verdickung des Batteriedecksabschnittes zwischen Außenwand und eingezogener Kasematte (von 40 auf 60 mm) neben der Verstärkung des Oberdecks im Mittelaufbau auf 40 mm zur Verbesserung der Festigkeit des Schiffskörpers als „angenehme Begleiterscheinungen". Aber gegen die Herabsetzung der Feuerhöhe der Mittelartillerie auf das „Maß der Linienschiffe 1909 - 1911" (!) erhob A Einspruch mit dem Argument, daß die „zum ersten Male vorgesehene, wirklich hohe Aufstellung" der 15-cm-SK „wieder drangegeben" würde — nach Einschätzung von A, ein „Hauptvorzug des 4-Turmschiffes mit Mittschiffsaufstellung." Ferner nahm man an der eingerückten Kasematte Anstoß, denn das Batteriedeck bildete in diesem Bereich praktisch ein Interimsoberdeck mit der wenig angenehmen Konsequenz, daß hier die Freibordhöhe nur 3,9 m im achteren und 4,7 m im vorderen Kasemattabschnitt betrug. Bei voller Kohlenzuladung sank der achtere Teil sogar bis auf 3 m über CWL ab, was man bei A auch angesichts der ersten

Berichte über das Seeverhalten von *Von der Tann* auf seiner Südamerikareise[36] als „unzulässig"[37] für einen Kreuzer erachtete, da dessen „Verwendungsfähigkeit in allen Gewässern" sicherzustellen sei. Das Votum bot nun einen Kompromißvorschlag in der Hinsicht an, als man sich mit der abgesenkten Batterie durchaus „abfinden" konnte, falls dafür jedoch im Gegenzug die Kasematte „herausgerückt" würde. A versprach sich davon eine Steigerung der Konstruktionsfreibordhöhe bei offenen Geschützpforten auf 4,7 m (achtern) bzw. auf 6,5 m bei geschlossenen Pforten. Der Staatssekretär wurde schließlich gebeten, Entwurf *5* nur auf dieser Basis die Genehmigung zu erteilen, andernfalls jedoch *4b* den Vorzug zu geben.

Die von K angefertigten neuen Projekte und die Gegenvorschläge des Allgemeinen Marine-Departements ließen eine weitere Sitzung über den Kreuzer 1911 ratsam erscheinen. Admiral v. Tirpitz bewertete eingangs darin den gestiegenen Freibord im Heck bei Entwurf *5* als einen wesentlichen Vorteil und näherte sich dann den weitergehenden Forderungen des Allgemeinen Marine-Departements unter Hinweis auf die „Unannehmlichkeiten" an, die *Von der Tann* gehabt habe.[38] Baurat Bürkner betonte daraufhin die stärkere Panzerung der Unterkasematte bei Entwurf *5* als weiteren Vorteil des Projekts, erläuterte anschließend die gegenüber Entwurf *4* eingetretenen Gewichtsvermehrungen und machte weitere Verbesserungvorschläge — so u.a. eine Verstärkung des Panzerdecks über den 15-cm-Kammern auf 50 mm, besseren Schutz der Turmunterbauten und eine Erhöhung der Barbette von Turm D um 0,1 m —, die sämtlich aus Kostengründen abgelehnt wurden. Sodann kam die Gesprächsrunde auf die Vor- bzw. Nachteile und Gewichtseffekte der von A angeregten herausgerückten Kasematte für Entwurf *5* zu sprechen. Neben einer Einschränkung der Bestreichungswinkel entweder von Turm A jeseits etwa um 5° achteraus oder von Turm D um 3° voraus sowie Schwierigkeiten bei der Bekohlung und Bedienung der Schutznetze[39] rechnete Baurat Bürkner mit einem Mehrgewicht von etwa 65 t — Vizeadmiral Paschen, der Vertreter von A, verwies hingegen in diesem Zusammenhang nochmals auf die niedergelegten Ausführungen des Votums vom 25. März. Der Staatssekretär schnitt den Diskussionsverlauf

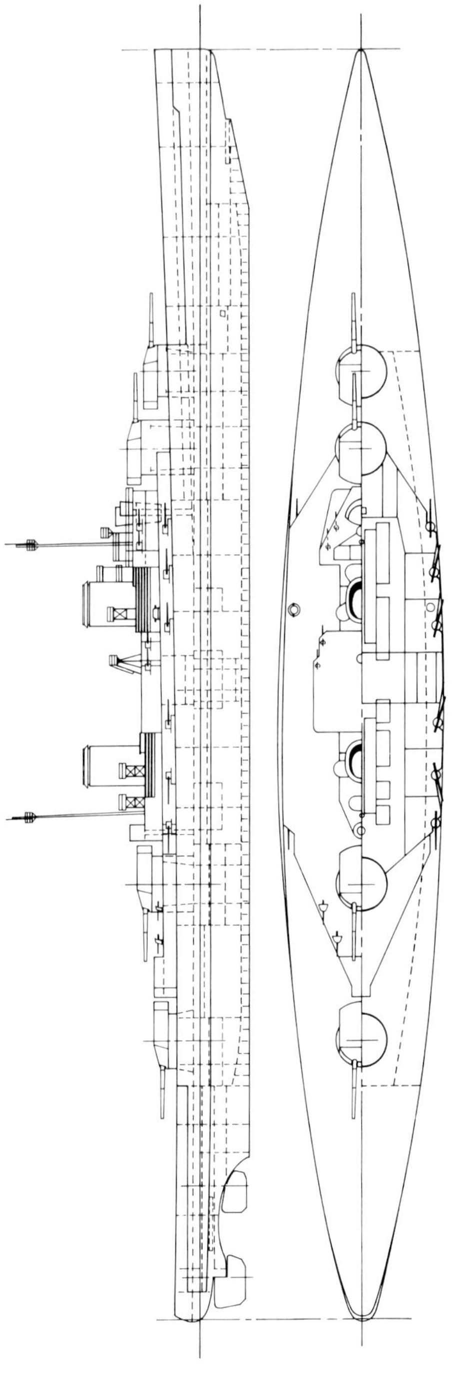

Entwurf *5d*, genehmigt am 24. Juni 1911

schließlich auf die Frage zu, ob der großflächigere Zitadellpanzerschutz bei Entwurf 5 die geringe Freibordhöhe wert sei und stellte die anwesenden Herren vor die Entscheidung, die Kasematte zur Behebung dieses Mißstandes herauszurücken, dafür aber im Gegenzug Gewichtsersparnisse an anderen Stellen vorzunehmen: Angeboten wurde hierauf von A, die Dicke des Torpedoschotts um 5 mm auf 45 mm zu reduzieren, und von K, auf den vordersten Teil des Bugpanzers zu verzichten. Um den Wegfall des Bugpanzers entspann sich daraufhin ein lebhafter Meinungsaustausch, der es wirklich wert ist, in seiner ganzen Länge zitiert zu werden:

„*Seine Exzellenz der Herr Staatssekretär: (...) Ich bin dagegen, daß der Bugpanzer wegfällt. Die 100 mm sichern uns gegen die großen Löcher.*
Admiral Gerdes (W)*: Ich bin dagegen. Erstens gibt der Panzer Schutz gegen die Mittelartillerie und bei schweren Geschossen werden wir im allgemeinen nur kalibergroße Löcher haben.*
Geheimrat Bürkner (K)*: Es ist die Frage, wie wirkt ein nach dem Durchschlagen detonierendes Geschoß auf die Feuerleeseite?*
Admiral Gerdes: Die Detonationswirkung geht hauptsächlich nach oben, weil dort der geringste Widerstand (ist).
Seine Exzellenz der Herr Staatssekretär: Es ist die Regel, daß die Detonationswirkung schon in der Platte erfolgt. Wenn kein Panzer da ist, dann haben wir auf der Leeseite die großen Löcher.
Geheimrat Bürkner: Man muß bedenken, daß die Platten nur an Bolzen an der Außenwand hängen.
Seine Exzellenz der Herr Staatssekretär: Die Platten mindern jedenfalls die Detonationswirkung nach innen.
Geheimrat Hüllmann (K)*: Man muß doch damit rechnen, daß das Schiff vorn voll Wasser läuft. Es werden Leckagen eintreten, die mit Bordmitteln nicht gedichtet werden können.*
Seine Exzellenz der Herr Staatssekretär: Es sind aber keine großen Wassermassen, die einströmen; man kann die Löcher wieder stopfen und mit dem Schiff fahren.
Geheimrat Hüllmann: Die Schiffsaußenhaut, an der der Panzer befestigt ist, wird unfehlbar undicht, das Vorschiff vor der Zitadelle wird sicherlich vollaufen und mit den vorhandenen Mitteln nicht lenz gehalten werden können.
Seine Exzellenz der Herr Staatssekretär: Wenn ich vorn den Panzer habe, wird das nicht der Fall sein; zum mindesten kann nach dem Gefecht das Schiff mit Bordmitteln vorn wieder dicht gemacht werden.
Admiral Gerdes: Nach den Ergebnissen des Schießversuchs gegen das Schiffsziel (?) *ist nicht anzunehmen, daß große Leckagen eintreten.*
Geheimrat Bürkner: Alle Schüsse, die abgewiesen werden, beanspruchen die Plattengänge so, daß Leckagen eintreten werden.
Seine Exzellenz der Herr Staatssekretär: Es handelt sich auch darum, daß das Schiff in der Form erhalten wird. Wie ist es, wenn wir statt der 100 mm nur 60 mm wie bei dem verstärkten Wasserliniengang der Kleinen Kreuzer nehmen?
Geheimrat Bürkner: Die Ersparnis beträgt etwa 80 t.
Admiral Gerdes: Der Schutz gegen Mittelartillerie ist ungefähr der gleiche. Schwere Sprenggranaten werden dann aber immer im Inneren detonieren. Ich würde dann noch eher dafür sein, den Zitadellpanzer zu verringern.
Admiral Paschen (A)*: Das Schiff wird mit 45 mm starkem Torpedoschott auch torpedosicher (...).*"

Da sich die Diskussion offenbar etwas im Kreis zu drehen schien, ließ der Staatssekretär zunächst den Fragenkomplex Stabilität und Schlingerdämpfung erörtern, um im Anschluß daran wieder zum Themenbereich Bugpanzer zurückzukehren. Im Sinne der Torpedosicherheit wurde recht schnell Einigung dahingehend erzielt, die Metazentrische Höhe konstant zu halten, d.h. die vorgeschlagene Verringerung der Schiffsbreite zu unterlassen. Der Einbau einer Schlingerdämpfungsanlage erschien v. Tirpitz in erster Linie wegen des Gewichts- und Kostenaufwands nicht ratsam, er sprach sich statt dessen für „ordentliche Schlingerkiele" trotz des zu erwartenden Geschwindigkeitsverlustes aus. Als Korvettenkapitän v. Trotha (A) daraufhin jedoch die Finanzierung der Anlage „durch Sonderforderung" vorschlug, schien das größte Hindernis sogleich beseitigt zu sein — und anschließend wurde auch ein Kompromiß bezüglich der Kasematte gefunden: Sie sollte im Austausch für eine Verringerung der Dicke des Torpedoschotts herausgerückt werden. Den Ausschlag in dieser Frage hatte die Entscheidung für das breitere Schiff herbeigeführt, denn somit schienen die vorgeschlagenen 45 mm, auch

angesichts neuester Meldungen aus England über die Einführung von Torpedosprengköpfen mit größerer Explosivkraft[40], vertretbar zu sein.
Die Konstruktionsabteilung hatte bis Mitte Juni sämtliche seit der vorläufigen Genehmigung des Entwurfs *4* aufgetretenen Änderungen in ein neues Projekt *5d* einfließen lassen, welches im Rahmen eines Immediatvortrages am 24. Juni dem Monarchen vorgestellt werden sollte, um der kaiserlichen Prärogative Genüge zu tun und die verbindliche Konstruktionsordre herbeizuführen.[41] Unter Punkt 2 der aufgeführten Agenda vorgenommener Verbesserungen ging K auf eine Stellungnahme von „Krupp und Dillingen" ein, welche in „bestimmter Weise" — schon anläßlich der Sitzung vom 30. März — Kritik an der vorgesehenen starken Täperung der Zitadellpanzerplatten in deren vorderem Abschnitt geäußert hatten.[42] Die ab Spant 186 in zwei Plattengängen ausgeführte Zitadellpanzerung hatte in ihrem oberen Teilbereich zunächst eine Täperung von 300 auf 200 mm bei einer Gesamtplattenhöhe (obere Platte) von rund 3.500 mm aufzuweisen. Aus Fabrikationsgründen mußten die betreffenden Teile — bei konstantem Panzergewicht — nun eine mittlere Dicke von 270 mm erhalten, die sich etwa bis 3.700 mm über CWL erstrecken sollte. Es entstand dadurch ab Höhe des unteren Zwischendecks ein leichter Absatz vom unteren zum oberen Plattengang und somit ein etwas geringerer Schutz in diesem Bereich.[43]
Punkt 10 betraf die neue Anordnung der 22 Marine-Doppelkessel und eine Auflistung der mit der Zweiteilung der Kesselräume verbundenen Vorteile. K hob insbesondere den nun übersichtlicher zu gestaltenden Betrieb der Aggregate neben einer besseren Rauchfangführung hervor. Dadurch ergab sich ein geringerer Platzverlust in den oberen Decks und die Möglichkeit, neben den Kesseln innerhalb des durch das Torpedoschott gesicherten Bereichs Gebrauchsbunker sowie 15-cm-Munitionskammern einzurichten. Noch nicht zur Entscheidung waren Erwägungen gelangt, einen Teil der 22 Kohlekessel durch ölgespeiste Doppelenderkessel zu ersetzen. Diese Frage sollte erst in einer Besprechung am 8. Juni vorläufig geklärt werden.[44] Nach den Aufzeichnungen von K zu dieser Unterredung ließen die erzielten Erfolge der Germaniawerft und der Vulcan A.G. mit reinen Ölfeuerungskesseln den Ersatz eines Teils der Kohleaggregate durch Ölkessel „gerechtfertigt erscheinen"; Kohlekessel mit Ölzusatzfeuerung wurden abgelehnt.
Wie stets bei solch wichtigen Entscheidungen hatte K eine Pro- und Kontraliste zusammengestellt: Für Ölkessel sprachen deren im Vergleich zu Kohlekesseln geringeres Gewicht sowie ihre kleineren Abmessungen bei gleicher Leistung, die leichtere Bedienbarkeit und eine nicht unerhebliche Personalersparnis an Kohlentrimmern und Heizern. Ferner konnte schneller Dampf aufgemacht werden, und die Ölfeuerung ermöglichte ein rauchloses Fahren; die verräterische Rußfahne wurde dadurch vermieden.[45] Dem stand die von K an erster Stelle genannte Befürchtung eines Ausfalls der Kessel gegenüber, sollte das Öl verbraucht sein. Außerdem schätzte man die Unterbringung des Brennstoffs als recht schwierig ein und wähnte das Öl als „eine Gefahr für das Schiff". Weiterhin schlug bei K negativ zu Buche, daß der Kohlenschutz als wichtiger Teil der Defensiveigenschaften mit steigender Ölmenge abnahm und die Beschaffung von Öl im Ausland — insbesondere in Krisenzeiten — sich schließlich sehr schwierig gestalten mußte, da eigene Ressourcen nicht vorhanden waren.
Die Vorteile haben die Nachteile letztendlich überwogen, denn acht der 22 Kohlekessel wurden durch vier Doppelender-Ölkessel ersetzt. Deren Heizfläche betrug insgesamt 3.800 m^2, die Heizfläche aller Kohlekessel 8.470 m^2 bei einer Rostfläche von nunmehr 169,4 m^2.[46] Der Konstruktionsbrennstoffvorrat von 1.000 t wurde auf 750 t Kohle und 250 t Öl verteilt.
Hinsichtlich des Einbaus der Frahmschen Dämpfungsanlage war trotz der geklärten Finanzierungsfrage noch immer keine endgültige Entscheidung getroffen worden. Ein entsprechender Vorbehalt in der von K vorformulierten Konstruktionsordre war sogar weggelassen und die Feststellung der technischen Erforderlichkeit des Einbaus auf einen späteren Zeitpunkt verschoben worden. Dies hing einerseits damit zusammen, daß der Kaiser selbst anläßlich des Vollzugs der Konstruktionsordre für die Linienschiffe des Etatjahres 1911 diesbezügliche Vorbehalte gestrichen hatte; andererseits war es wohl auch eine präventive Reaktion auf die recht negativ ausgefallene Stellungnahme des Schiffskommandos *Von der Tann* zur Frahmschen Anlage

— dies war auch dem Monarchen in einem Immediatvortrag am 12. Mai zur Kenntnis gebracht worden.[47] So hatte Geheimrat Hüllmann den Kreuzer kurz nach dessen Rückkehr von seiner Südamerikareise am 8. Mai auf Wilhelmshaven-Reede besichtigt und in einem Bericht an den Staatssekretär sogleich eingangs gemeldet, daß man von seiten der Schiffsführung „keinen Wert auf Frahm" lege.[48] Bei konstanten Schlingerperioden von 11,5 Sekunden hätten sich die Schlingerwinkel nur um 33 % (von 26° auf 17°) reduziert. Da der Kreuzer sonst ruhige Bewegungen machte, konnte auf die Frahmsche Anlage bei ihm verzichtet und die Räumlichkeiten anderweitig genutzt werden.

Immerhin hatte das Konstruktionsdepartement, wie in der Sitzung vom 30. Mai beschlossen, die Zitadelle des neuen Entwurfs *5d* um 3,5 m verlängert, so daß entweder zwei zusätzliche 15-cm-SK oder aber die Schlingerdämpfungsanlage eingebaut werden konnten. Die Konstruktionsordre vom 24. Juni enthielt die Anweisung, letztere Maßnahme vorzusehen — also war zunächst einer Verstärkung der Mittelartillerie die Präferenz erteilt worden. Schließlich jedoch wurde die Schlingerdämpfungsanlage gewählt — vielleicht, weil man sich durch die gegenüber *Von der Tann* veränderte Anordnung der Tanks in den Aufbauten doch eine bessere Wirkung versprach[49] oder aber, in diesem speziellen Fall, die Finanzierung gesichert war. Für letztere Erklärung spricht insbesondere die Tatsache, daß der Kreuzer 1912, *Ersatz Kaiserin Augusta,* eine solche Anlage nicht erhielt, obwohl er als Schwesterschiff von *K* auf Stapel gelegt werden sollte.

Ersatz Kaiserin Augusta — Lützow

Mit dem Großen Kreuzern 1911 und 1912 konnte nach dem Duo *Moltke/Goeben* zum zweiten Male ein Paar nahezu identischer Einheiten konzipiert werden. Die Entscheidung für die Inbaugabe von *Ersatz Kaiserin Augusta* nach den Plänen des Kreuzers 1911 war jedoch durch etwas andere Umstände bedingt, als dies zirka drei Jahre zuvor der Fall gewesen war. So hatte Admiral Rollmann in seinem Empfehlungsschreiben für Entwurf 5 vom 18. März 1911 den Anschlag für die Schiffbaukosten von 32,3 Millionen des Kreuzers *K* auch auf die Nachfolgeeinheit, *Ersatz Kaiserin Augusta,* bezogen.[1] Eine mit einer möglichen Kostensteigerung verbundene Neuplanung war zu diesem Zeitpunkt demnach schon weitestgehend ausgeschlossen worden, ohne natürlich definitiv festgelegt zu sein. Die reale Ausgabenentwicklung für Schiffbauten und Armierungen ließ auch bei den meisten Schiffstypen, gemessen an der prognostizierten Geldbedarfsberechnung, die anläßlich der Novelle 1908 für die folgenden Jahre aufgestellt worden war, wenig Spielraum für kostenintensive Änderungen. Jenes Diktat knapper Finanzressourcen warf seine Schatten auch auf den Kreuzer 1912.

Aufgrund der Planungen zur Novelle 1908 sollten sowohl der Gesamtetatanschlag für 1912 mit 449,1 Millionen Mark als auch der darin enthaltene Bedarf für Schiffbauten und Armierungen von 241,4 Millionen infolge des Zweiertempos für Großkampfeinheiten ab 1912 zum ersten Male wieder sinken, nachdem beide in den Jahren 1908 - 1911 in ihren Soll- und Istwerten eine recht kontinuierliche Aufwärtsbewegung vollzogen hatten.[2] Obgleich die Marineverwaltung in den Jahren des Vierertempos durch ihre „Sparpolitik" stets die — den gestiegenen Bedürfnissen angepaßten — Anschläge für Schiffbauten und Armierungen einhalten konnte[3], übertrafen die voraussichtlichen Ausgaben nun im Etat 1912 trotz einer tatsächlich zu verzeichnenden Abwärtstendenz fast auf das Niveau des Jahres 1910 die angesetzte Plansumme um mehr als drei Millionen Mark. Der Gesamtistbedarf des Etatkapitels Marineverwaltung lief derweil dem Planbedarf von 1908 einfach davon; mit anderen Worten: eine neue Geldbedarfsanmeldung, die den wirklichen Ausgaben Rechnung tragen konnte, war vonnöten. Solche Überlegungen hatten den Staatssekretär bereits während der Sitzung über den Kreuzer *K* am 30. März geleitet, als er angesichts des Vorschlags zum Einbau der Schlingerdämpfungsanlage die hohen Gesamtkosten für das Schiff monierte, welche sich der 50 Millionen-Marke näherten.[4] Einen Vorschlag des Geheimrats v. Cölln (E), die notwendige Überschreitung der Anschlagsumme für den Schiffbau aus der Deckungsgemeinschaft zu finanzieren — unter Voraussetzung konstanter Baupreise —, kommentierte Tirpitz daraufhin bezeichnenderweise mit

[42] Der Große Kreuzer 1912 — *Ersatz Kaiserin Augusta* — *Lützow* unmittelbar vor der Stapellaufzeremonie am 29. November 1913 bei der Schichau-Werft in Danzig. (WZ - Bilddienst)

der Bemerkung, daß er auch an die „Entwicklung im Ganzen" denken müsse.
Zur „Entwicklung im Ganzen" zählte v. Tirpitz mit Sicherheit auch die für 1912 vorgesehene Vorlage einer dritten Flottennovelle, deren Ziel es war, das 1908 entstandene sogenannte „Loch" zu stopfen (s. hierzu Kapitel III), um endlich die letzte Stufe zum angestrebten Äternat zu nehmen sowie einen bedeutenden Schritt in Richtung der „2 : 3"-Stärkerelation zu tun.[5] Eleganteste Lösung war hier die Neuforderung von sechs großen Schiffen, die in den Jahren 1912 bis 1917 ein durchgehendes Dreierbautempo gesichert hätten (s. Tabelle 1); ab 1918 trat dann die 20jährige Ersatzzeit für die 1898 bewilligten Bauten in Kraft. Würden die sechs neuen Einheiten durchweg als Linienschiffe gebaut, bedeutete dies rechnerisch einerseits eine Mehrzahl — in der Marineverwaltung im Hinblick auf die vier Linienschiffsbauten der Jahre 1908 - 1911 als „Aufpfropfen"[6] bezeichnet — von vier solcher Einheiten, nahm man den bislang anvisierten Bestand von 40 Linienschiffen als Maßstab. Andererseits mußte sich de facto eine Überzahl von drei Einheiten ergeben, sollten zwei Reserve- und drei aktive Geschwader á acht Linienschiffe plus einem Flottenflaggschiff (41 Einheiten) gebildet werden. Tirpitz übergab die Forderung nach sechs zusätzlichen Linienschiffen am 30. August 1911 dem Reichskanzler, der jedoch angesichts diplomatischer Bedenken im Zuge der Marokko-Krise und des gespannten Verhältnisses zu England dem Vorschlag des Staatssekretärs äußerst reserviert gegenüberstand.[7]
Für die Marineverwaltung kam es grundsätzlich darauf an, ein kontinuierliches Zweiertempo zu verhindern, an welches sich verschiedene Reichsorgane nur zu leicht gewöhnen konnten. Denn, so riet Vizeadmiral Capelle seinem Chef am 11. Septem-

ber, dadurch würde erstens die Äternisierung des Dreierbautempos, also das Flottengesetz selbst, gefährdet, zweitens sinke bei konstanter Zweierrate der Sollbestand auf 40 Schiffe und somit gerate die angestrebte „2 : 3"-Relation zur Royal Navy in Gefahr, und drittens lasse die „imponderabile" außenpolitische Situation eine Verringerung der Marine um die Hälfte — „Vierer Tempo auf Zweier Tempo" — als unklug erscheinen.[8] In diesem Zusammenhang ist auch eine zweite Variante für die Novellenforderung von 1912 zu sehen, die ebenfalls den Bau von sechs großen Schiffen vorsah, von welchen allerdings nun drei Einheiten Große Kreuzer sein sollten.[9] Diese Aufteilung hatte die Vorteile, daß weiterhin drei aktive Linienschiffsgeschwader zusammengestellt werden konnten und die drei zusätzlichen Kreuzer die Bildung zweier, aus modernsten Einheiten formierter Aufklärungsgruppen mit jeweils sechs Einheiten erlaubten.

Diese dargestellten eleganten Lösungen waren jedoch nicht nur in außenpolitischer Hinsicht äußerst bedenklich. Der Staatssekretär des Reichsschatzamtes, Adolf Wermuth, rechnete Tirpitz Ende November 1911 vor, daß einer Vermehrung um sechs große Schiffe in Verbindung mit weiteren Forderungen für Personalverstärkungen und Steigerungen der Indiensthaltungen „unüberwindliche finanzielle Hindernisse entgegenstehen" würden.[10] Die jüngsten Bedarfsanmeldungen der Marine — wobei Linienschiff und Großer Kreuzer nun beide mit 55 Millionen Mark veranschlagt wurden — waren demzufolge einfach zu hoch geraten, um für den Haushalt der folgenden Jahre noch tragbar zu sein. Da das Reich zudem die enorme Heeresrüstung zu verkraften hatte und eine Finanzierung der Gesamtforderungen durch Anleihen „ausgeschlossen" schien, konnten nur Steuererhöhungen Entlastung bringen. Aus politischen Gründen waren aber weder die Ausdehnung indirekter noch die Erschließung weiterer direkter Steuern opportun, da für 1912 Neuwahlen zum Reichstag anstanden, in welchen Drehungen an der Steuerschraube willkommene Themen für eine Steigerung des Mißmuts vor allem der sozialdemokratischen „Opposition" und zuweilen auch der Konservativen Partei boten, die sich, vornehmlich der Taxationshoheit wegen, gegen eine Erweiterung der Reichserbschaftssteuer wehrte — Staatssekretär v. Wermuth sah für die angekündigte Novellenform unter diesen Umständen keine Chance.

Angesichts dieses außen-, innen-, rüstungs- und finanzpolitischen Problemkonglomerats gelang es am 23. Dezember Reichskanzler v. Bethmann Hollweg und dem Chef des Zivilkabinetts, v. Valentini, Tirpitz mit vereinten Kräften zunächst auf den Neubau von drei Linienschiffen festzulegen. Dem folgte am 12. Januar die Bestimmung des alternierenden Bautempos von einer bzw. zwei Linienschiffseinheiten für die nächsten Jahre und schließlich am 6. März ein Agreement zwischen Kaiser und Kanzler dahingehend, das Datum für den Baubeginn des dritten Linienschiffes offenzulassen.[11] Damit war die endgültige Novellenfassung für 1912 gefunden und die Marineverwaltung an der Schwelle dessen angelangt, was sie dem Reichskanzler noch zugestehen konnte.

Die Problembereiche, welche sich aus der diffizilen Finanzsituation des Reiches — und damit auch des RMA — ergaben, wurden schließlich dadurch noch erweitert, daß neue Waffensysteme wie U-Boote und Luftschiffe weit mehr Mittel verschlingen sollten, als dem Staatssekretär lieb sein konnte. Gerade auch im Etat 1912 wurde der Titel für „Unterseeboote und Versuche mit denselben" von 15 auf 20 Millionen Mark erhöht, nachdem 1909 noch 10 Millionen und 1905 lediglich 1,5 Millionen Mark für diesen Zweck hatten aufgewendet werden müssen.[12] Zusammen mit einem Ansatz von 2 Millionen Mark für die „Beschaffung von Luftschiffen" belasteten diese Gelder den neuen Haushalt zusätzlich.

Anläßlich der Etatberatungen für das Jahr 1912 waren auf Antrag der Budgetkommission des Reichstags ferner jeweils 750.000.- Mark für die 2. Rate der artilleristischen Armierung der Linienschiffe *Ersatz Kurfürst Friedrich Wilhelm (Großer Kurfürst), Ersatz Weissenburg (Markgraf), S (König)* und des Großen Kreuzers *K* abgesetzt worden; die bewilligten Mittel reduzierten sich demnach bei den Linienschiffen von 5,5 auf 4,75 bzw. beim Kreuzer von 3,5 auf 2,75 Millionen Mark.[13] Abzüge in dieser Höhe waren bis dato ein seltener Vorgang und somit nur zu sehr Ausdruck dafür, daß wirklich überall der Rotstift angesetzt werden mußte — und wurde.

[43] Die imposante Silhouette des Schiffes im Gegenlicht. (WZ - Bilddienst)

Neben generellen Erwägungen innerhalb des politischen und finanziellen Umfeldes bedeutete die Konstruktion des Kreuzers 1912 gemäß den *K*-Spezifika auch eine erhebliche Arbeitsentlastung für die Konstruktionsabteilung. Diese war im Herbst 1911 in die Entscheidungsfindung um die Bewaffnung der Linienschiffe des Etats 1913 — *T (Bayern); Ersatz Wörth (Baden)* — eingespannt, die erst im Januar des folgenden Jahres zu einem Ergebnis geführt werden konnte[14], und danach standen die weitergehenden Arbeiten an den neuen Linienschiffen auf dem Terminplan.

Ersatz Kaiserin Augusta war seit *Blücher* der erste Große Kreuzer, der nicht bei Blohm & Voss in Auftrag gegeben wurde. Dies wirkt insofern etwas befremdlich, als die Hamburger Werft über die Jahre hinweg große Erfahrung beim Bau dieser Schiffe erworben hatte, also die erste Adresse für jenen Typ war. Nach der Darstellung Wolfgang v. Tirpitz' hatte das RMA den Bau des Kreuzers der Schichau Werft in Danzig übertragen, um das turbinentechnische „Monopol von Blohm & Voss" zu durchbrechen.[15] M. Epkenhans bestätigt jene These anhand von Aufzeichnungen des Departementsdirektors von K, Vizeadmiral Rollmann, vom November 1911 und fügt dem hinzu, daß auch wirtschaftsgeographische Faktoren ausschlaggebend gewesen waren, eine Danziger Werft mit dem Bau des Schiffes zu beauftragen.[16] Eigentümlich ist diese Vergabepolitik zunächst in der Hinsicht, als die Marineverwaltung, was die Qualität der beiden bislang abgelieferten Einheiten, *Von der Tann* und *Moltke,* anbetraf, mit Blohm & Voss doch gar nicht so schlecht gefahren war, um gleich solche Maßnahmen zu ergreifen.[17] Vielmehr hatte die Hamburger Großwerft sogar eher Grund, sich selbst über die weitere Kooperation mit dem Reichsmarineamt Gedanken zu machen, da die Verträge mit dem Staatssekretär ihr nurmehr finanzielle Verluste einbrachten. Der daraus entstehende Unmut auf seiten des Schiffbaubetriebs äußerte sich nun zuweilen in der Unterstützung von Bestrebungen zur Kartellierung derjenigen Werften, die neben Aufträgen für die großen Reedereien auch auf Rechnung des RMA produzierten[18], worauf Tirpitz sehr ungehalten reagierte und im Verlauf der Vergabeverhandlungen für die Schiffe des Etats 1913 damit drohte, vermehrt Aufträge an die Kaiserlichen Betriebe oder an die Danziger Schichau-Werft zu vergeben; deren Besitzer, Carl Ziese, exponierte sich als Gegner einer solchen Phalanx und stand bei Tirpitz demzufolge etwas höher im Kurs.[19] Kompensation erhielten Blohm & Voss in dieser Situation von der HAPAG Albert Ballins. Die Hamburger Großreederei hatte zwar ebenso den Ruf, ein zäher Verhandlungspartner zu sein, doch sicherten die Aufträge für die beiden Ozeanriesen *Vaterland* und

Bismarck (Stapelläufe 3.4.1913 bzw. 20.6.1914) zumindest wichtige Arbeitsplätze.
Da für *Ersatz Kaiserin Augusta* letztendlich die Planvorgaben des Vorgängers gültig blieben, kam unter dem Strich eine schnellere Kiellegung nach Bewilligung der ersten Rate heraus: Das Schiff wurde nur eineinhalb Monate nach Beginn des Etatjahres 1912 auf Stapel gesetzt und der Bau damit so rasch in Angriff genommen, daß er dem Auftakt der Hellingarbeiten an *K* (30.3.1912) — die zwar recht spät begannen, aber immer noch im Rahmen blieben — gerade um sechs Wochen hintanstand. Eine Verringerung der geplanten Bauzeit war damit zwar weniger verbunden, aber den im Vorjahr geäußerten Vorstellungen des Kaisers hinsichtlich einer Verkürzung der Zeitspanne zwischen Bewilligung der ersten Rate und Kiellegung kam man im RMA — ob beabsichtigt oder auch nicht — somit wenigstens etwas entgegen.

Ersatz Hertha — Hindenburg

Die entstandene planerische Pause für *Ersatz Kaiserin Augusta* suchte man im Konstruktionsdepartement im Hinblick auf den Nachfolgebau dahingehend auszunutzen, daß schon sehr früh bei den Nachbarabteilungen um Informationen über Forderungen für den Kreuzer 1913 nachgesucht wurde. Bereits am 5. Dezember 1911 ging eine entsprechende Anfrage betreffend Vorstellungen zu „Typänderungen gegen 1911/12" an A.[1] Die Finanzverhältnisse ließen zwar weiterhin keine großen „Sprünge" zu, doch auch minder schwergewichtige Verbesserungen am Typ benötigten u.U. ebenso ihre Zeit, und so war es nicht weiter ungewöhnlich, daß K relativ früh mit den Planungsarbeiten beginnen wollte, um im Zuge der Entwurfstätigkeit an anderen Projekten die Konstruktion für *Ersatz Hertha* etwas strecken zu können.
Die Vorschläge des Allgemeinen Marine-Departements blieben im großen und ganzen auch innerhalb übersichtlicher Grenzen, wobei man interessanterweise am 30,5-cm-Geschütz festhalten wollte.[2] Dies ist zwar wegen der Rücksichtnahme auf die Finanzverhältnisse weniger erstaunlich, doch abgesehen davon wuchs der Abstand zur Armierung der eigenen Linienschiffsbauten für das Jahr 1913 — ein Umstand, dessen Vermeidung A stets angestrebt hatte. Ferner verstieß man gegen den selbstgewählten Grundsatz, die Konstruktion der eigenen Kreuzer an der Linienschiffsentwicklung generell zu orientieren, denn es kursierten Gerüchte, daß die Royal Navy recht bald über das 34,3-cm-Kaliber hinausgehen würde[3], und bei A nahm man solche Gerüchte meist sehr ernst.
Wenn auch nicht in Bezug auf die Hauptarmierung, so gab A doch andere bemerkenswerte Anregungen, die sich zum einen auf die Vermehrung der 15-cm-SK von bislang 14 (bei *Ersatz Kaiserin Augusta*) auf nunmehr 18 erstreckten, wobei die zusätzlichen Geschütze auf dem Oberdeck postiert werden sollten. Zum anderen wurde eine Geschwindigkeit von 28 kn bei sechsstündiger forcierter Vertragsleistung erwartet, somit also eine höchste Probefahrtgeschwindigkeit (Konstruktionsgeschwindigkeit) von mehr als 28 kn angestrebt. Diese Marge war nach den erreichten Probefahrtswerten für *Moltke* (28,4 kn), den nachgebesserten Konstruktionshöchstgeschwindigkeiten für *K* und *Ersatz Kaiserin Augusta* (27,5 kn) sowie Meldungen über die Maschinenleistung bei den Abnahmefahrten des britischen Kreuzers *Lion*, der fast 28 kn erreicht hatte[4], bemessen worden. Allerdings sollte diese Forderung nach erhöhter Leistung und Geschwindigkeit eine Vergrößerung — und damit Gewichtszunahme — der Turbinen bedingen, was A und KII im Austausch gegen eine dann verschlechterte „Ökonomie" bei Marschfahrt in Kauf nehmen wollten. Dagegen wandte sich Admiral Rollmann, der Departementsdirektor von K. Er wollte die Geschwindigkeit der 1910 - 1912-Schiffe beibehalten, da nach seiner Auffassung eine Steigerung nicht in „rationeller Weise" möglich schien, solange die Ölmaschine im gemischten System nicht zum Einsatz kommen konnte.[5] Bezüglich des letzteren Punktes lag er durchaus auf der Linie von A, das aber hinsichtlich des Dieselantriebs — entgegen anderslautender Stellungnahmen des Vorjahres — für einen Kreuzer nurmehr eine reine Ölmaschinenanlage als „zulässig" erachtete, deren Entwicklung aber die Einsatzreife noch längst nicht erreicht habe.
Das Allgemeine Marine-Departement gab ferner zu bedenken, ob nicht eine Verstärkung des unteren

[44] Kurz nach dem Stapellauf: Der Große Kreuzer 1913 — *Ersatz Hertha* — *Hindenburg*. (WZ-Bilddienst)

Panzerdecks sowie des Torpedoschotts auf 50 mm notwendig schien. Auch bat man K um Angaben, inwieweit ein Zusammenrücken der beiden achteren Türme oder der Ersatz von Kohlekesseln durch weitere Ölkessel den Einbau eines zweiten Paares von Torpedobreitseitrohren — ähnlich der Anordnung auf den Linienschiffen — ermöglichen konnte. Mit einer Frahmschen Dämpfungsanlage rechnete A für *Ersatz Hertha* „zunächst" nicht mehr.
Mit dem Hinweis auf die definitive Entscheidung des Staatssekretärs, für die Linienschiffe 1913 16 x 15-cm-SK in herkömmlicher Batterieaufstellung vorzusehen, konterte K den Vorstoß für die ungewöhnliche Postierung zusätzlicher 15-cm-Geschütze auf dem Oberdeck. Denn mit der Weisung des Großadmirals schienen Anzahl und Aufstellung der Mittelartilleriegeschütze, versicherte Admiral Rollmann, für den Kreuzer so gut wie prädestiniert zu sein[6] — ein Einwand, den A letztenendes akzeptierte. Dem Vorschlag, das Panzerdeck zu verstärken, stand K ebenfalls ablehnend gegenüber, da man dieses nur als Splitterschutz betrachtete und eine Vermehrung seiner Stärke zuvor schon für die neuen Linienschiffe mit dem Argument verworfen worden sei, daß der „Gewichtsaufwand nicht im Verhältnis zur Steigerung der Widerstandsfähigkeit" stehe. K erschien hingegen eher die Verstärkung des Seitenschutzes „rationeller", sofern Mehrgewichte für die Panzerung „überhaupt zugestanden" werden sollten, und bemühte somit die alten Argumente gegen eine Verbesserung des Horizontalschutzes, wie sie ähnlich schon anläßlich der Konstruktion von *Moltke* vorgebracht worden waren. Mit einer Verstärkung des Torpedoschotts war K einverstanden.
Was die von A angestrebte Vermehrung der Torpedobewaffnung anbetraf, machte Admiral Rollmann darauf aufmerksam, daß das bislang vorgesehene Heckrohr im Falle des Einbaus zweier zusätzlicher Breitseitrohre im Achterschiffsbereich aus Ge-

wichts- und Raummangel kaum würde untergebracht werden können. Denn wie sich im weiteren Verlauf der Konstruktionsarbeiten erweisen sollte, bedeutete die für 1913 geplante — und für den Kreuzer 1912 nachträglich angeordnete — Einführung des neuen Torpedotyps H_8, Kaliber 60 cm, der neben den seit 1906 verwendeten G-Typ, Kaliber 50 cm, treten sollte[7], alleine schon eine Gewichtsvermehrung um 65 t, zu der nochmals 85 t für die beiden Breitseitrohre hinzutreten sollten, fiel das Heckrohr auch weg. Desweiteren mußte das Achterschiff um 2 - 3 m verlängert werden, um den nötigen Raum zu schaffen. Eine Alternativlösung, die an Stelle des bislang auf Steuerbordseite parallel zur Mittschiffsachse eingebauten Heckrohres die Anordnung zweier seitlicher Abschußeinrichtungen achtern unter einem Winkel von 10 - 20° vorsehen sollte, wurde in der am 31. Mai 1912 stattfindenden wegweisenden Sitzung zum Großen Kreuzer 1913 einer weiteren Prüfung anheimgestellt.

Die Bedeutung jener Zusammenkunft Ende Mai erwächst aus der dort gefällten Entscheidung des Staatssekretärs, eine „völlige Neukonstruktion" von *Ersatz Hertha* „auf jeden Fall" vermeiden zu wollen.[8] Tirpitz bezog sein kategorisches Nein zu Typveränderungen am Großen Kreuzer 1913 insbesondere auf Verbesserungsvorschläge, die eine Verlängerung der Zitadelle oder Kasematte oder aber Abweichungen von den festgelegten Schiffsformen der beiden Vorgänger zur Folge haben sollten. Im Verlauf der Sitzung mußte A demnach seine Forderung nach Geschwindigkeitssteigerung zurücknehmen, da die hierzu erforderliche Vergrößerung der Maschinenanlage neben der zu erwartenden Gewichtsvermehrung eine zusätzliche Verlängerung der Zitadelle um etwa 3,5 m erfordert hätte. Ferner schied aus diesem Grund ein Vorschlag des Waffendepartements aus, die sich unter den Munitionskammern befindenden Dieseldynamomaschinen wegen etwaiger Brandgefahr zu verlegen, was aus Platzgründen nicht ohne eine Ausweitung der Zitadelle durchgeführt werden konnte. Eine bessere Isolierung der Aggregate gegenüber den Kammern sollte künftig ersatzweise Abhilfe schaffen. Schließlich fiel dem Diktum des Admirals auch die — nach Auskunft von K — scheinbar beschlossene Vermehrung der Anzahl der 15-cm-SK um zwei weitere Kasemattgeschütze zum Opfer, da weder Raum noch Gewicht für die erforderliche Panzerung zur Verfügung gestellt werden konnten. Die Verringerung der Anzahl der bisher eingeplanten 12 x 8,8-cm-SK auf 8 x 8,8-cm-B.A.K. (Ballonabwehrgeschütze in MPL C/1913) wurde zwar genehmigt, die Forderung nach Erhöhung ihrer Dotation von 250 auf 350 Schuß dagegen jedoch abgelehnt. Diese Entscheidung galt rückwirkend auch für *Ersatz Kaiserin Augusta.*

Die Anregung von A, sowohl das Torpedoschott auf 50 mm als auch das Panzerdeck zu verstärken, fand — wie nach den erwähnten Einwänden von K zu erwarten stand — ebenfalls keine Berücksichtigung; ganz im Gegenteil: die partiellen Verstärkungen des Panzerdecks über den Munitionskammern von 50 mm Stärke, wie sie für *K* und *Ersatz Kaiserin Augusta* vorgesehen waren, sollten ganz entfallen, so daß das Deck durchgehend nurmehr eine Plattenlage von 30 mm Dicke aufweisen sollte. Auch wurde angeordnet, den 120 mm starken Vorschiffpanzer etwas weiter als bei den beiden Schwesterschiffen nach vorn zu ziehen, dafür jedoch einen rund 16 m langen Teil bis zum Bug nur mit einer Außenhaut von 30 mm Dicke zu versehen. Tirpitz relativierte demnach sein noch während der Sitzungen zu den *K*-Spezifika abgegebenes Plädoyer für den 100 mm-Bugpanzer, den er damals noch für unverzichtbar gehalten hatte.

Natürlich wurden diese Verminderungen des Panzers zweckorientiert angeordnet; sie sollten Kompensationen für die erwarteten Mehrgewichte infolge der Einführung des neuen Torpedotyps sowie einer verbesserten Turmkonstruktion für die schwere Artillerie werden.

KIE stattete zu den diesbezüglichen Arbeiten und Untersuchungen Anfang September einen detaillierten Bericht ab.[9] Danach hatten Berechnungen in der Entwurfsabteilung ergeben, daß die von W vorgeschlagenen Änderungen an der Konstruktion der 30,5-cm-Türme und Aufzüge (Drh LC/1913) ein Mehrgewicht von etwa 115 t erforderten. Diese vorgesehenen Neuerungen bezogen sich in erster Linie auf die Vereinfachung der Munitionsförderung zur Herstellung größerer Betriebssicherheit derart, daß sämtliche Türme durchgehende Granataufzüge erhielten, die nicht mehr an der Umladekammer unterbrochen waren. Wegen des damit ein-

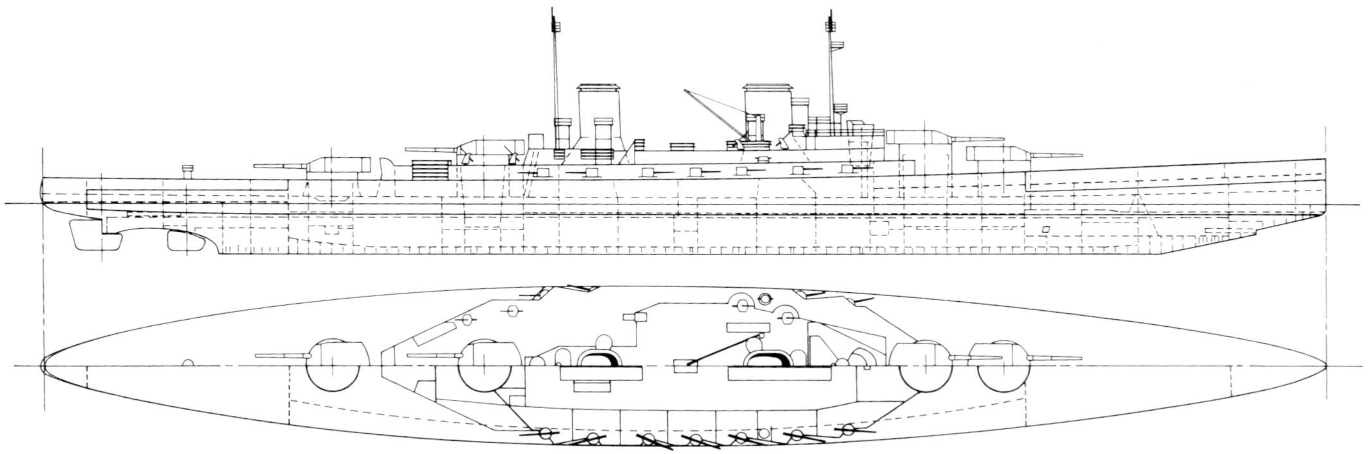

Großer Kreuzer *Ersatz Hertha* – *Hindenburg*, gegen Ende der Entwurfsarbeiten.

hergehenden größeren Raumbedarfs für die Munition wurden die Granatkammern wie auf *Moltke, Goeben* und *Seydlitz* wieder unter den Pulverkammern auf dem Unteren Plattformdeck eingerichtet, um eine günstigere Munitionsstauung zu ermöglichen. Auf *K* und *Ersatz Kaiserin Augusta* hatte nur Turm D eine ähnliche konstruktive Anordnung der Munitionsförderung erhalten; bei diesen Schiffen lagen die Granatkammern für die Türme A-C zudem über den Pulverkammern auf dem Oberen Plattformdeck.

Ferner wurden die Türme mit einem 8 m-Basisgerät, wie es ähnlich auch auf den neuen Linienschiffen *T* und *Ersatz Wörth* vorgesehen war, ausgerüstet. Die Turmhauben bekamen dadurch ein etwas verändertes Aussehen, weil die schräge Frontplatte nach vorn leicht tiefer fallen mußte, um in ihrem rückwärtigen Teil Platz für den Entfernungsmesser zu schaffen.

Nach Untersuchungen der Torpedoinspektion war die Installierung zweier seitlicher Heckrohre mit der Funktion zusätzlicher Breitseitrohre nur möglich, falls sie eine Einbaurichtung von 30 oder 40° erhalten konnten, da der Winkelschuß mit Torpedos bei 10 - 20° kaum durchführbar war. Wegen der beengten Raumverhältnisse im Achterschiff stand der notwendige Platz jedoch nicht zur Verfügung, um die Torpedorohre unter einem Winkel von 30 - 40° einrichten zu können. Eine Verstärkung der Torpedobewaffnung war demnach nur über die Einführung des neuen Typs H_8 sowie eine Vermehrung der Dotation auf 16 Projektile zu gewährleisten.

Unter dem Strich der von K angestellten Gewichtskalkulationen blieb infolge weiterer Verbesserungen — die Einrichtungen für den Stab eines zweiten Admirals und schiffbauliche Veränderungen zur Unterbringung der Übungsmunition im Austausch gegen den Ersatz der 20 mm starken Schutzbeplattung des Batteriedecks durch normale Decksbeplattung vorsahen — ein Mehrgewicht von rund 30 t. Desweiteren sollte u.a. auch vom Einbau eines Dreibeinmastes mit Hilfsbeobachtungsstand und Suchscheinwerfer abgesehen werden, für den etwa 20 t veranschlagt wurden. Nicht nur aus der Retrospektive erscheint eine derartige Entscheidung zu diesem Zeitpunkt unverständlich. Denn obwohl die Erprobungen eines solchen Mastes auf *Blücher* noch nicht angelaufen waren, somit also Ergebnisse über die erwartete Verringerung der Vibrationen oder mögliche weitergehende Versuche, die Artillerie auch vom Vormars eines standfesten Dreibeinmastes zu leiten, nicht zur Verfügung standen, war der — letztenendes doch nur temporäre — Verzicht auf den Dreibeinmast für *Ersatz Hertha* aus Gewichtsgründen zweifelsohne etwas kurzsichtig. Die militärisch-artilleristischen Vorteile, welche die Royal Navy schon zu nutzen begann, mußten über kurz oder lang für den Einbau eines solchen Mastes sprechen.

Die aus allen Neuerungen resultierende Kostensteigerung gegenüber den Kreuzern 1911 und 1912 blieb mit 0,8 Millionen bzw. 0,6 Millionen Mark erträglich.[10] Gegenüber *K* fielen die geplanten Aufwendungen für den Schiffbau sogar um 0,3 (von 31,9 auf 31,6) Millionen Mark ab, vor allem bedingt durch den Verzicht auf die Schlingerdämpfungsanlage. Demgegenüber verursachten der Einbau der beiden zusätzlichen 15-cm-SK, die neue Turmkonstruktion sowie die Einführung der neuen Torpedos des Typs H_8 Mehrkosten für die Artillerie- und Torpedobewaffnung von insgesamt 1,1 Millionen Mark, wobei die Torpedowaffe mit 0,7 Millionen den größeren Anteil beanspruchte.

Wie recht das Konstruktionsdepartement mit seinem im Dezember des Vorjahres geäußerten Ansinnen hatte, möglichst früh mit den Arbeiten an *Ersatz Hertha* zu beginnen, zeigt die Tatsache, daß trotzdem eine umfassende Neukonstruktion des Schiffes vermieden werden konnte, die Anfertigung der Pläne und Bauvorschriften für den Schiffskörper sehr viel Zeit in Anspruch nehmen sollte. Zudem war das stets ausgelastete Personal auch mit Arbeiten an den Unterlagen für den Bau der Kaiseryacht *Ersatz Hohenzollern (Hohenzollern III)* beschäftigt, so daß die erforderlichen Kräfte zur Fertigstellung der Verdingungspapiere für *Ersatz Hertha* fehlten. Baurat Bürkner entschuldigte mit jenem Hinweis eine Notiz an den Staatssekretär, bindende Terminzusagen für die Lieferung der betreffenden Unterlagen nicht machen zu können.

Der aufgrund der Denkschrift vom 7. September ausgearbeitete und von Wilhelm II. am 30.9. während eines Immediatvortrages in Rominten genehmigte Entwurf erfuhr in den darauffolgenden

Monaten noch einige weitere Änderungen.[11] Dicht unterhalb des Vormars war nun eine zusätzliche Plattform mit Suchscheinwerfer vorgesehen — eine Anordnung, deren Charakter als Provisorium nur allzu deutlich wird. Der mittlere Aufbau für die Besatzung an Oberdeck, der bei den Vorentwürfen bislang gegenüber *K* und *Ersatz Kaiserin Augusta* etwas verkürzt worden war, erhielt wieder größere Abmessungen — dafür wurde die Mannschaftsstärke um „50 Köpfe" vermehrt. Auch erhielten Teile der Schiffsverbände Verstärkungen, was in toto etwa 100 t zusätzliches Gewicht bedeutete. Um keine Reduzierung der Geschwindigkeit durch das Mehrgewicht in Kauf nehmen zu müssen, hatte die Entwurfsabteilung das Heck um etwa 2,5 m verlängert und geringe Änderungen an der Linienführung des Schiffskörpers vorgenommen. *Ersatz Hertha* maß nun 212,5 m bei 26.800 t Konstruktionsdeplacement.

Anmerkungen

K — Derfflinger

1 s. hierzu Kapitel IV.
2 BAMA RM 3/3694, Betrifft: Linienschiffe, Große Kreuzer, Kleine Kreuzer 1911, A, 16.4.1910.
3 Dem sogenannten „Tripelturm" stand A weiterhin kritisch gegenüber, „es sei denn", fügte man den Ausführungen der hier zitierten Stellungnahme in beiläufig ironisierendem Ton hinzu, „daß neue, bisher unbekannte Momente zur Sache auftreten (würden), in Sicht (seien) solche nicht", s. Ebd., BAMA RM 3/3694.
4 s. auch Fock, Kriegsschiffsantriebe, in: MR 7 (1974), 413; vgl. Strohbusch, Markante Kriegsschiffsentwürfe...*Bayern*, in: MR 6 (1979), 385. Näheres zu den Dieselprojekten s. unten.
5 Das „offene Geheimnis" der Kalibersteigerung auf 34,3 cm (13,5´) bei den Linienschiffen der *Orion*-Klasse und dem Kreuzer *Lion* der Royal Navy wurde anläßlich der Kiellegung der *Orion*-Klasse Anfang April 1910 „inoffiziell" gelüftet, s. Parkes, British Battleships, 523. „Offiziell" blieb die Bezeichnung 12´(30,5 cm) ´A´ bestehen.
Lion, gebaut: Devonport Dockyard; Kiellegung 29. November 1909; 26.771 t; L_{CWL} 205,74 x B 27,07 x T 8,53 m; 8 x 34,3-cm-SK L/45, 16 x 10,2-cm-SK L/50; 76.000 PSw, 27,6 kn.
6 BAMA RM 3/15, Sitzungen über Linienschiffe und Große Kreuzer 1911, am 6./8./11./(17.)5.1910, M, 20.5.1910; vgl. hierzu auch Lambi, The Navy and German Power Politics, 373.
7 Zu den technischen Daten und Leistungen einzelner Geschützkaliber bei jeweiliger Seelenlänge s. u.a. verschiedene Ausgaben von Weyer, Taschenbuch der Kriegsflotten, vgl. auch Leyland/Brassey, The Naval Annual, div. Für nähere Auskunft über die Geschützentwicklung in Deutschland wird generell auf das Standardwerk von Paul Schmalenbach, Die Geschichte der deutschen Schiffsartillerie, verwiesen. Hier sollen jene Fragen mehr im Gesamtzusammenhang dargestellt werden.
8 *Lion, Princess Royal* und *Queen Mary* erhielten eine stärkste Gürtelpanzerung von 9 in, etwa 229 mm.
9 Das Artilleriegewicht betrug für *J* — nach diesen Ausführungen — 2.700 t inklusive Munition.
10 v. Ammon rechnete für 10 x 28-cm-SK mit einem Geschoßgewicht von 3.050 kg, für 8 x 30,5-cm-SK mit 3.280 kg.
11 BAMA RM 3/3694, RMA/W an RMA/A, 26.5.1910; sowie RMA/W an RMA/A, 1.7.1910.
12 s. Laudahn, Die Nürnberger Großölmaschine, in: Zeitschrift des VDI, 49 (1923), 1093; vgl. auch Epkenhans, Die Wilhelminische Flottenrüstung, 261ff.
13 Datum nach Auskunft Historisches Archiv der M.A.N.-AG, Augsburg zu Ebd., 1093.
14 Die größten Schiffsdiesel leisteten um diese Zeit 900 PSe — in sechs Zylindern, s. Ebd., 1093.
15 BAMA RM 3/3694, Entscheidungen Seiner Excellenz des Herrn Staatssekretärs in der Sitzung am 1. September 1910 über den Großen Kreuzer *K*, M, 2.10.1910; vgl. hierzu auch Lambi, The Navy and German Power Politics, 373. Notwendige Versuche mit mehreren Probezylindern sowie kriegsbedingte Probleme ließen eine Fertigstellung der Maschine erst im Februar 1917 zu. Zu diesem Zeitpunkt war aber an einen Einsatz des Motors nicht mehr zu denken; der Dreizylinder-Erprobungssatz war erst im Frühjahr 1911 testbereit.
16 Die Gesamtbestreichungswinkel für die schwere Artillerie wurden jeweils ohne Sicherheitszonen gegen die Hartrichtung angegeben (s. Tabelle 19), wie A dies noch für *IVe* (s. Kapitel IV) getan hatte. Das überhöhte Endfeuer in Kielrichtung ging demnach in die Kalkulation mit ein.
17 Ob KIE bei der Wahl dieser Anordnung auf etwaige Berichte über den japanischen Kreuzer *Kongo* Bezug genommen hatte, dessen Pläne etwa parallel zu *K* ausgearbeitet worden waren, ist aus den Akten nicht ersichtlich und auch eher unwahrscheinlich, da zutreffende Nachrichten über *Kongo* erst im Herbst 1913 vorlagen, s. BAMA RM 3/3695, Denkschrift zum Immediatvortrag über *Kongo*, K, 12.9.1913.
Kongo, gebaut: Vickers, Barrow; Kiellegung 17. Januar 1911, Stapellauf 18. Mai 1912; 27.940 t; L 200,86 x B 28,04 x T 7,92 m; 8 x 35,6-cm-SK L/45, 16 x 15,2-cm-SK L/50, 16 x 7,6-cm-SK L/40; 64.000 PSw, 27,5 kn.
18 Vgl. auch Strohbusch, Markante Kriegsschiffsentwürfe...*Derfflinger*, in: MR 7 (1976), 447.
19 s. hierzu Skizze mit entsprechender Bemerkung in BAMA RM 3/3694, Großer Kreuzer *K* Entwurf *4*, KIE, 25.9.1910. Zu diesem Entwurf liegt leider keine Gesamtkostenberechnung vor; der Schiffbaupreis — ohne Armierung — dürfte jedoch die 30 Millionen-Marke überschritten haben.
20 s. Hildebrand/Steinmetz, Die deutschen Kriegsschiffe, VI, 36; vgl. auch: Die Flotte 5 (1911), 74f und 6 (1911), 97f.
21 Im Zuge der Novelle 1908 brach in England eine „Flottenpanik" (Naval Scare) aus, die mit dem sogenannten „We Want Eight"-Programm, der Kiellegung von acht Großkampfschiffen — 6 Linienschiffe und 2 Schlachtkreuzer — im Etat 1909, endete. Hinzu traten die zwei Schlachtkreuzer *New Zealand* als Geschenk dieses Dominion an England sowie *Australia* als Einheit der Königlich Australischen Marine, aber auf Abruf für den Einsatz bei der Royal Navy bereit, s. Burt, British Battleships, 117ff; vgl. Parkes, British Battleships, 518f. Diese zehn Einheiten waren sämtlich bis Ende Juni 1910 auf Kiel gelegt.
22 BAMA RM 20/105, Staatssekretär an Kaiser, 21.3.

1910; vgl. auch BAMA RM 2/1614, Denkschrift zum Immediatvortrag betreffend Kiellegung der Schiffe, 20.10.1910; vgl. auch BAMA RM 2/1614, Staatssekretär an Kaiser, 13.2.1911, mit einer vergleichenden Übersicht zu Schiffbaudaten.

23 Gerechnet ab Beginn des Etatjahres der Bewilligung, also stets ab 1. April.

24 BAMA RM 2/1614, Staatssekretär an Kaiser, 13.2. 1911.

25 BAMA RM 20/105, Staatssekretär an Kaiser, 21.3. 1910. Spätere Schätzungen gingen von 15,7 Millionen im ersten, 31,3 Millionen im zweiten und 47 Millionen im dritten Jahr aus.

26 s. Ebd., BAMA RM 20/105.

27 BAMA RM 2/1614, Denkschrift zum Immediatvortrag betreffend Kiellegung der Schiffe, 20.10.1910.

28 In den Jahren des Vierertempos (außer 1910) wurde je ein Auftrag an drei Privatwerften vergeben, ein Schiff blieb stets für eine der Kaiserlichen Werften vorbehalten.

29 BAMA RM 3/3694, Denkschrift KIE über Entwürfe für den Großen Kreuzer *K,* KIE, 18.3.1911 in Verbindung mit Ebd., RMA/K an Staatssekretär, 18.3.1911.

30 Zu *Wyoming* und *Arkansas*, s. Friedman, U.S. Battleships, 85ff.

31 s. BAMA RM 3/3694, Denkschrift KIE über Entwürfe für den Großen Kreuzer *K,* KIE, 18.3.1911.

32 BAMA RM 3/2528, Denkschrift über die Schiffsbreite und Stabilität unserer neuen Schiffe, KIE, 22.2.1911.

33 Im Etat 1912 wurden statt der angesetzten 3,5 Millionen Mark für die 2. Rate der artilleristischen Armierung nur 2,75 Millionen bewilligt — die ausgewiesene und genehmigte Gesamtetatsumme sank damit auf 45,65 Millionen. Spätere Angaben zu den voraussichtlichen Kosten für den Kreuzer *K* belaufen sich auf 31,9 Millionen für Schiffbau (mit Dämpfungsanlage), 14,9 Millionen für die artilleristische und 0,9 Millionen für die Torpedoarmierung, insgesamt also 47,7 Millionen gegenüber 49,55 Millionen des hier genannten Anschlags, s. BAMA RM 3/3694, K, 7.9.1912.

34 K schlug vor, der Deckungsgemeinschaft nicht ausgeschöpfte Beträge für die Dieseldynamoanlagen auf den Linienschiffen der Etatjahre 1909 und 1910 zu entnehmen. Zur Deckungsgemeinschaft, s. Kapitel IV, Anm. 7.

35 BAMA RM 3/3694, RMA/A an Staatssekretär, 25.3. 1911.

36 Wahrscheinlich hatte das Schiffskommando nach dem Eintreffen des Kreuzers in Rio de Janeiro, am 14. März, über den dortigen Marineattache erste Berichte zum Seeverhalten des Schiffes nach Berlin depeschiert. Die ersten Eindrücke seien — laut A —, daß das Schiff „für atlantische Gewässer nicht hochbordig genug" sei, s. Ebd., BAMA RM 3/3694. Der Freibord erreichte bei *Von der Tann* im Mittelschiff 5,2 m, das Außendeck hinter der Kasematte lag jedoch nur 3 m über CWL, also ähnlich wie bei dem neuen Kreuzerprojekt.

37 Hervorgehoben im Original.

38 BAMA RM 3/3694, Protokoll über die Sitzung am 30. März 1911, M, 5.5.1911.

39 Im Grunde genommen verliefen Bekohlung und Bedienung der Schutznetze aber ähnlich der bei den Vorgängern geübten Praxis; die angeführten Schwierigkeiten dürften sich demnach in Grenzen gehalten haben.

40 Zu den verschiedenen Torpedotypen, s. Gray, Die teuflische Waffe, 224.

41 BAMA RM 3/3694, Denkschrift zum Immediatvortrag über den Großen Kreuzer *K* nebst Ordreentwurf, RMA/K an Staatssekretär, 15.6.1911.

42 BAMA RM 3/3694, Protokoll über die Sitzung am 30. März 1911, M, 5.5.1911.

43 s. auch BAMA RM 3/3694, RMA/KIE an RMA/A und W, 7.7.1911.

44 BAMA RM 3/3694, K, 8.7.1911.

45 Vgl. Diskussion bei Strohbusch, Markante Kriegsschiffsentwürfe...*Derfflinger,* in: MR 7 (1976), 449. Strohbusch führt als weitere Vorteile an: einen höheren Heizwert und dadurch, bei konstantem Brennstoffgewicht, eine größere Fahrstrecke sowie gleichmäßigere Dampfhaltung und erleichterte Brennstoffübernahme. Im Text sind diejenigen Faktoren angeführt, die K besonders wichtig erschienen und die zur Entscheidungsfindung beigetragen haben.

46 BAMA RM 3/395, Hauptabmessungen der gesamten Maschinen- und Kesselanlagen Großer Kreuzer *Ersatz Kaiserin Augusta,* o.D.

47 BAMA RM 3/3694, Notizen zum Immediatvortrag betrifft Erfahrungen S.M.S. *Von der Tann* bei schlechtem Wetter in der Biscaya, K, 12.5.1911.

48 BAMA RM 3/3694, Notizen zum Immediatvortrag durch Seine Excellenz den Herrn Staatssekretär über *Von der Tann,* KIII (Abteilung Probefahrten), 11.5.1911.

49 s. Strohbusch, Markante Kriegsschiffsentwürfe...*Derfflinger,* in: MR 7 (1976), 448.

Ersatz Kaiserin Augusta —Lützow

1 s.o. Text zu Anm. 29.

2 s. Geldbedarfsberechnung zur Marinevorlage 1908 im Entwurf zum Reichshaushaltsetat 1908, Anl. VI, Kap. 6, 167ff in: Fernis, Die Flottennovellen im Reichstag, 64.

3 s. Ausgabenentwicklung gemäß den Angaben in den Reichshaushaltsetats 1908ff, ordentlicher Etat, einmalige Ausgaben sowie Hauptetat.

4 BAMA RM 3/3694, Protokoll über die Sitzung am 30. März 1911, M, 5.5.1911.

5 s. Epkenhans, Wilhelminische Flottenrüstung, 93ff.

6 s. Berghahn, Der Tirpitz Plan, 506f.

7 s. Hubatsch, Der Kulminationspunkt der deutschen Marinepolitik im Jahre 1912, in: HZ 176 (1953), 300; vgl. Lambi, The Navy and German Power Politics, 363; vgl. Epkenhans, Wilhelminische Flottenrüstung, 98ff.

8 Capelle an Staatssekretär, 11.9.1911, zit. in: Berghahn/Deist (Hg.), Rüstung, Dok. VII/12, 330; vgl. Hubatsch, Der Kulminationspunkt, in: HZ 176 (1953), 300, der die außenpolitischen Erwägungen des RMA und der obersten Reichsbehörden stärker betont; vgl. Lambi, The Navy and German Power Politics, 363ff.

9 Lambi, The Navy and German Power Politics, 365.

10 v. Wermuth an Tirpitz, 28.11.1911, zit. nach: Berghahn/Deist (Hg.), Rüstung, Dok. VIII/7, 360; vgl. zum „politischen Tauziehen um die Finanzierung der Wehrvorlagen von 1912" auch Kroboth, Die Finanzpolitik, 119-188.

11 s. Lambi, The Navy and German Power Politics, 370.

12 Reichshaushaltsetat für das Rechnungsjahr 1912, Anl. VI, Kap. 6, 447.

13 Ebd., 448; vgl. Verhandlungen des Reichstags, Bd. 285, 13. Leg.Per., 1. Sess., 63. Sitzung, 15.5.1912, 2042C; vgl. Anm. 33 zu Text *K/Derfflinger.*

14 s. Strohbusch, Markante Kriegsschiffsentwürfe...*Bayern,* in: MR 6 (1979), 384.

15 Nach Böhm, Überseehandel und Flottenbau, 147 gemäß W. v. Tirpitz, Bau und Beschaffung von Kriegsschiffen der Kaiserlichen Marine vor dem Kriege, Hamburg 1922, 88.

16 s. Epkenhans, Wilhelminische Flottenrüstung, 230. Diese wirtschaftsgeographischen Gründe zogen nach den Aufzeichnungen Rollmanns insbesondere die „isolierte Lage im Osten" ins Kalkül.

17 W. v. Tirpitz, Bau und Beschaffung, 82, charakterisiert die Geschäftsbeziehungen zwischen Blohm & Voss und dem RMA folgendermaßen: „Das Zusammenarbeiten zwischen Blohm & Voss und der Marine bei der Entwicklung der Schlachtkreuzer kann als ideal bezeichnet werden. Man darf wohl sagen, daß ein großer Teil der konstruktiven Gedankenarbeit, die dieser schwierigste aller Typen erforderte, auf das Konto dieser Firma zu setzen ist", zit. nach: Cattaruzza, Arbeiter und Unternehmer auf den Werften des Kaiserreichs, 25. Die hier erwähnte „konstruktive Gedankenarbeit" sollte nicht mit der Festlegung der Typenspezifika verwechselt werden.

18 s. Epkenhans, Wilhelminische Flottenrüstung, 266 ff.

19 s. Epkenhans, Großindustrie und Schlachtflottenbau, in: MGM 43 (1988), 90.

Ersatz Hertha — Hindenburg

1 BAMA RM 3/3694, RMA/K an RMA/A, 5.12.1911.

2 BAMA RM 3/3694, RMA/A an RMA/K; o.D.

3 s. Strohbusch, Markante Kriegsschiffsentwürfe...*Bayern,* in: MR 6 (1979), 384.

4 BAMA RM 3/3694, RMA/KII an RMA/KI, 4.3.1912 sowie RMA/A an RMA/K, o.D.; vgl. Burt, British Battleships, 159 für die Probefahrtwerte für *Lion.* Die Abnahmefahrten für *Lion* fanden am 11. Januar 1912 statt — vielleicht ein Indiz dafür, daß dem RMA zuweilen recht schnell zutreffende Informationen über englische Schiffe zur Verfügung standen — sofern diese nicht in einer der sehr auskunftsfreudigen britischen Tageszeitungen erschienen waren.

5 BAMA RM 3/3694, RMA/K an RMA/A, 7.2.1912.

6 Ebd., BAMA RM 3/3694.

7 Technische Daten des Typs H_8: 17.000 m Reichweite; Länge 8,5 m; 28 kn; 250 kg Sprengstoff; Gewicht 2.000 kg; zum Vergleich die Daten des G-Typs: Reichweite 5.900 m; 36 kn; 200 kg Sprengstoff; Gewicht 1.122 kg. Werte nach Gray, Die teuflische Waffe, 225; vgl. Fock, Schwarze Gesellen, I, 39 für Anmerkungen zum Typ G.

8 BAMA RM 3/3694, Notiz über die Sitzung am 31. Mai 1912, M, 7.6.1912.

9 BAMA RM 3/3694, Denkschrift KIE betreffend den Großen Kreuzer 1913, KIE, 7.9.1912.

10 Überschlägliche Ansätze zu den voraussichtlichen Gesamtkosten nach Ebd., BAMA RM 3/3694.

11 BAMA RM 3/3695, Änderungen von *Ersatz Hertha,* K, 31.3.1913.

VI Großer Kreuzer 1914 — *Ersatz Victoria Louise — Mackensen*

Im Sommer 1912 entfachte der Kaiser aus heiterem Himmel einen heftigen Disput mit seinem Marinestaatssekretär über die Flottenrüstung. Er warf Tirpitz unter anderem vor, daß Deutschland in bezug auf die artilleristische Armierung der Großkampfschiffe stets die Nachzüglerrolle übernommen habe und die Einführung der neuen und international sonst beispiellosen 38-cm-SK für die Linienschiffe *T* und *Ersatz Wörth* nur auf seine Initiative hin erfolgt sei[1] — was in gewisser Weise auch den Tatsachen entsprach.[2] Ferner beklagte der Monarch eine im allgemeinen zu einseitige Art der Entscheidungsfindung, die sich nur auf Stimmen des RMA konzentriere, ohne die „Front" in den Entwicklungsprozess für Schiffbauten mit einzubeziehen. Tirpitz konterte, indem er die Urheberschaft für jene Attacke zunächst in dem „Geschrei" der Front vermutete, um danach prinzipiell festzustellen, daß man in der Flotte aus den vom RMA vorgegebenen Mitteln das Beste zu machen habe. Solcherart sei die Armee auch 1870 mit dem Zündnadelgewehr vorgegangen, welches dem französischen Chassepot unterlegen gewesen sei. Der Kaiser kommentierte dieses Statement daraufhin wutentbrannt mit dem Hinweis auf die „Katastrophe von St. Privat" und warf dem hinterher, daß er einen solchen Standpunkt niemals tolerieren könne: Die beste und teuerste Waffe sei gerade richtig für seine Marine.[3]

Da Tirpitz Ende September in Rominten immediat Vortrag über neue Projekte halten wollte, gab er am 13. August, auf dem Höhepunkt dieser Krise, dem Konstruktionsdepartement den Auftrag, Gewichts- und Kostenangaben für einen Kreuzer mit verstärkter Bewaffnung — 4 x 35-cm-SK L/45 Doppeltürme — zusammenzustellen; die übrige Armierung sowie Panzerung und Geschwindigkeit sollten sich nach den Spezifika des Großen Kreuzers 1913 richten.[4] Diese Anweisung wurde wenige Tage später durch einen fast gleichlautenden Befehl des Kaisers bestätigt, der anläßlich des anberaumten Romintenvortrags ein Kreuzerprojekt mit „35-cm-Artillerie" zu sehen wünschte.[5]

Tirpitz gab den Auftrag zur Kalibersteigerung nur widerstrebend. Zwar deckte er K zunächst mit reichlich Arbeit ein, indem er neben Entwürfen mit 8 x 35-cm-SK L/45 auch solche mit 34-cm-SK L/45 und 35,5-cm-SK L/50 ausgearbeitet haben wollte. Insgeheim hoffte er aber, daß die Realisierung dieser Projekte an den Kosten und Dimensionen scheitern würde, denn seiner Ansicht nach schien es unmöglich, „starken Panzer, Mittelartillerie und großes Kaliber beim großen Kreuzer (zu) halten". „Wir kommen zu Schiffen über 30.000 tons", kommentierte er mürrisch den kaiserlichen Befehl, „und tödten den großen Kreuzer überhaupt und gefährden das Flottengesetz. Vielleicht führen Preis und Schiffsgröße das Projekt ad absurdum."[6]

Der Staatssekretär war im fünfzehnten Jahr der Geltungsdauer des Flottengesetzes immer noch — und dies mit steigender Intensität — wesentlich von dem Interesse geleitet, alles zu vermeiden, was die Forderung nach dem Einheitstyp oder aber den Wegfall des Großen Kreuzers erneut zu einem Thema der Flottenrüstung werden lassen konnte. Er hatte bisweilen mit der eingeführten Deplacementparität zwischen Linienschiff und Kreuzer sowie der erzwungenen Option auf gleich hohe Etatpreise für beide Typen der technischen Entwicklung singulär Zugeständnisse gemacht. Nun jedoch würden die Kreuzer vielleicht auch die fast magische 30.000 t-Marke überschreiten, was im Reichstag und auf höchster Ebene psychologisch und in finanzieller Hinsicht Einzeleffekte zu einem Vorstoß gegen den Kreuzer als eigenständigen Typen kumulieren und addieren konnte, zumal die gleichaltrigen Linienschiffsprojekte nur etwa 28.500 t verdrängen sollten. Als „notwendiges Beiwerk" (s. Einführung) würde ein Schiff, das mindestens 1.500 t mehr Gewicht erreichen sollte als das stets postulierte Hauptkampfmittel bestimmten Parteien des Parlaments und dem Finanzstaatssekretär ohnehin nur noch bedingt zu verkaufen sein. Die Rüstungspolitik des Reichsmarineamts lief damit erneut Gefahr, generell in Frage gestellt zu werden, da der Kaiser oder andere Marinebehörden wiederum durch kritisches Hinterfragen der Budgetkom-

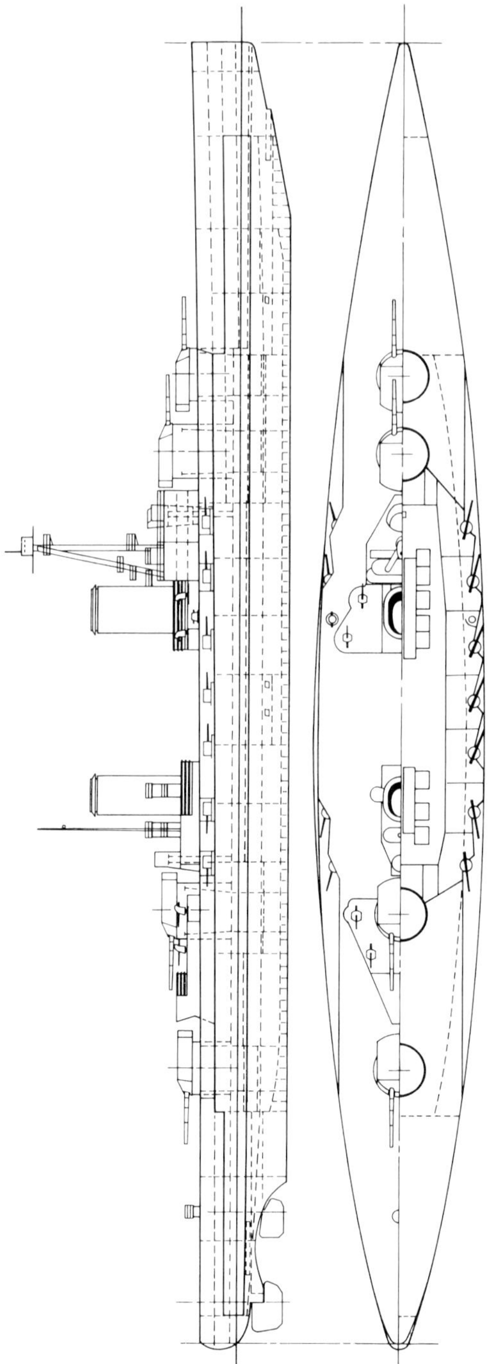

Der am 30. September 1912 vorläufig genehmigte Entwurf 9 für den Großen Kreuzer 1914

mission angeregt werden konnten, zumindest die Linienfähigkeit des Kreuzers zur Diskussion zu stellen. Das Flottengesetz näherte sich somit wenige Jahre vor seiner Erfüllung einer weiteren Unsicherheitszone, und der Staatssekretär wartete wohl gespannt darauf, was ihm die Entwurfsabteilung anhand der ihr übermittelten Vorgaben abliefern würde.

Geheimrat Bürkner überreichte Tirpitz mit Datum vom 9. September überschlägliche Angaben für sieben Entwurfsalternativen, die in mündlichen Verhandlungen mit A und W unter der Prämisse entstanden waren, „die Größe und Kosten des Kreuzers mit verstärkter Hauptarmierung nicht unzulässig zu vermehren."[7] Eingangs einer dreizehn Punkte umfassenden Liste, die Vorschläge enthielt, an welchen Stellen gegenüber den Spezifika des Kreuzers 1911 *(K)* gespart werden könne, notierte Bürkner, daß eine Geschwindigkeitsreduzierung um 0.5 kn (nunmehr 27 kn) im Vergleich zu *K* „zulässig erscheine". Weiterhin war er der Meinung, eine Verminderung der Dicke des Gürtelpanzers von 300 auf 270 mm „zugestehen" zu können. Nicht einverstanden erklärte er sich hingegen mit Überlegungen, die Zahl der 15-cm-SK zu reduzieren; auch erschien es ihm in diesem Zusammenhang notwendig darauf hinzuweisen, den Kommandoturm und die Frontplatten der Geschütztürme sowie die Barbetten zumindest 300 mm stark zu panzern und einen Dreibeinmast mit Hilfsbeobachtungsstand und Suchscheinwerfer vorzusehen. (Letzteres ist insofern interessant, als dieselbe Bemastung zwei Tage zuvor für *Ersatz Hertha* mit Rücksicht auf Gewichtskalkulationen abgelehnt worden war.) Desweiteren wollte KIE auch nicht an der Torpedoarmierung sparen; sie sollte nun vielmehr vier Breitseit- und ein Bugrohr mit einer Dotation von insgesamt 16 Torpedos umfassen. Dies entsprach somit jener Anordnung, die für den Kreuzer 1913 zunächst in Erwägung gezogen, dann jedoch wieder verworfen worden war.

Die Entwürfe *A* (34-cm-SK L/45) und *B* (35-cm-SK/45) — mit 270 mm Gürtelpanzer und unter der Bedingung einer angestrebten Geschwindigkeit von lediglich 27 kn — blieben in relativ weiter Distanz von der 30.000 t-Marke. Das Konstruktionsdeplacement für *A* betrug 28.200 - 28.400 t bei einer Schiffslänge von 215 m, 29,8 - 29,5 m Breite und einem Tiefgang von 8,3 - 8,4 m; für *B* lauteten die entsprechenden Werte: 28.700 - 28.900 t; 217, 29,8 - 29,6 und 8,4 m.

Die voraussichtlichen Kosten blieben ebenfalls unter dem noch 1911 beantragten Etatrichtpreis von 55 Millionen Mark. Für den Schiffbauanteil rechnete KIE für Entwurf *A* mit 32,4 - 32,7 Millionen Mark, die Armierungskosten wurden mit 18,3 Millionen veranschlagt, die Torpedobewaffnung im Preis mit 2,0 Millionen beziffert; insgesamt ergaben sich somit 52,7 - 53 Millionen Mark. Während bei Entwurf *B* die Kosten für die Torpedoarmierung gegenüber *A* konstant bleiben sollten, legte die Studie bei den Aufwendungen für Schiffbau und artilleristische Bewaffnung mit 33 - 33,3 bzw. 19 Millionen etwas zu; die Gesamtkosten sollten 54 - 54,3 Millionen Mark betragen.[9] Wie schnell sich jedoch das Gewichts- und Kostenbild ändern konnte, wurden zusätzlich 300 mm Gürtelpanzer einkalkuliert (Projekte *A1* und *B1),* zeigt die Tatsache, daß die Schiffbaukosten um 0.7 - 0.8 Millionen stiegen und das Deplacement für *A1* bis auf 29.000 t, für *B1* schon auf 29.500 t kletterte. Die Anpassung der Geschwindigkeit der Projekte *A1* und *B1* an jene der Kreuzer 1911 und 1912 — neue Projekte *A2* und *B2* — machte eine Verlängerung des Schiffskörpers auf etwa 222 - 224 m erforderlich. Das Deplacement stieg für beide Entwürfe um weitere 1.300 t und trieb sie über die 30.000 t-Marke hinaus. Die finanziellen Aufwendungen schwollen um zusätzliche 1,8 - 2,0 Millionen Mark an. Somit mußten im äußersten Falle für *A2* 55,8 und für *B2* 57,1 Millionen angesetzt werden; zum Vergleich: der Etatpreis für das Linienschiff *Ersatz Wörth* (Haushalt 1913) mit 8 x 38-cm-SK wurde mit 56,6 Millionen angegeben.[10] Für ein Projekt *C* mit 8 x 35,5-cm-SK L/50 konnte Bürkner noch keine spezifischen Gewichts- und Kostenberechnungen vorlegen, da Krupp entsprechende Daten über die Geschütze noch nicht übermittelt hatte; in der Entwurfsabteilung nahm man jedoch an, daß eine „ganz erhebliche Steigerung des Deplacements gegen *B*" zu erwarten stand. Dem Gebot zum Maßhalten gehorchend fühlte sich Bürkner demnach dazu verpflichtet, den Staatssekretär darauf hinzuweisen, daß, sollten die Deplacements und Kosten für eine Armierung mit 35 cm und 35,5 cm zu groß werden, das 34-cm-SK noch ausreichend

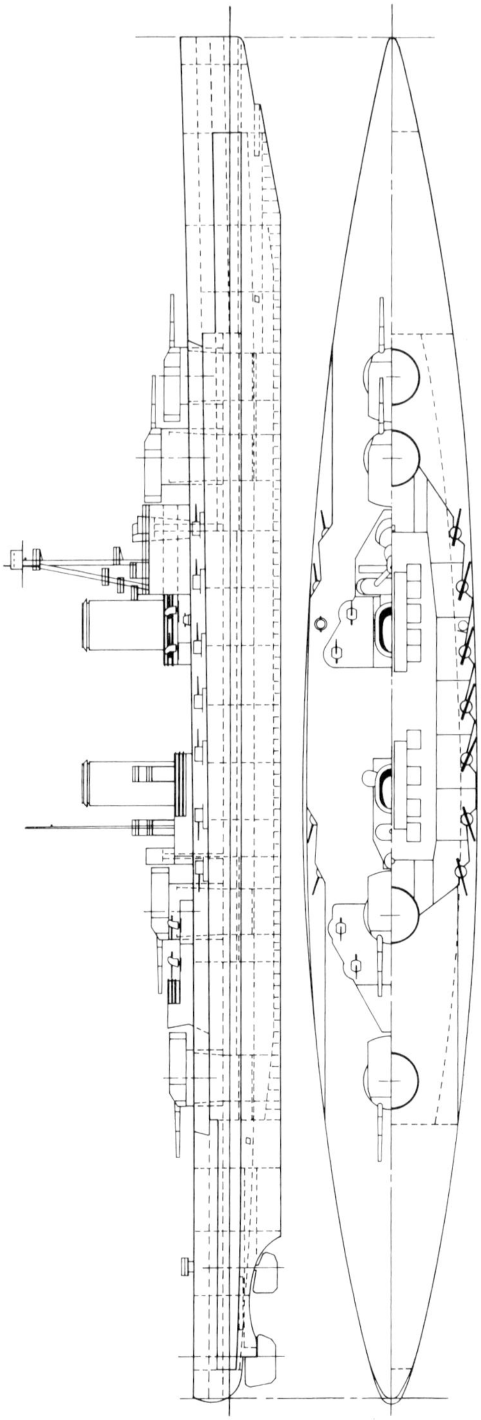

Entwurf A3

sei — er fand damit ein offenes Ohr bei Tirpitz. Auf der Basis des *A2*-Entwurfs reichte die Entwurfsabteilung rund zehn Tage später eine etwas detaillierter ausgearbeitete Studie ein: *A3*.[11] Sollten die Offensiveigenschaften des Großen Kreuzers überhaupt gesteigert werden, war man im Reichsmarineamt zu jenem Zeitpunkt somit der Ansicht, dem Zielkonflikt zwischen den Erwartungen von allerhöchster Seite und den Limits der Geldschatulle auf die Weise einer relativ maßvollen Kalibersteigerung auszuweichen. Dieses Vorgehen hatte ferner den Vorteil, daß die neuen Kreuzer der Kaiserlichen Marine dieselbe Armierung tragen sollten, die auch die vergleichbaren Einheiten der Royal Navy bis dato führten; das Kaliber — und damit die Kosten — von deutscher Seite also nicht in die Höhe getrieben werden sollten. Diesen offenkundigen Pros trat jedoch der erhebliche Nachteil gegenüber, daß, wie nach den Ergebnissen der Studien *A* - *A2* zu vermuten stand, das Deplacement kaum unter die 30.000 t-Marke zu drücken war, vielmehr würde man die wahrscheinliche Untergrenze der Verdrängung schon bei 8 x 34-cm-SK auf 31.000 t korrigieren müssen. Bei 225 m Länge in der CWL und nunmehr 8,5 m Tiefgang war das Deplacement gegenüber *Ersatz Hertha* um etwa 4.300 t angestiegen[12], wovon für die Armierung (inklusive einer Verlängerung der Zitadelle um rund 9 m), die auf 300 mm verstärkten Barbetten und Frontplatten der Türme sowie für eine Freiborderhöhung 3.700 t verbraucht wurden. Letztere Maßnahme resultierte in einem vom Vorsteven bis zum Heck durchgeführten Oberdeck ohne den für die *K*-Klasse so typischen langgezogenen steilen Decksprung. Diese Steigerung des Freibords — von KIE als unverzichtbar erachtet aufgrund der Erfahrungen mit *Moltke* während dessen Südamerikareise (11.5. - 24.6.1912)[13] — machte sich vor allem im Anwachsen der Deckshöhe achtern auf 6,2 m (*K*-Klasse 4,3 m; *Moltke* 4,0 m) bemerkbar. Dadurch bedingt wuchsen die Feuerhöhen der schweren Artillerie gegenüber sämtlichen Vorgängerklassen ebenfalls beträchtlich (s. Tab. 20 im Vergleich zu Tab. 19). Lediglich jene der vordersten Türme auf *Von der Tann* (9,9 m) und *Seydlitz* (10,4 m) übertrafen den Wert des entsprechenden Turmes von Entwurf *A3* (9,8 m). Obwohl sonst im äußeren Erscheinungsbild des Projekts der Charakter der *K*-Kreuzer noch gut zu erkennen ist, bilden der etwa 60 m (über CWL) hohe Dreibeinmast mit geschütztem Beobachtungsstand und Suchscheinwerfer, zwei massige Schornsteine von ca. 18 m Höhe über Oberdeck und ein kurzer Hauptmast, der kaum über den achteren Schornsteinteller hinauslugte, doch eine recht signifikante Silhouette für *A3* aus. Den Preis für das neue Projekt veranschlagte KIE mit 57,4 Millionen Mark, wovon 36,7 Millionen auf den Schiffbauanteil, 18,3 Millionen auf die artilleristische und 2,4 Millionen auf die Torpedoarmierung entfallen sollten.[14]

Ein weiteres Ergebnis der eingangs dieses Abschnitts erwähnten Dissonanzen zwischen Kaiser und Staatssekretär um die Flottenrüstung war scheinbar auch, daß Tirpitz neben dem Entwurf für den Kreuzer 1913 (s. Kap. V) und dem vorstehend beschriebenen Projekt *A3* für *Ersatz Victoria Louise* eine Anzahl zusätzlicher Studien für neue Schiffsprojekte mit nach Rominten nehmen mußte. Es handelte sich dabei um Konstruktionen unter der Prämisse verstärkter Torpedoarmierung, und sie standen offenbar in Zusammenhang mit der außergewöhnlichen Idee des Kaisers, ein „Torpedolinienschiff" als Ersatz für die kostspieligen *Dreadnought*s einzuführen.

Tirpitz amüsiert sich in seinen „Erinnerungen" köstlich über jenes „Idealschiff, welches schwer gepanzert, schnell und mit vielen Torpedorohren armiert (sein sollte), um den Torpedobooten ihre Aufgabe abzunehmen", da sich immer mehr die Auffassung durchsetzte, daß diese während eines Taggefechts aufgrund der allgemein verbesserten Artillerieschießleistungen in Zukunft kaum noch in der Lage sein würden, erfolgreich anzugreifen.[15] Ein solches konstruktionstechnisches Paradoxon, das Schnelligkeit, viele Unterwassertorpedorohre und schweren Panzer vereinigen sollte — von der Tirpitzschen Behörde spöttisch „Homunculus" getauft —, stand ebenfalls in Rominten zur Diskussion. Dem Staatssekretär gelang es jedoch, seinen Souverän dazu zu veranlassen, von diesem Projekt Abstand zu nehmen, was der Großadmiral in seinen Memoiren abschließend folgendermaßen kommentiert: „Als ich dann (im Jagdschloß, d.V.) Rominten Gelegenheit hatte, die Entwürfe vorzulegen und zu erläutern, verzichtete der Kaiser auf seinen Gedanken und nahm meine Begründung an. Ich erhielt

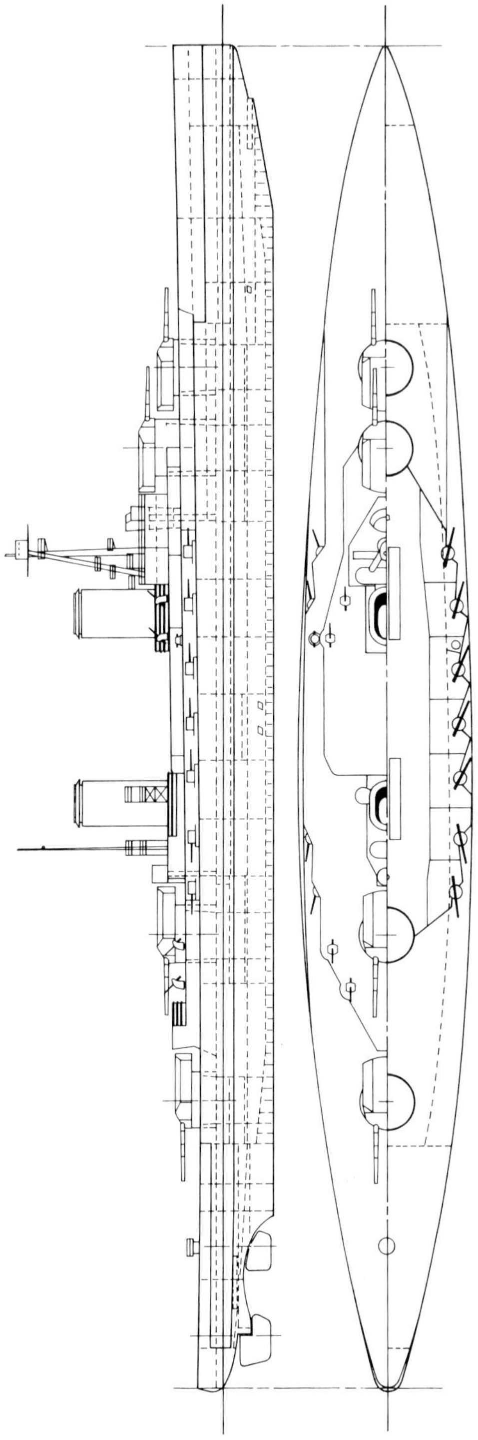

Entwurf *A16*, Ende März 1913

zur Belohnung die Erlaubnis, einen Hirsch zu schießen, so daß ich die Klärung der Atmosphäre meinem sorgenvoll in Berlin sitzenden Chef der Zentralabteilung mit den Worten melden konnte: 'Hirsch und Homunculus tot'."[16]

Was von „Homunculus" blieb, war die Erwartung des Kaisers, verstärkte Torpedoarmierung für neue Konstruktionen vorzusehen, und schon für Entwurf *A3* waren zunächst 6 Torpedorohre in Aussicht gestellt worden — ein Bug- und ein Heckrohr sowie 4 Breitseitrohre —, weshalb auch der Preis für die Torpedoarmierung auf 2,4 Millionen, im Vergleich z.B. zu projektierten 1,56 Millionen für *Ersatz Hertha,* gestiegen war. Bei einem Deplacementlimit von 30.000 t boten sich ferner die Spezifika der *K*-Kreuzer an, um ein gut armiertes und geschütztes Schiff mit erheblich stärkerer Torpedoarmierung versehen zu können. Einer Notiz der Zentralabteilung an das Allgemeine Marine-Departement ist zu entnehmen, daß man dabei sogar an sechs Unterwasser-Doppelbreitseitrohre sowie ein Bug- und ein Heckrohr dachte — insgesamt also vierzehn Torpedorohre![17] KIE dämpfte jedoch kurz darauf mit militärischen und torpedotechnischen Argumenten jegliche Erwartungen, die an einen Einbau von Doppelrohren, sofern diese unmittelbar neben- oder übereinander angeordnet werden sollten, geknüpft waren.[18] Lediglich mit einem Abstand in der Horizontalen von 3,5 bis 4 m und in der Vertikalen von 2 m schien ein konzentrierter Einbau möglich; und dies wiederum schloß eine Postierung an den Schiffsenden aus, da bei den Großen Kreuzern die Wasserlinien und Spantformen dies nicht zuließen, zumal die langen H_8-Projektile verwendet werden sollten. Somit blieb nur die innerhalb des Torpedoschutzgürtels liegende Zitadelle übrig, um eine massierte Zahl an Rohren aufnehmen zu können, aber mit dem entscheidenden Nachteil, daß die T-Schotten durchbrochen werden mußten — eine Maßnahme, die K stets gescheut hatte, was u.a. darin zum Ausdruck kommt, daß auf den *K*-Kreuzern der Torpedobreitseitraum vor dem T-Schott lag.

KIE bot drei Entwurfsalternativen an: *8, 9* und *10,* die im Design eine Mischung aus *A3* und der *K*-Klasse darstellten.[19] Ersteres Projekt zeigt dieselbe Anzahl und Postierung der Rohre wie *A3*, der achtere Torpedoraum schloß also an die Zitadelle an. Jedoch wurde die Dotation um 5 Projektile — nunmehr 26, wobei jedes Breitseitrohr je 5 Torpedos erhalten sollte — erhöht. Wegen der Enge des ursprünglichen Achterschiffes der *K*-Kreuzer war zur Aufnahme des zusätzlichen Breitseitraums eine Verlängerung des Schiffskörpers auf 219 m notwendig geworden. Um die Geschwindigkeit der Kreuzer 1911 - 1913 erreichen zu können, riet KIE zudem, die Kessel zu verbreitern und die Maschinenräume zu verlängern. Das Deplacement sollte etwa 29.000 t betragen, die Kosten wurden mit insgesamt 51,9 Millionen Mark angegeben. Die Steigerung der Torpedorohrzahl um zwei weitere Breitseitrohre — Entwurf *9* — bedingte, um die Schiffslänge und das Deplacement nicht über Gebühr steigern zu müssen, dann doch die Anordnung von vier Torpedorohren innerhalb einer durch ein Mittellängsschott getrennten Abteilung im Zitadellbereich; die Dotation sollte 30 Torpedos (vier pro Breitseitrohr) betragen. Das Deplacement von 29.000 t konnte nur unter Wegfall zweier Kessel und der Drosselung der Schiffsgeschwindigkeit um etwa 0,3 kn gehalten werden. Die Kosten sollten sich auf 52,4 Millionen Mark belaufen, wovon für die Torpedoarmierung 3,3 Millionen berechnet wurden. Sollte schließlich die Geschwindigkeit von *Ersatz Kaiserin Augusta* — dem bis dato ja letzten gültigen Kreuzerprojekt — beibehalten bleiben — Entwurf *10* —, mußten gegenüber Entwurf *9* die Schiffslänge um 5 m auf 220 m und das Deplacement auf etwa 29.500 t gesteigert werden. Der Anschlagpreis vermehrte sich um rund 0,7 auf 53,1 Millionen Mark. Baurat Bürkner ließ interessanterweise gegen Ende der Denkschrift über diese drei Projekte offen, einen der Entwürfe noch für den Kreuzer 1913 in Betracht zu ziehen. Da er jedoch damit rechnete, daß sich die Inbaugabe in diesem Falle um ein halbes Jahr verzögern würde, hatte ein solcher Vorschlag wenig Chancen, akzeptiert zu werden.

Nach den vorstehenden Ausführungen über „Homunculus" verwundert es letztenendes nicht, wenn der Kaiser am 30. September 1912 trotz seiner vehementen Forderung nach der neuesten und besten Artillerie Entwurf *9* mit 30,5-cm-SK gegenüber *A3* mit 34-cm-Geschützen den Vorzug gab und ihn zur Grundlage für den Kreuzer 1914 bestimmte. Und ganz gewiss konnte Tirpitz zu jenem Zeitpunkt mit dieser Entscheidung — wenn er sie während seines Vortrags in Rominten nicht vielleicht sogar aktiv unterstützt hat — sehr gut leben; Entwurf *9* war noch vergleichsweise billig und würde die 30.000 t-Marke aller Wahrscheinlichkeit nach nicht übersteigen. Doch innerhalb des Reichsmarineamts stieß die Wahl des Kaisers auf Widerstände. Desweiteren bahnte sich jenseits des Ärmelkanals eine Entwicklung an, die bald darauf die bisherigen Kalkulationen etwas relativieren und zudem äußerst unliebsame Grundsatzfragen bezüglich der weiteren Typenentwicklung innerhalb des Flottengesetzrahmens stellen sollte. Hier würden erneut, wie z.B. im Jahre 1906, Essentials der Marinerüstung betroffen sein, und zum Verständnis dessen ist es notwendig, etwas gründlicher in die weiteren amtsinternen Entscheidungsprozesse einzutauchen, um die Zusammenhänge zu erkennen, die den nun folgenden, recht sprunghaft erscheinenden Entschlüssen zugrunde lagen.

Wie bereits erwähnt, nahm man im RMA die Typenentscheidung des Kaisers für Entwurf *9* zwar gelassen auf, ganz zufrieden waren die Abteilungen jedoch nicht. Während der Wintermonate 1912/1913 traten das Konstruktions- und das Waffendepartement deshalb auch in Kontakt mit Krupp, um abzuklären, ob bei einer etwaigen nachträglichen Kalibersteigerung für *Ersatz Victoria Louise* Verzögerungen bei der Fertigstellung des Schiffes über das Frühjahr 1917 hinaus zu erwarten stünden. Nach Auskunft der Firma sollte dies nicht der Fall sein, vorausgesetzt, die wichtigsten Typenentscheidungen waren bis spätestens April 1913 getroffen; der Handlungsspielraum war somit arg eingeschränkt.[20] Zur Quantifizierung der Steigerung schlug K sodann „mindestens das 35-cm-Kaliber" vor, nachdem feststehe, daß die neuesten englischen (*Tiger*), japanischen *(Kongo)* und russischen (*Borodino*) Kreuzer ein solches von 35,6 cm erhalten würden.[21] Hier mußten jedoch wieder Deplacementprobleme auftreten, da wegen der starken Torpedoarmierung des genehmigten Projekts *9* und trotz des Verzichts auf ein hohes Achter- und Mittelschiff gut und gerne 30.000 t zu erwarten standen, falls nicht an Geschwindigkeit oder Panzerung gespart werden sollte. Eine mögliche Zusammenfassung der schweren Artillerie in Drillings- oder Vierlingstürmen blieb in weiterer Diskussion.[22] Eine Verminderung der Panzerung schien — nach K — insofern problematisch, als der „grundsätzliche Standpunkt, den (die) Typenentwicklung (in der Kaiserlichen Marine) zum Ausdruck" bringe, dagegen spreche. Die Alternative einer möglichen Geschwindigkeitsreduzierung gegenüber den *K*-Kreuzern — wie sie auch für Entwurf *9* vorgesehen war! — hielt man im Konstruktionsdepartement ebenfalls für verfehlt, da diese einerseits an der „Existenzberechtigung" des Kreuzers rütteln mußte und andererseits aus England Nachrichten vorliegen würden, die besagten, daß die Royal Navy die Linienschiffsgeschwindigkeit auf 25 kn gesteigert habe. K zog daraufhin folgendes Fazit: Da die Admiralty im Bau von „Linienschiffskreuzern" zu alledem offenbar eine „Pause" einlege, könne sich für das eigene Vorgehen ergeben, statt des „Linienschiffskreuzers" 1914 ein „Schnelles Linienschiff von 25 - 26 kn mit 8 oder 9 x 38 cm" in Erwägung zu ziehen. Um Deplacement zu sparen, sollten Drillings- oder Vierlingstürme vorgesehen werden.

Im Allgemeinen Marine-Departement erzeugten sowohl die angestellten Betrachtungen von K hinsichtlich des Vorgehens der Admiralty in der Typenwahl als auch der offensichtliche Vorstoß für eine Art Einheitstyp eher negative Resonanz.[23] Zunächst war man zwar nach der Veröffentlichung der britischen Etatanschläge vom 13. März ebenso wie die Kollegen im Konstruktionsdepartement davon überzeugt, daß sowohl die fünf Einheiten des Etats 1913 (*Royal Sovereign*-Klasse) als auch die vier Schiffe des Vorjahres (*Queen Elizabeth*-Klasse) ausnahmslos Linienschiffe mit 38-cm-SK sein würden. Pressemeldungen entnommene Geschwindigkeitsangaben von 25 kn hielt A jedoch, im Gegensatz zu K, für unrealistisch[24]; der Staatssekretär, der den Votenaustausch im Hintergrund verfolgte, bemerkte zustimmend am Rande: „Ich zweifle auch noch." Diese Zweifel bezüglich der technischen Angaben über die neuen englischen Einheiten steigerten sich im Hinblick auf die von K für möglich gehaltene Baupause bei „Linienschiffskreuzern" noch, denn A meinte zu erkennen, daß die „britischen Kolonialschiffe (1 malayisches, 3 kanadische) als Schlachtschiffskreuzer"[25] gebaut würden und das „Mutterland" aus diesem Grund nur Linienschiffe auf Stapel lege. A sah somit die Kontinuität des „Schlachtschiffskreuzers" gewahrt und auch keine Veranlassung, die eigene Typenentwicklung zu modifizieren, zumal „schon mit Rücksicht auf das Flottengesetz (eine etwaige Verschmelzung) zunächst als ausgeschlossen" gelte. Um diesem Standpunkt Nachdruck zu verleihen, wurde in Klammern hinzugefügt, daß der Übergang zum Einheitstyp ohnehin die „Wiederkehr des mittelgroßen Panzerkreuzers" anregen würde. Kritik äußerte A sodann am genehmigten Projekt *9*, dessen Kaliber von 30,5 cm als im internationalen Vergleich „zu klein" erachtet wurde. Ferner seien die vorgesehenen sechs Torpedorohre eine „Überspannung" — vier würden bei genügend großer Torpedozahl und einer Schnelladevorrichtung ausreichend sein. Die Silhouettenvergrößerung durch Freiborderhöhung sei zudem „militärisch äußerst unerwünscht" und „fresse Deplacement", das einer Kalibersteigerung zugute kommen könne. Aus seiner Ablehnung des Projekts *9* zog das Allgemeine Marine-Departement dann die Konsequenz, für das weitere Vorgehen einen Rückgriff auf das *A3*-Projekt mit 8 x 34-cm-SK vorzuschlagen.

Anfang April stellte K auf der Grundlage dieses Votenwechsels eine Denkschrift für den Staatssekretär zusammen, die zugleich weitere Projekte anbot, um den Entscheidungsprozess etwas zu verkürzen.[26] Der technische Teil des Schreibens begann mit Überlegungen, wegen des angenommenen 35,6-cm-Kalibers auf dem britischen Kreuzer *Tiger* (Etat 1911) für den Kreuzer 1914 38-cm-SK in Betracht zu ziehen, „wenn eine Kalibersteigerung überhaupt in Aussicht genommen werden soll", schickte K voraus. Diese Wahl bedeute sowohl einen Sprung vor anderen Marinen, sie bringe logistische Vorteile, da Linienschiff und Kreuzer 1914 dann dasselbe Kaliber führten, und vermeide ein Zwischenkaliber, das bei der „Ungewißheit, welche Entwicklung der Große Kreuzer" nehme, K doch eher von Nachteil schien.

Da man weder an Panzerschutz noch an Geschwindigkeit sparen wollte, noch Drillings- oder Vierlingsturme (auf Einspruch von A und W) zur Debatte standen, hatte K zur Deplacementersparnis zunächst Studien mit 6 x 38-cm-SK L/45 in drei Doppeltürmen angefertigt — *D9* und *D10* (s. Tab. 21) —, nachdem ein Entwurf mit 8 x 38-cm-SK schon mit der reduzierten Geschwindigkeit des genehmigten Projekts *9* 33.000 t erreicht hatte. Jedoch auch gegen eine Verminderung der Rohrzahl erhoben A und W Einspruch, so daß der Entwurfsabteilung unter der Vorgabe annehmbarer Gewichts- und Kostenkalkulationen einzig der Ausweg geblieben war, das vom Allgemeinen Marine-Departement favorisierte Zwischenkaliber zum Gegenstand weiterer Konzepte zu machen. Ausgehend von der *A3*-Armierung in Verbindung mit Geschwindigkeit, Panzerung und Torpedobewaffnung des Projekts *9* sowie einer Freibordsenkung im Achterschiff entstand ein Entwurf *A16* mit 30.000 - 30.500 t, der etwa 56,6 bis 57,2 Millionen Mark kosten sollte. Für den alternativen Einbau von 35-cm-SK bezifferte K 500 - 600 t Mehrgewicht und 1,3 - 1,4 Millionen Mark zusätzliche Kosten. Mit der vorgesehenen Geschwindigkeitsreduzierung gegenüber den *K*-Kreuzern haderte das Konstruktionsdepartement aber sehr, da man unbeugsam der festen Überzeugung war, daß die Linienschiffe fremder Nationen 25 kn erreichen konnten und somit der stets propagierte Geschwindigkeitsvorsprung des Großen Kreuzers — eigentlich seine Existenzberechtigung — sich langsam verflüchtigen mußte. Die Zahlen schon für ein Mehr von 0,3 kn waren jedoch ernüchternd: 1.000 t zusätzliches Deplacement und 1,4 Millionen Mark Kostensteigerung. Bezüglich der Torpedobewaffnung schloß sich K den Vorschlägen von A an, um abschließend noch besonders darauf hinzuweisen, daß sämtliche Kostenangaben auf den Vertragspreisen für den Kreuzer 1911 fußen würden, die gemachten Angaben also mit Sicherheit nach oben korrigiert werden mußten.

Wenige Tage später schaltete sich Tirpitz mit einem kurzen Statement in die Diskussion seiner Departements ein.[27] Einmal mehr beteuerte er darin seine feste Absicht, unbeirrbar an der durch das Flottengesetz zumindest bis 1917 vorgegebenen Marschroute festzuhalten, indem er „dringend" darum bat, die Typenfrage „hinauszuschieben". Die „Verschmelzung", fügte er an, "— selbst wenn man überhaupt an sie glaubt — ist sachlich z.Zt. jedenfalls nicht reif." Nach diesem Memento an die Adresse von K wandte er sich sogleich den ausstehenden Fragen zu den Spezifika eines möglicherweise im Kaliber gesteigerten neuen Kreuzers zu.

Seine eigenen Vorstellungen faßte er in kurzen, dafür aber prägnanten Anweisungen zusammen: „Bleibt der große Kreuzer im Prinzip bestehen, und das muß er schon aus sachlichen bzw. militärischen Gründen, so ist die Kaliberfrage eine Durchschlagsfrage. Um aus einem Linienschiff einen großen Kreuzer zu machen, muß man an anderen Stellen sparen, und da bleibt nur Panzer und Geschütz. (Einer Geschwindigkeitsreduzierung wollte er, wie er an anderer Stelle erklärte, nur bis 0,3 kn seine Genehmigung erteilen, d.V.). Panzer wollen wir nicht vermehren, dürfen ihn aber auch nicht verringern, sowohl aus sachlichen d.h. militärischen Gründen als auch aus Gründen des Prestiges und der Konsequenz. Geben wir letzterem nicht einen starken Einfluß auf unsere Entscheidungen — ohne Bockbeinigkeit natürlich —, so haben wir in wenigen Jahren eine Modellsammlung. W hat sich in erster Linie zu überlegen: reicht (die) Durchschlagskraft der 30,5 cm namentlich gegen alle großen Kreuzer aus. Gegen Linienschiffe muß (eine) gewisse Leistung auch bleiben. Verneint W bestimmt diese Frage, so würde ich mehr für 6 x 38 cm sein als für 8 x 35 cm."

Tirpitz hielt somit vordergründig an seinem alten Grundsatz fest, daß der Große Kreuzer nur gegen seinesgleichen anzutreten habe und die Kaliberfrage dadurch prädestiniert sei. Da aber die Royal Navy zumindest 1912 und 1913 offenbar nicht beabsichtigte, weitere Schiffe dieses Typs zu bauen, hielt sich der Staatssekretär eine Hintertür offen, indem er „eine gewisse Leistung" auch gegen Linienschiffe forderte. Hier schien ihm, wenn schon eine Kalibersteigerung vorgenommen werden sollte, das 38-cm-Geschütz durchaus erstrebenswert zu sein, da sich diese Wahl — wie er Anfang Mai während eines Immediatvortrags ausführte — sowohl aus Gründen entwicklungstechnischer Rationalisierung als auch der Logistik als auch einem möglichen späteren Zwang, doch 38-cm-SK einzuführen, anbot.[28] Um den politisch vorgezeichneten Charakter des Großen Kreuzers zu wahren und das Deplacement nicht über Gebühr zu erhöhen, mußte ihre Anzahl aber auf sechs Rohre reduziert werden; Beeinträchtigungen des Salvenschießverfahrens befürchtete Tirpitz dabei nicht, zumal er auf eine Erhöhung der Feuergeschwindigkeit hoffte. Auch sah er in diesem Vorgehen einerseits eine gewisse „Logik", da die eigenen Linienschiffe und Kreuzer, also das Hauptkampfmittel und das zu den Linienschiffsgeschwadern gehörende „Zubehör" an Aufklärungseinheiten, bei den letzten Klassen bisweilen ja das Einheitskaliber führten. Andererseits erwachse aus dieser Logik die Sicherheit, glaubte Tirpitz zu prophezeien, über „mindestens eine Reihe von Jahren (mit der gewählten Bewaffnung des Kreuzers, d.V.) auskommen (zu) können, ohne die Verschmelzungsfrage zu präjudizieren."[29] Diese werde, führte der Staatssekretär weiter aus, „abhängig sein von der Ölverwendung und der Ölmaschine, und (..) dann durch die Steigerung der Geschwindigkeit der Linienschiffe hervorgerufen werden." Wer Tirpitz eher als typentechnisch konservativen Amtschef kannte, mußte über diesen letzten Satz erstaunt sein. Doch er fügt sich nur zu gut in den Rahmen jener Vorstellungen ein, die den Admiral im Hinblick auf die Entwicklung der Kaiserlichen Marine leiteten: Solange das Flottengesetz nicht erfüllt war, blieb die Typen- und Verschmelzungsfrage ein Anathema — auch wider bessere Erkenntnis. Tirpitz machte dies während seines Immediatvortrages am 2. Mai dem Kaiser nochmals deutlich:

„Wir müssen nach Lage unserer Flottenpolitik auf das Dringendste wünschen, daß eine etwaige Verschmelzung erst dann eintritt, wenn wir die dauernde 3 Schiffsperiode erreicht haben. Mit Rücksicht auf den erheblichen Geldaufwand, der nur durch Steuern gedeckt werden kann, wird das Erreichen dieses Stadiums an sich schon große, nicht ungefährliche Schwierigkeiten verursachen, obgleich wir das Flottengesetz in dieser Beziehung auf unserer Seite haben."[30]

Noch schien das Problem der Verschmelzung aber nicht akut zu sein, wie der Staatssekretär seinem Monarchen beteuerte, obwohl der Kaiser dies nur sehr ungern zur Kenntnis nahm. Es lasse sich nämlich nicht übersehen, ob die Geschwindigkeitssteigerung der englischen Linienschiffe eine „Maßnahme ad hoc oder (..) eine solche von dauerhafter Bedeutung" sei. Aus letzterem Falle müsse allerdings eine Verschmelzung abgeleitet werden, räumte der Admiral schließlich doch ein.

Tirpitz blickte argwöhnisch über den Kanal und harrte der Dinge, die wohl aus dem sich deutlicher abzeichnenden, dritten *Dreadnought*sprung erwachsen würden. Konsequenzen wollte er unter allen Umständen auf absehbare Zeit aber nur für den Großen Kreuzer ziehen, dessen Kalibersteigerung damit quasi beschlossene Sache war. Denn wie er während des Immediatvortrages am 2. Mai erkennen ließ, war ihm nun der „Wunsch Seiner Majestät" nach einer Verstärkung der Armierung vom Sommer vorigen Jahres Befehl; das heißt, es paßte ihm jetzt ins Konzept, da der sehr wahrscheinliche Übergang der Admiralty zu zumindest einer Division Schneller Linienschiffe die bisherigen Einsatzrestriktionen der eigenen Kreuzer erweitern mußte.[31] Ferner waren die Deplacement- und Kostenberechnungen für 6 x 38-cm-SK bei *D9* und *D10* nicht so ungünstig ausgefallen; gegenüber *A16* war eine Kostenersparnis von mindestens einer Million zu erwarten.

Diesen Sinneswandel hatte mitunter eine Denkschrift des Allgemeinen Marine-Departements vom 20. April zur „Großen Kreuzer-Frage" herbeigeführt[32], in welcher die gegenüber den Annahmen von K geäußerten Zweifel, die Geschwindigkeitssteigerung englischer Linienschiffe und die mögliche Baupause bei „Schlachtschiffskreuzern" betreffend, zurückgenommen worden waren. Auch A war nun davon überzeugt, daß die Linienschiffe des Etats 1912 — *Queen Elizabeth*-Klasse — 25 kn laufen sollten und mit ihnen eine „schnelle Division" gebildet werden würde:[33] Diese Einheiten stellten somit jene Gegner dar, folgerte A, „die unsere Großen Kreuzer zu bekämpfen haben werden." Das 30,5-cm-Geschütz sei bei einer gemeldeten Gürtelpanzerstärke dieser Schiffe von 343 mm nicht mehr ausreichend, zumal man vor „Überraschungen" bei Angaben von Panzerstärken nie sicher sein könne.
Die Annahme einer Baupause bei „Schlachtschiffskreuzern" begründete A mit dem sonderbaren Argument, daß der Übergang der Royal Navy zum „38-cm-Vierturm-Linienschiff" den „Schlüssel" zur Lösung dieser Frage biete: Da die gleichaltrigen englischen Kreuzer und Linienschiffe stets dasselbe Kaliber führten, die Linienschiffe aber immer einen Turm mehr (fünf gegen vier bei Kreuzern) besäßen, bedinge die Reduzierung der Turmzahl bei Linienschiffen auf vier die Sistierung des Kreuzerbaus, da bei der Admiralty eine „deutlich hervortretende Scheu" zu erkennen sei, die Turmzahl unter vier fallen zu lassen. Ferner lägen widersprüchliche Angaben über die Verwendung und Typenzuordnung der vier „Kolonialschiffe" — insbesondere *Malaya* — vor. A könne sich des Eindrucks nicht erwehren, daß man in England abwarte, nach Deutschland „schiele" und zunächst einen Verschmelzungstyp baue. Allerdings war man im Allgemeinen Marine-Departement so selbstbewußt zu behaupten, daß die Kontinuität des Großen Kreuzers in Deutschland eine solche auch in England wieder hervorrufen werde — dies war — so muß man es sehen — ein gesunder Zweckoptimismus, der dem Adressaten der Denkschrift schmeicheln sollte.
Was die Armierung der eigenen Kreuzer anbetraf, empfahl A — hier blieb man standhaft — auch weiterhin das 34- oder 35-cm-Zwischenkaliber; 6 x 38 cm konnten nach Ansicht des Departements zu rasch die Forderung nach einer Verschmelzung nach sich ziehen. Tirpitz teilte diese Ansicht nicht und legte den Kaiser vorerst auf das 38-cm-Geschütz fest. Desweiteren gelang es ihm, das Einverständnis Wilhelms II. für lediglich zwei Torpedobreitseitrohre mit Schnelladeeinrichtung zu bekommen; die Torpedodiskussion hatte somit ein vorläufiges Ende gefunden.[34]
Das Vorgehen der Royal Navy, initiiert insbesondere durch den Ersten Lord der Admiralität, Sir Winston Churchill[35], hatte Tirpitz also gezwungen, sich still und leise von einem weiteren Postulat seiner Baupolitik zu verabschieden: der Kreuzer sollte nun notgedrungen auch gegen Linienschiffe einsatzfähig sein.
Am 17. Juni 1913 fand im Reichsmarineamt eine Sitzung statt, deren Agenda eine Entscheidung zu konkreten Projekten mit 38-cm-SK aufwies[36]; das Ergebnis sollte dem Kaiser schon wenige Tage später zur Bestätigung vorliegen, um Krupp dann so bald als möglich die erforderlichen Unterlagen übersenden zu können. K hatte zuvor, am 11. Juni, fünf Entwürfe eingereicht — *D47, D48, D50, D51* und *D52*[37] —, von denen Tirpitz jedoch eingangs der Gesprächsrunde nur *D48* und *D50* zur weiteren Diskussion stellen wollte. Beide Entwürfe zeigten mit *D51* eine Artillerieaufstellung ähnlich den Kreuzern der *K*-Klasse, was die beiden achteren

der insgesamt drei Türme anbetraf. *D47* sollte dagegen vorne zwei Türme überhöht führen, während *D52* vier Türme aufwies, wovon nur die jeweils überhöhten Doppeltürme waren, um die Anzahl von sechs Rohren nicht zu überschreiten. *D52* schied sogleich wegen dieser recht ungewöhnlichen Armierung und der damit verbundenen Deplacementsteigerung auf 30.300 t aus, die sogar eine Freibordsenkung im Achterschiff auf das Maß von *Ersatz Hertha* einschloß. Gegen *D47* sprachen sowohl ein niedrigerer Gesamtbestreichungswinkel gegenüber den Projekten mit zwei achteren Türmen als auch die Befürchtung, bei einem unglücklichen Treffer gleich zwei Drittel der schweren Artillerie einzubüßen.[38] Auch wurden für *D48* etwa 500 t Mindergewicht veranschlagt (s. Tab. 21), wobei die Gewichtsverteilung durch den weiter achtern postierten Mittelturm recht günstig gegenüber *D47* beeinflußt wurde. Während eines Nachtgefechts befürchtete die Entwicklungsabteilung zudem die Blendung der Schiffsführung, falls der mittlere Turm dicht hinter dem Bugturm stehen sollte (was geschah dann anderes auf *Ersatz Wörth,* muß man hier fragen), und in taktischer Hinsicht schien K gemeinhin starkes Feuer achteraus für den Kreuzer eher von Vorteil, da entsprechende Lagen sehr häufig nicht aus „freier Entschließung" entstehen würden und somit eine ausreichende Armierungsreserve wichtig werden konnte. (K hatte während der Konstruktionsarbeiten für *Moltke* eine übermäßige Betonung des Feuers im „hinteren Quadranten" noch kritisiert.)

Per Vorsortierung durch Tirpitz schied auch *D51* aus der Reihe eingereichter Projekte aus, da K die 15-cm-Kasematte auf zwei Decks verteilt hatte — die vordersten drei Geschützpaare standen auf dem Batteriedeck, der Rest war auf Zwischendecksniveau postiert. Dadurch erhielten die jeseits vordersten drei Geschütze zwar große Feuerhöhen von etwa 6,8 m, das Schiffskörpergewicht stieg jedoch durch die lange, nach achtern gezogene abgesetzte Back um rund 400 t gegenüber *D48* mit seinem Flushdeck an.

Wenn vorstehend die Rede davon gewesen ist, daß der Staatssekretär die beiden nun noch verbleibenden Projekte *D48* und *D50* zur Diskussion stellen wollte, so beschreibt dies nur bedingt den tatsächlichen Entscheidungsvorgang, denn auch die Erläuterungen zu *D50* waren am Rand der K-Denkschrift vom 11. Juni von Tirpitz vorab mit einem bestimmt gehaltenen „Nein!" kommentiert worden. Bei bis auf die Höhe des Mittelturms verkürzter Kasematte entfiel bei diesem Entwurf ein Teil des Schiffsschutzes insbesondere im Bereich der Maschinenräume. Zwei bis drei Paaren der nun gedrängt postierten Geschützen der Mittelartillerie konnten ferner keine direkten Munitionsaufzüge gegeben werden, falls nicht eine zusätzliche Munitionskammer zwischen den Kesselräumen eingebaut und somit die Zitadelle verlängert werden sollte; daraus resultierte ein Mehrgewicht gegenüber *D48* von 100 t. Auch ging aus Raummangel die Möglichkeit verloren, zwei weitere 15-cm-SK einzubauen — eine Forderung, die Tirpitz gleich zu Beginn der RMA-Sitzung vom 17. Juni insbesondere mit Blick auf *D48* an die Entwurfsabteilung herantragen sollte. Die zusätzlichen 80 t für Geschütze und schiffbauliche Maßnahmen gestand der Staatssekretär zu und entschied sich dann sehr rasch für *D48.*[39]

Neben der Vermehrung der 15-cm-SK war für *D48* auch eine Steigerung der Kesselleistung gegenüber *Ersatz Hertha* vorgesehen, die durch eine Verbreiterung der Aggregate, aufgeteilt in 14 Kohle-Marine-Einenderkessel und 4 Öl-Marine-Doppelenderkessel (in 2 + 2 + 2 + 2 + 2 + 2 Kesselräumen, davon Räume 1 und 5 mit Ölkesseln), erreicht werden sollte. Für *D48* waren wie für *Ersatz Hertha* ebenfalls zwei Satz direkt gekuppelte Marineturbinen eingeplant. Die Maschinenanlage wurde bei späteren Entwürfen durch zwei Marschturbinen mit Zahnradgetriebe, wirkend auf die Innenwellen, ergänzt. Die wünschenswerte Drehzahluntersetzung der Hauptturbinen zu den Propellern durch ein hydraulisches Getriebe nach System Föttinger war für Projekt *D48* — und später für *Ersatz Victoria Louise*, die beiden anderen Blohm & Voss-Schiffe *Ersatz Freya* (zu den Folgebauten s. nächstes Kapitel) und *Ersatz Scharnhorst* sowie für den Schichau-Bau *Ersatz Blücher* — nicht in Betracht gezogen worden. Für *Ersatz Yorck, Ersatz Gneisenau* und *Ersatz A* waren hingegen das Föttinger-Untersetzungsgetriebe sowie infolgedessen vier unabhängige Maschinensätze mit jeweils wieder zwei Marschturbinen mit Zahnradgetriebe vorgesehen; letztere sollten hier jedoch auf die

Außenwellen arbeiten.[40] Weiterhin ist bemerkenswert, daß die Ruder wieder nebeneinander angeordnet wurden. Modellversuche und auch die Probefahrten mit *Moltke* und *Goeben* waren wohl dafür ausschlaggebend, daß die Ineffizienz eines vorderen Mittschiffsruders erkannt und die „konventionelle" Anordnung wieder eingeführt wurde.
Weitere Spezifika des neuen Projekts waren eine Verstärkung des Barbettepanzers und der Stirnplatten der schweren Türme auf 320 mm (der Kalibersteigerung angepaßt) sowie die partielle Stauung der Munition auf drei, statt wie bislang auf zwei Plattformdecks.
Neben der Entscheidung für ein bestimmtes Projekt war die Diskussionsrunde vom 17. Juni für den Staatssekretär auch in der Hinsicht bedeutsam, als sie seinem Entschluß für das 38-cm-Kaliber durch die Departements Rückhalt und Bestätigung verschaffen sollte; kurz gesagt: die Typenfrage beschäftigte ihn noch immer. Und es ist deshalb auch nur zu verständlich, wenn er die anwesenden Herren noch einmal mit der Erwägung konfrontierte, ob denn ein Entwurf mit 6 x 38 cm oder ein Schiff mit 8 x 34-cm-SK die Verschmelzung von Linienschiff und Großem Kreuzer aufzuhalten im Stande sei. Er persönlich tendiere zu dem 38-cm-Projekt, hob Tirpitz hervor, da er erwarte, „daß die Engländer dann ebenfalls zum Bau von Kreuzern zurückkommen würden und dadurch einer Verschmelzung (...) vorgebeugt würde."[41] Die Vertreter von A, AV, K, W, B und H (Nautisches Departement)[42] akklamierten daraufhin — wobei K noch einmal auf mögliche Preissteigerungen aufmerksam machte, die in der Liste der Vorentwürfe nicht berücksichtigt seien —, und Tirpitz stellte am 28. Juni dem Kaiser die Projektvariante *D48a* (mit 16 x 15-cm-SK, Deplacement 29.600 t, Kosten etwa 55,3 Millionen Mark) vor. Wilhelm II. erteilte sogleich seine Zustimmung.
Ende Juni 1913 wähnte sich das RMA also hinsichtlich der Typen- und Verschmelzungsfrage in relativer Selbstsicherheit, und K begann postwendend mit der Ausarbeitung detaillierter Unterlagen für den neuen Kreuzer, um Krupp noch einigermaßen fristgerecht mit den erforderlichen Unterlagen beliefern zu können. Wenige Tage nach dem Immediatvortrag vom 28. Juni überraschte der Kaiser den Staatssekretär aber mit einer eigentümlichen Idee. Auf Anregung eines Berichts des Kommandos der Hochseeflotte über die Frühjahrsmanöver in der Nordsee ließ Wilhelm II. Tirpitz durch den Chef des Marinekabinetts, Admiral v. Müller[43], am 15. Juli um Auskunft bitten, ob er denn die „Einschätzung" teile, daß „moderne Panzerkreuzer (insbesondere in ihrer Funktion als schnelle Flügeldivision) zur Zeit wichtiger (seien) als Linienschiffe" und ferner, „ob man nicht in der nächsten Zukunft statt einiger Linienschiffe Panzerkreuzer bauen solle?"[44] Nach der scharfen Auseinandersetzung im Sommer des Vorjahres und der Episode mit „Homunculus" war dies wohl des Guten zuviel; der Monarch hatte den Großadmiral mit jenen Fragen nun vollends zur Rage getrieben, und Tirpitz machte seinem Unmut auf dem Schreiben v. Müllers auch entsprechend Luft: „?! Unglaublich, daß so etwas im Ernst gesagt wird, sollen wir deshalb das Flottengesetz werfen?" Und mit reichlich Hohn bedachte er seine Schlußbemerkung zu diesem kaiserlichen Votum: „Der Ruf nach Kreuzern kommt durchs Mittelmeer. Wir haben 1914,15,16,17 4 gr(oße) Kr(euzer) und 5 L(inienschiffe), ein Verhältnis, welches an sich schon ungünstig ist. In dem L(inien)sch(iff) liegt trotz der Aufklärung die Entscheidung."
Daß am Flottengesetz nun nicht durch den Verschmelzungstyp, sondern auf dem Weg des temporären Wegfalls des propagierten Hauptkampfmittels herumlaboriert werden sollte, war Tirpitz so sehr suspekt, daß er die Frage zunächst einmal bis zum Romintenvortrag Ende September vertagen wollte. Kurz vor der geplanten Zusammenkunft mit dem Kaiser erhielt er dann von A Schützenhilfe, das dem eigentlichen Initiator der Anfrage, dem Kommando der Hochseeflotte, eine Überbewertung des Panzerkreuzers in seiner „fast wing"-Funktion vorwarf. Denn, so hob man im Allgemeinen Marine-Departement hervor, unter Manöverbedingungen trete die „relativ geringe Standkraft" der Kreuzer nicht voll in Erscheinung; der Geschwindigkeitsvorsprung des Panzerkreuzers dürfte infolge von Gefechtsschäden im Ernstfalle aber leicht verloren gehen. In diese Bresche könnten in den nächsten Jahren noch die Linienschiffe der *Kaiser*-Klasse springen, deren Maximalgeschwindigkeit von 22 - 23 kn bei einer angenommenen höchsten Gefechtsfahrt des Linienschiffsgros von

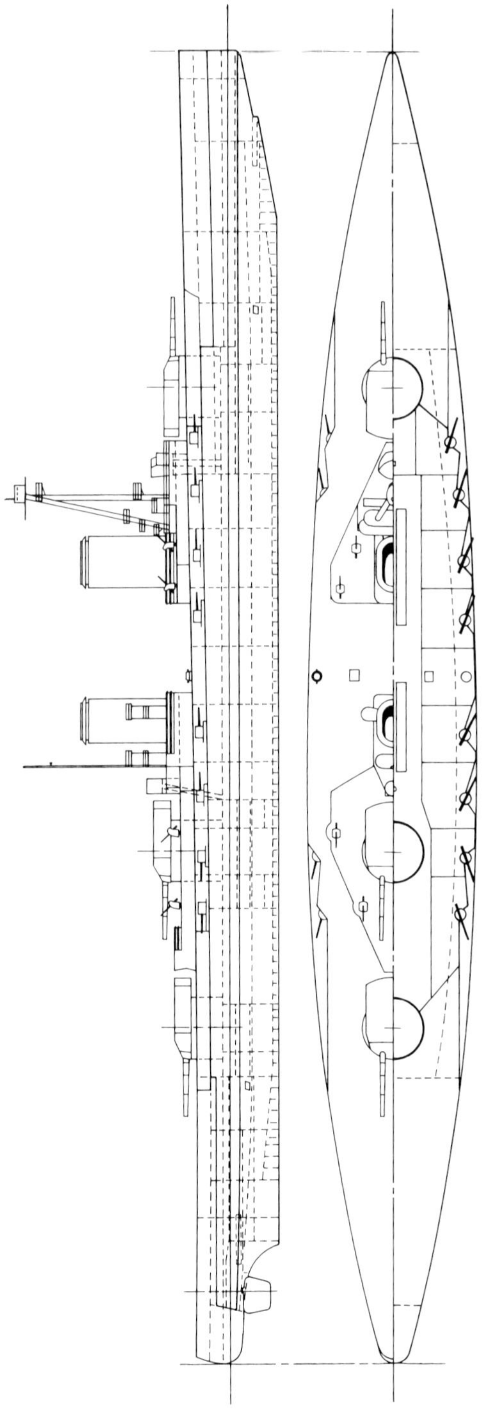

Das am 28. Juni 1913 genehmigte Projekt *D48a* mit 6 x 38-cm-SK

[45] Stapellauf des Großen Kreuzers 1914 — *Ersatz Victoria Louise* — *Mackensen* am 21. April 1917 bei Blohm & Voss (WZ - Bilddienst)

16 kn ihren Einsatz als schnelle Division zulasse. Ansonsten trat A für ein gesundes Verhältnis von Linienschiffen und Großen Kreuzern innerhalb der Flottenorganisation ein — was man durch die Bestimmungen des Flottengesetzes als gegeben ansah.[45] Die Diskussion verlief sich daraufhin.

Verursachte das Anliegen des Kaisers letztlich doch nur Irritationen, ergaben sich infolge eines Berichts des Marineattaches in London, Korvettenkapitän Erich v. Müller, vom 30. Oktober Konsequenzen für die Konstruktionsarbeiten am Großen Kreuzer *Ersatz Victoria Louise.* v. Müller hatte übermittelt, daß in England erörtert werde, die Schiffsgrößen aus marinepolitischen und finanziellen Gründen zugunsten der Bauquantität zu verringern sowie die Kaliber 34- oder 35 cm bei größerer Geschützzahl beizubehalten.[46] Der Kaiser war darüber begeistert und feierte die Nachricht als „einen Sieg ohne einen Schuß zu tun"[47] — selten genug, daß er dabei auch an die Kostenspirale dachte, die sich nun langsamer drehen konnte, was die Kalibergrößen anbetraf. Auch Tirpitz reagierte auf einer am 6. November einberufenen Sitzung, indem er neue Projekte mit 8 x 34-cm-SK bei möglichst geringen Deplacements verlangte. Nach Bedenken von K, die sich auf zu erwartende schlechte Seeigenschaften bezogen, ließ Tirpitz schließlich doch mit gesteigerten Gewichten und 8 x 35-cm-SK weiterkalkulieren.[48] Die scheinbar so gefestigte Position des 38-cm-Geschützes geriet auf letztendlich schwach begründeten Verdacht hin — die Admiralty ließ im Etat 1913 mit der *Royal Sovereign*-Klasse zwar etwas verkleinerte Schiffe in einer Klasse zu fünf Einheiten, aber doch mit 38-cm-Geschützen bauen —, der zum Teil noch selbstverursacht war, wieder ins Wanken. Irrationale Erwar-

[46] Zur Illustration der Diskussion um die Kalibergröße der Hauptarmierung: links ein 30,5-cm-SK L/50-, rechts ein 38-cm-SK L/45-Geschütz. (Bundesarchiv-Militärarchiv)

tungen, gepaart mit rationalen Erwägungen spielten hierbei eine wesentliche Rolle.
Wie schon gezeigt, spekulierte das RMA darauf, durch die Typengestaltung in Verbindung mit der Kontinuität des Baus Großer Kreuzer auch die Royal Navy dazu zu veranlassen, ihrerseits den Schlachtkreuzerbau wiederaufzunehmen, um damit indirekt die Verschmelzungsfrage und etwaige Konsequenzen für das Flottengesetz zu verhindern. In diesem Zusammenhang steht auch eine „Denkschrift (...) über weitergehende Veröffentlichungen über unsere Schiffsneubauten“ vom 29. Mai, deren Zweck es u.a. war, in England den Eindruck zu erwecken, „als ob wir beim 30,5 cm großen Kreuzer bleiben"[49] — zu jener Zeit wurden amtsintern jedoch bereits Projekte mit 38-cm-SK favorisiert, von denen sich Tirpitz aber letztlich irgendwie eine ähnliche Wirkung versprach.
Die in der Öffentlichkeit zu erweckenden Spekulationen um das 30,5-cm-SK bekamen im November inoffiziell dennoch einen festen Kern, da erneut 8 x 30,5 cm in vier Doppeltürmen zur Wahl gestellt wurden.[50] Das Allgemeine Marine-Departement sprach sich in einer Denkschrift zu dem oben angeführten Attachebericht mit Nachdruck gegen diese Option aus und legte hierbei dasselbe Engagement zu Tage, mit dem es sich noch im April für das 34- oder 35-cm-Kaliber eingesetzt hatte. Man rekapitulierte sämtliche Argumente für das schwere 38-cm-Geschütz: Von der notwendigen Stärke der einzelnen Schiffseinheit, da eine Erhöhung der Bauquantität nicht zur Erörterung stehe, „wenn nicht eine Novelle zum Flottengesetz eingebracht werden soll", über taktische Erwägungen in Bezug auf die erforderliche hohe Trefferwirkung bei Gefechtseröffnung auf weite Distanzen und die Wahrscheinlichkeit, daß Große Kreuzer auch gegen Linienschiffe fechten müßten, bis zu artilleristischen Vorzügen hoher Panzerdurchschlagskraft und größerer Sprengladung der 38-cm-Granate. Das Plädoyer fiel jedoch etwas zu positiv aus, denn unter dem Rubrum „Rücksichten auf das Flottengesetz" nahm A die Einführung eines vierten schweren 38-cm-Doppelturmes für den Kreuzer in Betracht. Das Allgemeine Marine-Departement sah „hierin keine Gefahr für das Flottengesetz (..), denn bleibt das Hauptmerkmal des Panzerkreuzers, die höhere Geschwindigkeit, gewahrt", schloß die Denkschrift, „folgen wir mit einer Bestückung von 8 x 38-cm-Geschützen nur dem Vorgehen Englands mit der *Queen Elizabeth*-Klasse."
Spätestens an diesem Punkt mußte der Staatssekretär arge Zweifel an seiner früheren Entscheidung für das 38-cm-Geschütz hegen: Nachdem A sich schon einmal im Frühjahr im Verein mit W in ähnlicher Weise geäußert hatte, waren solche Überlegungen nun, da der Entschluß für *D48a* noch Gültigkeit besaß, dazu geeignet, vor dem Übergang zum äternisierten Dreiertempo den letzten Kredit, den Tirpitz im Parlament und beim Reichsschatzamt zu jenem Zeitpunkt noch genoß, zu verspielen. Schlimmer noch: mit einer solchen Typenwahl konnte das RMA widrigstenfalls Gefahr laufen, den Einheitstyp nach budgetorientiertem Verständnis zu provozieren — ein „normales" Linienschiff unter Wegfall des Großen Kreuzers — oder die

Verschmelzung unter Preisgabe der Bauquantitäten herauszufordern. Tirpitz fühlte sich in seiner Neigung bestätigt, die Spekulation über England doch mit einem kaliberschwächeren Projekt fortzuführen. Dabei war aber von nicht zu unterschätzendem Nachteil, daß die bisherigen Entwürfe mit 8 x 34- oder 35-cm-SK gegenüber jenen mit 6 x 38 cm infolge höherer Kosten insbesondere für den Schiffbauanteil teuerer waren, sollten die Standards der übrigen Gewichtsgruppen ungefähr gehalten werden. Es entstand somit die reichlich paradoxe Situation, zur Vermeidung des teueren Verschmelzungstyps einen im Vergleich zu den bisherigen Anschlägen größeren und im Preis gestiegenen „Normtypen" in Betracht ziehen zu müssen. Als Tirpitz dem Kaiser am 22. November während eines Immediatvortrags das vorläufige Ergebnis der neuen Arbeiten zu Entwürfen mit 8 x 35-cm-SK — Projekt *58*, 31.000 t — im Vergleich zu *D48a* präsentierte, konnte er den Monarchen denn auch bezeichnenderweise dazu bewegen, die endgültige Entscheidung bis zum Frühjahr hinauszuschieben; der Staatssekretär wollte sichergehen und die Etatverhandlungen für den Haushalt 1914 abwarten: „Über die Durcharbeitung dieses Projekts soll daher vorläufig nach außen nichts bekannt werden", mahnte er auf einer RMA-Sitzung zum Großen Kreuzer 1914 Mitte Dezember die anwesenden Herren der einzelnen Departements.[51] Insgeheim jedoch hatte er seinen Entschluß bereits gefaßt, wie einer Anweisung an K, alle Arbeiten an *D48a* einzustellen und sich auf die weitere Bearbeitung des Entwurfs mit 8 x 35 cm zu konzentrieren, sowie Entscheidungen zu Detailfragen der Konstruktion während zweier Sitzungen am 8. und 15. Dezember zu entnehmen ist.[52] Tirpitz spielte nun va banque.

In seiner Entscheidung bestärkt wurde er Anfang Dezember durch den Chef der Hochseeflotte, Admiral v. Ingenohl.[53] Dieser hatte in einer Denkschrift — auf Geheiß des Kaisers — zunächst alle militärisch-artilleristischen „Vor- und Nachteile einer Armierung mit 6 x 38 cm oder 8 x 30,5-cm-SK" zusammengestellt und kam zu dem Zwischenergebnis, daß einerseits das 30,5-cm-Geschütz gegen den „jetzt vorhandenen Panzer der englischen Panzerkreuzer" zwar genüge, es gegen die Linienschiffe ab 1911 aber unzureichend sei; die eigenen Großen Kreuzer müßten hinsichtlich ihrer „Durchschlagskraft" auch den Linienschiffen des Gegners gewachsen sein — hier bot sich für v. Ingenohl das 38-cm-SK an. Bezugnehmend auf den Entwurf *D48a* hielt er andererseits jedoch die für das Schiff vorgesehene Geschützzahl „von so hohem Nachteil", daß er auch jenes Projekt nicht empfehlen wollte. Als Fazit seiner Bemerkungen gab er letztlich Entwürfen mit 8 x 34- oder 35-cm-SK den Vorzug: Sie würden sowohl den Panzer vorhandener oder derzeit in Bau befindlicher englischer Linienschiffe durchschlagen als auch eine hinreichende Trefferwirkung zeigen. Für das Ansehen der Kaiserlichen Marine bei in- und ausländischen Beobachtern meinte v. Ingenohl dann abschließend zu erkennen, daß „wir mit 6 x 38 cm (...) auch kaum an Prestige" gewinnen.

Im Allgemeinen Marine-Departement war man hier ganz anderer Meinung. A versuchte mit äußerstem Nachdruck, zumindest den Entwurf *D48a* zu retten und sammelte alle Argumente, die von ausschlaggebender Bedeutung sein konnten: Linienschiffe und Große Kreuzer müßten dasselbe Kaliber fahren; die Annahme des 35-cm-Projekts würde eine nicht unwesentliche Verzögerung der Fertigstellung des Schiffes zur Folge haben; das 38-cm-Geschütz biete eine größere Wirkung am Ziel, es sei zudem „Achtung gebietender" und genieße im „In- und Auslande ein größeres Ansehen."[54] Doch Tirpitz war vorrangig nicht auf Prestige oder Reputation erpicht. Er kämpfte um das Flottengesetz und gegen den Verschmelzungstyp, und somit hatte die Intervention von A keine Aussicht auf Erfolg.

Befehlsgemäß konzentrierte K in den folgenden Wochen und Monaten die Entwicklungsarbeiten auf die Studie *58*, das Projekt mit 8 x 35-cm-SK, teilweise basierend auf den vorangegangenen Vierturmentwürfen.[55] Bei einem Konstruktionsdeplacement von 31.000 t waren hier gegenüber *D48a* zunächst die Hauptabmessungen verändert worden: Die L_{CWL} betrug nun 225 m, die Breite 30,5 m und der Tiefgang 8,5 m; die entsprechenden Werte für *D48a* lauteten bei 29.600 t: 218; 29,5 und 8,4 m. Die Konstruktionsabteilung behielt sich Untersuchungen vor, den Tiefgang für weitere Entwurfsversionen noch auf 8,4 m zu reduzieren. Die hierdurch bedingten Raumprobleme insbesondere für die Maschinenanlage sowie notwendige Verände-

rungen an den übrigen Hauptabmessungen sollten noch geklärt werden.
Trotz aller Deplacementerwägungen wurde die gegenüber den Schiffen der *K*-Klasse vergrößerte Freibordhöhe im Heck von 6,0 m (später reduziert auf 5,7 m) übernommen, die sowohl achtern ein „trockenes" Schiff garantierte als auch ein zweites Wohndeck entstehen ließ, dessen Wegfall zwar von KIE für *58* noch einmal entlang der Vorgaben eines Projekts *55* zur Erörterung gestellt, jedoch wegen der Vorteile für die Unterbringung der Besatzung in der Sitzung vom 15. Dezember wieder verworfen wurde. Das „Einrücken" der Kasematte — während der Arbeiten am Großen Kreuzer 1911 vorgeschlagen und damals von A wegen Bedenken gegen eine zu geringe Freibordhöhe abgelehnt (s. Kapitel V) — wurde für *Ersatz Victoria Louise* nun im Interesse der „Seefähigkeit" der 15-cm-SK, einer bequemeren Bekohlung und erleichterten Bedienung der Schutznetze sowie einer besseren Beleuchtung der Mannschaftsräume in der Kasematte akzeptiert; gespart wurde dabei nicht viel: 30 t Gewicht und 30.000.- Mark Kosten. Deplacement- und Kostenerwägungen bedingten aber den Fortfall zweier 15-cm-SK, so daß wieder nurmehr 14 Kasemattgeschütze wie auf *Ersatz Kaiserin Augusta* und *Ersatz Hertha* zur Verfügung standen. Desweiteren wurde der Panzerschutz der Barbetten und der Stirnflächen der Drehtürme von 320 mm auf 300 mm verringert.
Gegenüber jenem Entwurf *58* reduzierte K dann — aufgrund einer Vorgabe des Staatssekretärs, 100 t Gewicht einzusparen — bis März 1914 die Lage der Decks im Kasemattbereich über CWL und die Freibordhöhe der 15-cm-SK um 0,2 - 0,1 m. (Die Werte für letztere betrugen nun 4,8 - 5,5 m, von achtern nach vorn.) Die Panzerung der Barbetten wurde nochmals um 30 auf 270 mm verringert, ferner der Seitenschutz und die Dicke der schrägen Frontplatten der Drehtürme um 20 mm auf 200 bzw. 150 mm verdünnt.
Zur Erzielung von 5 % mehr Kesselleistung im Vergleich zu *Ersatz Hertha* erweiterte die Entwurfsabteilung erneut die Baugrößen der einzelnen Aggregate, verminderte jedoch gleichzeitig deren Anzahl auf 12 Kohle- und vier Ölkessel. Diese Maßnahme wurde durch den Wegfall der innerhalb des Torpedoschutzgürtels liegenden Kesselbunker ermöglicht. Dafür sollten aber nun die Schutzbunker außerhalb des Gürtels auf Kosten des äußeren Wallganges verbreitert werden, der wiederum durch eine Doppelwand, die sich bis zur Unterkante des Seitenpanzers erstrecken sollte, in etwa adäquaten Ersatz finden konnte. Zur Verbesserung der Kohlenzufuhr schlug K in diesem Zusammenhang weiterhin vor, die Panzerdecksböschungen innerhalb des Zitadellbereichs entfallen zu lassen. Man versprach sich von dieser konstruktiven Neuerung alles in allem eine Gewichtsersparnis von 400 t. Fiel die Böschung weg, konnte auch das aus Deplacementerwägungen durch „gewöhnliche" wasserdichte Schotten ersetzte 30 mm-Seitensplitterschott wieder eingeführt sowie auch das Torpedoschott neben den Maschinenräumen der Außenwellen auf Höhe von Turm C und den Munitionskammern der vorderen Türme von 45 auf 60 mm verstärkt werden. Diese Änderungen verursachten voraussichtlich ein Mehrgewicht von 130 t. Als Konstruktionsbrennstoffvorrat wurden insgesamt 1.100 t, verteilt auf 850 t Kohle und 250 t Öl, angenommen.
Die mitunter bemerkenswerteste schiffbauliche Novität betraf eine vorgesehene wulstartige Ausbuchtung der unter Wasser liegenden Spanten im Vorschiff, den sogenannten Bugwulst.[56] Da durch das Einschieben des achteren Torpedobreitseitraums die Maschinenanlage sowie die vorderen Aufbauten und Türme näher zum Bug hin wanderten, entstand etwas Kopflastigkeit, die ausgeglichen werden sollte. Es bot sich zunächst an, das Achterschiff auszuschärfen und dem Vorschiff eine größere Völligkeit zu geben, um damit den Auftriebsschwerpunkt ebenfalls nach vorne zu verlegen. Wegen des dadurch bedingten Anwachsens des Schiffswiderstandes und des Platzverlustes für die Turbinen wurde diese Möglichkeit jedoch zugunsten einer Veränderung des Schiffskörpers verworfen, die sowohl den Formschwerpunkt nach vorne verschieben, den Raum für die Turbinen nicht beengen als auch den Schiffswiderstand nicht negativ beeinflußen würde; im Gegenteil: wie Schleppversuche und auch die vorangegangenen Arbeiten von Admiral David W. Taylor (U.S.N.) gezeigt hatten, begünstigte der Wulst die Schiffsgeschwindigkeit sogar. Als Nebeneffekt ergab sich auch, daß nun mehr Platz für den Bugtorpedoraum

zur Verfügung stand. Ob aber die mittelbare Ursache dieser Kettenreaktion, der Breitseitraum, letztlich einen Sinn machte, mußte sich erst erweisen. Im weiteren Verlauf der Entwicklungsarbeiten, deren Ergebnis schließlich im Mai nunmehr als Entwurf *60* dem Kaiser vorgestellt werden sollte, fiel das Hecktorpedorohr den allzu beengten Platzverhältnissen im Achterschiff zum Opfer; die Dotation für die verbleibenden fünf Rohre wurde auf 28 Projektile festgesetzt. Um den Beobachtungsstand auf dem Fockmast von störenden Rauchschwaden freizuhalten, rückte der vordere Schornstein ein Stück nach achtern und erhielt einen Knick an der Vorderfront zur ungehinderten Führung der Kesselabzüge.[57] Die Kesselanlage selbst wurde noch einmal geändert: Zur „Erhöhung der Betriebssicherheit" teilte K die großen, bislang vorgesehenen Aggregate, so daß nun 24 Kohle-Marine-Einenderkessel und 8 Öl-Marine-Doppelenderkessel (in 2 + 2 + 0 + 2 + 2 + 2 Kesselräumen) geplant waren. Daß sich dadurch die ganze Anlage komplizierter gestaltete, nahm man in Kauf. Als Konstruktionsgeschwindigkeit wurden 27,5 kn angestrebt, 0,3 kn mehr als für Entwurf *58* kalkuliert waren.

Während dieser Arbeiten an Entwurf *60* stellte K zwischenzeitlich (am 7. März) fest, daß die „gewählten Hauptabmessungen reichlich groß zu dem erforderlichen Deplacement" geraten waren. Da man weder die Schiffslänge mit Rücksicht auf die Widerstandswerte noch die Breite im Hinblick auf den dann verringerten Abstand des Torpedoschotts von der Außenwand reduzieren konnte, erwog die Entwurfsabteilung die Möglichkeit, „ohne wesentliche Änderungen an Schiffskörpergewicht oder Geschwindigkeit (von etwa 27,5 kn) dem Schiff bei gleichen Abmessungen eine etwas größere Verdrängung zu geben" und die 4 x 35-cm-Doppeltürme durch solche mit 38-cm-SK zu ersetzen.[58] Für Tirpitz kam eine Deplacementüberschreitung auf keinen Fall in Frage, geschweige denn die Armierungsparität zwischen Linienschiff und Großem Kreuzer. Wie er in seinem Antwortvotum vom 25.3. ausführte, sprachen gegen letztere Maßnahme insbesondere politische Gründe — das ganze tendierte zu einer Vorstufe des Verschmelzungstyps und hätte zudem sämtliche mühsam gewonnenen Kompromisse erneut in Frage gestellt; gar nicht zu reden von der Reaktion bei Krupp, wo man endlich Klarheit über die Bewaffnung des Schiffes haben mußte. Diese letzte Störung des nunmehr stehenden Konzepts blieb also eine Episode ohne Wirkung — vorerst jedenfalls, denn wie oben schon dargestellt, hatte das Allgemeine Marine-Departement einen ähnlichen Vorschlag ja bereits im November unterbreitet und damit indirekt die Grundlage für weitergehende Überlegungen in dieser Richtung geschaffen. K hatte nun einmal nachgerechnet, den Anstoß von A quantifiziert und eine technisch gangbare Alternative angeboten, ohne allerdings an die möglichen Folgen zu denken. Tirpitz betrachtete seine Optionen und Präferenzen aber kaum jemals rein unter dem Aspekt des technisch Machbaren. Sein Blick, obwohl konservativ wirkend, war vorausschauend vor allem auf politische und finanzielle Implikationen innerhalb des geltenden Gesamtrahmens gerichtet. Der Vorschlag des Konstruktionsdepartements hatte somit unter den gegebenen Umständen keine Chance, ernsthaft erwogen zu werden.

Tirpitz stellte Wilhelm II. am 23. Mai Entwurf *60* vor — mit verkleinerten Hauptabmessungen bei einem Deplacement von 31.000 t.[59] Seine Begründung für die letztendliche Bevorzugung des neuen Projekts gegenüber dem „offiziell" noch aktuellen Entwurf *D48a* bezog sich lediglich darauf, daß er sich, „nachdem die wesentlichen Bedenken, welche gegen den 35-cm-Entwurf sprachen (großes Deplacement, Zwischenkaliber), gegen den Vorteil der Vierturmaufstellung zurückgetreten" seien, entschlossen habe, ein solches Projekt vorzuschlagen. Den wahren Grund, die Vereitelung der Verschmelzung u.a. auf dem indirekten Weg über England, schnitt der Großadmiral nicht an — der Kaiser wäre wohl weder von der Strategie noch von dem angestrebten Ziel sonderlich angetan gewesen.

Mit der Annahme des Entwurfs *60* ging eine Projektplanungsphase zu Ende, die charakteristisch nicht nur für den politischen und finanziellen, sondern auch für den militärtechnischen „Bankrott"[60] des Tirpitz Plans in den letzten Jahren vor Ausbruch des Weltkrieges war. Wenn auch der Marineetat 1914 im Februar glatt verabschiedet wurde, waren die finanziellen Möglichkeiten erschöpft; auf einen Nachtragshaushalt konnte Tirpitz wegen des Widerstandes des Reichskanzlers, des Finanzstaatssekretärs und zunehmend auch der gouvernementalen Parteien kaum hoffen.[61] Der Probleme noch nicht genug, wurden deutsche Kalkulationen enttäuscht, daß England aufgrund seiner eigenen Rüstungsanstrengungen finanziell vielleicht bald am Ende sein würde. Und dabei war doch gerade die Admiralität in London kurioserweise zu einer Art Rettungsanker für das Flottengesetz auserkoren worden: Kehrte sie nämlich zum Bau von Schlachtkreuzern zurück, verschob sie damit indirekt die Verschmelzungsfrage in Deutschland um vielleicht entscheidende Jahre. Solche Spekulationen sind mithin ein deutliches Indiz dafür, daß die „stolze Initiative sowohl für die Gruppierung der Schiffsarten zur Flotte wie auch zur militärischen und hoffentlich auch zur technischen Entwicklung unserer Typen", wie Tirpitz zu Beginn seiner Laufbahn im Reichsmarineamt in der bekannten Denkschrift über „Allgemeine Gesichtspunkte bei der Feststellung unserer Flotte nach Schiffsklassen und Schiffstypen"[62] ausgeführt hatte, vorerst wohl dahin war.

Die weiteren Entwurfsänderungen für *Ersatz Victoria Louise* beschränkten sich nunmehr auf Verbesserungen am Schiffsschutz. K konnte während der detaillierten Ausarbeitung der Konstruktionsunterlagen zunächst einmal im November noch 250 t für diesen Zweck zur Verfügung stellen.[63] Sie sollten vorrangig für Verbesserungen am vorderen und hinteren Kommandoturm, eine Verstärkung des Torpedoschotts hauptsächlich neben den Maschinenräumen der Innenwellen von 45 auf 50 mm und eine Erhöhung des Bugpanzers auf die Maße von *Ersatz Hertha* verwendet werden. Für die ferner beabsichtigte Verstärkung der Seiten- und schrägen Frontplatten sowie der waagerechten Decken der Türme, der außerhalb der Schiffspanzerung liegenden Barbetteteile und derjenigen Abschnitte der Barbetten der Türme A, C und D, die unterhalb des Batteriedecks lagen, wurden statt der von K für erforderlich erachteten 215 t lediglich 138 t gebilligt.

Während der Bauarbeiten an den Schiffen der *Ersatz Victoria Louise*-Klasse forderte das Kommando der Hochseeflotte im Mai 1916 dann weitere Verstärkungen der Panzerung.[64] K vermochte es, nochmals 200 t verfügbar zu machen, zu denen weitere 170 t infolge des Fortfalls der nach den Erfahrungen der Skagerrakschlacht obsolet gewordenen Torpedoschutznetze und 80 t bei Verzicht auf zwei 15-cm-SK mit Munition treten sollten.[65] Den unter dem Batteriedeck liegenden Barbetteteilen konnte nun u.a. eine partielle Stärke von 90 mm gegeben werden. Die oberen Barbetteabschnitte erhielten letztendlich 290 mm Panzerung; die Türme 200, 180 und 120 mm Schutz respektive der oben angegebenen Flächenteile sowie eine Panzerung der Frontplatte von 320 mm.[66] Somit war der Schutz der Türme und Barbetten während des Krieges scheibchenweise wieder verbessert worden.

Anmerkungen

1 s. Lambi, The Navy and German Power Politics, 374; vgl. zu dieser Auseinandersetzung auch Epkenhans, Wilhelminische Flottenrüstung, 322f.

2 s. Strohbusch, Markante Kriegsschiffsentwürfe...*Bayern*, in: MR 6 (1979), 384.

3 s. Lambi, The Navy and German Power Politics, 374.

4 BAMA RM 3/3694, Staatssekretär an RMA/K, 13.8. 1912.

5 BAMA RM 3/3694, Kaiser an Staatssekretär, 20.8. 1912.

6 BAMA RM 3/3694, 8.1912.

7 BAMA RM 3/3694, RMA/KIE an Staatssekretär, 9.9.1912.

8 Die Vielzahl der Projekte für den Großen Kreuzer 1914 kann in etwa wie folgt systematisiert werden: Studien mit *A*-Bezeichnung bezogen sich auf Projekte mit 34-cm-SK L/45, mit *B*-Bezeichnung auf 35-cm-SK L/45, mit *C*-Bezeichnung auf 35,5-cm-SK L/50, die späteren Entwürfe mit 38-cm-SK L/45 erhielten *D*-Nummern.

9 Vgl. dazu einmal die Etatkosten für den Großen Kreuzer *E* mit 18,5, 8,5 und 0,66 Millionen Mark. Die Kostenexplosion im Schiffbau innerhalb von gut acht Jahren wird nur allzu deutlich, wenn man bedenkt, daß alleine für die Artillerie des Entwurfs *B* 0,5 Millionen Mark mehr zu veranschlagen waren als für den Schiffskörper von *Blücher*.

10 BAMA RM 3/3695, RMA/K an Staatssekretär, 3.4. 1913. Der Preis stieg später auf 57,4 Millionen Mark an, s. BAMA RM 3/3695, RMA/KIE an Staatssekretär, 11.6.1913.

11 BAMA RM 3/3694, Denkschrift zum Immediatvortrag über einen Großen Kreuzer mit 34-cm-Armierung, RMA/KIE an Staatssekretär, 18(?).9.1913. Ein Interimsentwurf mit 8 x 34-cm-SK L/45 und unter Annahme einer Geschwindigkeitsreduzierung war zuvor schon, am 14.9., verworfen worden.

12 K rechnete für *Ersatz Hertha* noch mit einem Gewicht von 26.700 t, die fehlenden 100 t am endgültigen Konstruktionsdeplacement von 26.800 t wurden erst im März 1913 hinzuaddiert.

13 Vgl. Strohbusch, Markante Kriegsschiffsentwürfe... *Mackensen*, in: MR 2 (1977), 59. Danach hatte auch Tirpitz kurz vor der Konzeption von *A3*, am 14.9., schon dazu angehalten, die Erfahrungen mit *Moltke* in die Konstruktion der „Auslandsschiffe" mit einfließen zu lassen. Insbesondere das tiefliegende Heck wurde bei hohen Fahrtstufen auch in relativ ruhiger See fast völlig überflutet. A sollte demgegenüber generell Bedenken in erster Linie hinsichtlich der Vergrößerung der

Silhouette und des Deplacements geltend machen (s. Text).
14 Deplacement und Schiffbaukosten wurden später nachträglich nach oben korrigiert; für 31.500 t betrug der Preis ohne Armierungen infolge Panzerverstärkungen dann 37,3 Millionen, die Gesamtkosten stiegen auf 58 Millionen Mark.
15 v. Tirpitz, Erinnerungen, 134; vgl. hierzu auch Lambi, The Navy and German Power Politics, 375. Die Anregung für die Konstruktion eines „Torpedolinienschiffs" erging am 20. August 1912 an den Chef des Marinekabinetts, Admiral v. Müller.
16 Ebd., 134.
17 BAMA RM 3/3694, RMA/M an RMA/A, 20.9.1912.
18 BAMA RM 3/3694, Denkschrift betreffend: Großer Kreuzer mit derselben Geschützarmierung und Panzerung wie *Ersatz Kaiserin Augusta*, aber mit vermehrter Torpedoarmierung, KIE, 23.9.1912.
19 Diese Projektbezeichnungen weisen darauf hin, daß *8*, *9* und *10* in der Kontinuität der *K*-Klasse standen.
20 BAMA RM 3/3695, RMA/K an RMA/A, 8.3.1913 sowie ebd., RMA/W, 30.3.1913.
21 Im RMA nahm man zu dieser Zeit an, daß *Tiger* 35,6-cm-Geschütze erhalten würde.
22 Randbemerkung des Staatssekretärs:„Halte ich nicht für richtig!".
23 BAMA RM 3/3695, RMA/A an RMA/K, 19.3.1913.
24 A begründete seine Zweifel mit der Tatsache, daß sich ähnliche Meldungen über die amerikanische *Pennsylvania*-Klasse inzwischen auch auf 21 kn relativiert hätten. Zumindest bezogen auf die fünf *Royal-Sovereign*s sollte man bei A recht behalten; sie waren von Beginn an — und vielleicht war dies der Grund für alle weiteren Unsicherheiten, die noch Bedeutung erlangen sollten (s. Text) — nur für 21 - 21,5 kn ausgelegt, s. Burt, British Battleships, 271; vgl. Raven/Roberts, Die britischen Schlachtschiffe des Zweiten Weltkrieges, I, 33. Die ölbefeuerten Schiffe der *Queen-Elizabeth*-Klasse erreichten ihre Konstruktionsgeschwindigkeiten nur unter idealen Bedingungen.
25 Hervorgeh. im Orig. Was A zu diesem Zeitpunkt noch verborgen blieb: das malayische „Kolonialschiff" — später *Malaya* — wurde als Geschenk der malayischen Dominions 1913 als 5. Schiff der *Queen Elizabeth*-Klasse auf Stapel gelegt. Die Spekulationen über die drei kanadischen Großkampfschiffe hatten ihren Ursprung in einem Antrag des kanadischen Premierministers Sir Robert Borden vom 5. Dezember 1912 auf Bau dreier *Dreadnought*s an das Parlament seines Landes; die Schiffe sollten zum Schutz des Empire herangezogen werden. Der Antrag wurde vom kanadischen Parlament im Februar 1913 gebilligt, aber vom Senat im Mai abgelehnt, s. Marder, From Dreadnought to Scapa Flow, I, 298; vgl. Woodward, Great Britain and the German Navy, 391ff.
26 BAMA RM 3/3695, RMA/K an Staatssekretär, 3.4. 1913.
27 BAMA RM 3/3695, Bemerkungen Seiner Excellenz des Herrn Staatssekretärs betr. Großen Kreuzer 1914, 12.4. 1913.
28 BAMA RM 3/3695, Notiz zum Immediatvortrag betr. Großer Kreuzer 1914, 29.4.1913. Der Vortrag fand am 2. Mai 1913 statt.
29 Ebd., BAMA RM3/3695.
30 Ebd., BAMA RM3/3695; vgl. zu den von Tirpitz genannten „Schwierigkeiten" und deren weiteren Implikationen in Bezug auf die Flottenrüstung und den Tirpitz Plan, Epkenhans, Wilhelminische Flottenrüstung, 325ff.
31 Der Kaiser gab diesem Vorschlag des Staatssekretärs daraufhin gegen Ende des Immediatvortrags seine Zustimmung.
32 BAMA RM 3/3695, „Betrifft, Große Kreuzer-Frage", RMA/A an Staatssekretär, 20.4.1913. Kurz nach Eingang der A-Denkschrift, am 24.4., entschied sich Tirpitz für eine Hauptarmierung von 6 x 38-cm-SK, s. Strohbusch, Markante Kriegsschiffsentwürfe...*Mackensen,* in: MR 2 (1977), 56.
33 Das Departement bezog sich auf Ausführungen des Ersten Lords der Admiralität, Sir Winston Churchill, vom 26. März 1913 vor dem britischen Unterhaus, der sogenannten zweiten „naval holyday speech", und Angaben des >Observer<, s. Marder, From Dreadnought to Scapa Flow, I, 313f; vgl. Woodward, Great Britain and the German Navy, 407ff.
34 BAMA RM 3/3695, Randbemerkung zur Notiz zum Immediatvotrag betreffend Großer Kreuzer 1914, 29.4.1913; Bemerkung vom 3.5.1913.
35 s. Marder, From Dreadnought to Scapa Flow, I, 269; Raven/Roberts, Die britischen Schlachtschiffe des Zweiten Weltkrieges, I, 15; s. auch Parkes, British Battleships, 560f.
36 BAMA RM 3/3695, Protokoll der Sitzung vom 17. Juni 1913, M, 17.6.1913.
37 BAMA RM 3/3695, Denkschrift betreffend Entwürfe für den Großen Kreuzer 1914, KIE, 11.6.1913.
38 BAMA RM 3/3695, Denkschrift zum Immediatvortrag über den Großen Kreuzer 1914, K, 19.6.1913.
39 BAMA RM 3/3695, Protokoll der Sitzung vom 17. Juni 1913, M, 17.6.1913.
40 Vgl. hierzu Strohbusch, Markante Kriegsschiffsentwürfe...*Mackensen,* in: MR 2 (1977). Das Rädergetriebe wurde für das überarbeitete Projekt *58* vorgeschlagen (s. Text unten).
41 BAMA RM 3/3695, Protokoll der Sitzung vom 17. Juni 1913, M, 17.6.1913.
42 Der Vertreter des Nautischen Departements war zugegen, um Fragen des Einbaus eines Magnetkompasses für Gefechtsnavigationszwecke in Verbindung mit der Entwicklung des Kreiselkompasses zu klären.
43 Das Kommando der Hochseeflotte hatte dem Kaiser am 1. July Bericht über die Verbands- und Flottenübungen von März und Mai erstattet.
44 BAMA RM 3/3695, v. Müller an Staatssekretär, 15.7. 1913.
45 BAMA RM 3/3695, Notiz zum Immediatvortrag betreffend: Vorziehen von Große Kreuzer Bauten an Stelle von Linienschiffen, A, 16.9.1913.
46 BAMA RM 3/3695, Denkschrift AVa zum Bericht des Attaches London, 12.11.1913; vgl. Epkenhans, Wilhelminische Flottenrüstung, 392.
47 Kaiser an Tirpitz, 4.11.1913, zit. nach v. Müller, Der Kaiser, 129f; vgl. Epkenhans, Wilhelminische Flottenrüstung, 392.
48 s. hierzu Strohbusch, Markante Kriegsschiffsentwürfe... *Mackensen,* in: MR 2 (1977), 56; vgl. Epkenhans, Wilhelminische Flottenrüstung, 392.
49 BAMA RM 3/2719, Denkschrift zum Immediatvortrag über weitergehende Veröffentlichungen über unsere Schiffsneubauten, A, 29.5.1913; vgl Epkenhans, Wilhelminische Flottenrüstung, 392.
50 BAMA RM 3/3695, Denkschrift AVa zum Bericht des Attaches London, 12.11.1913.
51 BAMA RM 3/3695, Sitzung über die Konstruktion des Großen Kreuzers 1914, M, 15.12.1913.
52 Vgl. Strohbusch, Markante Kriegsschiffsentwürfe... *Mackensen,* in: MR 2 (1977), 57.

53 BAMA RM 3/2731, Chef der Hochseeflotte an Staatssekretär, 1.12.1913. Der Kaiser zeigte sich am 3.12. mit der Ausarbeitung v. Ingenohls einverstanden.
54 BAMA RM 3/3695, Stellungnahme A zu dem Projekt für den Großen Kreuzer 1914 mit 4- 35 cm-Doppeltürmen, A, 10.12.1913.
55 BAMA RM 3/3695, Sitzung über die Konstruktion des Großen Kreuzers 1914, M, 15.12.1913.
56 BAMA RM 3/3695, Erläuterungen zu den Entwurfszeichnungen im Maßstab 1: 200 für den Großen Kreuzer *Ersatz Victoria Louise,* KI, 27.2.1914, vgl. hierzu Strohbusch, Markante Kriegsschiffsentwürfe...*Mackensen*, in: MR 2 (1977), 58f; vgl. auch ders., Vorstevenformen und Bugwulst, in: MR 4 (1976), 217ff.
57 BAMA RM 3/3695, Denkschrift zum Immediatvortrag über den Großen Kreuzer 1914, KIE, 19.5.1914.
58 Strohbusch, Markante Kriegsschiffsentwürfe...*Mackensen,* in: MR 2 (1977), 57.
59 BAMA RM 3/3695, Denkschrift zum Immediatvortrag über den Großen Kreuzer 1914, KIE, 19.5.1914.
60 s. Epkenhans, Wilhelminische Flottenrüstung, 393ff, insbesondere zum „politischen" sowie auch finanziellen „Bankrott" des Tirpitz Plans 1913/1914, der sich in einer bröckelnden Front der gouvernementalen Flottenbefürworter, den englischen Rüstungsanstrengungen und den davonlaufenden Kosten für Marinezwecke offenbarte, die zuweilen den gesetzmäßig schon erreichten Stand der Flottenrüstung, vor allem aber den geplanten Übergang vom Zweier- zum Dreiertempo im Jahre 1918 grundsätzlich in Frage stellten.
61 s. Ebd., 395ff.
62 Denkschrift Tirpitz, Allgemeine Gesichtspunkte bei der Feststellung unserer Flotte nach Schiffsklassen und Schiffstypen, 7.1897, zit. nach: Berghahn/Deist, Rüstung, Dok. II/10, 125; vgl. hierzu Einführung.
63 BAMA RM3/3696, KIE, 6.11.1914 sowie die dazugehörigen Entscheidungen während einer späteren Sitzung am 17.11.1914, s. Ebd., BAMA RM 3/3696.
64 BAMA RM 3/3696, RMA/K an RMA/A, 17.11.1916.
65 Ebd., BAMA RM 3/3696.
66 BAMA RM 3/2728, Denkschrift betreffend Ordreentwurf für die *Ersatz Yorck*-Klasse, KIE, 30.6.1917. Die Denkschrift enthält vergleichende Angaben zu *Mackensen.*

VII *Ersatz Yorck*-Klasse

Der Auftrag für den Großen Kreuzer 1914, *Ersatz Victoria Louise,* wurde am 14. August, also zwei Wochen nach Kriegsausbruch, an Blohm & Voss erteilt. Zusammen mit dieser aus dem letzten regulären Vorkriegsetat stammenden Einheit wurde ferner der ursprünglich für das Haushaltsjahr 1915 vorgesehene Kreuzer *Ersatz Freya* vorzeitig ebenfalls als Schwesterschiff zu *Ersatz Victoria Louise* an die Hamburger Werft vergeben. Finanziert wurde das Schiff aus dem außerordentlichen Etat, der nunmehr die Militärausgaben „aus Anlaß des Krieges" zu bestreiten hatte.[1] Bezüglich der Konstruktion des Kreuzers nach den Plänen von *Ersatz Victoria Louise* scheint es im Reichsmarineamt keine Diskussionen gegeben zu haben; angesichts der Kurzfristigkeit der Entscheidung war dies auch gar nicht möglich und wegen der Finanzierungsmodalitäten zudem kaum erwünscht.

Der Kriegsverlauf der nächsten Monate wollte es nun, daß bis Ende Januar 1915 fünf Große Kreuzer verloren gingen: *Yorck* am 4. November, *Friedrich Carl* am 17. November, *Gneisenau* und *Scharnhorst* am 8. Dezember und schließlich auch der Große Kreuzer *E/Blücher* am 24. Januar 1915 während des Doggerbankgefechts. Für diese planmäßig erst zu Beginn der 1920er Jahre sukzessive zu ersetzenden Einheiten sollte die „Kriegsmaterialergänzung" sofort in Angriff genommen werden. In einer Verfügung vom 21. Februar 1915, knapp vier Wochen nach dem Untergang von *Blücher,* wurde vorab schon die Finanzierung der entsprechenden Ersatzbauten ebenfalls zu Lasten des außerordentlichen Etats geregelt. Die Deckung sollte durch die halbjährlichen, jeweils im September (erstmals im September 1914) und März zu zeichnenden Kriegsanleihen erfolgen.[2] *Ersatz Yorck* bis *Ersatz Blücher* wurden letztlich auch als Schwesterschiffe zu *Ersatz Victoria Louise* Mitte April 1915 vergeben, da die Anschlagsummen dadurch besser planbar waren und andere Konstruktionsunterlagen auch weiterhin nicht zur Verfügung standen.

Die bis dato ziemlich problemlos erscheinende Bewilligungspraxis „kriegsnotwendiger Materialergänzung" stieß jedoch an ihre gouvernementalen und parlamentarischen Grenzen, als mit dem Verlust von *Prinz Adalbert* am 13. Oktober 1915 erneut ein Großer Kreuzer ersatzfällig wurde. Einer Aufforderung des Kaisers an den Staatssekretär, unverzüglich zum Ausgleich eine weitere Einheit vom Typ *Ersatz Victoria Louise* in Auftrag zu geben, kam dieser zwar pflichtschuldig nach, Tirpitz stieß jedoch bei Finanzstaatssekretär Helfferich, Kanzler v. Bethmann Hollweg und auch im Parlament auf herzlich wenig Unterstützungsbereitschaft in diesem speziellen Punkt.[3] Diese Zurückhaltung bestand auch hinsichtlich der Marinerüstung im allgemeinen, was nicht zuletzt von einer kaum verhehlten Enttäuschung angesichts der bislang nur sporadisch gezeigten militärischen Leistungsfähigkeit der Hochseeflotte herrührte. Helfferich und Bethmann Hollweg hielten Tirpitz insbesondere die explosionsartig gestiegenen Schiffbaukosten neuer Kreuzerbauten — die Rede war nun von 72 Millionen Mark — im Vergleich zu jenen der zu ersetzenden Einheit — 16,3 Millionen — vor. Dies geschah sowohl mit Blick auf die sich immer nachteiliger gestaltende Finanzlage des Reiches als auch dahingehend, daß der Staatssekretär die mit dem zweiten Flottengesetz unausgesprochen eingeführte „moralische Bindung" des Reichstags zur Bewilligung stark verteuerter, aber legislatorisch ja genehmigter Ersatzbauten, die sogenannte „lex imperfecta"[4], zu sehr zu seinen eigenen Gunsten auslegen wollte. Auch schien dem Kanzler die unmittelbare Kriegsnotwendigkeit des neuen Ersatzbaus nicht gegeben, da er unbedingt mit einem Friedensschluß vor dem voraussichtlichen Ende der Bauarbeiten rechnete. Das Parlament zeigte sich insgeheim ebenfalls sehr ungehalten über die Passivität der teuren Großkampfschiffgeschwader, deren zwar wichtige, aber wenig öffentlichkeitswirksame Funktion als „fleet in being" kaum Begeisterungsstürme auslöste und auch nicht dazu taugte, das Patt an der Westfront zumindest propagandistisch kompensieren zu können. Mit anderen Worten: die Abgeordneten forderten „value for money" und schienen nicht mehr bereit, weitere

Mittel in eine stumpfe Waffe zu investieren. War dies im ungünstigsten Falle dazu geeignet, unabsehbare Gefahren für das Flottengesetz heraufzubeschwören, meinte der Kaiser gerade in dieser Situation auch mit seinem Lieblingsprojekt, dem Schnellen Linienschiff als Einheitstyp, aufwarten zu müssen.[5] Er tat dies zumal mit ungewöhnlicher Vehemenz, die zu einem guten Teil darin begründet lag, daß er die stillschweigende Unterlassung des RMA, nicht wie sonst üblich im Herbst neue Schiffskonstruktionen vorgelegt zu haben, als ziemliche Unverfrorenheit interpretierte und eine entsprechende Stellungnahme seinerseits hierzu mit der wenig schmeichelhaften Bemerkung versah, das Reichsmarineamt sei wohl davon überzeugt, „daß an unseren Typen nichts mehr zu verändern oder zu verbessern" sei.[6] Der Zwist schwelte bis Ende Februar 1916 weiter, da Tirpitz nicht im Sinne des Kaisers reagieren wollte und konnte. Sein Problem war, daß der verfrühte materielle Ersatz der fünf bzw. nunmehr möglicherweise sechs Kreuzerbauten zwar rein gesetzestechnisch, was die Sollzahlen anbetraf, unproblematisch war, die finanzielle Wirkung trotz des Anzapfens des Kriegsfonds aber unbequeme Kumulationseffekte zeitigte, zumal die etatmäßigen Ersatz- und Neubauten an Großkampfeinheiten ja noch anstanden. Konnte nun *Ersatz Prinz Adalbert* nicht als „kriegsnotwendige Materialergänzung" aus dem außerordentlichen Etat bezahlt werden, würde Tirpitz früher oder später mit dem Reichstag um das teuere, im Sinne des Flottengesetzes aber notwendige Ersatzbauprojekt feilschen müssen und damit weitergehende kritische Fragen bezüglich seines Rüstungsprogrammes induzieren. Der Staatssekretär entschied sich, kein Risiko einzugehen und abzuwarten, und er tat dies, indem er den Kaiser am 23. Februar davon überzeugen konnte, „bis auf weiteres" von den Anforderungen sowohl für *Ersatz Prinz Adalbert* als auch für die im „Etat 1916/17 fälligen Großkampfschiffe (abzusehen)"[7]: Damit war eine rüstungspolitische Debatte um den Äternat vermieden, und die unmittelbar anstehenden finanziellen Belastungen hielten sich einigermaßen in Grenzen. Außerdem, und dies mag ebenfalls zu jener Entscheidung beigetragen haben, verschob sich damit der Übergang zum kontinuierlichen Dreierbautempo, der Termin also, den Tirpitz selbst für die Enführung des Einheitstyps gewählt hatte, „bis auf weiteres" — sofern der Reichstag mitspielte.

Es war dies der letzte Kunstgriff gegenüber dem Kaiser, der Tirpitz während seiner Amtszeit als Staatssekretär des Reichsmarineamts gelingen sollte. Die seit Kriegsbeginn mehr und mehr differierenden Auffassungen bezüglich des offensiven Einsatzes der Hochseeflotte zwischen Bethmann Hollweg und dem Kaiser einerseits sowie Tirpitz andererseits, hinzustoßende Meinungsverschiedenheiten innerhalb der obersten Reichsbehörden um den uneingeschränkten U-Bootkrieg und, nicht zuletzt, die nun seit mehr als einem Jahrzehnt verschleppte Typenfrage veranlaßten den Kaiser, sich am 16. März schließlich von seinem Flottenschöpfer zu trennen.[8] Admiral Eduard v. Capelle, langjähriger Vorstand der Zentralabteilung und Direktor des Verwaltungsdepartements (C) unter Tirpitz, wurde sein Nachfolger. Doch mit diesem Personalrevirement an der Amtsspitze war noch lange nicht die nunmehr seit fast zwanzig Jahren bestehende Kontinuität Tirpitzscher Denkweise im RMA einfach und abrupt unterbrochen. Dies sollte sich während der folgenden Monate eben gerade in der durch die kaiserliche Weisung nun erneut und erst recht angefachten Typendiskussion zeigen. Denn grundsätzlich befürworteten alle maßgeblichen Stellen des Reichsmarineamts mehr oder minder weiterhin die Beibehaltung der Typentrennung — auch nachdem die Erfahrungen der Skagerrakschlacht vorlagen, an welcher auf englischer Seite vier Linienschiffe der *Queen Elizabeth*-Klasse als Teil der Battlecruiser Fleet mit einigem Erfolg teilgenommen hatten.

Die Konstruktionsabteilung war in ihren Vorstellungen, was neue Schiffstypen anbetraf, innerhalb des RMA wohl am konservativsten; Konteradmiral Schrader, seit 1913 Departementsdirektor von K, riet stets zu ausgesprochener Behutsamkeit in der Typenfrage.[9] Begründet wurde diese Haltung zunächst allgemein mit der Unmöglichkeit, bisherige Kriegserfahrungen — das K-Votum, auf welches hier bezug genommen wird, stammt zwar vom April 1916, also noch vor der Skagerrakschlacht, aber am Tenor änderte sich danach nichts — „sofort" in neue Konstruktionen umzusetzen. Auch hielt K die Einführung eines Verschmelzungstyps

teradmirals bestimmte Grundpositionen herauskristallisieren: A war nach wie vor für die Beibehaltung der Typentrennung. Dies galt jedoch nur unter der Voraussetzung, daß die Sollzahlen des Flottengesetzes konstant blieben. Wie den — unter Vorbehalt — gemachten Ausführungen Admirals v. Capelle während seines Immediatvortrags am 29. April „betreffend Typenfragen und Flottengesetz" zu entnehmen ist, gab es innerhalb der Marinebehörde begleitend zur Typendiskussion Überlegungen, die angestrebten Bestandsziffern für schwere Einheiten von bislang 61 auf künftig 40 Schiffe zu reduzieren. Zur Erläuterung dessen wies der Staatssekretär darauf hin, daß:

„der Gedanke an die große rangierte Schlacht mit allen vorhandenen Kräften zurückgetreten ist (Außerdienststellung von 2 1/2 Geschwadern), und daß wir zur Kriegführung gegen England schnelle, starke Schiffe gebrauchen. Die bisherigen Zahlen des Flottengesetzes müssen in Bezug auf die Großkampfschiffe reduziert werden, da die Typensteigerung die Schiffe erheblich verteuert und der „Kleinkrieg" jährlich rund 150 Millionen Mark fordern wird. Den Luxus von zwei hochentwickelten Typen können wir uns nicht mehr leisten. (Zustimmung von Seiner Majestät.)"[21]

Diese nüchternen Überlegungen, sollten sie letztlich in die Tat umgesetzt werden, bedeuteten nichts anderes als die Realisierung jenes „cauchemar", den Tirpitz stets befürchtet hatte: Wenn auch die unmittelbar verfassungspolitischen Axiome des Flottengesetzes durch die Herabsetzung der Sollzahlen auf 40 Einheiten bei perpetuiertem Zweiertempo nicht angetastet werden sollten, so geriet doch die angestrebte Stärkerelation „2 : 3" zur Royal Navy auf absehbare Zeit außer Reichweite.[22] Dieses Grundelement der Tirpitzschen Konzeption war zwar seit Jahren nurmehr eher Deklamatorik, aber als Zielvorstellung immer noch vorhanden; sein Wegfall hätte die völlige Entwertung des alten Flottengesetzes in bezug auf die machtpolitischen Optionen bedeutet — die durchschimmernde Einsicht in die herrschenden politischen Realitäten seitens der neuen Führung der Marineverwaltung sei hier einmal dahingestellt.

Gemäß der voraussichtlichen Neukonzeption des Flottengesetzes würde an die Stelle von Linienschiff und Großem Kreuzer das „Großkampfschiff" treten. Dieser Ausdruck sollte jeder „weiteren Entwicklung Spielraum auf Änderungen im Laufe der Jahre" lassen. Jenen Spielraum beanspruchte die Marine auch hinsichtlich der weiteren Fassung des Gesetzes, die sowohl frei von vorgeschriebenen Geschwaderformationen — jener Punkt, der die kaiserliche Organisationsprärogative einschränkte — als auch Zweckbestimmungen — wie die Aufteilung der Flotte in Schlacht- und Auslandseinheiten — sein sollte.

Vorerst standen diese gravierenden Maßnahmen jedoch nur auf Konzeptpapier, sie waren noch „nicht spruchreif", wie v. Capelle am 29. April dem Kaiser gegenüber betonte. Der Staatssekretär schlug denn auch vor, das Flottengesetz zunächst „so (zu) lassen wie es ist, auch mit Rücksicht auf England."

Im Allgemeinen Marine-Departement wollte man die „Ellbogenfreiheit" in der Schiffstypenentwicklung dahingehend auslegen, daß, unter Wahrung der Typenteilung, der Kreuzer generell zu einem „vulgo-Großkampfschiff", einem „schnellen Linienschiff", ausgebildet werden sollte. Während das Flottenkommando eine Steigerung der Schiffsgeschwindigkeit forderte, wollte A hingegen dem Kreuzer einen stärkeren Schutz verleihen und ihn wirklich zu einem „Schnellen Linienschiff" ausreifen lassen, welches in der Lage sein sollte, gegen schwerste gegnerische Einheiten anzutreten. Hebbinghaus konkretisierte seine Argumentation für verstärkten Panzerschutz, indem er recht deutliche Kritik am Entwurf des Typs *Ersatz Victoria Louise* übte, der immerhin die Basis für sieben Kreuzerbauten darstellte. Falsches Streben nach hoher Geschwindigkeit und gleichzeitiges Unterschätzen der gegnerischen Artillerieleistungen hätten dazu verleitet, bei den neuesten Entwürfen dem Schiffsschutz unangemessene Opfer abzuverlangen.

Hebbinghaus beließ es nicht bei dieser Kritik. Kurz nach der Ausarbeitung seines Memorandums „Gedanken über das Wertverhältnis von Schnelligkeit und Kampfkraft bei modernen Großkampfschiffen" vom 4. August ergriff er eine erstaunliche Initiative: Auf einer „Typensitzung" am 12.8. unterbreitete A den Vorschlag, „die vier Ersatzschiffe für während des Krieges verlorene Große Kreuzer, die planmäßig erst 36 Monate nach Friedensschluß

mit England fertig werden (sollten[23], nicht) nach dem *(Ersatz) Victoria Louise*-Typ zu bauen, weil bei diesem 1914 entworfenen Typ die Kriegserfahrungen noch nicht berücksichtigt seien und man nicht verantworten könne, 3 Jahre nach dem Kriege mit veralteten Typen auf den Plan zu treten."[24]
Ebenso interessant wie diese Anregung ist nun die Tatsache, daß v. Capelle sofort darauf einging. Der Weiterbau von *Ersatz Yorck, Ersatz Gneisenau, Ersatz Scharnhorst* „und wenn irgend möglich *(Ersatz) Friedrich Carl*" sollte sofort gestoppt werden.[25] Der Staatssekretär meinte, den finanziellen Verlust, der durch einen Baustop verursacht würde, vertreten zu können. Ferner war er der Auffassung, daß eine andere Typenwahl nicht ins Gewicht falle, „weil damit zu rechnen sein dürfte, daß nach Beendigung des Weltkrieges infolge allseitiger Erschöpfung eine Reihe von Jahren Frieden herrschen" werde. Aus etatpolitischen Gründen — die Ersatzbauten waren als „kriegsnotwendige Materialergänzung" bewilligt worden — werde der Baubeginn nach neuen Unterlagen jedoch „vor Friedensschluß" erfolgen müssen, sonst bestehe „die Gefahr, daß der Reichstag unsere Pläne vereitelt." Dem neuen Typ sollte eine Entwurfsskizze *GK6* zugrunde gelegt werden, die K „mit allen Mitteln durchkonstruieren" sollte — unter Zurückstellung der „Erhebungen über das Idealschiff".
Diese neue Studie basierte auf dem für die weitere Entwicklung der Typenfrage genehmigten Projekt *GK1* und zeigte bei einer Deplacementsteigerung von 2.500 t eine verstärkte Panzerung vor allem durch ein oberes Panzerdeck von durchweg 50 mm Dicke (ähnlich *GK3*); dadurch reduzierte sich aber die Konstruktionsgeschwindigkeit auf rund 28 kn.
GK6 war zwar ein Typ, der nun sofort sowohl den Weg zum Schnellen Linienschiff beschreiten als auch die „Ellbogenfreiheit" gewähren sollte, um zum Einheitstyp übergehen zu können, falls die Umstände dies erforderten oder ermöglichten. Doch A hatte sich schon in einer früheren Stellungnahme zu *GK6* vom 22. Juli mit der vorläufigen Wahl v. Capelles nicht so recht zufrieden gezeigt.[26] Insbesondere den Panzerschutz der schweren 38-cm-SK (hier forderte das Votum z.B., die Dicke der schrägen Frontplatten auf 350 mm zu erhöhen), den Horizontalpanzer sowie den Seitengürtel, der den Werten von *Ersatz Victoria Louise* entsprach, erachtete man bei A aufgrund der Erfahrungen der Skagerrakschlacht als nicht ganz befriedigend. Auch lehrten die Analysen der bisherigen Gefechte, daß das Kaliber von 38 cm „gerade noch ausreichend, die Zahl von vier schweren Türmen (dies) aber nicht" sei. Konteradmiral Hebbinghaus, der für die Stellungnahme zu *GK6* verantwortlich zeichnete, schlug einen fünften Turm oder aber das 42-cm-Kaliber vor. Die damit verbundene Deplacementsteigerung sollte zunächst durch die Reduzierung der Konstruktionsgeschwindigkeit, dann durch den Wegfall des hinteren Torpedobreitseitraums und des Bugtorpedoraums, des Kasemattpanzers — Hebbinghaus hielt ihn für „überflüssig, ja teilweise schädlich" — und einzelner Geschütze der Mittelartillerie sowie eine Reduzierung des Brennstoffvorrats kompensiert werden. Da *GK6* wegen seiner projektierten Hauptabmessungen mit Blick auf die Fahrwasserverhältnisse insbesondere der Wilhelmshavener Schleusen der III. Einfahrt und der Oste-Bank[27] „an der Grenze des militärisch Brauchbaren angelangt" war, schienen diese Gewichtsregulationen angebracht zu sein.
War die Stellungnahme von A schon nicht sehr positiv — Hebbinghaus konnte *GK6* nur bedingt seine Zustimmung geben —, störte ein Votum des Kommandos der Hochseeflotte die Entscheidung vom 12. August empfindlich. Scheer kritisierte vor allem die für *GK6* geplante Verringerung der Geschwindigkeit zugunsten der Panzerung und wollte auf dem Weg zum Einheitstyp gar nicht voranschreiten.[28] Im Gegenteil, der Flottenchef beharrte strikt auf der Typentrennung und damit den traditionellen Charakteristika von Linienschiff und Großem Kreuzer.
Ergebnis dessen war nun, daß die Annahme der *GK6*-Studie für die genannten vier Einheiten der *Ersatz Victoria Louise*-Klasse genauso schnell wieder verworfen wurde, wie sie artikuliert worden war. Auf einer internen RMA-Vorbesprechung am 24. August sollte der Staatssekretär — offenkundig mit Bedauern — konstatieren, daß, „soweit zunächst zu übersehen, gar nichts anderes übrig (bleibe), als die 7 Ersatzbauten nach dem Typ *Victoria Louise* als Schlachtkreuzer weiterzubauen und die 38-cm-Linienschiffsdivision (*Bayern*-Klasse) durch eine weitere, verbesserte Linienschiffsdivision von vier Schiffen zum Geschwader zu komplettieren."[29]

Diese Entscheidung kam unter anderem dadurch zustande, weil das Konstruktionsdepartement offenbar beflissentlich darauf hingearbeitet hatte. Mit einer 24seitigen „Denkschrift über die Möglichkeit und über die Vor- und Nachteile der Bauausführung von *Ersatz A (= Ersatz Friedrich Carl), Ersatz Yorck, Ersatz Scharnhorst* und *Ersatz Gneisenau* nach neuen Bauunterlagen"[30] konnte K recht schwerwiegende Argumente dafür zusammenstellen, „tunlichst (den) beschleunigten Weiterbau aller Ersatzkreuzer nach den alten Plänen" zu fördern. Desweiteren befürwortete das Departement die „Beschleunigung der Konstruktionsarbeiten für die beiden Großkampfschiffe des 1917-Etats in dem Maße, daß deren Vergebung etwa im Sommer 1917 stattfinden kann."

Vizeadmiral Schrader versuchte zur Untermauerung dieses Standpunkts zunächst darzulegen, daß die Konstruktion der vier Einheiten nach neuen Unterlagen eine empfindliche Verzögerung der Bauarbeiten und Fertigstellungstermine zur Folge haben mußte: unter günstigsten Umständen um etwa ein halbes Jahr. So sollten *Ersatz Yorck, Ersatz Scharnhorst* und *Ersatz Gneisenau* im Sommer (*Ersatz Scharnhorst)* bzw. im Herbst 1919 *(Ersatz Yorck* und *Ersatz Gneisenau)* fertiggestellt sein, blieben die Bauunterlagen unverändert. Eine Ausführung nach neuen Plänen ließ die Ablieferung der Schiffe jedoch erst „frühestens im Frühjahr 1920" erwarten. Den Extremfall bildete *Ersatz A*: Infolge des für den Neubau notwendig werdenden Abbruchs von schon verbauten 2.800 t Stapelgewicht würde bei diesem Kreuzer der Fertigstellungstermin von Herbst 1918 auf „unbestimmte" Zeit verschoben werden müssen.

K stellte eine Reihe von Bedingungen, um den mit einer eventuellen Neukonstruktion verbundenen Arbeitsmehraufwand und Termindruck bewältigen zu können, der dadurch noch verschärft wurde, daß die Typenfestlegung und Kostenkalkulationen für die beiden etatmäßigen Schiffe des nächsten Haushalts ja noch anstanden und bis zum Frühjahr 1917 abgeschlossen sein sollten. Die Entscheidungen über die wesentlichen Typeneigenschaften der vier Ersatzschiffe sollten danach bis zum 1. Oktober 1917 verbindlich getroffen sein, spätere Änderungen ausgeschlossen bleiben. Die Mitwirkung der Front und des Admiralstabs sollte auf die Festlegung der wichtigsten Spezifika beschränkt bleiben, eine Mitprüfung der Entwurfszeichnungen und der Bauunterlagen beiden Stellen nicht zugebilligt werden. Auch forderte Schrader Ausgleich für abkommandiertes Personal und den Abbruch der „Untersuchungen über das Idealkampfschiff." Vorentwürfe für Kleine Kreuzer und Vorarbeiten für „Maschinenanlagen mit gesteigerter Ökonomie und dergleichen" wollte er nur noch nach Maßgabe der verfügbaren Kräfte durchführen lassen.

Ein gewichtiges Argument für den Weiterbau der Schiffe nach den alten Plänen fand Schrader mit der Berechnung der „toten Kosten", die, für die betreffenden Einheiten addiert, die hohe Summe von 30,9 Millionen Mark erreichten.[31] Da der Anteil von *Ersatz A* an jenen voraussichtlichen Verlusten mit 10,7 Millionen Mark am höchsten war, ferner die vorstehend erwähnten 2.800 t Stapelgewicht hätten abgebrochen werden müssen — was nach Meinung von K einen „bedenklichen Eindruck" auf der Werft hinterlassen mußte — und das Schiff mit einer Föttinger-Anlage ausgerüstet werden sollte, auf deren Erprobungsergebnisse man wartete, befürwortete Schrader unbedingt den Weiterbau. Für die drei restlichen Schwesterschiffe sah K einerseits in den finanziellen Verlusten allein keinen hinreichenden Grund, auf die zur „Erwägung gestellte Änderung" zu verzichten. Doch konnte Schrader andererseits kaum „erhebliche Vorteile" erkennen, die mit jener Änderung verbunden sein würden. Und was die militärischen Qualitäten der *Ersatz Victoria Louise*-Klasse anbetraf, schienen ihm die Schiffe in bezug auf die Geschwindigkeit den neuesten englischen Schlachtkreuzern ebenbürtig zu sein. Artillerie, Torpedoarmierung, Panzerung und Unterwasserschutz erachtete man im Konstruktionsdepartement im Vergleich zu den entsprechenden gegnerischen Einheiten als „zum Teil sogar sehr erheblich überlegen." Auch war K davon überzeugt, daß die Ersatzbauten „zweifellos auch 1919 noch einen sehr wertvollen Zuwachs der Flotte darstellen" würden.

Nicht zuletzt sorgte sich Vizeadmiral Schrader um die Bauquantitäten und Bestandsziffern des Flottengesetzes, sollte der Neubau der Ersatzeinheiten angeordnet bleiben. Wegen des verspäteten Baubeginns der schon 1915 vergebenen Schiffe voraussichtlich im Frühjahr 1917 zweifelte er daran, im

Reichstag die glatte Bewilligung der beiden etatmäßigen Großkampfschiffe des Haushalts 1917 herbeiführen zu können, da die verzögerte Aufnahme der Bauarbeiten an den Ersatzkreuzern wohl nicht zu „verheimlichen" sei. Und falls, so schloß Schrader seine Argumentationsreihe, der Friedensschluß vor dem April 1917 (Beginn des neuen Etatjahres, d.V.) erfolge, würden die drei Neubauten — er ging hier wohl schon vom Weiterbau von *Ersatz A* aus — „(als kriegsnotwendige Materialergänzung, d.V.) für uns wohl verloren sein." Eine Bauunterbrechung für diese Schiffe erschien schon deswegen als nicht besonders ratsam.

K konnte sich in der am 29. August stattfindenden RMA-Sitzung mit seinen Argumenten durchsetzen[32]; der vorläufige Beschluß der Zusammenkunft vom 24.8. wurde somit bestätigt. Insbesondere die finanziellen und etatpolitischen Gesichtspunkte schienen v. Capelle nun doch zu gravierend zu sein, als daß er sein Urteil aus der „Typensitzung" vom 12. August aufrechterhalten wollte: Eine Bauunterbrechung stufte der Staatssekretär aus haushaltspolitischen Aspekten jetzt als „sehr riskante Maßnahme" ein. Auch im Allgemeinen Marine-Departement schienen die recht vorteilhaft klingenden Angaben über die Fertigstellungstermine der Ersatzkreuzer, sollten sie nach den alten Plänen weitergebaut werden, dazu geeignet, den Standpunkt des Nachbardepartements zumindest akzeptabel zu machen. Verbesserungsvorschläge, „soweit sie noch möglich" seien, behielt man sich jedoch weiterhin vor. Konteradmiral Kraft, Direktor des Werftdepartements, teilte die Einschätzung Schraders, daß die in Bau befindlichen Schiffe „durchaus leistungsfähige Typen" seien. Auch er sah in den etatpolitischen Implikationen reichlich schwerwiegende Gründe, um den Weiterbau nach den alten Plänen zu befürworten. Desweiteren sprach sich das Werftdepartement, ebenso wie A und K, für die Beibehaltung der Typentrennung aus. Admiral Kraft unterstrich hierbei, daß die amerikanische Marine bei ihren neuesten Projekten nun ebenfalls zum Bau von Schlachtkreuzern überzugehen beabsichtige[33] — bislang hatte die US Navy stets gezögert, einen zweiten Großkampfschifftypen neben dem Linienschiff einzuführen.

Trotzdem die Typentrennung auch weiterhin Grundlage der Baupolitik sein sollte, hielt v. Capelle vornehmlich aus etatpolitischen Gründen an seinen im April angestellten Erwägungen fest, die Sollzahlen des Flottengesetzes zu verringern. Anstatt „Großkampfschiffen" erschienen in seinem während der RMA-Sitzung am 29. August vorgetragenen Bauplan aber wieder Linienschiffe und Große Kreuzer; ihre zukünftige Relation sollte statt bislang 41 : 20 nun allerdings 25 : 15 betragen.

Der Plan sah vor, die seit der *Nassau*-Klasse in Bau gegebenen 19 Linienschiffe zunächst in drei Geschwadern zu sechs Einheiten plus einem Flottenflaggschiff zu organisieren. Dazu sollten vorerst zwölf Große Kreuzer kommen, zusammengefaßt in zwei Geschwadern à sechs Einheiten: *Von der Tann, Moltke, Seydlitz, Derfflinger, Ersatz Hertha, Ersatz Victoria Louise* sowie die sechs restlichen, sich in Bau befindlichen Schiffe der *Ersatz Victoria Louise*-Klasse. Letztere waren demnach gemäß den alten Plänen weiterzubauen, wozu in den beiden folgenden Etatjahren vier Linienschiffe stoßen sollten, die zusammen mit den noch fehlenden Einheiten der *Bayern*-Klasse — *Ersatz Kaiser Wilhelm II., Ersatz Kaiser Friedrich III.* — schließlich eine Organisation der Linienschiffsgeschwader in drei mal acht Einheiten plus einem Flottenflaggschiff ermöglichen konnten. Die drei an der Zahl 40 noch fehlenden Großen Kreuzer sollten dann in den darauffolgenden Jahren gefordert werden.[34]

Einen Tag nach der vorstehend behandelten Sitzung, am 30. August 1916, reichte das Kommando der Hochseeflotte eine ausführliche Stellungnahme zu Konstruktionsrichtlinien und Typenentscheidungen für die nähere Zukunft ein.[35] Scheer und sein Stab hatten darin die eigenen Erfahrungen aus der Skagerrakschlacht verarbeitet. Ergebnis ihrer Betrachtungen war zunächst, daß, gemessen an den für wesentlich erachteten Forderungen nach Steigerung von Geschwindigkeit und Armierung, die sich in Bau befindlichen „8 Ms.-Panzerkreuzer — einschließlich S.M.S. *Hindenburg* — zur Zeit ihres voraussichtlichen Eintritts in die Front in bedenklicher und bedauerlicher Weise erheblich hinter den (...) Anforderungen (...) zurückbleiben" würden.[36] Scheer wollte die zu befürchtenden Ergebnisse jener düsteren Zukunftsprognose folgendermaßen korrigieren: Er empfahl „auf das Dringlichste", „grundsätzliche Verbesserungen der Artillerie und der Geschwindigkeit" bei jenen Ersatzkreuzern vor-

[47] *Ersatz Blücher — Graf Spee.* Die wulstartige Ausbuchtung des unteren Teils des Vorstevens ist deutlich zu erkennen. (WZ - Bilddienst)

zunehmen, die im Bau noch nicht so weit fortgeschritten seien — mit anderen Worten, der Flottenchef wärmte die gerade eben beendete Neubaudiskussion für die Einheiten der *Ersatz Victoria Louise*-Klasse durch einen Umbauvorschlag wieder auf. Ferner regte er an, „für die nächsten — etwa 4 — zu bauenden Großkampfschiffe" einen „Panzerkreuzertyp (...) mit einer den gleichaltrigen englischen Schlachtkreuzern überlegenen schweren Artillerie und Geschwindigkeit"[37] vorzusehen — am Tag zuvor hatte die RMA-Runde noch für vier Linienschiffsneubauten optiert und auch schon Konstruktionsrichtlinien vorskizziert.
Nach einigem Hin und Her unkoordinierter Beschlüsse und Vorschläge, die für den Kreuzer letztlich ein Deplacement von 50.000 t erfordert hätten, einigten sich die Immediatstellen Mitte Oktober schließlich doch darauf, zunächst den Neubau von vier Linienschiffen zur Komplettierung der Geschwader vorzusehen und ihre Spezifika auszuarbeiten.[38] Greifbare Ergebnisse verloren sich jedoch in einer Vielzahl neuer Anforderungen und Entwürfe, die sämtlich im November 1918 dann sowieso hinfällig wurden, wenn sie nicht zuvor schon angesichts der Kriegsereignisse des Jahres 1917 zu Resultaten sekundärer Bedeutung herabgesunken waren. Denn die Prioritäten der maritimen Kriegsführung — was vor allem Material und Personal anbetraf — wurden zusehends von den Großkampfeinheiten weg zu ihren wesentlich kleineren torpedotragenden Vettern unter Wasser verteilt, die alleine noch eine geringe Chance besaßen, den Verlauf des Krieges zu ändern. Die Typenfrage war kaum mehr von Bedeutung, denn kriegsentscheidend wäre ihre Lösung — kam eine solche denn überhaupt zustande — ohnehin nicht mehr geworden. Es erscheint somit an dieser Stelle angebracht, jene fruchtlose Darstellungsebene zu verlassen und den Handlungsstrang weiterzuverfolgen, der schließlich auch in eine definitive Entscheidung mündete: die Frage der Umrüstung der drei letzten Einheiten der *Ersatz Victoria Louise*-Klasse.

[48] *Graf Spee* aufgelegt in Kiel. Die Mäntel für die beiden Schornsteine liegen auf Oberdeck, die Turmbarbetten sind überdacht. (WZ - Bilddienst)

Konteradmiral Hebbinghaus informierte den Staatssekretär am 31. Oktober über „neue Tatsachen", die es seines Erachtens „erforderlich erscheinen (ließen), die Frage der Steigerung des Kalibers (bei *Ersatz Yorck, Ersatz Scharnhorst* und *Ersatz Gneisenau*) erneut zu prüfen."[39] Nachrichten „mehrten sich dauernd", begann der Departementsdirektor von A seine Ausführungen, wonach die neuesten englischen Kreuzer (*Repulse* und *Renown* sowie die *Courageous*-Klasse, d.V.), deren Eintritt in die Front in nächster Zeit zu erwarten stehe, mit einem Kaliber stärker als 35 cm armiert sein würden. Hebbinghaus rechnete mit 38-cm-SK, „wenn nicht sogar 40 und 43 cm."[40] Auch rüsteten die Vereinigten Staaten Großkampfschiffe, die für 35-cm-Geschütze konstruiert gewesen seien, nun mit 40-cm-SK aus.[41] Der Bau der drei Ersatzkreuzer sei ferner aufgrund der Dringlichkeitsliste im Schiffbau weiter zurückgestellt worden, so daß mit ihrer Fertigstellung — schon nach den alten Plänen — nicht vor 1920 gerechnet werden könne. Infolge der kürzlich erteilten sowie künftig in Aussicht gestellten Bauaufträge für UB-Boote[42] gerate mithin auch dieser Termin in Gefahr. Folge dieser Entwicklung sei nun, daß der Front nach 1920 Schiffe übergeben würden, die, nach Auffassung von A, schon 1913 den damaligen militärischen Forderungen „nicht vollkommen" entsprochen hätten und 1920 den gleichaltrigen englischen Einheiten „ganz erheblich unterlegen sein" mußten.[43]

Hebbinghaus riet nun zunächst zur Umarmierung der betreffenden Schiffe, doch da dies „in anderer Beziehung Stückwerk" liefere, folgerte er geschickt, schien es geboten, die „Frage des Abbruchs der 3 Kreuzer nochmals anzuschneiden." Die finanziellen Verluste („tote Kosten") wollte der Departmentsdirektor von A in Kauf nehmen. Allerdings scheute auch Hebbinghaus mögliche „etatsrechtliche" Konsequenzen, so daß er seine Optionserklärung für einen Abbruch sogleich wieder zu einem Vorschlag zur Umkonstruktion relativierte — diese Umkonstruktion müsse aber „versucht werden", die U.S.Navy habe eine Umarmierung ja auch durchführen können, meinte Hebbinghaus. Das infolge des Einbaus von 4 x 38-cm-Doppeltürmen entstehende Mehrgewicht von „nur 700 t" wollte A durch die Reduzierung des Brennstoffvorrats teilweise kompensieren. Eventueller „Überlastung" bei K sollte durch das Delegieren von Konstruktionsarbeiten an im Kreuzerbau erfahrene Privatwerften, „z.B. Blohm & Voss Werft", begegnet werden.

Abgesehen davon, daß v. Capelle die Annahme des Allgemeinen Marine-Departements nicht teilte, wonach die amerikanische Marine ihre Schlachtkreuzer auf 40-cm-Geschütze umzurüsten beabsichtige, wollte er ebensowenig die Kritik von A an den angeblich schon im Jahre 1913 verfehlten militärischen Qualitäten der *Ersatz Victoria Louise*-Klasse nachvollziehen: „Ist A damals, 1913, das 35-cm-Kaliber nicht groß genug gewesen? Dessen entsinne ich mich garnicht"[44], kritisierte er in einer

Marginalie die betreffende Textstelle der Denkschrift. Aber mehr noch als diese Kritik trugen die finanziellen Erwägungen Hebbinghaus' dazu bei, daß der Staatssekretär sich nicht dazu bereit erklären wollte, aus den von A angeführten „neuen Tatsachen" die vorgeschlagenen Konsequenzen zu ziehen. Den in der Denkschrift angestellten Überlegungen, den Verlust der bislang für *Ersatz Yorck*, *Ersatz Scharnhorst* und *Ersatz Gneisenau* aufgewendeten Summen in Kauf zu nehmen, hielt v. Capelle folgendes entgegen: „Ich bin fest überzeugt, daß uns ein solches Vorgehen die neu geplanten vier Schiffe kosten würde."

K nahm zu den Anregungen der Kollegen im Allgemeinen Marine-Departement erst zweieinhalb Monate später, am 11. Januar 1917, ausführlich Stellung[45] — die Abteilung scheint demnach wirklich überlastet gewesen zu sein. Unter Bezugnahme auf die von A dargelegten „neuen Tatsachen" suchte man zunächst die Behauptung zu korrigieren, neuere britische Kreuzer führten bereits 38-cm-Geschütze: Weder bislang vorliegende Nachrichten noch die Erfahrungen der Skagerrakschlacht hätten jene Annahme bestätigt. Nur in Anbetracht dessen, daß K seiner Überzeugung Nachdruck verleihen wollte, eine „unbedingte Notwendigkeit, die 3 letzten Schiffe der (*Ersatz Victoria Louise*-)Klasse mit 38 cm zu armieren, (liege) nicht vor", klingen jene zweckgerichteten Argumente einleuchtend. Die Skagerrakschlacht lag bereits mehr als sieben Monate zurück, und die geheimen Berichte über *Repulse* und *Renown* unterlagen bei K offenbar recht eigenwilliger Interpretation — A hatte aus London wohl jedenfalls kaum anderslautende Nachrichten als die übrigen Abteilungen des RMA erhalten. Aus den Meldungen, daß die *amerikanische* Marine ihre Schlachtkreuzer mit 35,6-cm-SK ausrüste, zogen die Mitarbeiter Schraders ferner den äußerst sonderbaren Schluß, „daß auch die in Bau befindlichen englischen Einheiten keine schwereren Geschütze erhalten" würden.[46] Immerhin wollte das Konstruktionsdepartement die Möglichkeit einer Kalibersteigerung für jene Schlachtkreuzer nicht ausschließen, „die bis 1920 fertig sein können, d.h. jetzt entworfen werden." Doch K blieb auch in dieser Hinsicht skeptisch, denn man sei in England dann zu einer „erheblichen Steigerung des Panzerschutzes (innen und außen) und der Sinksicherheit gezwungen."[47] Zumindest jedoch räumte man die von A angemahnte Verschiebung der Fertigstellungstermine für die Ersatzkreuzer ein, aber mit der Einschränkung, daß vor allem Krupp nicht vor Anfang 1921 in der Lage sei, das letzte der Schiffe mit 35-cm-Geschützen auszurüsten, da die Produktionskapazitäten durch Heeresaufträge ausgelastet seien und es an Rohmaterial mangele. Bei entsprechender Zuweisung von Arbeitern durch das Kriegsamt könnten hingegen die Werften durchaus die für die Kreuzer vorgesehenen Ablieferungstermine im Sommer und Herbst 1919 einhalten, „doch wird bei ihnen dann die Armierung fehlen", gab das Konstruktionsdepartement zu bedenken.

Die Gründe, warum K auch die Notwendigkeit einer Umrüstung nicht einsehen wollte, deckten sich im großen und ganzen mit jenen Argumenten, die Schrader schon im August 1916 gegen den Neubau vorgebracht hatte. Etwas eingehender befaßte sich die neue Denkschrift darum lediglich mit dem Vorschlag von A, einer erfahrenen Privatwerft die planerischen Arbeiten für die eventuelle Umrüstung zu übertragen. K müsse dies ablehnen, da nur das Konstruktionsdepartement die Koordination der „gegenläufigen Interessen und Forderungen" der Stellen innerhalb und außerhalb des RMA übernehmen könne. Höchstens die Anstellung von zivilen Hilfskräften für rechnerische und zeichnerische Arbeiten wollte man zugestehen, stufte dabei aber den Nutzen einer solchen Aktion, wie frühere Erfahrungen gezeigt hätten, als nicht sehr hoch ein.[48] Schrader und sein Stab wollten sowohl die unmittelbare Initiative für konstruktionstechnische Arbeiten nicht verlieren als auch eine weitere Dislozierung von Verantwortlichkeiten und Mitspracherechten verhindern. Man spürte zentrifugale Kräfte am Werk, und somit ist es nur zu verständlich, wenn die Denkschrift vom 11. Januar zwei Alternativentwürfe für den Fall enthielt, daß die drei letzten Schiffe der *Ersatz Victoria Louise*-Klasse wider Erwarten und gegen die vorgebrachten Einwände doch umgerüstet werden sollten — „was K nicht befürwortet", stellte Schrader noch einmal unmißverständlich fest.

Im Konstruktionsdepartement wollte man zunächst von den ursprünglichen Entwürfen so viel als möglich bewahren, auch, um die Verluste an Material und Kosten gering zu halten. Deshalb sollten vor allem Veränderungen an den sich bereits in Bau befindlichen Maschinen- und Kesselanlagen unterbleiben. Auch sollten Formgebung und Größe der Schiffe so gewählt werden, daß die bislang hergestellten Torpedoschottplatten und schweren Gußstücke weiterverwendet werden konnten.

K hatte für die Entwurfsvariante *I* bei im wesentlichen unveränderter Schiffsform gegenüber *Ersatz Victoria Louise* den Konstruktionstiefgang um etwa 0,3 m auf 8,7 m vergrößert.[49] Das Deplacement war um 1.350 t gewachsen. Da die Maschinenleistung nicht mehr gesteigert werden konnte, sank bei zunehmendem Deplacement die Geschwindigkeit um etwa 0,25 kn gegenüber dem nachgebesserten Wert von 28 kn für *Ersatz Victoria Louise.* Die Panzerung sollte größtenteils diejenigen Verbesserungen aufweisen, die während einer Besprechung am 27. November 1916 zwischen A, K und W u.a. auch für *Ersatz Yorck* festgelegt worden waren.[50] Der Kreuzer erhielt danach eine verdickte Plattenlage von 20 mm auf dem achteren Panzerdeck (100 - 70 mm), eine Verstärkung des Panzerdecks über den Munitionskammern von 30 auf 50 mm sowie eine Verbesserung des Mittelabschnitts der Barbettepanzerung auf 150 mm. Um mit der voraussichtlichen Kalibersteigerung Schritt zu halten, sollten nun noch Verstärkungen des Panzers der Turmhauben hinzukommen: Die Seitenbeplattung erhielt 250 mm Dicke, die Rückwände wurden 290 mm, die schrägen Frontplatten 250 mm und die Turmdecken 150 mm stark.

Für Entwurf *II* waren etwas ausgedehntere Umrüstungsarbeiten vorgesehen. Gegenüber dem letzten Projekt für *Ersatz Victoria Louise* sollte das Deplacement um etwa 2.400 t steigen. (Im Vergleich zu Entwurf *I* betrug die Differenz rund 1.050 t.) Dieses Mehrgewicht war neben einer Vergrößerung des Schiffskörpers — die Länge wuchs um 4 m, die Tiefgangsvermehrung um 0,3 m wurde beibehalten — u.a. dadurch bedingt, daß K den bislang vorgenommenen Änderungen am Schiffsschutz weitere hinzufügen und auch eine größere Deplacementreserve (200 t) als jene, die für Entwurf *I* (100 t) vorgesehen war, einplanen wollte. Die Veränderungen an der Panzerung betrafen eine Verlängerung der Kasematte bis auf Höhe von Turm D, „um die achteren Munitionskammern und Maschinenräume besser gegen Deckstreffer zu schützen"[51], zusätzliche Verstärkungen des Panzerdecks über den Munitionskammern auf nunmehr 60 mm, einen vergrößerten vorderen Kommandoturm, erneute Verbesserungen des Barbettepanzers in den oberen Teilen auf 300 mm und mittleren Abschnitten auf 180 mm, die Durchführung des Heckpanzers bis auf Batteriedeckshöhe und schließlich eine Verlängerung der Zitadelle, die es nun auch gestatten sollte, die vor allem von der Front geforderte Verlegung des vorderen Breitseittorpedoraums in einen Raum dicht hinter der Schiffsmitte durchzuführen. Die Breitseitrohre rückten somit in den Schutzbereich der Zitadelle und des Torpedogürtels, wobei dieser allerdings nun durchbrochen werden mußte. Zur Gewichtskompensation mußte zudem die Stärke der Oberdecksplatten von 25 auf 20 mm verringert werden; die vorgesehene Deplacementsteigerung verursachte bei konstanter Maschinenleistung voraussichtlich eine Geschwindigkeitsreduzierung um 0,5 kn.

K schloß die Denkschrift mit Überlegungen zu den Fertigstellungsterminen. Fiel die Entscheidung für den Umbau, erbat man unbedingte Priorität für die Konstruktionsarbeiten an den Ersatzkreuzern vor anderen Projekten. Ferner sollte „bei der Beschlußfassung über die Umkonstruktion die Mitwirkung der Front (unterbleiben), deren Forderungen ja bereits zur Genüge bekannt" seien. Traten dann keine Verzögerungen mehr bei Krupp ein, stellte K Ablieferungstermine für Sommer 1920 bis Frühjahr 1921 in Aussicht, da durch die Umstellung auf 38-cm-SK eine weitere Verschiebung der Armierungsarbeiten von etwa vier Monaten gegenüber der 35-cm-Version zu erwarten stehe.

Kurz nach Eingabe dieser Denkschrift fand am 16. Januar 1917 die entscheidende Sitzung über das weitere Vorgehen in der Umbaufrage statt.[52] In seinen einleitenden Worten dankte Staatssekretär v. Capelle vorweg sowohl A für den Anstoß zur Wiederaufnahme der Diskussion als auch K für die sorgfältige Prüfung der Vorschläge. Dann machte er sogleich recht deutlich, daß er einem *Abwracken* der Schiffe zwar nicht beitreten könne, an seiner persönlichen Vorentscheidung für einen *Umbau* ließ er jedoch überraschenderweise nur wenige Zweifel. Zunächst handele es sich darum, führte er aus, die beiden K-Projekte „zu prüfen und dann zu entscheiden, welches er Seiner Majestät zur Annahme vorschlagen solle." Unter Bezugnahme auf die im vorhergehenden Votenaustausch zwischen K und A kontrovers diskutierte Frage einer möglichen oder tatsächlichen Kalibersteigerung englischer Kreuzerbauten stellte er danach lapidar fest, daß dies für ihn nicht ausschlaggebend sei. Auch spielten seiner Meinung nach die zu erwartenden Bauverzögerungen für die Ersatzkreuzer und die geplanten vier neuen Linienschiffe sowie auch die etatpolitischen Erwägungen momentan keine entscheidende Rolle, „denn nach Beurteilung der augenblicklichen Kriegslage würde der 1. Etat doch frühestens erst 1918 eingebracht werden können." Im weiteren Verlauf der Sitzung sollte er eine einleuchtende Erklärung für jenen gegenüber seinen früheren Verlautbarungen deutlichen Meinungswandel hinsichtlich der Etatrücksichten liefern: Nach der Bekanntgabe der Friedensbedingungen der Ententemächte am 10. Januar im Gefolge von Sondierungsgesprächen des amerikanischen Präsidenten Wilson sowie des einen Tag zuvor im deutschen Hauptquartier gefaßten Entschlusses zur Eröffnung des uneingeschränkten U-Bootkrieges zum 1. Februar waren für den Staatssekretär im RMA Etatgesichtspunkte „jetzt nicht so wichtig, da Friedensverhandlungen nicht zu erwarten" seien. Die Bauverzögerung für die Ersatzkreuzer fiel — auch unter strategischen Aspekten — nun weniger ins Gewicht, und über etwaige negative Konsequenzen für die Bewilligung der vier Linienschiffsneubauten im Parlament machte sich v. Capelle eigentlich auch keine Sorgen mehr: „Er glaube nicht, daß der Umbau die neue Linienschiffsforderung beeinträchtigen werde", meinte der Admiral. „Wenn der Reichstag die neuen Forderungen bewilligen wolle, würde er auch mit dem Umbau in jeder Weise einverstanden sein. Wolle er sie nicht bewilligen, dann würde der Umbau vielleicht verwertet, wäre aber nicht ausschlaggebend". Ausschlaggebend für ihn sei dagegen die Möglichkeit einer „wesentlichen Verbesserung" der Schiffe durch die Kalibersteigerung, die in Aussicht gestellte Verstärkung des Panzerschutzes und die 100 - 200 t Baureserve. Und daß K die entstehenden „Unkosten" für Schiffbauten und Armierungen bei einem Umbau auf voraussichtlich lediglich 10 Millionen Mark zusammenstreichen konnte, ließ v. Capelles inneren Entschluß nur noch stärker heranreifen.

Konteradmiral Hebbinghaus mußte von Umbauplänen nicht überzeugt werden, und so ergab sich für ihn nur die Frage der Entscheidungsfindung für oder gegen eines der angebotenen Projekte. Er sprach sich sofort für Entwurfsvariante *II* aus, wegen der Vorteile verstärkter Panzerung — dies war eine der Hauptforderungen von A gewesen — und der Einführung des Mittschiffstorpedoraums; das Projekt entspreche „modernen Anforderungen" eher als Entwurf *I*. Den Geschwindigkeitsverlust von 0,5 kn wollte Hebbinghaus „mit Rücksicht auf die(se) Vorteile in Kauf nehmen."

Vizeadmiral Gerdes (W) erteilte ebenfalls seine Zustimmung zu Projekt *II*. Die Verstärkung insbesondere der Barbettepanzerung und auch „artilleristische Gründe" hätten ihn von jenem Entwurf, trotz einiger Bedenken gegenüber der sich verzögernden Fertigstellung der Armierung, überzeugt. Untersuchungen zur Frage, ob die Unterbringung des 38-cm-SK-Waffensystems in dem zur Verfügung stehenden, bislang nach den Maßen für 35-cm-SK ausgerichteten Raum überhaupt gewährleistet werden könne, seien durchgeführt worden. Es werde zwar „etwas eng und für die Bedienung unbequem", meinte Gerdes, „aber die Feuergeschwindigkeit (von durchschnittlich zwei Schuß pro Minute) würde voraussichtlich nicht beeinträchtigt werden."

Im Gegensatz zu den Repräsentanten von A und W war für den Staatssekretär bei Baurat Bürkner und Vizeadmiral Schrader noch Überzeugungsarbeit zu leisten. Um die Grundsatzfrage des Umbaus erst einmal zu umgehen, und da er im Verlauf der Sitzung den Eindruck gewonnen hatte, daß Bürkner Projekt *I* eher den Vorzug geben wollte, fragte ihn v. Capelle, warum er für jenen Entwurf sei. Bürkner antwortete, dies sei „nicht der Fall". Für *I* spreche nur die Zeitersparnis im Hinblick auf die Konstruktions- und Bauarbeiten, „technisch (sei) Projekt *II* besser." In erster Linie drängte der Baurat nur auf eine schnelle Entscheidung, damit keine längeren Baupausen auftreten würden.

Vizeadmiral Schrader hingegen bewies Hartnäckigkeit und Konsequenz. Er wies nochmals darauf hin, daß infolge der fortgeschrittenen Arbeiten an den Maschinenanlagen bei gesteigertem Deplacement mit einer Geschwindigkeitseinbuße von 0,5 kn gegenüber *Ersatz Victoria Louise* zu rechnen sei. Die Kalibersteigerung von 35- auf 38-cm-SK und verschiedene Verbesserungen des Panzerschutzes erschienen ihm dafür zu teuer erkauft. Auch versäumte er es nicht, erneut die möglichen etatpolitischen Konsequenzen herauszustellen: Schrader befürchtete, „daß unsere Neuforderungen ungünstig beeinflußt würden, wenn es z.B. im Sommer Frieden gäbe und die Schiffe überhaupt noch nicht angefangen wären."

Kapitän z.S. Brüninghaus, ehemaliger Kommandant des Linienschiffs *König*, AV und Querdenker innerhalb des Allgemeinen Marine-Departements[53], teilte die Bedenken Schraders, brachte jedoch einen Kompromißvorschlag dahingehend ein, lediglich die beiden noch nicht in Bau befindlichen Kreuzer *Ersatz Scharnhorst* und *Ersatz Gneisenau* umzurüsten, „das Abwracken des angefangenen Schiffes bei Vulkan (*Ersatz Yorck,* d.V.) würde vielleicht Gerede geben." Baurat Bürkner hatte zur Illustration sofort eine Fotographie der Helling parat und konnte den Staatssekretär zumindest dazu veranlassen, über den Vorschlag von Brüninghaus nachzudenken. Grundsätzlich jedoch hatte sich v. Capelle längst sowohl für den Umbau aller betreffenden Einheiten als auch für Projekt *II* entschieden. Die Argumente Schraders gegen eine Reduzierung der Geschwindigkeit ließ der Staatssekretär nicht gelten: Da die Geschwindigkeit „an sich zu klein (sei), wolle er den Schiffen gerade schwere Kanonen geben", fügte der Admiral hinzu. Er hatte damit das Stichwort für ergänzende Bemerkungen von Konteradmiral Hebbinghaus geliefert, der zunächst noch einmal indirekt an seine im August 1916 geäußerte Idee eines „vulgo-Großkampfschiffes" erinnerte, indem er „die Entwicklung der Panzerkreuzer (als) noch so ungewiß" bezeichnete, „daß man sich mit den 27,5 kn zufrieden geben könne". Desweiteren sei man aus den englischen „Artillery- (und) General Orders" über Maßnahmen der Royal Navy informiert, wonach diese „ihre fertigen Schiffe starken inneren Umbauten, insbesondere einer Verstärkung des Horizontalpanzers sowie Verbesserungen der Unterteilung und Flammen- und Gasschutzes" unterziehe.[54] A erwartete einen Einfluß dieser Veränderungen auf die Geschwindigkeiten englischer Großkampfschiffe.

Der Staatssekretär ließ daraufhin eine Schlußabstimmung über die Standpunkte des Departementsdirektors von K durchführen — keiner der anwesenden Herren unterstützte den Vizeadmiral.

Der Kaiser gab noch im Januar sein Plazet zur Umbauordre. Ebenso erteilte der Monarch seine Zustimmung zu der Forderung von K, Flotte und Admiralstab nicht mehr zur Entscheidungsfindung heranzuziehen — beide sollten nur Mitteilung erhalten. Auch die möglicherweise zu erwartenden etatpolitischen Konsequenzen „beunruhigten" Wilhelm II. nicht.[55]

K arbeitete in den folgenden Wochen und Monaten mehr oder weniger intensiv an den Entwurfs- und Planungsunterlagen für die drei Ersatzkreuzer. Das Deplacement wuchs dabei noch einmal geringfügig um 100 t auf 33.500 t an. Auch der Schiffskörper erfuhr eine weitere Verlängerung um 0,8 m; diese Korrektur konnte nicht verhindern, daß die Geschwindigkeitsreduzierung nicht wie bislang angenommen 0,5 kn, sondern eher 0,75 kn betragen würde. Die Torpedoräume wurden von K ferner so bemessen, daß die vorgesehenen H_8-Torpedos durch solche des Typs J_9 von 9 m Länge, Kaliber 70 cm, ersetzt werden konnten, wobei aber die Dotation reduziert werden mußte.[56]

Wie umfassend letztendlich die Veränderungen am Generalplan der Schiffe waren, ist von E. Strohbusch ausreichend dokumentiert und geschildert worden.[57] Allerdings weichen die Angaben in den Akten insofern etwas von seiner Darstellung ab, als sie den Anlaß, der zur Einführung des massigen Einzelschornsteins führte, anders gewichten. Strohbusch geht zunächst von der Verlegung des Breitseittorpedoraums im Vorschiff nach achtern in die Zitadelle aus. Dies war nur möglich, weil man eine Verlängerung des Mittelschiffs infolge der veränderten Hauptabmessungen ausnutzen sowie die bislang zwischen den Kesselräumen 3 und 4 sich befindende Abteilung (2 + 2 + (0) + 2 + 2 + 2) auflösen konnte.[58] Die hier aufgestellten beiden 15-cm-SK wurden daraufhin samt ihren Munitionskammern in die nach achtern verlängerte Kasematte auf die Höhe von Turm D verlegt und die Kesselräume 4 und 5 rückten nach vorn. Es war nun nicht mehr notwendig, ihre Rauchfänge in einem separaten Schornstein zusammenzufassen, sondern diese konnten vielmehr mit jenen der drei anderen Kesselräume in einem einzigen, aber dafür recht voluminösen Abzug vereinigt werden. Da dieser Schornstein nun exakt in der Schiffsmitte aufragte, war es möglich, den wuchtigen Dreibeinmast sowohl vom vorderen Kommandoturm als auch vom Schornstein selbst abzusetzen. Die Gefahr, daß herabfallende Teile des Mastes nach eventuellen Gefechtsschäden außerhalb des Kommandoturms sich befindende Einrichtungen der Schiffsführung und Feuerleitung beschädigen konnten, wurde dadurch geringer, und der Leitstand im Vormars war zugleich besser vor Rauchgaseinwirkung geschützt. Nach den Angaben von KIE waren nun diese Vorteile, die die neue Position des Mastes bot, die eigentliche Ursache für die Wahl eines einzigen Schornsteins statt zweier Abzüge, und somit wären sie auch — teilweise — verantwortlich für die Änderungen des Generalplans.[59]

Das äußere Erscheinungsbild der Kreuzer, einmal ganz abgesehen von den Veränderungen der inneren Raumaufteilung, wandelte sich durch die Umkonstruktion so wesentlich, daß K sich Anfang Februar 1917 zu der Anregung veranlaßt sah, *Ersatz Yorck, Ersatz Gneisenau* und *Ersatz Scharnhorst* sollten zur *Ersatz Yorck*-Klasse zusammengefaßt werden.[60] In der Konstruktionsabteilung war man jedoch immer noch über etatpolitische Konsequenzen oder aber über die eigene Reputation besorgt und deshalb wurde gleichzeitig vorgeschlagen, im Schriftverkehr „nicht zum Ausdruck zu bringen, daß die Schiffe nach längerer Bauzeit eine solche Änderung erfahren." Um den Kreuzern ferner das Odium der Umkonstruktion zu nehmen, sollten im Dienstverkehr die Bezeichnungen „Umbau" oder „Umarmierung" vermieden werden. Für das weitere Schicksal dieser Schiffe waren solche Feinheiten jedoch kaum mehr ausschlaggebend.

Anmerkungen

1 Roesler, Die Finanzpolitik des Deutschen Reiches im Ersten Weltkrieg, 74f; vgl. Hardach, Der Erste Weltkrieg, 169ff; s. auch Holtfrerich, Die deutsche Inflation, 111ff.

2 BAMA RM 3/2725, Zum Immediatvortrag betreffend Ersatz für verlorene Schiffe, E, 20.2.1915; vgl. Forstmeier, Die Entwicklung der Typenfrage im Ersten Weltkrieg, 13; zu den Kriegsanleihen und ihren Zeichnungserlösen, s. Roesler, Die Finanzpolitik, 76ff und 206f.

3 s. hierzu sowie vgl. nachfolgend Forstmeier, Typenfrage, 13ff.

4 s. v. Tirpitz, Erinnerungen, 108f.

5 s. Forstmeier, Typenfrage, 14f.

6 s. Ebd., 15 sowie Anlagen, Dok. 1: Ausführungen Kaiser Wilhelms II. zu einem Bericht des RMA über die modernen Schiffstypen der größeren Marinen..., 22.11.1915.

7 s. Ebd., 20.

8 Zu diesen Auseinandersetzungen, s. Hubatsch, Der Admiralstab, 165ff; ders., Ära Tirpitz, 113ff; Salewski, Tirpitz, 91ff.

9 s. Forstmeier, Typenfrage, 23.

10 Ebd., 23.

11 BAMA RM 3/3653, Niederschrift über die Ausführungen Seiner Excellenz des Herrn Staatssekretärs über den Immediatvortrag betreffend Typenfragen und Flottengesetz vom 3. Mai 1916, M, 15.5.1916.

12 s. Ebd., BAMA RM 3/3653. Hervorhebungen im Original.

13 BAMA RM 3/ 3696, Stellungnahme K, betrifft: Umarmierung der drei letzten Schiffe der *Ersatz Victoria Louise*-Klasse, K, 11.1.1917.

14 s. Raven/Roberts, Die britischen Schlachtschiffe des Zweiten Weltkrieges, I, 47; vgl. Burt, British Battleships, 391; s. auch Parkes, British Battleships, 608.

15 s. Strohbusch, Markante Kriegsschiffsentwürfe... *Mackensen,* in: MR 2 (1977), 61; vgl. Angaben des Konstruktionsdepartements nach BAMA RM 3/3696, Denkschrift A, betrifft: Umarmierung der drei letzten Kreuzer der *Ersatz Victoria Louise*-Klasse, AVa, 31.10.1916.

16 BAMA RM 3/3653, Niederschrift über die Ausführungen Seiner Excellenz des Herrn Staatssekretärs über den Immediatvortrag betreffend Typenfragen und Flottengesetz vom 3. Mai 1916, M, 15.5.1916.

17 Ebd., BAMA RM 3/3653.

18 s. Forstmeier, Typenentwicklung, 24. Scheer hatte 1905, damals noch als Chef der Zentralabteilung des RMA, ja schon einmal eine ähnliche Meinung vertreten, s. Kap. I.

19 s. Ebd., 24.

20 s. die ausführlichen Zitate zu Stellungnahmen des Departements A vom 3.4., 22.7. und 4.8.1916 in: Ebd., 22f und 27ff; vgl. BAMA RM 3/3653.

21 BAMA RM 3/ 3653, Niederschrift über die Ausführungen Seiner Excellenz des Herrn Staatssekretärs über den Immediatvortrag betreffend Typenfragen und Flottengesetz vom 3. Mai 1916, M, 15.5.1916. Die Ausführungen v. Capelles sind symptomatisch für das Grunddilemma, in dem die deutsche Marine steckte. Es hatte sich herausgestellt, daß der „Primat der Schlachtentscheidung" eine Fehlkalkulation war; der „Großkrieg" war vom „Kleinkrieg" verdrängt worden. Dieser wiederum konnte wegen völkerrechtlicher Bedenken nicht kriegsentscheidend durchgeführt werden, außerdem war die dazugehörige Waffe nicht in entsprechenden Zahlen vorhanden. Die Hochseeflotte mußte jedoch um ihre Zukunft bangen und ihre Präsenz und militärische Potenz beweisen. Einen Monat nach diesem Vortrag wurde die Skagerrakschlacht geschlagen, die eigentlich nur unter glücklichsten Umständen die Entscheidung für Deutschland in diesem Seekrieg hätte bringen können — wenn die Verantwortlichen überhaupt an ein solches Ergebnis zu hoffen wagten. Der dann folgende Strategie„wechsel" war schon vor dem 31. Mai als unumgänglich erkannt worden.

22 Vgl. hierzu auch Herwig, Luxury Fleet, 202.

23 Diese auf den ersten Blick verwirrende Formulierung bezog sich lediglich auf die voraussichtlichen Fertigstellungstermine des Panzers, gemäß den Angaben einer Denkschrift des Kriegsministeriums über die Nickelversorgung des Deutschen

Reiches vom Januar 1916, s. BAMA RM 3/3653, Denkschrift K über die Möglichkeit und über die Vor- und Nachteile der Bauausführung von *Ersatz A, Ersatz Yorck, Ersatz Scharnhorst* und *Ersatz Gneisenau* nach neuen Bauunterlagen, K, 26.8.1916.

24 BAMA RM 3/15, Protokoll über die Typensitzung am 12. August 1916, M, 12.8.1916.

25 Ebd., BAMA RM 3/15.

26 BAMA RM 3/3653, Stellungnahme A zum Projekt *GK6*, A, 22.7.1916.

27 Hebbinghaus erschienen die 15 m Differenz der L_{CWL} von 235 m zur Schleusenlänge von 250 m und die Breite von 30,4 m zur nutzbaren Breite der Südschleuse der III. Einfahrt von 33 m als gerade noch tolerierbar. Die größte zu erwartende Tiefe auf der Oste-Bank erreichte mit 10,3 m bei Nipphochwasser einen Wert, der höchstens 0,5 m Wasser unter dem Kiel ließ, sollte das Schiff voll ausgerüstet mit einem Tiefgang von 9,8 m dort fahren.

28 s. Forstmeier, Typenfrage, 31.

29 BAMA RM 3/15, Vorbesprechung über Typen am 24. August 1916, M, 24.8.1916. Hervorhebung d.V.

30 BAMA RM 3/3653, K, 26.8.1916; vgl. die kurze Zusammenfassung des Inhalts in Forstmeier, Typenfrage, 32.

31 Die Aufschlüsselung jener „toten Kosten" ergab folgendes Bild: *Ersatz A* 10,731 Millionen Mark, *Ersatz Yorck* 8,740, *Ersatz Scharnhorst* 6,054 und *Ersatz Gneisenau* 5,394, zusammen 30,919 Millionen Mark.

32 BAMA RM 3/3653, Protokoll der Sitzung am 29. August 1916 über (den) Bau von 4 Ersatzkreuzern nach neuen Bauunterlagen und über den Typ der 1917-Schiffe, M, o.D.; vgl. Zusammenfassung des Sitzungsprotokolls in Forstmeier, Typenfrage, 32f.

33 Bei der US Navy bemühte man sich seit November 1909 um „battle cruiser designs". Beantragt wurde der Bau solcher Einheiten allerdings erst, als Meldungen über die japanische *Kongo*-Klasse vorlagen. Am 25. September 1912 wurde der Beschluß gefaßt, für das 1914er Programm battle cruisers vorzusehen. Ihre Aufgabe sollte die „strategic" und „tactical reconnaissance" umfassen. Jedoch behielten Kritiker die Oberhand, die diese voraussichtliche operative Verwendung verwarfen und einen zweiten Großkampfschifftypen als „naval luxury" bezeichneten. Eine Wiederbelebung der battle cruiser-Idee im Jahr 1915 führte im August des darauffolgenden Jahres zur Bewilligung von 6 Schlachtkreuzern (*Constellation*-Klasse, *CC1 - CC6*), verteilt auf die Etats 1917 - 1919. Zunächst wurde ein Design *150* mit 32.000 ts, 8 x 35,6-cm-SK L/50, 35 kn angenommen, welches im Juni 1917 durch ein Design *169* mit 33.500 ts, 10 x 35,6-cm-SK L/50 und 35 kn Geschwindigkeit abgelöst wurde. Bauprioritäten, bedingt durch den Eintritt der USA in den Ersten Weltkrieg, verzögerten den Beginn der Werftarbeiten jedoch. Das General Board, die oberste vorschlagende Instanz für Schiffskonstruktionen, nutzte den Bauaufschub für weitere Studien, die schließlich im September 1917 eine verbindliche Option auf das neue 40,6-cm-SK L/50 herbeiführten. Letztendlich maßgeblich für die *Constellation*-Klasse wurde dann ein im Juni 1919 vorgeschlagenes Projekt *B3* mit 8 x 40,6-cm-SK L/50, 42.500 ts und 33,25 kn. Gemäß den Bestimmungen des Washingtoner Abkommens von 1922 wurden die Kreuzer jedoch sistiert bzw. im Falle von *CC2* und *CC3* zu Flugzeugträgern umgebaut, s. hierzu Friedman, U.S. Cruisers, 62ff; vgl. Breyer, Schlachtschiffe und Schlachtkreuzer, 254ff.

34 *Lützow* war am 31. Mai vor dem Skagerrak gesunken, fehlt also mit *Prinz Adalbert* in dieser Liste. Unverzüglichen Ersatz für *Lützow* (und dann auch für *Prinz Adalbert*) zu fordern, erschien v. Capelle zu diesem Zeitpunkt inopportun, „da man die Schiffe unmöglich auch noch nach dem *Victoria Louise*-Typ bauen könne und der neue Typ erst festgelegt werden müsse", stellte er während der Sitzung am 24. August klar, s. BAMA RM 3/15, Vorbesprechung über Typen am 24. August 1916, M, 24.8.1916.

35 s. Zit. in Forstmeier, Typenfrage, 33f.

36 Ebd., 35.

37 Hervorgehoben im Orig.

38 s. BAMA RM 3/2728, Denkschrift zum Immediatvortrag über den Typ der nächsten Großkampfschiffe, KIE, 18.10.1916; vgl. ferner Forstmeier, Typenfrage, 35ff.

39 BAMA RM 3/3696, Denkschrift AVa, betreffend: Umarmierung der drei letzten Kreuzer der *Ersatz Victoria Louise*-Klasse, A, 31.10.1916.

40 *Repulse*, gebaut: John Brown, Clydebank; Fertigstellung: 18. August 1916; *Renown*, gebaut: Fairfield, Glasgow; Fertigstellung: 20. September 1916; 27.283 t (27.757 t *Renown*); L_{CWL} 240 x B 27,41 (27,47) x T 7,8 (7,9) m; 6 x 38-cm-SK L/42, 17 x 10,2-cm-SK L/50; 112.000 PSw, 31,5 kn. Die von Hebbinghaus erwähnte 43-cm-Armierung ist auf unsichere Meldungen des Admiralstabs vom April 1916 über eine mögliche Bewaffnung von 8 x 43,1-cm-SK auf *Furious* und *Courageous* zurückzuführen, s. BAMA RM 3/15, Stellungnahme A zum Projekt *GK6*, A, 22.7.1916. Der ursprüngliche Entwurf für *Furious* sah 2 x 45,7-cm-SK L/35 vor; der Admiralstab lag demnach, was die Kalibergröße anbetraf, gar nicht mal so schlecht.

41 Randbemerkung v. Capelle: „Aber nicht die Schlachtkreuzer!"; vgl. hierzu Anm. 33.

42 Hebbinghaus nimmt hier aller Wahrscheinlichkeit nach Bezug auf die Vergabe von 16 UB III-Booten am 23. September 1916: *UB 72 - 74* an die A.G. Vulcan, Hamburg; *UB 75 - 79* an Blohm & Voss; *UB 80 - 87* an die A.G. Weser. Die Germaniawerft, Kiel erhielt am 29. November ferner den Auftrag über die drei U-Kreuzer (Projekt 46A) *U 142 - 144*. Blohm & Voss, A.G. Vulcan und die Germaniawerft waren die Bauwerften der Ersatzkreuzer und zu diesem Zeitpunkt stark mit U-Bootaufträgen ausgelastet.

43 Man sollte dieses Argument Hebbinghaus´ nicht ganz für bare Münze nehmen. Es war natürlich zweckgerichtet, denn angesichts der militärischen Qualitäten von *Renown* bis *Hood* kann von einer „ganz erheblichen" Unterlegenheit der *Ersatz Victoria Louise*-Klasse keine Rede sein.

44 BAMA RM 3/3696, Randbemerkung v. Capelle zur Denkschrift AVa, betreffend: Umarmierung der drei letzten Kreuzer der *Ersatz Victoria Louise*-Klasse, A, 31.10.1916. Randbemerkungen vom 1.11.1916. A war tatsächlich zuerst für das 35-cm-Geschütz eingetreten, änderte jedoch später seine Meinung, was v. Capelle unerwähnt läßt, s. Kap.VI.

45 BAMA RM 3/3696, Denkschrift KIE, betreffend: Umarmierung der drei letzten Schiffe der *Ersatz Victoria Louise*-Klasse, K, 11.1.1917.

46 Hervorhebung d.V.

47 Daß es aber — zwar eher schlecht als recht — ohne jene erheblichen Verbesserungen ging, zeigten *Repulse* bis *Hood*. K rechnete natürlich nach anderen Konstruktionsschemata als die Admiralty.

48 Konkrete Beispiele für schlechte Erfahrungen mit Privatwerften nannte K nur insofern, als es bei der Ausarbeitung der Pläne für die Kleinen Kreuzer der *Ersatz Leipzig*-Klasse „Schwierigkeiten" mit der A.G.Weser gegeben habe.

49 Die Skizzen *I* und *II* befanden sich nicht in den Akten.

50 BAMA RM 3/3696, RMA/K an RMA/A, 17.11.1916 sowie Besprechung zwischen RMA/A, K und W am 27.11. 1916; s. auch Kap. VI.

51 Zu den Details über den Schiffsschutz für Entwurf *II,* s. insbesondere BAMA RM 3/3696, Besprechung über den Umbau der drei letzten Panzerkreuzer des Typs *Ersatz Victoria Louise* am 16. Januar 1917, M, 16.1.1917.

52 s. Ebd., BAMA RM 3/3696 bzw. 3653; s. auch kurze Zusammenfassung der Sitzungsergebnisse in Forstmeier, Typenfrage, 42. Forstmeier bezeichnet dort die Projekte 1 und 2 (= *I* und *II*) jedoch irrtümlich als A-Entwürfe.

53 s. Forstmeier, Typenfrage, 37f.

54 vgl. in diesem Zusammenhang auch BAMA RM 3/2731, Vergleichende Gegenüberstellung unserer Erfahrungen und der Erfahrungen der Engländer nach den „Confidential Admiralty Interim Orders" in Bezug auf die Gefahr eigener Munitionsbrände, W, 11.8.1917.

55 BAMA RM 3/2728, Notiz RMA/A, 19.1.1917. Der Kaiser hatte am 18. Januar sein Einverständnis zum Umbau erteilt.

56 BAMA RM 3/2728, Denkschrift, betreffend: Ordreentwurf für die *Ersatz Yorck*-Klasse, KIE, 30.6.1917.

57 s. Strohbusch, Markante Kriegsschiffsentwürfe...*Ersatz Yorck,* in: MR 2 (1977), 61f; vgl. auch die Angaben bei Gröner, Die deutschen Kriegsschiffe, I, 87.

58 Die Skizze bei Gröner, Die deutschen Kriegsschiffe , I, 86 zeigt jene Veränderung nicht; zudem ist sie unzutreffend datiert.

59 BAMA RM 3/2728, Denkschrift, betreffend: Ordreentwurf für die *Ersatz Yorck*-Klasse, KIE, 30.6.1917.

60 BAMA RM 3/3696, RMA/K, 7.2.1917. Die Bestätigung durch M erfolgte wenig später, am 28.2.1917, s. BAMA RM 3/3692.

Schlußbetrachtung

Jedes Kriegsschiff ist ein Konglomerat verschiedener Kompromisse. Marinetechnische, taktisch-strategische, finanzielle und nicht zuletzt politische Faktoren beeinflussen Konstruktion und Bau schwimmender Waffensysteme. Eine Potenzierung dieses Kompromißcharakters war bei den Großen Kreuzern der Kaiserlichen Marine insbesondere der Post-*Invincible*ära zu finden. Von der typenspezifischen Anlage ausgehend ein „Zwitter" zwischen Linienschiff und klassischem Kreuzer, gehorchten die Schiffe von *Blücher* bis *Ersatz Scharnhorst* zunehmend eigener Gesetzlichkeit: Wünsche des Kaisers, spezifische etatpolitische und verfassungstechnische Richtlinien sowie Entwicklungen jenseits des Ärmelkanals ließen die angestrebte Bewahrung der Gattung Großer Kreuzer innerhalb des Flottengesetzrahmens für Admiral v. Tirpitz und die ihm unterstellte Behörde zu einem konstruktionstechnischen Hindernislauf werden.

Trotzdem er sukzessive Abstriche an der ursprünglich formulierten Konzeption des Typs machen mußte, blieb der Staatssekretär seiner Linie in jeder Hinsicht trotzig treu. Das große Ziel der deutschen Marinerüstung vor dem Ersten Weltkrieg, eine auf fester organisatorischer Grundlage stehende und von parlamentarischen und budgetrechtlichen Kautelen frei bleibende Schlachtflotte als außenpolitischer und militärischer „Hebel" gegen England, scheiterte zwar letztlich kaum an der Baukontinuität des Großen Kreuzers oder an der damit verbundenen „Typenfrage", aber an einem dem Gesamtwerk genuin eigenen Defizit an umfassender Flexibilität. An marinetechnischem Weitblick hat es Tirpitz und den Departements des Reichsmarine-Amts nie gemangelt. Sie wurden jedoch zunehmend und zusehends Gefangene einer komplexen und kaum mehr rationalen Politik, deren Grundlagen auch gegenüber Kritik aus den eigenen Reihen und Wünschen von allerhöchster Seite starrsinnig vertreten wurden und somit Kompromisse aller Art verhinderten. Diese Politik brachte zwar (heute noch) ehrfürchtig bewunderte Schiffsbauten hervor, war jedoch mitverantwortlich für den Ausbruch eines Krieges, nach dessen Beendigung die Großen Kreuzer der Kaiserlichen Marine wie die gesamte Hochseeflotte in Scapa Flow ein wenig rühmliches Ende fanden.

Tabellenteil

Tabelle 1: Flottengesetze und Novellen 1900 bis 1912

	Gesetz 1900	Novelle 1906	Novelle 1908	Novelle 1912
1901	● ● o 3			
1902	● ● o 3			
1903	● ● o 3			
1904	● ● o 3			
1905	● ● o 3			
1906	◒ ◒ 2	◒ ◒ o 3		
1907	◒ ◒ 2	◒ ◒ o 3		
1908	◒ ◒ 2	◒ ◒ o 3	◒ ◒ ◒ o 4	
1909	◒ ◒ 2	◒ ◒ o 3	◒ ◒ ◒ o 4	
1910	◒ o 2	◒ ● o 3	◒ ◒ ◒ o 4	
1911	◒ o 2	◒ o o 3	◒ ◒ ● o 4	
1912	◒ o 2	◒ o o 3	◒ o 2	◒ o 2
1913	◒ ● o 3	◒ o 2	◒ o 2	◒ ● o 3
1914	◒ o 2	◒ o 2	◒ o 2	◒ o 2
1915	◒ o 2	◒ o 2	◒ o 2	◒ o 2
1916	◒ o 2	◒ o 2	◒ o 2	◒ ● o 3
1917	◒ ◒ 2	◒ ◒ 2	◒ o 2	◒ o 2

● = Linienschiffsneubau
◒ = Linienschiffsersatzbau
o = Großer Kreuzer Neubau
o = Großer Kreuzer Ersatzbau

● Datum offen

Quellen: Fernis, Die Flottennovellen im Reichstag 1906 - 1912, Anlage II, 155;
RGBL: 21(1900); 34(1906); 17(1908); 36(1912);
Berghahn, Der Tirpitz Plan, Anhang, 607ff.

Anmerkungen zu den Projekttabellen sowie technischen Angaben im Text:
Die angegebenen Daten sind sowohl Skizzen als auch verschiedenen Aktenbänden des Bestandes RM 3 BAMA entnommen.
Ihre Legende richtet sich im großen und ganzen nach den Vorgaben in Gröner, Die deutschen Kriegsschiffe, div. Bde.
Spezifische Angaben zu den Werten für die Panzerung (nach Gröner, Die deutschen Kriegsschiffe, Bd. 1, 12):
Panzerdicken in mm. Die Werte rechnen von achtern nach vorn.
030-050: Zahlen mit 0 davor: horizontale Panzerlagen.
030/30: Angaben zum Panzerdeck, mit / davor: Böschungsteil.
0-100-300(150)-120-30: ungefähre Angaben zum Seitenpanzer, dabei (150): getäperter Teil.
Türme: Angaben zumeist: Frontplatte und Seitenplatten.
Zit.: Zitadelle.
Kas.: Kasematte.
Barb.: Barbetten.
T-Schott: Torpedoschott.
-: keine exakten Angaben möglich; dies bezieht sich auch auf die übrigen Angaben.
~: ungefähr.

Tabelle 2: Linienschiffe der Prä-Dreadnought-Periode

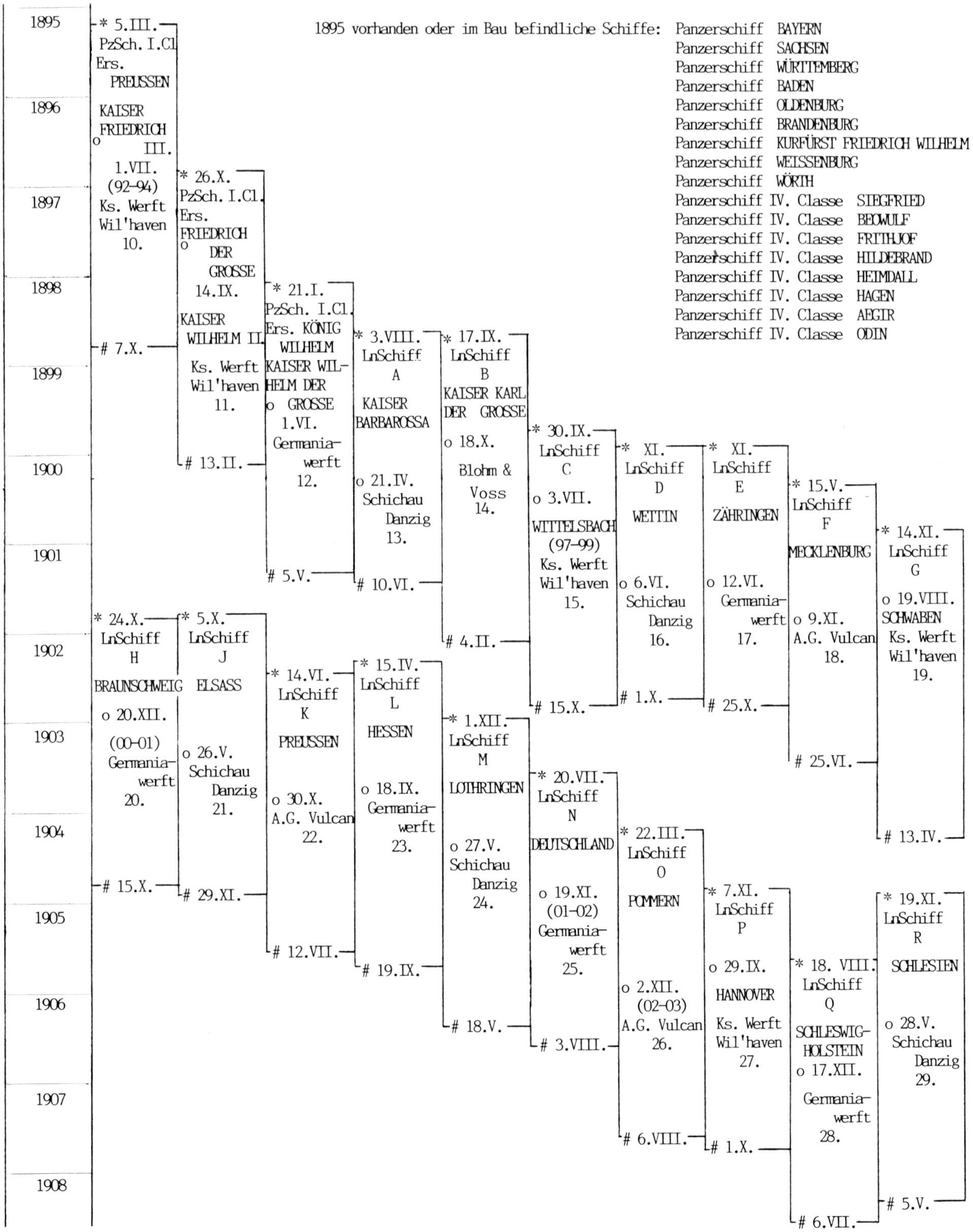

Tabelle 3: Linienschiffe der Post-Dreadnought-Periode

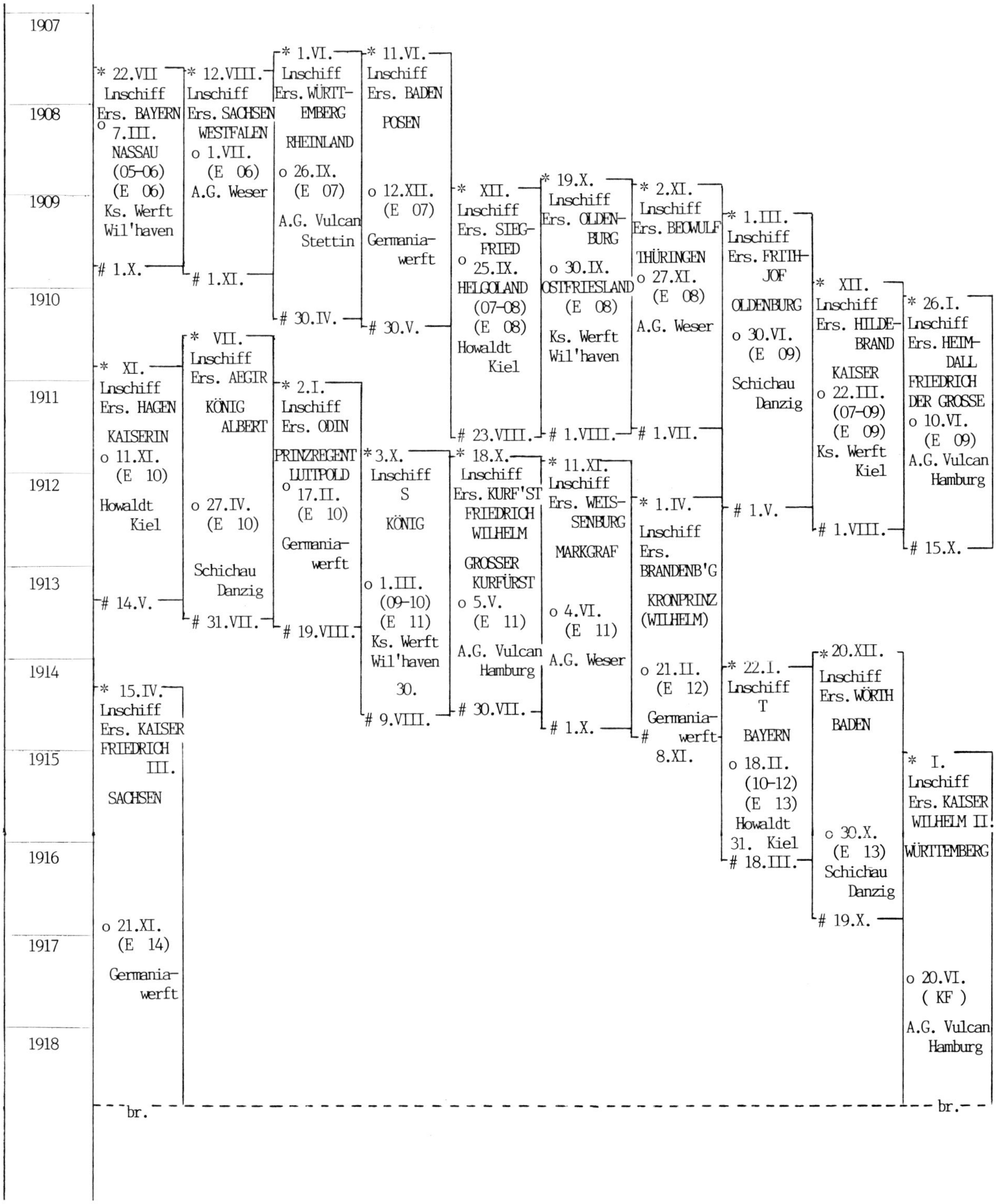

Tabelle 4: Große Kreuzer der Prä-Invincible-Periode

am 1.I.1890 vorhandene Einheiten und als Große Kreuzer klassifiziert:

ˣZentralbatterieschiff KÖNIG WILHELM o 25.IV. 1868

ˣZentralbatterie-Panzerschiff KAISER o 19.III. 1874

ˣZentralbatterie-Panzerschiff DEUTSCHLAND o 12.IX. 1874

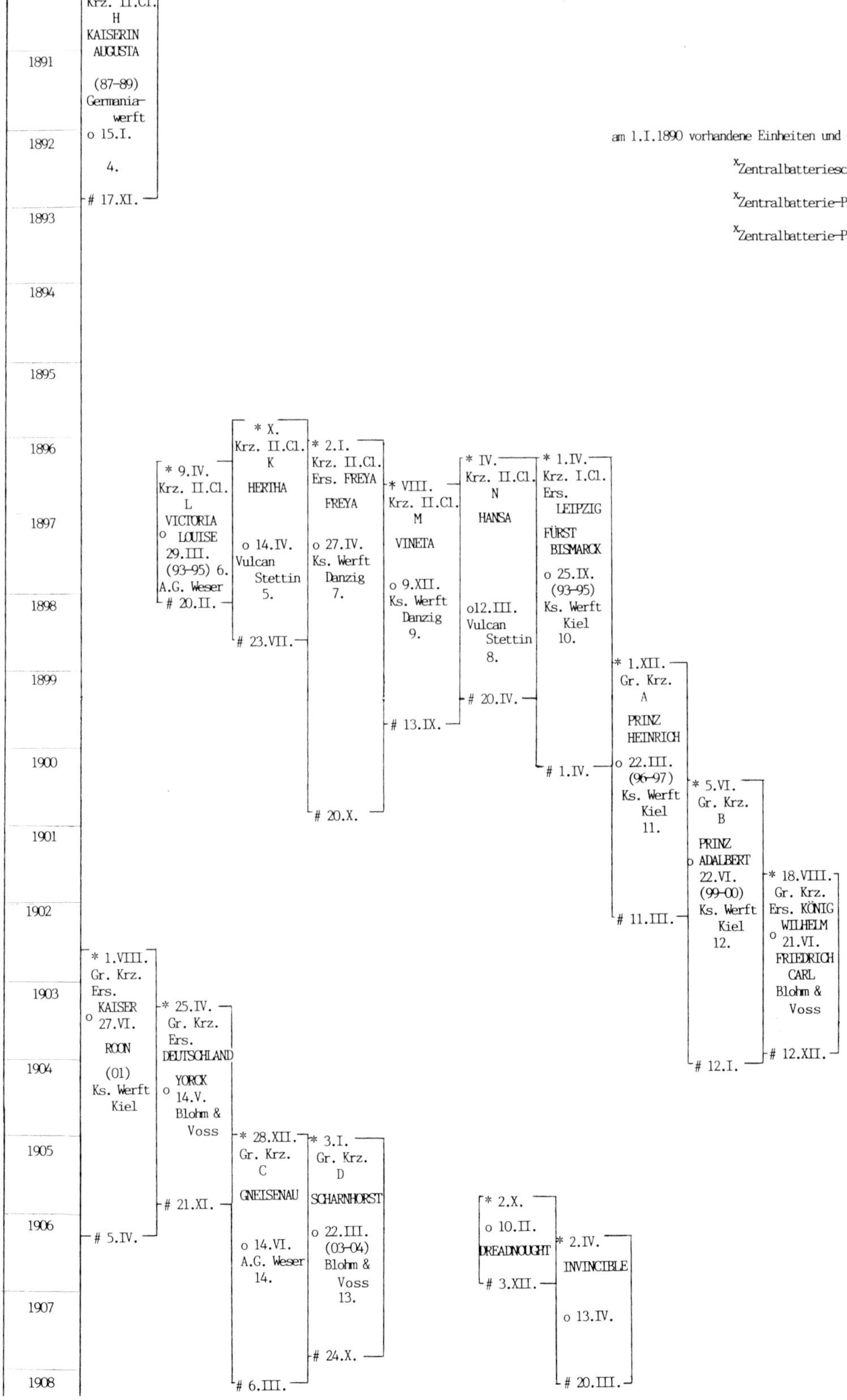

Tabelle 5: Große Kreuzer der Post-Invincible-Periode

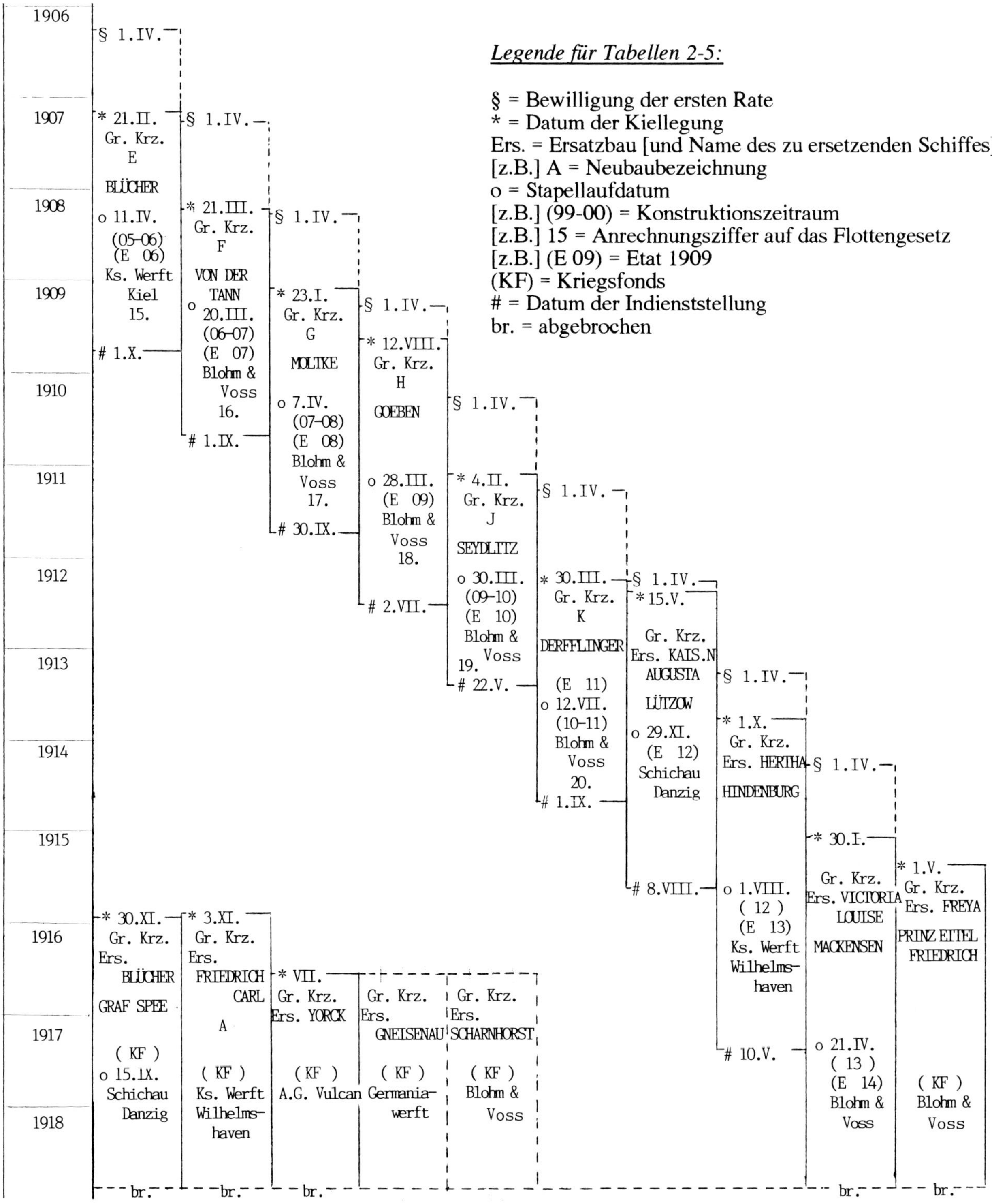

Legende für Tabellen 2-5:

§ = Bewilligung der ersten Rate
* = Datum der Kiellegung
Ers. = Ersatzbau [und Name des zu ersetzenden Schiffes]
[z.B.] A = Neubaubezeichnung
o = Stapellaufdatum
[z.B.] (99-00) = Konstruktionszeitraum
[z.B.] 15 = Anrechnungsziffer auf das Flottengesetz
[z.B.] (E 09) = Etat 1909
(KF) = Kriegsfonds
# = Datum der Indienststellung
br. = abgebrochen

Tabelle 6: Projekte für den Großen Kreuzer 1906/E

Projekt	*E1*	*E2*	*E3*	*E5*
Datum	III.1905	III.1905	III.1905	31.III.1905
Deplacement	12700	~13600	13100	13100/ 13200
$L_{üA}$	-	-	-	-
L_{CWL}	-	-	-	-
L_{PP}	~145	~145	~145	~145
B_{gr}	21,8	~22,4	~22,1	~22,1
T_{kon}	7,7	7,8	7,7	7,7
Maschinen- leistung in PSi	30000 3- 3Exp.	29000 3- 3Exp.	~29000 3- 3Exp.	~ 29000 3- 3Exp.
kn	23,5	~23	~23 1/3	~ 23 1/3
Kohlenvorrat: max/kon	2100/900	2100/900	2100/900	2100/900
Ölvorrat	200	200	200	200
Bewaffnung mit Verteilung der Hauptartil- lerie (Kasematt- geschütze)	8- 21 L/45 8- 15 L/40 20- 8,8 L/35 4- 3,7 4 TR-45 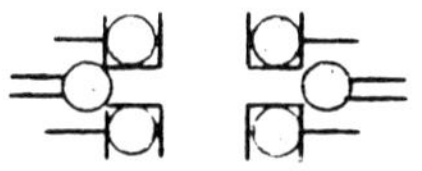	12- 21 L/45 8- 15 L/40 20- 8,8 L/35 4- 3,7 4 TR-45 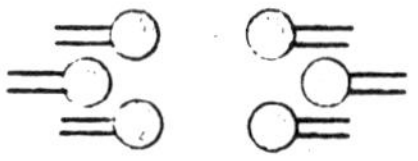	10- 21 L/45 8- 15 L/40 20- 8,8 L/35 4- 3,7 4 TR-45 	8- 21 L/45 10- 15 L/40 20- 8,8 L/35 4- 3,7 4 TR-45 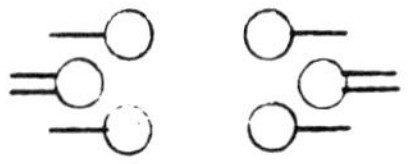
Panzerung	020-025-020; 0-80-180-100-80; $Kdot_V$ 200, $Kdot_A$ 30; Türme 170; Zit. 150; Kas. 120; ODeckKas. 150; PzD 035/55	020-025-020; 0-80-180-100-80; $Kdot_V$ 200, $Kdot_A$ 30; Türme 200; Zit. 150; Kas. 120; PzD 035/55	020-060-025-060-020; 0-80-160-180-160-80; $Kdot_V$ 200, $Kdot_A$ 30; Türme 170; Zit. 140-150-140; Kas. 120; O-Deckkas. 180; PzD 030/50	020-060-025-060-020; 0-80-160-180-160-80; $Kdot_V$ 200, $Kdot_A$ 30; Türme 170; Zit. 140-150-140; Kas. 140; PzD 030/50
Preis in Mio.	~23	~25,6	23	~23,6 (nach Preis-reduzierung 23,3)
Bemerkungen	-	-	genehmigt am 18.III.1905	-
Kennzeichen	5 Schornstei-ne; Aussehen wie *C* und *D*	Wie *C* und *D*	Wie *C* und *D*	Wie *C* und *D*

Projekt	*E9*	*E10*	*E11*	*E15*
Datum	11.IX.1905	11.IX.1905	11.IX.1905	26.IX.1905
Deplacement	14400	14400	15000	15200
$L_{üA}$	~157	~157	~158	158
L_{CWL}	-	-	-	-
L_{PP}	~149	~149	~150	150
B_{gr}	~23,3	~23,3	23,5	23,5
T_{kon}	7,9	7,9	8,0	~8,0
Maschinen- leistung in PSi	~30000 3- 3Exp.	30000 3- 3Exp.	32000 3- 3Exp.	30000-32000 3- 3Exp.
kn	~23,5	~23,5	~23,5	~23,5
Kohlenvorrat: max/kon	2100/900	2100/900	2100/900	~2300
Ölvorrat	200	200	200	200
Bewaffnung mit Verteilung der Hauptartil- lerie	12- 21 L/45 8- 15 L/40 20- 8,8 L/35 4- 3,7 4 TR-45	12- 21 L/45 6- 15 L/40 20- 8,8 L/35 4- 3,7 4 TR-45	s. *E9*	12- 21 L/45 8- 15 L/40 20- 8,8 L/35 4- 3,7 4 TR-45
	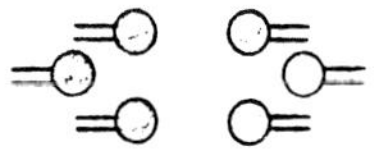	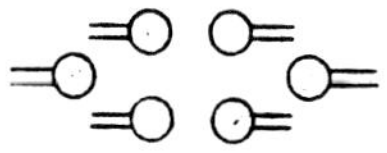	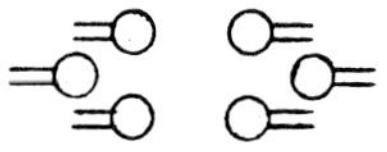	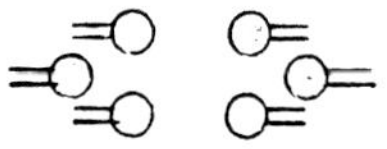
Panzerung	020-050-025-050-020; 0-80-160-180-160-80; $Kdot_V$200, $Kdot_A$80; Türme 170; Zit. 150; Kas. 140; PzD 030/50	020-050-025-050-020; 0-80-160-180-160-80; $Kdot_V$200, $Kdot_A$80; Türme 170; Zit. 140-150-140; Kas. 140; PzD 030/50	s. *E9*	050-025-050; 0-80-180-140-80; $Kdot_V$ 200, $Kdot_A$80; Türme 170; Zit. 140-150-140; Kas. 140; gepz. Wallgangsschott 30; PzD 030/50
Preis in Mio.	~25,5	~25,25	26,2	-
Bemerkungen	-	-	-	genehmigt am 4.X.1905
Kennzeichen	Wie *C* und *D*	Wie *C* und *D*	Wie *C* und *D*	Wie *C* und *D*

Projekt	*E*	*Großer Kreuzer Blücher*
Datum	12.VI.1907	22.XII.1908
Deplacement	~15700	15840
$L_{\text{üA}}$	162	161,75
L_{CWL}	-	161,1
L_{PP}	152	152
B_{gr}	24,5	24,5
T_{kon}	8,03	8,03
Maschinen- leistung in PSi	32000-34000 3- 3Exp.	32000-34000 3- 3Exp.
kn	~24	24
Kohlenvorrat: max/kon	2300/900	2360/900
Ölvorrat	200	200
Bewaffnung mit Verteilung der Hauptartil- lerie	12- 21 L/45 8- 15 L/45 16- 8,8 L/35 4 TR-45 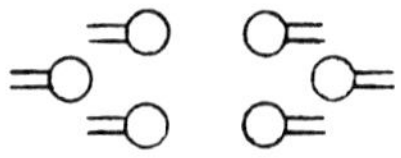	12- 21 L/45 8- 15 L/45 16- 8,8 L/45 4 TR-45 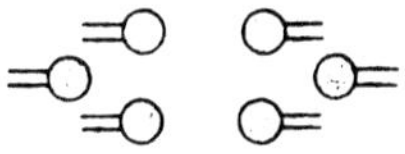
Panzerung	060-025-070-050; 0-80-180/120-80; $Kdot_V$ 250, $Kdot_A$ 140; Türme 180; Zit. 150; Kas. 140; T-Schott 30-35; PzD 030/50	s. *E*
Preis in Mio	27,5	27,5
Bemerkungen	Letzte gültige Skizze mit ver- stärktem Panzer 21.IX.1907	-
Kennzeichen	2 Schornsteine; neues Design ohne Walback und Gefechts- masten;mit Git- termasten als Alternative	2 Schornsteine; neues Design mit Pfahlmasten

Tabelle 6a: Entwürfe für den Großen Kreuzer 1906/E

Projekt	*E6*	*E7*	*E8*
Datum	~27.V.1905	~27.V.1905	~7.VI.1905
Deplacement	13700	13300	13400
kn	23,5	23 1/3	23 1/3
Bewaffnung	8- 21 L/45	8- 21 L/45	10- 21 L/45
mit Verteilung	8- 17 L/45	8- 17 L/45	8- 15 L/45
der Hauptartil-	20- 8,8 L/35	20- 8,8 L/35	20- 8,8 L/35
lerie	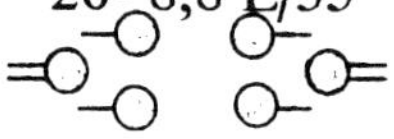		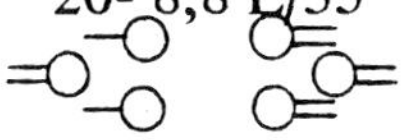
Preis in Mio	24,3	23,7	23,7

Tabelle 7: Kostenberechnung für die Armierung der Projekte A und B (E1 und E2) für den Großen Kreuzer E, 9.III.1905

Projekt *A*

4- 21 cm-SK L/45 in Doppeltürmen	
4- 21 cm-SK L/45 in MPL	
mit zusammen 1400 Schuß 1/2 Strg. 1/2 Gr.	
116 Schuß zur Übung	3.074000 ℳ
40 Schuß zum Anschießen	
8- 15 cm-SK L/40 in MPL	
mit 2400 Schuß 1/4 Strg. 3/4 Gr.	
mit 120 Schuß zur Übung	1.165000 ℳ
mit 120 Schuß zum Anschießen	
20- 8,8 cm-SK L/35 in MPL	
mit 10000 Schuß zum Gefecht	
mit 700 Schuß zur Übung	1.105000 ℳ
mit 300 Schuß zum Anschießen	
4- 3,7 cm-Maschinenkanonen einschl. Munition	88000 ℳ
4- 8 mm-Maschinengewehre	40000 ℳ
1- 6 cm-S.Bts.Kanone	24500 ℳ
Nebenkosten	325000 ℳ
Unvorhergesehenes	320000 ℳ
Summe	6141500 ℳ

Projekt *B*

12- 21 cm-SK L/45 in sechs Doppeltürmen	
mit 2200 Schuß 1/2 Strg. 1/2 Gr.	
mit 176 Schuß zur Übung	5.172000 ℳ
mit 60 Schuß zum Anschießen	

*8- 15 cm-SK L/40 in MPL	
mit 2400 Schuß 1/4 Strg. 3/4 Gr.	
mit 120 zur Übung	1.165000 ℳ
mit 120 Schuß zum Anschießen	
20- 8,8 cm-SK L/35 in MPL	
mit 10000 Schuß zum Gefecht	
mit 780 Schuß zur Übung	1.105000 ℳ
mit 300 Schuß zum Anschießen	
4- 3,7 cm-Maschinenkanonen einschl. Munition	88000 ℳ
4- 8 mm-Maschinengewehre	40000 ℳ
1- 6 cm-S.Bts.Kanone	24500 ℳ
Nebenkosten	400000 ℳ
Unvorhergesehenes	400000 ℳ
	Summe 8.394000 ℳ

*Werden statt 8 nur 6- 15 cm-Geschütze genommen, dann verringern sich die Gesamtkosten um rund 290000 ℳ.

Quelle: BAMA RM 3/357

Tabelle 8: Bestreichungswinkelberechnungen Projekte E3, E3' und E5 Großer Kreuzer E, 7.IV.1905

21 cm-SK		
Projekt *E3*		
1. Kasemattgeschütz	234° - 2°	=128°
2. Kasemattgeschütz	221° - 349°	=128°
3. Kasemattgeschütz	178° - 302°	=124°
		= 380°
Projekt *E3'* (ohne seitliche Pforteneinschnitte)		
1. Kasemattgeschütz	~256° - 2°	= 106°
2. Kasemattgeschütz	~243° - 349°	= 106°
3. Kasemattgeschütz	~178° - 284°	= 106°
		= 318°
Projekt *E5* (2 Einzeltürme)		
vorderer Turm	~201° - 1°	= 160°
hinterer Turm	~179° - 339°	= 160°
		= 320°

Quelle: BAMA RM 3/3691

Tabelle 9: Projekte mit 24 cm-SK für den Großen Kreuzer 1906/E

Projekt	*E17*	*E18*	*E19*	*E20*	*E21*
Datum	IX.-X.1905	IX.-X.1905	IX-X.1905	III.1906	III.1906
Deplacement	15200	15500	15800	~15800-15900	~15800-15900
$L_{üA}$	158	-	-	-	-
L_{CWL}	-	-	-	-	-
L_{PP}	150	-	-	-	-
B	23,5	-	-	-	-
T	8,0	-	-	-	-
Maschinenleistung	-	-	-	-	-
kn	23,5	23,5	23,5	23,5	23,5
Kohlenvorrat: max/kon	-	-	-	-	-
Ölvorrat	-	-	-	-	-
Bewaffnung mit Verteilung der Hauptartillerie bzw. Mittelartillerie	6- 24 L/45 12- 15 L/40 - -	8- 24 L/45 10- 15 L/40 - -	8- 24 L/45 8- 15 L/40 - -	8- 24 L/45 12- 15 L/?45 - -	8- 24 L/45 12- 15 L/?45 - -
	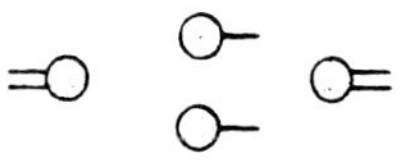		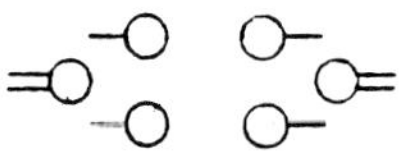	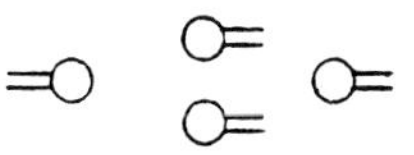	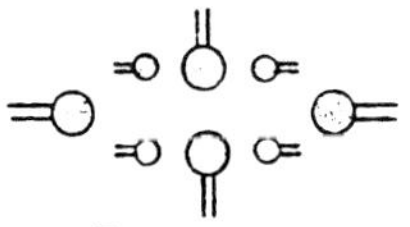
Panzerung	-	-	-	-	-
Preis in Mio	26,5	27,5	28-28,5	28,5	28,83
Bemerkungen	-	-	-	-	-
Kennzeichen	-	-	-	-	-

Projekt	*E22*	*E23*
Datum	III.1906	III.1906
Deplacement	~15800-15900	~15800-15900
$L_{üA}$	-	-
L_{CWL}	-	-
L_{PP}	-	-
B	-	-
T	-	-
Maschinen-leistung in PSi	-	-
kn	23,5	23,5
Kohlenvorrat: max/kon	-	-
Ölvorrat	-	-
Bewaffnung und Verteilung der Hauptartillerie bzw. Mittelartillerie	8- 24 L/45 8- 15 L/?45 - - 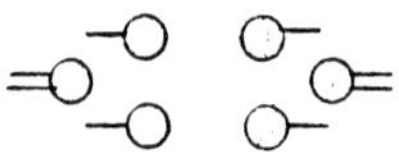	8- 24 L/45 8- 15 L/?45 - - 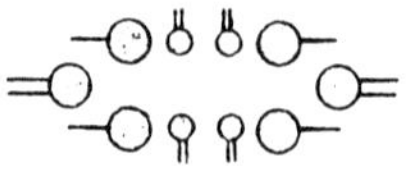
Panzerung	-	-
Preis in Mio	-	-
Bemerkungen	-	-
Kennzeichen	-	-

Tabelle 10: Gewichtsgruppen Großer Kreuzer E, 22.IX.1906

bei 15700t	
Schiff mit Hilfsmaschinen	36,5%
Panzer	28%
Maschinenanlage	15%
Artillerie und Torpedobewaffnung	8,5%
Ausrüstung	6%
Kohlen	6%

Quelle: BAMA RM 3/775

Tabelle 11: Projekte für den Großen Kreuzer 1907/F

Projekt	*1*	*2*	*3*	*4*
Datum	~15.IX.1906	~15.IX.1906	~15.IX.1906	~15.IX.1906
Deplacement	~19500	~19350	~19350	~19100
$L_{üA}$	~165	~168	~165	~165
L_{CWL}	-	-	-	-
L_{PP}	~155	~158	~155	~155
B	~26,5	~26,5	~26,5	~26,5
T_{kon}	~8,1	~8,1	~8,1	~8,1
Maschinenleistung in PSi	33000(36000*) 3- 3Exp.	35000(39000) 3- 3Exp.	33000(36000) 3- 3Exp.	33000(36000) 3- 3Exp.
kn	23(23,5*)	23,5(24)	23(23,5)	23(23,5)
Kohlenvorrat: max/kon	-/1100	-/1100	-/1100	-/1100
Ölvorrat	-	-	-	-
Bewaffnung mit Verteilung der Hauptartillerie	8- 28 L/45 8- 15 L/45 20- 8,8 L/35 (16- 8,8 L/45) 4 TR-45 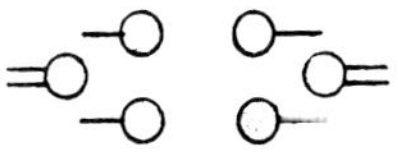	8- 28 L/45 8- 15 L/45 20- 8,8 L/35 (16- 8,8 L/45) 4 TR-45 	8- 28 L/45 8- 15 L/45 20- 8,8 L/35 (16- 8,8 L/45) 4 TR-45 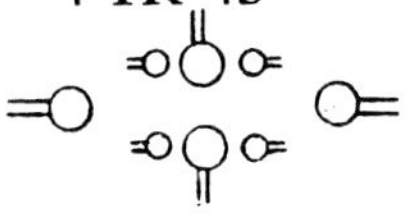	8- 28 L/45 8- 15 L/45 20- 8,8 L/35 (16- 8,8 L/45) 4 TR-45 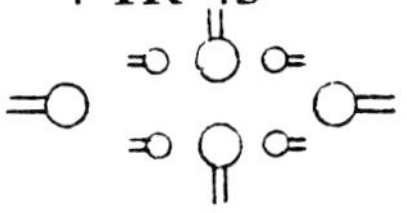
Panzerung	060-025-050; 0-100-220/260(140)-120/90-100; $Kdot_V$ 280, $Kdot_A$ 200; Türme 200\250; Zit. 175; Kas. 140; PzD 030/50; T-Schott [30?]	s. *E1* außer: Zit. 170-185	s. *E1*	s. *E1*
Preis in Mio	35,1	34,8	34,9	34,65
Bemerkungen	-	-	-	-
Kennzeichen	Design *E*	Design *E*	Design *E;* Fockmast hinter 1. Schornstein	Design *E;* Fockmast hinter 1. Schornstein

*Probefahrtswerte

Projekt	*4b*	*5*	*1a*	*5a*
Datum	~15.IX.1906	~21.IX.1906	~24./25.IX.1906	24./25.IX.1906
Deplacement	~19600	~19600	~19700	~19600
$L_{üA}$	~168	~170	~170	~170
L_{CWL}	-	-	-	-
L_{PP}	~158	~160	~160	~160
B	~26,5	~26,5	~26,5	~26,5
T_{kon}	~8,1	~8,1	~8,1	~8,1
Maschinen-leistung in PSi	35000(39000) 3- 3Exp.	35000(39000) 3- 3Exp.	35000(39000) 3- 3Exp.	35000(39000) 3- 3Exp.
kn	23,5(24)	23,5(24)	23,5(24)	23,5(24)
Kohlenvorrat: max/kon	-/1100	-/1100	-/1100	-/1000
Bewaffnung und Verteilung der Hauptartil-lerie	8- 28 L/45 8- 15 L/45 20- 8,8 L/35 (16- 8,8 L/45) 4 TR-45 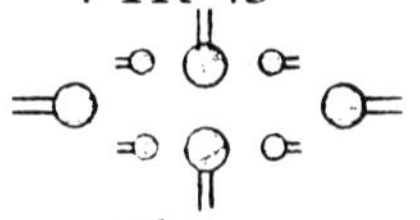	8- 28 L/45 8- 15 L/45 20- 8,8 L/35 (16- 8,8 L/45) 4 TR-45 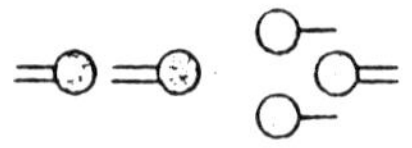	8- 28 L/45 8- 15 L/45 20- 8,8 L/35 (16- 8,8 L/45) 4 TR-45 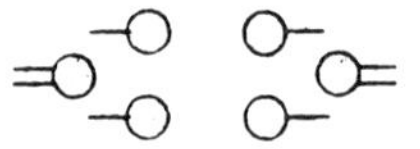	8- 28 L/45 8- 15 L/45 20- 8,8 L/35 (16- 8,8 L/45) 4 TR-45 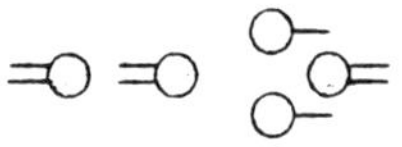
Panzerung	s. *E1*	030-025-050; 0-100-200/220(130)-100-80; $Kdot_V$250, $Kdot_A$ 200;Türme 180\240; Zit. 160-170; Kas. 140; PzD 030/50; T-Schott [30?]	060-025-050; 0-100-210/250(140)-100-80; $Kdot_V$250, $Kdot_A$200; Türme 180\230; Zit. 170-190; Kas. 140; PzD 030/50; T-Schott [30?]	060-025-050; 0-100-210/250(140) 100-80; $Kdot_V$250, $Kdot_A$200; Türme 180\230; Zit. 170-190; Kas. 140; PzD 030[1]/50; T-Schott [30?]
Preis in Mio	35,40	35,30	-	35,40
Bemerkungen	-	-	-	-
Kennzeichen	Design *E*	Design *E*	Design *E;* Fock-mast hinter 1. Schornstein	Design *E* [1]Auf Befehl des Staatssekretärs vom 24.IX. waren 025 vorgesehen, später wurde der ursprüngliche Wert wieder eingesetzt.

Projekt	*2a*	*2b*	*$2b_1$*	*$2c_1$*
Datum	25.IX.1906	X.1906	8./9.XI.1906	I.-8.II.1907
Deplacement	~19000	~19000	~19000	~19200
$L_{üA}$	~167	~167	~170	~169
L_{CWL}	-	-	-	-
L_{PP}	~157	~157	~160	-
B_{gr}	~26,5	~26,5	~26	~26,5
T_{kon}	~8,1	~8,1	~8,1	~8,1
Maschinen-leistung	34000(38000) 3- 3Exp./ 38000(42000[1]) Tu[1]	34000(38000) 3- 3Exp.	36000(40000) Tu	(43000) Tu
kn	23,5(24)/ 24(24,5)[1]	23,5(24)	24(24,5)	(24,5)
Kohlenvorrat: norm	1000	1000	1000	1000
Ölvorrat	-	-	-	200
Bewaffnung mit Verteilung der Haupt-artillerie	s. *2*	s. *2* aber: 16- 8,8 L/45	s. *2b*	8- 28 L/45 10- 15 L/45 16- 8,8 L/45
		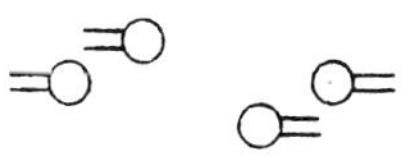	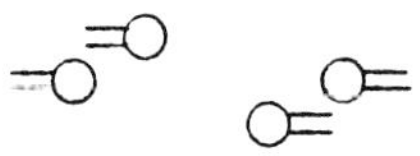	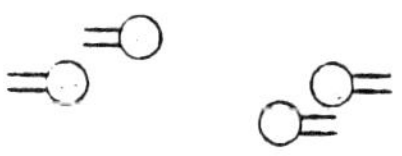
Panzerung	060-025-050; 0-100-210/250(140)-100-80; $Kdot_V$280, $Kdot_A$200; Türme 180\230; Zit. 170-190; Kas. 140; PzD 025/50; T-Schott [30?]	060-025-050; 0-100-210/250(140)-100-80; $Kdot_V$250, $Kdot_A$200; Türme 180\230; Zit. 170-190; Kas. 140; PzD 025/50; T-Schott [30?]	s. *2b*	s. *2b* aber: T-Schott 25/30
Preis in Mio	34,5	-	-	-
Bemerkungen	genehmigt am 28.IX.1906	genehmigt am 24.XI.1906	genehmigt am 24.XI.1906	-
Kennzeichen	Design *E* [1]geändert am 8./9.XI.1906	Design *E*	Design *E*	Design *E*

Tabelle 12: Gewichtsgruppen Großer Kreuzer F, Projekt 5 und Linienschiff Ersatz Bayern, 22.IX.1906

	5 bei 19600t	*Ersatz Bayern* bei ~18800t
Schiff mit Hilfsmaschinen	35,5%	33,5%
Panzer	31%	36%
Maschinenanlage	13,5%	8%
Artillerie und Torpedobewaffnung	9%	13%
Ausrüstung	5%	4,5%
Kohlen	6%	5%

Quelle: BAMA RM 3/775

Tabelle 13: Etatkosten und Etatpreise

Preise für einzelne Schiffstypen seit 1898 in Mio ℳ

	Große Kreuzer	Linienschiffe	Kleine Kreuzer
1898	14,0	20,0	4,6
1900	18,1	21,9	5,2
1901	17,9	21,3	5,3
1902	17,9	23,9	6,2
1903	18,0	23,9	6,2
1904	18,8	23,9	6,2
1905	19,2	24,3	6,4
1906	27,7	36,8	6,4
1907	36,7	36,8	7,8
1908	44,1	47,1	8,5
1909	44,1	47,6	8,5
1910	44,7	48,1	8,5
1911	45,7	49,1	8,5
1912	46,5	49,5	8,5
1913	46,6	57,6	9,3
1914	56,0[1]	57,7	9,3

[1]Beachte: 6- 38 cm-Sk-Projekt! Entwurf *D48a*

Quelle: BAMA RM 3/2725, Beitrag zum Immediatvortrag: Etatentwurf 1914, E, 15.9.1913; vgl. Epkenhans, Wilhelminische Flottenrüstung, Schaubild 2a-c; 468ff.

Steigerung der Schiffspreise infolge der Typenentwicklung:

	1898	1914	rund%
1 Großer Kreuzer	14 (Mio ℳ)	56 (Mio ℳ)	300
1 Linienschiff	20	58	200
1 Kleiner Kreuzer	4,5	9,5	100

Quelle: Ebd., BAMA RM 3/2725

Etatkosten und Etatpreise[1]: Große Kreuzer in Mio ℳ bewilligt bzw. gefordert

Ersatz Deutschland 1903-1905	1. Rate	2. Rate	3. Rate	4. Rate	Summe
S	3,2	5,03	5,27		13,5
A	1,0	1,6	1,4		4,0
T	0,05	0,19	0,23		0,47
					17,97

C 1904-1907	1. Rate	2. Rate	3. Rate	4. Rate	Summe
S	3,2	5,03	4,27	1,5	14
A	1,0	1,46	1,0	0,82	4,28
T	0,06	0,2	0,18	0,03	0,47
					18,75

E 1906-1909	1. Rate	2. Rate	3. Rate	4. Rate	Summe
S	3,0	6,0	5,0	4,5	18,5
A	1,5	2,5	2,5	2,0	8,5
T	0,1	0,2	0,2	0,16	0,66
					27,66

1908: Erhöhung des T-Anschlags auf insgesamt 0,66 Millionen, zuvor waren 0,5 Millionen gefordert.

F 1907-1910	1. Rate	2. Rate	3. Rate	4. Rate	Summe
S	3,0	9,0	7,5	6,5	26
A	2,0	2,5	3,0	2,5	10
T	0,1	0,28	0,14	0,14	0,66
					36,66

1908: Erhöhung des T-Anschlags auf insgesamt 0,66 Millionen, zuvor waren 0,5 Millionen gefordert.

G 1908-1911	1. Rate	2. Rate	3. Rate	4. Rate	Summe
S	5,0	11,0	8,0	5,15	29,15
A	3,0	3,5	4,5	3,0	14,0
T	0,2	0,28	0,23	0,22	0,93
					44,08

H 1909-1912	1. Rate	2. Rate	3. Rate	4. Rate	Summe
S	5,0	11,0	8,0	5,15	29,15
A	3,0	3,5	4,5	3,045	14,045
T	0,2	0,28	0,23	0,22	0,93
					44,125

J 1910-1913	1. Rate	2. Rate	3. Rate	4. Rate	Summe
S	5,0	11,0	8,5	5,15	29,65
A	3,0	3,5	4,5	3,115	14,115
T	0,2	0,28	0,2	0,24	0,92
					44,685

K 1911-1914	1. Rate	2. Rate	3. Rate	4. Rate	Summe
S	5,0	11,0	8,5	5,15	29,65
A	3,0	2,75[2]	5,25	4,03	15,03
T	0,2	0,28	0,22	0,27	0,97
					45,65

Ersatz Kaiserin Augusta 1912-1915	1. Rate	2. Rate	3. Rate	4. Rate	Summe
S	5,0	11,0	8,5	5,15[3]	29,65
A	3,0	3,6	4,6	4,77[3]	15,97
T	0,2	0,4	0,44	0,44[3]	1,48
					47,1

Ersatz Hertha 1913-1916	1. Rate	2. Rate	3. Rate	4. Rate	Summe
S	5,0	11,0	8,5[3]	5,15[4]	29,65
A	3,0	3,4[5]	4,8[3]	4,19[4]	15,39
T	0,2	0,46	0,47[3]	0,43[4]	1,56
					46,6

Ersatz Victoria Louise 1914-1917	1. Rate	2. Rate	3. Rate	4. Rate	Summe
S	6,0	12,5[3]	-	-	-
A	3,0	5,0[3]	-	-	-
T	0,5	0,75[3]	-	-	-

[1] Aufgeteilt nach Schiffbauanteil (S), Artilleristische Armierungen (A) und Torpedoarmierungen (T).

[2] Gefordert waren zunächst 3,5 Millionen, bewilligt wurden lediglich 2,75 Millionen Mark: s. vgl. Verhandlungen des Reichstags, Bd. 285, 13. Leg. Per., 1. Sess., 63. Sitzung, 15.5.1912, 2042C.

[3] s. BAMA RM 3/4838, Etatentwurf 1915, E, 4.1914.

[4] s. BAMA RM 3/11593, Ratenplan für Bau und Armierung aller Schiffe und Torpedobootsflottillen, für welche in dem Etatsentwurf für 1914 Geldmittel gefordert werden, 29.10.1913.

[5] s. BAMA RM 3/4835, Gestaltung des Etats der einmaligen Ausgaben für 1914 nach den Beschlüssen zweiter Lesung des Reichstags, E, 11.3.1914.

Tabelle 14: Vergleich der Panzerstärken Große Kreuzer G und H, Linienschiffe 1909/10, Großer Kreuzer 1910/J auf Vorschlag des Allgemeinen Marine-Departements

	G und *H*	Linienschiffe 09/10	*J*
Gürtel innerhalb der Zitadelle	270mm nach oben bis etwa 1,6m↑ ungetäpert	340mm nach oben bis etwa 2m↑ ungetäpert	etwa 310mm nach oben bis etwa 2m↑ ungetäpert
Gürtel vor der Zitadelle	120-100mm	150-120mm	130-100mm
Gürtel hinter der Zitadelle	100mm	130mm	120mm
vorderer Kdot	250mm	400mm	400mm
Unterbau	80mm	250mm	250mm
Zitadelle	200mm	170mm	170mm
Kasematte	150mm	170mm	150mm
Barbetten (Kasematte und Zitadelle entsprechend verstärkt)	200mm	300mm	280mm
Geschütztürme:			
Vorderplatten	230mm	300mm	280mm
Seitenplatten	180mm	250mm	220mm
Decken	90/60mm	100/70mm	100/70mm
Panzerdeck innerhalb der Zitadelle	50/25mm 1,6m über CWL	30mm ↓ 0,2m CWL	30mm ↓ Tieferlegen entsprechen 09-Linienschiffe
		Panzersüll	Panzersüll
vorne	50mm	70mm	70mm
hinten	80/50mm	90mm	80/60mm
Torpedoschott	30mm	40mm	30mm

Quelle: BAMA RM 3/3693

Tabelle 15: Kreuzerneu- und Ersatzbautenliste nach den Novellen 1906 und 1908

	Novelle 1906	Novelle 1908
1906	*E*	*E*
1907	*F*	*F*
1908	*G*	*G*
1909	*H*	*H*
1910	*Ersatz Kaiserin Augusta*	*J*
1911	*Ersatz Hertha; J*	*K*
1912	*Ersatz Victoria Louise; K*	*Ersatz Kaiserin Augusta*
1913	*Ersatz Freya*	*Ersatz Hertha*

1914	*Ersatz Vineta*	*Ersatz Victoria Louise*
1915	*Ersatz Hansa*	*Ersatz Freya*
1916	*Ersatz Fürst Bismarck*	*Ersatz Vineta*
1917	2 Linienschiffe	*Ersatz Hansa*

Tabelle 16: Projekte für die Großen Kreuzer 1908/09 G und H

Projekt	*G2i*	*G* und *H*
Datum	V.1907	1909
Deplacement	~22000	~22900
$L_{üA}$	~180	186,65
L_{CWL}	-	186
B	~28	29,5
T_{kon}	~8,2	8,2
Maschinenleistung in PSw	42000(47000) Tu	47000 Tu
kn	24(24,5)	25 1/4
Kohlenvorrat: norm/max	1000/-	1000/~3000
Ölvorrat	-	-
Bewaffnung mit Verteilung der Hauptartillerie	10- 28 L/45 10- 15 L/45 16- 8,8 L/45 4 TR-50 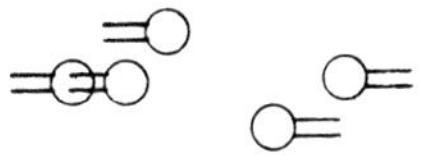	10- 28 L/45 12- 15 L/45 12- 8,8 L/45 4- TR-50 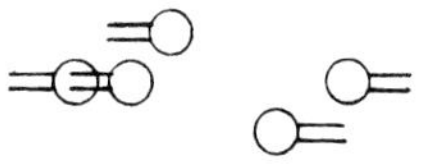
Panzerung	050-080-025-050; 0-100-250(150)-120-100; $Kdot_V$ 250, $Kdot_A$ 200; Türme 230\180; Barb. 170-200-230; Zit. 200-225; Kas. 150; PzD 025/50; T-Schott 25	080-025(035)-050; 0-100-270(130)-100; $Kdot_V$ 250(300, 350), $Kdot_A$ 200; Türme 230\180; Barb. 170-200(-230); Zit. 200; Kas. 150; PzD 025/50; T-Schott 30-50
Preis in Mio	-	-
Bemerkungen	genehmigt am 28.V.1907	-
Kennzeichen	Design ~*F;* ohne Back; eingeplant sind zwei kombinierte Gitter- und Pfahlmasten	Design~*F;* ohne Back, mit Pfahlmasten

Tabelle 18: Projekte für den Großen Kreuzer 1911/K

Projekt	*1*	*2*	*3*	*4*
Datum	IX.1910	IX.1910	IX.1910	25.IX.1910
Deplacement	25000	25200	25600	25900
L_{CWL}	~200	~200	~200	~205
B	~28,5	~28,5	~28,8	~28,8
T_{kon}	~8,2	~8,2	~8,2	~8,2
Maschinen- leistung in PSw kn Kohlenvorrat: norm Ölvorrat	- Tu 27 Kessel wie *J* 1000 -	- Tu 27 Kessel wie *J* 1000 -	- Tu 27 Kessel wie *J* 1000 -	- Tu - wie *J* 1000 -
Bewaffnung mit Verteilung der Hauptartil- lerie	8- 30,5 L/50 12- 15 L/45 12- 8,8 L/45 4 TR-50	8- 30,5 L/50 12- 15 L/45 12- 8,8 L/45 4 TR-50	8- 30,5 L/50 12- 15 L/45 12- 8,8 L/45 4 TR-50	8- 30,5 L/50 12- 15 L/45 12- 8,8 L/45 4 TR-50
	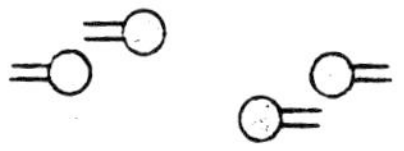			
Panzerung	wie *J* aber Türme 270\220; Barb. 260	wie *J* aber Türme 270\220; Barb. 260	wie *J* aber Türme 270\220; Barb. 260	050-080-025-050; 0-100-300(150)-120-100; $Kdot_V$ 350, $Kdot_A$ 200; Türme 270\220; Zit. 230; Kas. 150(2 Decks); PzD 030/[30]; T-Schott 50
Preis in Mio	*J* + 1/4-3/4 Mio	s. *1*	s. *1*	-
Bemerkungen	-	-	-	genehmigt am 26.IX.1910
Kennzeichen	Flushdecker mit weit achtern beginnendem Deckssprung	neues Design mit abgesetztem Heck und Deckssprung ab ~Turm B; keine Aufbauteninseln mehr	Design mit abgesetztem Heck und Deckssprung ~ab Schiffsmitte; Kasematte hochliegend	Design mit abgesetztem Heck und hochliegender Kasematte

Projekt	*4b*	*5*	*5d*	*Ersatz Hertha*
Datum	14.III.1911	III.1911	III.-V.1911	-
Deplacement	26300	26300	26600	26800
L_{CWL}	~208	~208	210	212,5
B	~29	~29	29	29
T	~8,3	~8,3	8,3	8,3
Maschinen- leistung in PSw	- Tu 22 Kessel	- Tu 22 Kessel	- Tu 22 Kessel	- Tu 14 Kohle- + 4 Ölkessel
kn	wie *J*	wie *J*	27	27,5
Kohlenvorrat: norm/max	1000	1000/4000	1000/4000	750 } 1000/4500
Ölvorrat	-	-	-	250
Bewaffnung mit Verteilung der Hauptartil- lerie	8- 30,5 L/50 12- 15 L/45 12- 8,8 L/45 4 TR-50 	8- 30,5 L/50 12- 15 L/45 12- 8,8 L/45 4 TR-50 	8- 30,5 L/50 12(14)- 15 L/45 12- 8,8 L/45 4 TR-50 	8- 30,5 L/50 14- 15 L/45 8- 8,8 B.A.K. 4 TR-60 [H_8 (16)] 
Panzerung	050-080-025-040-050; 0-100-300 (150)120-100; $Kdot_V$ 350, $Kdot_A$ 200; Türme 270\220; Zit. 230; Kas. 150(2 Decks); PzD 030/30; T-Schott 50	050-080-025-060-050; 0-100-300 (150)-120-100; $Kdot_V$ 350, $Kdot_A$ 200; Türme 270\220; Zit. 230; Kas. 150; PzD 030/30; T-Schott 50	050-080-025-050-050; 0-100-300 (150)-120-100; $Kdot_V$ 350, $Kdot_A$ 200; Türme 270\220; Zit. 200-220; Kas. 150; PzD 030/30; T-Schott 45	050-080-025-050-050; 0-100-300 (150)-120-30; $Kdot_V$ 350, $Kdot_A$ 200; Türme 270\220; Zit. 200-220; Kas. 150; PzD 030/30; T-Schott 45
Preis in Mio	S-Anteil 32,3	S-Anteil 32,3	-	-
Bemerkungen	-	-	genehmigt am 24.VI.1911	-
Kennzeichen	Design mit abgesetztem Heck und hochliegender Kasematte	Flushdecker mit tiefliegender, abgesetzter Kasematte	Ausführung noch ohne Frahmsche Dämpfungseinrichtung	-

Tabelle 19: Feuerhöhen Entwürfe 1-5d Großer Kreuzer K sowie Feuer- und Deckshöhen Entwürfe E16B bis J

Feuerhöhen Großer Kreuzer *K*, Entwürfe *1-5d*

	Turm D	Turm C	Turm B	Turm A
Entwurf *1*	8,4	8,4	8,5	9,3
Entwurf *2*	6,3	9,1	12,0	9,2
Entwurf *3*	6,3	9,8	11,8	9,1
Entwurf *4*	6,2	9,8	10,9	8,2
Entwurf *4b*	6,2	9,6	10,9	8,2
Entwurf *5*	6,2	9,1	10,9	8,2
Entwurf *5d*	6,2	9,1	10,9	8,2

Deckshöhen über CWL in m

	Heck	Mitte[1]	Bug	PzD
Projekt *E16B*	5,25	5,25	8,0	1,0
Entwurf *F*	5,4	3,0/5,2	7,6	0,9
Entwurf *G*	4,0	3,7/5,9	7,6	1,6
Entwurf *J*	3,8	3,5/5,7	8,0	1,4
Entwurf *K*	4,3	3,8/6,2	7,7	1,15

[1]Mitte unterteilt in Außendeck und Oberdeck.

Feuerhöhen über CWL

	Turm C	Turm D	Turm B	Turm A (bei *F*)	
	Turm D	Turm C	Turm B	Turm A	
	Turm D	Turm C	Turm E	Turm B	Turm A (bei Fünf Türmen)
Projekt *E16B*	7,35	7,35(2)	7,35(2)	9,4	
Entwurf *F*	7,7	7,7	7,7	9,9	
Entwurf *G*	6,2	8,6	8,4	8,4	8,8
Entwurf *J*	6,0	8,4	8,2	8,2	10,4
Entwurf *K*	6,3	9,2	10,9	8,2	

Tabelle 20: Feuerhöhen Projekt A3 Großer Kreuzer 1914, Ersatz Hertha und Linienschiffe 1913

	Turm D	Turm C	Turm B	TurmA
Projekt *A3*	8,6	11,5	12,9	9,8
Entwurf *Ersatz Hertha*	6,3	9,2	10,9	8,2
Linienschiffe 1913	6,4	9,6	11,7	8,5

Quelle: BAMA RM 3/3694

Tabelle 21: Projekte für den Großen Kreuzer 1914/Ersatz Victoria Louise

Projekt	*A3*	*8*	*9*	*10*
Datum	18.IX.1912	29.IX.1912	~IX.1912	~IX.1912
Deplacement	[31000/] 31500	29000	29000	29500-29600
L_{CWL}	225	219	215	220
B	30,2	29,0	29,3	29,5
T_{kon}	8,5	8,4	8,4	8,4
Maschinenleistung in PSw	-	geg. *K* gesteigert	-	-
	Tu	Tu	Tu	Tu
Kesselzahl	14 K + 4 Öl	14 K + 4 Öl	12 K + 4 Öl[?]	14 K + 4 Öl
kn	27,5	27,5	27,25	27,5
Kohlenvorrat: kon	850 } 1100	-	-	-
Ölvorrat	250	-	-	-
Bewaffnung und Verteilung der Hauptartillerie	8- 34 L/45 14- 15 L/45 8- 8,8 B.A.K. 6 TR-60 [H_8 (22)]	s. *K* aber 6 TR-60 [H_8 (26)]	s. *K* aber 8 TR-60 [H_8 (30)]	s. *K* aber 8 TR-60 [H_8 (30)]

Panzerung	050-080-025-050-050; 0-100-300 (150)-120-30; $Kdot_V$ 300; $Kdot_A$ 200; Türme 300\ 220; Zit. 220; Kas. 150; PzD 030/30; T-Schott 45	s. *K*	s. *K*	s. *K*
Preis in Mio	58	51,9	52,4	53,1
Bemerkungen	-	-	vorläufig genehmigt am 30.IX.1912	-
Kennzeichen	*K*-Design mit Dreibeinmast; durchgeführtes Oberdeck	Design ~*K*	Design ~*K*	Design ~*K*

Projekt	*A16*	*D9*	*D10*	*D47*
Datum	28.III.1913	~III.1913	~III.1913	VI.1913
Deplacement	30000-30500	29200	28500	30000
L_{CWL}	223	215	215	220
B	30,0	29,5	29,0	29,5
T	8,5	8,4	8,4	8,4
Maschinen-leistung in PSw	- Tu	- Tu	- Tu	- Tu
Kesselzahl	-	-	-	14 K + 4 Öl
kn	27,25	27,5	27,25	27,5
Kohlenvorrat	-	-	-	850
kon				}1100
Ölvorrat	-	-	-	250
Bewaffnung mit Verteilung der Hauptartillerie	s. *A3* aber 8 TR-60 [H_8 (30)]	6- 38 L/45 14- 15 L/45 8- 8,8 B.A.K. 8 TR-60 [H_8(30)]	s. *D9*	6- 38 L/45 14- 15 L/45 8- 8,8 B.A.K. 6 TR-60 [H_8(22)]

Panzerung	s. *9*	-	-	s. *D48a*
Preis in Mio	56,6-57,2	55,6	54,7	55,6
Bemerkungen	-	-	-	-
Kennzeichen	*K*-Design mit Dreibeinmast; ohne durchgeführtes Oberdeck	-	-	-

Projekt	*D48*	*D50*	*D51*	*D52*
Datum	VI.1913	VI.1913	VI.1913	VI.1913
Deplacement	29500	29600	29900	30300
L_{CWL}	218	218	220	220
B	29,5	29,5	29,5	30,4
T_{kon}	8,4	8,4	8,4	8,5
Maschinen-leistung in PSw	- Tu	- Tu	- Tu	- Tu
Kesselzahl	14 K + 4 Öl	14 K + 4 Öl	14 K + 4 Öl	14 K + 4 Öl
kn	27,5	27,5	27,5	27,5
Kohlenvorrat:	850	850	850	850
kon	}1100	}1100	}1100	}1100
Ölvorrat	250	250	250	250
Bewaffnung mit Verteilung der Hauptartil-lerie	s. *D47*	s. *D47*	s. *D47*	s. *D47*

Panzerung	s. *D48a*	s. *D48a*	s. *D48a*	s. *D48a*
Preis in Mio	55,0	55,1	55,4	S 35,7 T 2,4
Bemerkungen	-	-	-	-
Kennzeichen	-	Kasematte ver-kürzt bis auf Höhe Mittel-turm	Kasematte auf zwei Decks teilt	Freibord ab Turm D abge-setzt

Projekt	*D48a*	*58*	*60*
Datum	VI.1913	~XI.1913	V.1914
Deplacement L_{CWL} B T_{kon}	29600 218,5 29,5 8,4	31000 225 30,5 8,5	31000 223 30,4 8,4
Maschinen- leistung in PSw	- Tu	- Tu	- Tu
Kesselzahl kn Kohlenvorrat: kon/max Ölvorrat	14 K + 4 Öl 27,5 850 }1100 250	14 K + 4 Öl ~27,25 800 }1000 200	24 K + 8 Öl 27,5 850 }1100/6000 250
Bewaffnung mit Verteilung der Hauptartil- lerie	6- 38 L/45 16- 15 L/45 8- 8,8 B.A.K. 6 TR-60 [H_8(28)] 	8- 35 L/45 14- 15 L/45 8- 8,8 B.A.K. 6 TR-60 [H_8(28)] 	8- 35 L/45 14- 15 L/45 8- 8,8 B.A.K. 5 TR-60 [H_8(28)] 
Panzerung	050-080-025-050-050; 0-100-300 (150)-120-30; $Kdot_V$ 350, $Kdot_A$ 200; Türme 320\220; Zit. 220; Kas. 150; PzD 030/30; T-Schott 45	s. *D48a* aber Türme 300\220	s. *D48a* aber Türme 300\200; PzD 030/[30]; T-45-60
Preis in Mio	55,3	-	-
Bemerkungen	genehmigt am 28.VI.1913	-	genehmigt am 23.V.1914
Kennzeichen	-	-	-

Tabelle 22: Projekte GK 1-3, GK 6, L 1-3 sowie Ersatz Yorck

Projekt	*GK 1*	*GK 2*	*GK 3*	*GK 6*
Datum	19.IV.1916	19.IV.1916	19.IV.1916	V-VII.1916
Deplacement L_{CWL} B T_{kon}	34000 235 30,4 8,8	38000 243 31,5 9,0	38000 243 31,5 9,0	36500 235 30,4 [9,0?]
Maschinen- leistung in PSw	110000 Tu	120000 Tu	115000 Tu	- Tu
Kesselzahl	20 K + 12 Öl	24 K + 12 Öl	20 K + 12 Öl	20 K + 12 Öl
kn	29,25	29,5	29,0	28
Kohlenvorrat: kon/max Ölvorrat	}/6500	}/7500	}/7500	}/7000
Bewaffnung mit Verteilung der Hauptartil- lerie	8- 38 L/45 16- 15 L/45 8- 8,8 B.A.K. 5 TR-60 [H_8]	s. *GK 1*	s. *GK 1*	s. *GK 1*

Panzerung	050-080-025-050; 0-100-300(150)-120-30; $Kdot_V$ 300, $Kdot_A$ -; Türme 320\200; Zit. 240; Kas. 150; PzD 030; T-Schott 50-60	080-050-025+050-050+050; 0-100-300(150)-120-30; $Kdot_V$ 300, $Kdot_A$ -; Türme 320\200; Zit. 240; Kas. 150; PzD 030; T-Schott 50-60	0120-080-080; 0-100-300(150)-120-30; $Kdot_V$ 350, $Kdot_A$ -; Türme 320\200; Zit. -; Kas. 150; PzD 030; T-Schott 50-60	. -050-050; 0-100-300(150)-120-30; $Kdot_V$ 350, $Kdot_A$ 200; Türme 350\250; Zit. 200; Kas. 150; PzD 030; T-Schott 50-60
Preis in Mio	-	-	-	-
Bemerkungen	Grundlage für die weitere Erörterung der Typenfrage	-	-	-
Kennzeichen	Design *Ersatz Victoria Louise*	s. *GK 1*	mit nach achtern gezogener Back	s. *GK 1*

Projekt	*L 1*	*L 2*	*L 3*	*Ersatz Yorck*
Datum	19.IV.1916	19.IV.1916	19.IV.1916	-
Deplacement	34000	34000	38000	33500
L_{CWL}	220	220	230	227,8
B	30,0	30,0	30,4	30,4
T_{kon}	8,6	8,6	8,8	8,7
Maschinen- leistung in PSw	65000 Tu	- Tu	95000 Tu	90000 Tu
Kesselzahl	12 K + 6 Öl	9 K + 6 Öl	12 K + 6 Öl	24 K + 8 Öl
kn	26	25	26	27,25
Kohlenvorrat:				850
kon/max	}/5500	}/5500	}/6000	}1100/-
Ölvorrat				250
Bewaffnung mit Verteilung der Hauptartil- lerie	8- 38 L/45 16- 15 L/45 8- 8,8 B.A.K. 5 TR-60 [H_8]	10- 38 L/45 16- 15 L/45 8- 8,8 B.A.K. 5 TR-60 [H_8]	s. *L 1*	8- 38 L/45 12- 15 L/45 8- 8,8 B.A.K. 3 TR-60 [H_8(24)]

Panzerung	0120+050-040-060+050; 0-100-350(170)-200-30; Kdot$_V$350, Kdot$_A$ 170; Türme 350\250; Zit. 250; Kas. 170; PzD 030/30: T-Schott 50	s. *L 1*	0120+050-090-060+050; 0-100-350(170)-200-30; Kdot$_V$ 350, Kdot$_A$ 170; Türme 350\250; Zit. 250; Kas. 170; PzD 030/30; T-Schott 50	050-070-020-050-050; 0-100-300(150)-120-30; Kdot$_V$350, Kdot$_A$200; Türme 300\250; Zit. 220; Kas. 150; PzD 030/[30]; T-Schott 45-60
Preis in Mio	-	-	-	-
Bemerkungen	-	-	-	-
Kennzeichen	vergrößerte *T/Ersatz Wörth*-Klasse	-	-	massiger Einzel-schornstein, sonst ~ *Ersatz Victoria Louise*

Anlage

Bauordre Großer Kreuzer 1906/E vom 21. Juni 1906
(BAMA RM 3/769)

Ich bestimme, daß für den Großen Kreuzer E folgende Konstruktionsbedingungen maßgebend sein sollen:
1., Die Hauptabmessungen sollen betragen:
Länge zwischen den Lothen 152 m,
Länge über Alles etwa 162 m,
Größte Breite 24,2 m,
Tiefgang bei normaler Ausrüstung 8,03 m,
Deplacement hierbei etwa 15.700 t.
2., Der Schiffskörper ist aus Siemens-Martin-Flußeisen zu erbauen und gegen Wassereinbruch durch Doppelboden, Wallgänge und Querschotte zu sichern. Zum Schutz gegen Torpedos sind Schutzbunker und gepanzerte Längsschotten im Bereiche der Maschinen- und Kesselanlage vorzusehen. Ich überlasse es dem Staatssekretär des Reichs-Marine-Amts, diesen Schutz auch auf die Munitionskammern der Schiffsenden auszudehnen. Über Wasser sind 3 durchlaufende Decks und eine Back anzuordnen; die Aufbauten sind zu beschränken. Das Schiff erhält zwei Masten ohne Gefechtsmarsen.
3., Die Maschinenanlage soll aus 3 Dreifachexpansionsmaschinen in 3 getrennten Räumen und aus 18 engrohrigen Wasserrohrkesseln in 5 Räumen mit 2 Schornsteinen bestehen. Die Leistung soll 32.000 bis 34.000 IPS betragen und dem Schiffe eine Geschwindigkeit von wenigstens 24 Knoten ertheilen.
4., Der Kreuzer erhält folgende Panzerung:
Der Gürtelpanzer erstreckt sich über die ganze Schiffslänge, seine Unterkante liegt 1,3 m unter Wasser, seine Oberkante im Bereiche der Zitadelle etwa 3,0 m, im Vorschiff etwa 2,5 bis 3,2 m, im Hinterschiff etwa 2,0 m über Wasser. Im Bereiche der Zitadelle beträgt die Panzerdicke in der Wasserlinie 160 bis 180 mm und nimmt bis zur Unterkante und Oberkante auf 120 mm ab. Im Vor- und Hinterschiff beträgt die Panzerdicke im Bereiche der Wasserlinie 140 und 80 mm und nimmt bis zur Oberkante auf 60 mm ab. Unter dem Gürtel ist ein 30 mm dicker, etwa 1 m breiter Plattengang zum Schutz gegen Unterwassertreffer anzubringen. Die Enden der Zitadelle werden durch 120 mm dicke Querschotte abgeschlossen. Die Kasematte für die Mittelartillerie steht auf der Zitadelle und erhält einen Panzer von 140 mm. Das gewölbte Panzerdeck schließt an die Unterkante des Gürtels an, sein wagerechter Theil liegt in der Zitadelle 1,0 m über Wasser, davor 0,8 m, dahinter 0,4 m unter Wasser. Die schrägen Seiten sollen 50 mm, der wagerechte Theil in der Zitadelle 30, vor und hinter derselben 50, über den Munitionskammern und der Steuereinrichtung 60 mm dick sein.
Oberdeck und Batteriedeck erhalten im Bereiche der Zitadelle eine 25 mm dicke Beplattung.
Für die Drehtürme sind Stirnplatten von 180 mm und Seitenplatten von 140 mm, für die Barbetten und Schächte ein Panzer von 180 mm und 140 mm vorzusehen.
Der vordere Kommandothurm soll Frontplatten von 250 mm, einen entsprechend gepanzerten Schacht und gepanzerten Unterbau erhalten.
Die Festsetzung der Einzelheiten überlasse ich dem Staatssekretär des Reichs-Marine-Amts.
Der hintere Kommandothurm ist 80 mm dick zu panzern. Im vorderen Kommandothurm und auf jeder Seite der Kasematte ist ein gepanzerter Entfernungsmeßstand einzurichten.
5., Die Geschützarmierung setzt sich folgendermaßen zusammen:
12 x 21-cm-SK L/45 mit je 75 Schuß in 6 elektrisch betriebenen Doppeltürmen,
8 x 15-cm-SK L/45 mit je 150 Schuß in einer durch Splitterschotte getheilten Kasematte,
20 x 8,8-cm-SK L/35 mit je 250 Schuß in Gruppen zu je 2 aufgestellt und nach Bedarf durch 50 mm dicke Schilde geschützt,
2 x 6-cm-Bootskanonen,
4 x 8-mm-Maschinen-Gewehre für Boots- und Landungszwecke.
6., Die Torpedoarmierung besteht aus:
1 Bugrohr
2 Breitseitrohren } von 45-cm-Kaliber
1 Heckrohr
7., Der Kohlenvorrat beim Konstruktionstiefgang

soll 900 t, der Heimathskohlenvorrat 1.800 t, der Gesamtbunkerinhalt etwa 2.300 t betragen. Zellen für 200 t Teeröl sind vorzusehen.
8., Der Besatzungsetat soll etwa 840 Köpfe betragen.
9., Der Kreuzer ist als Flaggschiff des zweiten Admirals der Aufklärungsschiffe einzurichten.

Kiel, an Bord des Dampfers „Hamburg", den 21. Juni 1906.
gez. Wilhelm
I.R.
In Vertretung des Reichskanzlers
gez. v. Tirpitz
An den Reichskanzler(:Reichs-Marine-Amt:)

Abkürzungen

BAMA: Bundesarchiv-Militärarchiv, Freiburg
HAPAG: Hamburg-Amerikanische Packetfahrt Actiengesellschaft
HZ: Historische Zeitschrift
MGM: Militärgeschichtliche Mitteilungen
MR: Marine-Rundschau
RGBL: Reichsgesetzblatt
RMA: Reichsmarineamt

Technische Abkürzungen

B.A.K.: Ballonabwehrgeschütz
Barb.: Barbette
B_{gr}: Größte Breite
CWL: C(K)onstruktionswasserlinie
K: Kohlekessel
Kas.: Kasematte
kn: Knoten = 1 sm/h
L_{CWL}: Länge in der Konstruktionswasserlinie
L_{PP}: Länge zwischen den Perpendikeln/zwischen den Loten
$L_{üA}$: Länge über Alles
MPL: Mittel-Pivot-Lafette
PSe: effektive Pferdestärken, Maßeinheit für Motoren
PSi: indizierte Pferdestärken, Maßeinheit für Expansions (Kolben)-Dampfmaschinen
PSw: Wellen-Pferdestärken, Maßeinheit für Turbinen
PzD: Panzerdeck
38-cm-SK L/45: 38-cm-Schnellfeuerkanone Kaliber 45
t: Tonnen
ts: Englische tons, 1 ts = 1016 kg
T_{kon}: Konstruktionstiefgang
TR-50: Torpedorohr für Torpedo Kaliber 50 cm
T-Schott: Torpedoschott
Tu: Turbinen
Zit.: Zitadelle

Literaturverzeichnis

Quellen

Bundesarchiv-Militärarchiv Freiburg i.Br.
RM 2 Akten des Kaiserlichen Marinekabinetts
Nr. 1601: Projekte für Schiffsneubauten
Nr. 1614: Nachweisungen der Schiffe und der im Bau befindlichen Schiffe, sowie Übersichten über den Fortgang der Schiffsneubauten, Bd. 2, 1910 - 1916

RM 3 Akten des Reichsmarineamts
Nr. 15: Notizen für die Plenarsitzungen im Reichsmarineamt, Bd. 5, 1909 - 1916
Nr. 354-357: Bau von Panzerkreuzern im Allgemeinen, 1891 - 1910
Nr. 387-390: Inbaugabe des Großen Kreuzers *K,* 1911-1913
Nr. 395/396: Inbaugabe des Großen Kreuzers *Ersatz Kaiserin Augusta,* 1911 - 1912
Nr. 410/41: Inbaugabe des Großen Kreuzers *Ersatz Victoria Louise,* 1913 - 1915
Nr. 423: Inbaugabe des Großen Kreuzers *Ersatz Yorck*
Nr. 424: Inbaugabe des Großen Kreuzers *Ersatz Gneisenau*
Nr. 425: Inbaugabe des Großen Kreuzers *Ersatz Scharnhorst*
Nr. 426/427: Inbaugabe des Großen Kreuzers *Ersatz Blücher*
Nr. 769-774: Bau des Großen Kreuzers *E*
Nr. 775-787: Bau des Großen Kreuzers *F*
Nr. 788-801: Bau des Großen Kreuzers *G*
Nr. 802-808: Bau des Großen Kreuzers *H*
Nr. 2111: Erfindungen an Dampfturbinen
Nr. 2526-2529: Schiffskonstruktionen, Armierungen etc. - Projektierung von Schiffsneubauten, 1894 - 1915
Nr. 2534: Preisausschreiben der Kaiserlichen Marine für Schiffstypen 1906
Nr. 2719: Denkschriften zum Immediatvortrage des Departements A, Bd. 1, 1913
Nr. 2725: Denkschriften zum Immediatvortrage des Etatdepartements, 1913 - 1918
Nr. 2728: Denkschriften zum Immediatvortrage des Departements K, 1913 - 1918
Nr. 2731: Denkschriften zum Immediatvortrage des Departements W, 1913
Nr. 3653: Großkampfschifftypen, 1916 - 1917
Nr. 3691-3696: Bau Großer Kreuzer, 1901 - 1917
Nr. 3699-3708: Bau von Linienschiffen, 1898 - 1918
Nr. 4835: Material zum Marineetat 1914
Nr. 4838: Material zum Marineetat 1915
Nr. 11593: Ratenplan für Bau und Armierung aller Schiffe und Torpedobootsflottillen, für welche in dem Etatsentwurf für 1914 Geldmittel gefordert werden

RM 20 Marinekommandoamt
Nr. 105: Akten betreffend Schiffsneubauten 1892 - 1932

RM 23
Nr. 107

RM 104
Nr. 180

Gedruckte Quellen und zeitgenössische Publikationen und Dokumente

— Berghahn, V./ Deist, W.: Rüstung im Zeichen der Wilhelminischen Weltpolitik: Grundlegende Dokumente 1890 - 1914. Hrsg. Militärgeschichtliches Forschungsamt. Düsseldorf 1988.
— Die Flotte, Monatsblatt des Deutschen Flotten-Vereins und des Hauptverbandes Deutscher Flotten-Vereine im Ausland. Berlin 1905ff.
— Gesetz, betreffend die deutsche Flotte. Vom 10. April 1898; Reichsgesetzblatt Nr. 15 (Nr. 2464), 165 - 168.
— Die Marine im Reichstage. Budgetkommission, in: MR 3 (1910), 356.
— Novelle zum Gesetze, betreffend die deutsche Flotte vom 14. Juni 1900. Vom 5. Juni 1906; Reichsgesetzblatt Nr. 34 (Nr. 3251), 729.
— Reichshaushaltsetats für die Rechnungsjahre 1903 - 1914. Berlin 1903ff.
— Tirpitz, A.v.: Politische Dokumente. Der Aufbau der deutschen Weltmacht. Stuttgart und Berlin 1924.
— Verhandlungen des Reichstags. Stenographische Berichte. Bd. 3, 11. Legislaturperiode, 2. Session 1905-1906; Bd. 285, 13. Legislaturperiode, 1. Session 1912.
— Vollerthun, W.: Der Panzerkreuzer als Flottentyp, in: MR 7 (1906), 779 - 803.
— Wilhelm II., Deutscher Kaiser: Einiges über Panzerkreuzer, in: MR 1 (1904), 13 - 17.

Literatur

— Berghahn, V.: Der Tirpitz Plan. Genesis und Verfall einer innenpolitischen Krisenstrategie unter Wilhelm II. Düsseldorf 1971.
— Ders.: Zu den Zielen des deutschen Flottenbaus unter Wilhelm II., in: HZ 210 (1970), 34 - 100.
— Ders.: Der Tirpitz Plan und die Krisis des preussisch-deutschen Herrschaftssystems, in: H. Schottelius/ W. Deist (Hg.): Marine und Marinepolitik im Kaiserlichen Deutschland 1871 - 1914. Düsseldorf 1972, 89 - 115.
— Ders.: Des Kaisers Flotte und die Revolutionierung des Mächtesystems vor 1914, in: J.G.C. Röhl (Hg.): Der Ort Kaiser Wilhelms II. in der deutschen Geschichte. (Schriften des historischen Kollegs, Kolloquien 17). München 1991, 173 - 188.
— Böhm, E.: Überseehandel und Flottenbau. Hanseatische Kaufmannschaft und deutsche Seerüstung 1879 - 1902. Düsseldorf 1972.
— Breyer, S.: Schlachtschiffe und Schlachtkreuzer 1905 - 1970. Die geschichtliche Entwicklung des Großkampfschiffes. München 1970.
— Burt, R.A.: British Battleships 1889 - 1904. London 1983.
— Ders.: British Battleships of World War One. London 1986.
— Cattaruzza, M.: Arbeiter und Unternehmer auf den Werften des Kaiserreichs. Stuttgart 1988.
— Chesneau, R./ Kolesnik, E.M.: Kriegsschiffe der Welt 1860 - 1905. (Conway' s All the World's Fighting Ships). Bde. I-III. Koblenz 1983ff.
— Deist, W.: Flottenpolitik und Flottenpropaganda. Das Nachrichtenbureau des Reichsmarineamts 1897 - 1914. Stuttgart 1976.
— Eley, G.: The German Navy League in German Politics 1898 - 1914. Diss. (unveröffentlicht). Brighton 1974.
— Ders.: Reshaping the German Right. Radical Nationalism and Political Change After Bismarck. New Haven 1980.
— Epkenhans, M.: Die Wilhelminische Flottenrüstung 1908 - 1914. Weltmachtstreben, industrieller Fortschritt, soziale Integration. München 1991.
— Ders.: Großindustrie und Schlachtflottenbau 1897 - 1914, in: MGM 43 (1988), 65 - 140.
— Evers, H.: Kriegsschiffbau. Berlin 1943.

— Fernis, H.-G.: Die Flottennovellen im Reichstag 1906 - 1912. Stuttgart 1934.
— Fock, H.: Schwarze Gesellen. Bde. I und II. Herford 1979 und 1981.
— Ders.: Kriegsschiffsantriebe. Frühentwicklung und die Zeit der Kaiserlichen Marine, in: MR 7 (1974), 405 - 414.
— Ders.: Des Kaisers Preisausschreiben, I, in: MR 3 (1977), 112 - 117; II, in: MR 4 (1977), 183 - 187; III, in: MR 6 (1977), 299 - 303; IV, in: MR 7 (1977), 384 - 389.
— Forstmeier, F.: Deutsche Großkampfschiffe 1915 - 1918. Die Entwicklung der Typenfrage im Ersten Weltkrieg. München 1970.
— Fricke, D.: Deutscher Flotten-Verein (DFV) 1898 - 1934, in: D. Fricke (Hg.): Lexikon zur Parteiengeschichte. Die bürgerlichen und kleinbürgerlichen Parteien und Verbände in Deutschland 1789 - 1945. Bd. 2. Leipzig 1984, 67 - 89.
— Friedman, N.: Battleships. Design and Development 1905 - 1945. Greenwich 1978.
— Ders.: U.S. Battleships. An Illustrated Design History. London 1986.
— Ders.: U.S. Cruisers. An Illustrated Design History. Annapolis ^{3}1989.
— Gray, E.: Die teuflische Waffe. Geschichte und Entwicklung des Torpedos. (Deutsche Übersetzung) Oldenburg und Hamburg 1975.
— Gröner, E.: Die deutschen Kriegsschiffe. Bd. 1: Panzerschiffe, Linienschiffe, Schlachtschiffe, Flugzeugträger, Kreuzer, Kanonenboote. München 1982.
— Hassel, U.v.: Tirpitz. Sein Leben und sein Wirken mit Berücksichtigung seiner Beziehungen zu Albrecht v. Stosch. Stuttgart 1920.
— Handbuch zur deutschen Militärgeschichte 1648 - 1939. VIII: Deutsche Marinegeschichte der Neuzeit. Deutsche Flottenrüstung von Wallenstein bis Tirpitz von W. Petter. Hrsg. Militärgeschichtliches Forschungsamt. München 1977.
— Hardach, G.: Der Erste Weltkrieg 1914 - 1918. München (dtv) 1973.
— Herwig, H.H.: „Luxury" Fleet. The Imperial German Navy 1888 - 1918. London 1980.
— Hildebrand, H.H./ Steinmetz, O.: Die deutschen Kriegsschiffe. Biographien- Ein Spiegel der Marinegeschichte von 1815 bis zur Gegenwart. 6 Bde. Herford ^{2}1983 - 1985.
— Holtfrerich, K.L.: Die deutsche Inflation 1914 - 1923. Ursachen und Folgen in internationaler Perspektive. Berlin/ New York 1980.
— Hubatsch, W.: Die Ära Tirpitz. Studien zur deutschen Marinepolitik 1890 - 1918. Göttingen 1955.
— Ders.: Der Admiralstab und die obersten Marinebehörden in Deutschland 1848 - 1945. Frankfurt/M. 1958.
— Ders.: Kaiserliche Marine. Aufgaben und Leistungen. München 1975.
— Ders.: Der Kulminationspunkt der deutschen Marinepolitik im Jahre 1912, in: HZ 176 (1953), 291 - 322.
— Kroboth, R.: Die Finanzpolitik des Deutschen Reiches während der Reichskanzlerschaft Bethmann Hollwegs und die Geld- und Kapitalmarktverhältnisse (1909 - 1913/14). Frankfurt 1986.
— Lambi, I.N.: The Navy and German Power Politics 1862 - 1914. London 1984.
— Laudahn, W.: Die Nürnberger Großölmaschine, in: Zeitschrift des VDI 49 (1923), Bd. 67, 1093 - 1097 und 1134 - 1139.
— Loth, W.: Katholiken im Kaiserreich. Der politische Katholizismus in der Krise des wilhelminischen Deutschlands. Düsseldorf 1984.
— Marder, A.J.: From Dreadnought to Scapa Flow. The Royal Navy in the Fisher Era 1904 - 1919. Bd. 1: The Road to War 1904 - 1914. London 1961.
— Müller, G.A. v.: Der Kaiser... Aufzeichnungen des Chef des Marinekabinetts Admiral Georg Alexander v. Müller über die Ära Wilhelms II. Hrsg. W. Görlitz. Göttingen 1965.
— Nipperdey, T.: Deutsche Geschichte 1866 - 1918, Bd.2: Machtstaat vor der Demokratie. München 1992.

— Parkes, O.: British Battleships. Warrior to Vanguard. London [4]1973.
— Potter, E.B./ Nimitz, C.W.: Seemacht. Eine Seekriegsgeschichte von der Antike bis zur Gegenwart. (Deutsche Übersetzung) Hrsg. J. Rohwer. München 1974.
— Raven, A./ Roberts, J.: Die britischen Schlachtschiffe des Zweiten Weltkrieges. Entwicklung und technische Geschichte der Schlachtschiffe und Schlachtkreuzer der Royal Navy von 1911 bis 1946. 3 Bde. (Deutsche Übersetzung). München 1980ff.
— Roesler, K.: Die Finanzpolitik des Deutschen Reiches im Ersten Weltkrieg. Berlin 1967.
— Salewski, M.: Tirpitz. Aufstieg - Macht - Scheitern. Göttingen 1979.
— Schmalenbach, P.: Die Geschichte der deutschen Schiffsartillerie. 3. überarb. Aufl. Herford 1993.
— Sheina, R.L.: Lateinamerikanische Dreadnoughts, in: MR 9 (1979), 571 - 580.
— Steinberg, J.: Yesterday's Deterrent. Tirpitz and the Birth of the German Battle Fleet. London 1968.
— Strobel, A.: Zur Einführung der Dampfturbine auf dem deutschen Markt 1900 bis 1914 unter besonderer Berücksichtigung der Brown, Boveri & Cie. A.G., Baden und Mannheim, in: Landesgeschichte und Geistesgeschichte. Festschrift für O. Herding. Hrsg. K. Elm. Stuttgart 1977, 442 - 482.
— Strohbusch, E.: Markante Kriegsschiffsentwürfe der Kaiserlichen Marine, II.: Schlachtkreuzer Von der Tann, in: MR 9 (1975), 534 - 539.
— Ders.: Markante Kriegsschiffsentwürfe der Kaiserlichen Marine, III.: Schlachtkreuzer Derfflinger, in: MR 7 (1976), 442 - 450.
— Ders.: Markante Kriegsschiffsentwürfe der Kaiserlichen Marine, IV.: Schlachtkreuzer Mackensen, in: MR 2 (1977), 56 - 61.
— Ders.: Markante Kriegsschiffsentwürfe der Kaiserlichen Marine, V.: Schlachtkreuzer Ersatz Yorck, in: MR 2 (1977), 61 - 62.
— Ders.: Markante Kriegsschiffsentwürfe der Kaiserlichen Marine, VII.: Linienschiff Nassau, in: MR 7 (1978), 449 - 458.
— Ders.: Markante Kriegsschiffsentwürfe der Kaiserlichen Marine, VIII.: Linienschiff Bayern, in: MR 6 (1979), 381 - 389.
— Ders.: Vorstevenformen und Bugwulst, in: MR 4 (1976), 210 - 226.
— Stürmer, M.: Das ruhelose Reich. Deutschland 1866 - 1918. Berlin 1983.
— Tirpitz, A. v.: Erinnerungen. Leipzig 1919.
— Willicks, P.: Flottenbegeisterung und Flottenverein. Die Argumente der deutschen Flottenbewegung 1890 - 1912, in: MR 5 (1987), 295 - 298.
— Winzen, P.: Zur Genesis von Weltmachtkonzept und Weltpolitik, in: J.G.C. Röhl (Hg.): Der Ort Kaiser Wilhelms II. in der deutschen Geschichte. München 1991.
— Witt, P.-C.: Die Finanzpolitik des Deutschen Reiches von 1903 - 1913. Eine Studie zur Innenpolitik des wilhelminischen Deutschland. Lübeck 1970.
— Woodward, E.L.: Great Britain and the German Navy. London 1935.

Personen- und Schiffsnamenregister

Projektbezeichnungen sowie die Eintragung „Tirpitz" erhalten keinen Einzelnachweis.

Der Autor

geb. 1962. Abitur 1981, danach Eintritt in die Bundesmarine, Offiziersausbildung und Borddienst. Nach Beendigung der Dienstzeit 1987 Studium der Neueren Geschichte und Amerikanistik. Z. Zt. Wissenschaftlicher Assistent an der Universität des Saarlandes. Der Autor beschäftigt sich seit Jahren mit den Schiffen und der Geschichte der Kaiserlichen Marine.